教育部经济、工商管理类推荐教材

管理学

[第五版]

邢以群◎著

Management

ZHEJIANG UNIVERSITY PRESS

浙江大学出版社

图书在版编目（CIP）数据

管理学 / 邢以群著. —5版. — 杭州：浙江大学
出版社，2019.8（2023.9重印）
ISBN 978-7-308-19370-2

Ⅰ．①管… Ⅱ．①邢… Ⅲ．①管理学 Ⅳ．①C93

中国版本图书馆CIP数据核字（2019）第163194号

管理学（第五版）

邢以群　著

策　　划　朱　玲
责任编辑　朱　玲
责任校对　董凌芳　刘序雯
数字编辑　傅宏梁　黄伊宁
封面设计　卓义云天　周　灵
出版发行　浙江大学出版社
　　　　　　（杭州天目山路148号　邮政编码：310007）
　　　　　　（网址：http://www.zjupress.com）
排　　版　杭州林智广告有限公司
印　　刷　嘉兴华源印刷厂
开　　本　889mm×1194mm　1/16
印　　张　23
字　　数　565千
版印次　2019年8月第5版　2023年9月第9次印刷
书　　号　ISBN 978-7-308-19370-2
定　　价　49.00元

第五版序

时代飞速发展。2016年第四版出版后的短短三年中，基于互联网平台的大规模开放式在线网络课程慕课（MOOC），在2017年教育部认定首批国家精品在线开放课程后，得到了各个高校的重视，越来越多的高校和教师加入了MOOC课程开发和开设的行列。2019年4月10日在北京召开的中国慕课大会透露，2018年中国慕课的数量成倍增长，上线慕课数量由2017年的3200门增加到12500门，增长近3倍，学习人数由5500万人次增加到2亿多人次，增长约2.7倍，国家精品在线开放课程由490门增加到1291门，增长约1.6倍。截至2019年4月，已有1000余所高校在网上开设慕课，建立起了覆盖所有专业门类的慕课体系。

2018年全国教育大会、新时代全国高等学校本科教育工作会议，则吹响了全面振兴本科教育，淘汰"水"课、打造"金课"，推动教育教学改革和课堂革命的号角。小班化教学、线上线下混合式教学、翻转课堂等教学方式得到了迅速的推广，教师对基于互联网的教学方式的运用也越来越熟练。越来越多的课程将知识点的讲解放到了网络课堂，让学生结合教材在课堂外进行自学，而将知识的运用、交流讨论等引入线下课堂，通过师生互动、生生互动的方式促进对知识的理解和创新性运用。

新的教学模式和方法的出现，要求作为课程知识主要载体的教材也做出相应的改变。如提供与网络课堂知识点讲解视频相配套的理论知识的更加全面和系统的阐述，呈现一些在知识点视频中难以直观展示的操作方式说明，补充更多的示例和背景知识，提供可供线下课堂讨论和交流的议题、案例分析题等。

正是基于与网络课堂配套的考虑和第四版课程型教材的实践反馈，在第五版的改版修订中，我们主要进行了以下一些修改：

1. **将教材和教辅合二为一**。在纸质教材中，不仅保留了原有教材系统讲解理论知识和提供完整学习指导的特点，而且通过二维码的嵌入，为学生提供了"本章小结"、大量的"扩展阅读"资料、可供实践借鉴的"行动指南"、帮助更好地理解知识点的"示例"或"实例"，以及部分讲解"视频"和"自我测试"；同时通过"立方书"微课堂为教师用户提供了"线上线下混合教学方案"、可供复制的"网络课堂"以及线下课堂可用的各种"教学资源"。其中，通过二维码嵌入方式为学生提供的学习资料增加了15万多字。

2. **将教材和课程相互关联**。本次改版，将原来第四版中以二维码嵌入方式提供的各章知识点讲解视频、各章测试和期末考试全部从教材中去掉，单独建立与教材相配套的在线"微课程"，以利于教师根据课程进度控制知识点讲解视频和各章测试发布进程，同时也方便学生在阅读教材的同时在"微课程"中再次听取教师对重点知识的讲解、参加单元测试以及与同学进行交流与讨论。通过将教材与网络"课程"相对分离，方便教师实施个人线上线下混合教学——SPOC教学方式，同时也有利于社会学习者自行通过作者开设的在线"微课程"进行MOOC学习。

3. 内容和方式与时俱进。 由于第五版中通过二维码嵌入方式提供了大量的教辅资料，并开设了相应的完整的在线"微课程"，所以原来本书的配套教辅网站"管理学课程网"将停止更新；为了便于对内容知识的理解，书中增加了一些图表，更换了部分推荐书目，同时更新了部分教材内容以及思考题和讨论题等。

这一次修订，得到了浙江省新形态教材项目和浙江大学本科教材建设项目的立项支持，本书责任编辑朱玲和数字编辑傅宏梁、黄伊宁、朱若琳、李晓承担了大量的二维码文档编辑、协助建设网络课堂的工作，在此，谨向他们表示衷心的感谢。

同时，也感谢家人一如既往的支持，感谢使用本书的各位同仁和读者。真诚地希望这一次改版能够更方便教师教学、读者学习和理解。大家如果对本版教材有什么意见和建议，欢迎发邮件给作者（邮箱为：xyq@zju.edu.cn）。

邢以群

2019年5月

一

时光如梭，斗移星转。随着互联网的迅猛发展，互联网＋教育也成为必然的发展趋势之一。

互联网和信息技术的发展，一方面使得知识可以被广泛地传播和方便地获得，从而改变知识的传播与学习方式；另一方面，移动互联网也极大地改变了人们的学习习惯，碎片化、共享型、个性化、自主性学习得以实现。在这样的情况下，作为知识载体的教材，也必然要发生相应的变化。

长期以来，教材一直是以纸张为载体，后来尽管也出现过将部分学习资料存储在大容量光盘中作为容量有限的纸质教材的补充的方式，但由于光盘需要在电脑中才能阅读和使用，与教材脱离，且存在着诸多不便和限制，所以"纸质教材＋光盘"的形式并没有能够得到广泛采用。随着互联网的发展，出现了"纸质教材＋课程网站"的形式，通过直接将与教材相关的学习资料及其更新内容放在网站的方式，大大拓展了学习资料更新的及时性、获取的便利性以及作者与读者、读者与读者之间交流的互动性，同时还可通过网站建立共享交流平台和网络辅助教学系统，从而使得共享交流、教学与学习都更为方便，所以"纸质教材＋课程网站"算得上是互联网教材的1.0版。作者于2007年在高等教育出版社出版的、专门针对在校本科生的《管理学》教材，就采用了这种方式，通过将该教材与相配套的、开放共享的管理学课程网（http://www.glxkc.net）的结合，不仅突破了纸质教材容量有限和更新需要一定时限的局限性，可通过配套网站及时提供更多更新的教学辅助资料，而且还可以通过网站为使用该教材的教师和学生搭建一个共享交流的平台，并实现课程辅助教学（如上传和下载资料、布置和批改作业、办理请假手续、提问和答疑等）。

此后教材的发展出现了分化，一部分教材迎合电子终端的发展和电子化阅读的需求，向电子教材方向发展。如浙江大学出版社在《管理学》（第三版）纸质教材发行以后，又开发了基于苹果和安卓系统的"跨平台、浸入式与社交化学习"的数字教材"管理学App"（2012年上线，几乎是国内最早的单本管理学App教材，该教材于2013年获得了第二十二届浙江省树人出版奖）和基于亚马逊Kindle系统的电子书教材（2014年）。在App教材中，利用相关的技术，在相应的章节处嵌有教学视频，而且可随时查询管理名家、名词概念，读者可以在数字教材阅读中记笔记、做练习等，从而克服了原来教材与网络课堂分离所带来的缺陷，在为读者保留纸质教材阅读习惯的同时，利用互联网带来了比纸质教材更多的学习内容享受和更便利的社交化学习可能。另外一部分教材则坚持传统的纸质教材形式，最多在纸质教材中尝试通过二维码嵌入一些视频讲解等，使之能够在形式上符合发展潮流。

在教材面临挑战的同时，互联网教学也风起云涌。在早期的精品课程网站由于缺乏开放性和互动性开始陷入僵局、公开课因缺乏双向交流和不符合人们碎片化学习的趋势而停滞不前的情况下，起始于2012年的大规模开放式在线网络课程——MOOC，从2014年开始在国内迅速兴起。

MOOC通过知识点的短视频讲解和演示、在线测试、作业互评、论坛讨论、有计划的教学安排等方式，将线下的课程搬到了线上，并拓展了学生学习的自主性、互动性，实现了教学的大规模化。作者于2014年在中国MOOC大学——爱课程网站上开设的"管理概论"，第一期注册学习的学员为1.4万多人，2015年第二期开设时，注册学习的学员达到了4万多人，是作者20多年来在线下直接授课的学生累计数的6倍以上。

正是在这样的背景下，作者从2014年开始探索教材的变革：未来的教材应该是怎样的？

二

要明确未来的教材是怎样的，就必须了解未来的教材可能面临的挑战。

- **首先是读者群的变化。** 未来越来越多的读者将是互联网的"原住民"，他们习惯于互联网和移动终端的使用；由于物质生活水平的提高，他们不仅面临着众多的诱惑，而且获得社交与尊重的需要将成为其主导需求；由于个性和喜好的不同，仍然存在着不同类别的学习方式——阅读型或倾听型。据此，未来的教材不仅应与互联网特别是移动互联网联结，而且要能适应多种不同的学习习惯；不仅要有值得学习的内容，而且也要注重形式，有趣、参与、好玩等也与内容一样重要。

- **其次是技术的发展。** 未来的互联网将更快、更广、更智能，可以随时随地、永远在线、万物相连、个性化定制；阅读的终端设备多种多样，纸质、手机、电脑、iPad、Kindle、iWatch、电子纸等各式载体各尽逞其能；社交的方式也将更加多样化，文字、图表、语音、动漫、视频、二维码、微信群、QQ、论坛、邮箱等争奇斗艳；大数据分析可以为个人学习提供进度计划、理解程度分析等；印刷技术也随着科技的发展，越来越能满足各种个性化的需求。因此，未来的技术不仅能够满足教材个性化定制的需求，可以采用多种形式呈现多样化的内容，而且能够实现各种学习终端之间的转换，实现各种形式的学习内容的有机统一，并建立个性化学习指导和帮助系统。

- **最后是竞争格局的变化。** 教材的竞争对手以前更多的是同行，但将来可能会变得更加多元化。跨界竞争是未来主要的威胁。以视频为主要形式的公开课、MOOC等可能会吸引倾听型的学习者抛弃文字型教材；提供电子读物的网站和知识网站，可能会分流习惯于电子读物的阅读型读者；知识社区和作者自媒体也会在一定程度上分流热衷于社交化学习的读者。因此，教材要保持持久的魅力，就需要融合各种学习方式。

我们在了解未来可能发生的变化的同时，也同样需要研究哪些因素将保持不变：

- **教材不死。** 学习促进成长，不管世界发生怎样的变化，人类始终还需要通过学习才能成人。知识的传承和学习行为会始终存在，承载人类经典学科知识的教材就有必要永久存在。

- **内容为王。** 不管有多少种表现形式，不管有多少种跨界竞争方式，教材要被人接受，能够吸引人、让人有所收获的高质量内容都是基础。

- **方式多样。** 由于人的学习习惯的不同，适合不同学习者个性特点的教材呈现方式，如纸质阅读、视频观看、电子版学习等多种形式将长期并存。

根据前述两方面的分析，我们就可以大致推测未来的教材应该是这样的：

- **互联网化。** 不管何种形式的教材，都应该以某种形式与互联网相联系，以便提供配套学习资料和教辅、及时更新和扩展内容、满足学习者社交需求等。

- **不同形态。** 既有纸质教材提供给中老年阅读者或注重保护视力的阅读型读者，也有电子版App数字教材提供给习惯电子阅读的年轻一代，也有MOOC之类的视频课程型教材提供给倾听型读者。

- **多样一体**。将不同形态的教材之间打通，并适用于各种学习终端。在同一形态的教材中提供多样化的学习形式选择，以满足不同读者的学习需要，以及为读者提供一体化的学习方式。

这一版的教材，正是上述关于未来教材这一探索研究的结晶：课程型教材。

三

所谓的课程型教材，就是以纸质教材为载体，同时通过嵌入在教材中的二维码作为互联网移动终端设备入口，将基于互联网的知识点讲解视频、扩充知识阅读文献、读者自我在线测试、作者与读者以及读者与读者间的相互交流讨论、教材知识掌握度测试与成绩评定等多样化学习环节融入其中，并将教材与相应的MOOC课程、课程平台网站相联结（一次注册，多方使用），使读者能够通过一本纸质教材和一个移动终端，实现自主化、社交化、有反馈的学习，在根据自己的学习习惯确定学习方式和学习程度、有选择地参与感兴趣的话题探讨、交流自己学习中的疑惑和体会的同时，可通过参加在线测试获得自己对每一章知识理解程度的反馈，以及全教材知识掌握程度的测试成绩反馈。进一步地，在通过二维码注册进入与教材相关联的相应网络课程，参加MOOC课程学习，成绩合格的情况下，还可获得相应的课程学习证书；或者通过课程平台网站，加入线下课堂的线上课堂，实现O2O教学。具体的使用和操作详见立方书使用方法。

为了达到上述目标，在本次改版过程中，主要进行了以下一些修改。

1.通过二维码增加了一些内容类型

- **作者讲解的视频**。这些视频的增加或者是为了加深读者对某一部分知识的理解，或者是为了让读者在理解的基础上知道如何加以运用。

- **相关的文献资料**。这部分主要是为了使读者进一步了解相关知识或教材中所涉及内容的背景知识。

- **趣味性自我测试**。这部分是为了让读者在学习相关知识时，进一步了解自己在这方面的学习情况。尽管这些测试题都引自经典教材，并通过了作者组织的测试有效性验证，但还是只为了提高读者学习兴趣而提供。

- **问题或案例讨论**。这部分将读者与网络社区相联结，使读者不仅能够看到其他读者对该问题的看法，而且还可以发表自己的观点，或与作者一起探讨。

- **学习的在线测试**。在每一章后面，我们都提供了有关该章知识点的10道测试题，可以使读者通过测试了解自己对该章知识的掌握程度。而测试反馈中的测试题解析，则可使读者了解自己错在哪里。在教材最后，我们也提供了包括20道客观题的综合测试，可以让读者了解自己对该教材的整体掌握情况。

2.对教材内容进行了一些删除、调整和补充

- **删除了一些文字内容**。对于可以通过视频讲解或文献资料方式更好地呈现的一部分内容，进行了文字内容的删除，包括网络图的绘制、一些解释性事例等。

- **适度调整了章节结构**。由于管理学研究的主题是"管理者如何有效地管理其组织"，因此在本次修订中，把组织及其组织绩效凸显了出来，将原来在第二章中的有关组织的探讨与第四章中关于管理与环境的探讨结合起来，作为新的第二章"组织及其绩效影响因素"，将原第二章管理者改为第三章，原第三章改为第四章，去掉原第四章。同时，由于信息技术的发展，更多的控制将付诸技术，所以这一次将控制篇中的两章合并为一章，并去掉了一些具体控制方法的介绍，从而使整体章节结构显得更为合理。

- **调整了讨论题和案例**。原来的讨论题更适合于线下的课堂教学，为了适应网络讨论，在这一次改版中对大多数讨论题进行了调整，使之不仅更适合于网络讨论，而且也能更多地与社会的发展相适应。对案例则只是做了小部分的替换，以提高其适用性。

- **修订了一些推荐书目**。对于推荐书目，作者这一次做了部分的更新，使之在让读者更多地了解经典的基础上，也能跟上新的发展。

3. 在技术上进行了互联网化整合，使读者能够通过本书获得多样化的学习方式

- **同步编辑出版了电子教材**。读者可以通过亚马逊网站购买本书的电子版，通过 Kindle 进行电子书文字阅读。

- **设置了与该教材相对应的 MOOC 课程**。读者可以注册进入中国大学 MOOC 上的"管理概论"MOOC 课程，完成课程学习并取得课程学习证书。同时，也使倾听型读者可以以 MOOC 课程学习为主，教材为辅。

- **配套管理学课程网**。对原来的管理学课程网进行了全新改版，读者登录 http://www.glxkc.net，进入教材频道点击该教材，在该教材网页中获取上这门课的教师或学生用教学资料、相关的扩充阅读文献等。使用本书的教师还可以使用该网站开设网络课堂，实现课程网络辅助教学。

- **同步配套管理学立方书教材**。读者在手机上下载"立方书"应用软件，扫描书中的二维码，获取与教材内容相关的视频、趣味测试、文献资料、章节测试等资源，直接在手机端阅读，以加深对内容的理解。同时，教师用户可通过扫描封面二维码，向作者申请本书资源，还可以登录 http://www.lifangshu.com，同步开设管理学微课堂，完美实现 O2O 教学。

四

这一版教材的修订，从 2014 年着手探索，到 2015 年开始修改，整整花了两年的时间。其中的工作量之大、工作难度之强，是我们一开始所没有预料到的。

为了使这一新型的教材得以顺利出版，浙江大学出版社领导高度重视，为此成立了专门的项目工作小组，汇集作者、文字编辑、视频编辑、网站制作技术人员、网络课程制作技术人员、电子书制作人员等，每周召开例会，一起进行探讨和工作。因此，这本书在一定程度上而言，是集体劳动的结晶。

在此，感谢浙江大学出版社领导特别是金更达副社长的大力支持，感谢责任编辑和项目组组长朱玲的统筹协调；感谢数字编辑及 MOOC 课程制作人员陈妙华、傅宏梁、黄伊宁、李寒晓，电子书编辑李斌、沈明月；感谢网站制作人员许阳飞、黄双盟、冯婧婧、孙同、施琳婕、方婷云；感谢技术支持童华章；感谢为本书共同承担编辑、校对以及复终审工作的曾熙、徐霞、王元新、张颖琪和阮海潮；感谢本书的营销编辑黄娟琴、潘英妃、马海城、汪荣丽、胡志远、刘瑾和朱虹。是他们的共同努力使这一教材能够以多样化的形式呈现。

希望我们的这一次探索和尝试能够得到各高校教务管理部门和管理学课程主讲教师、各类读者的理解和支持。如果本版教材中存在什么问题或对本书的进一步完善有什么建议，欢迎发邮件给作者（xyq@zju.edu.cn）。真诚希望本书能够更方便您教学，更好地帮助您学习和理解管理学。

第三版序

邢以群
2016 年 2 月于浙江大学

第二版序

一

在现代社会中，管理作为有助于实现目标的一种有效手段，可以说无时不在，无处不在。不管从事何种职业，人人都在参与管理：或管理国家，或管理家庭，或管理业务，或管理子女。国家的兴衰、企业的成败、家庭的贫富，无不与管理是否得当有关。尽管如此，我们绝大多数人却都是通过实践学会管理的，这就不可避免地要多付出一点代价，多走一些弯路。

为了少走弯路，人们感觉到有必要通过各种途径学习有关管理的知识。而管理学正是以研究管理一般问题为己任，以组织管理为研究对象，致力于研究管理者如何有效地管理其所在的组织的学科。**管理学是人类智慧的结晶，它为人们提供了一套比较完整的有关组织管理的理论和方法，**在管理类各专业的教学计划中，管理学是一门必修的基础课。

二

作者自1986年从浙江大学管理系毕业留校参加工作以来，一直从事管理学的教学和研究工作，在最初几年的教学过程中，发现要找到一本合适的管理学教材十分困难。为此，作者于1992年开始着手在参考当时已有的各类管理学教材的基础上，根据自己的教学经验和平时对管理学的研究，编写管理学教材，希望能写出一部既能反映管理学的基本原理，又能结合中国实际，既便于教学，又可以自学，概念清楚、层次分明、实用性强的管理学教材。经过五年的努力，这本管理学教材终于在1997年浙江大学100周年校庆之际，由浙江大学出版社出版发行。1998年经专家评审，被教育部作为经济、工商管理类推荐教材向全国各高校推荐，发行量逐年上升，至2004年已累计发行10多万册。

1997年版的《管理学》，虽然作为管理专业本科生和研究生的入门书籍，至今仍为不少高校所采用，但作者在后续几年的教学过程中发现，1997年版的《管理学》尽管对管理学的基本理论和基本知识进行了较为清楚的叙述，但在体系的完整性和表述的直观性上仍存在某些缺陷。为此，作者自2001年开始考虑重写《管理学》，并且对《管理学》的改版于2003年列入了浙江大学"精品课程"和"重点课程"建设项目。现在这本书就是对第一版修订后的结果。

三

第二版在第一版的基础上，主要进行了以下几方面的修改。

1. 改进框架结构，增添了部分内容，从而增强了教材内容的完整性

在第一版中，整体框架按基础篇和职能篇建立，有读者认为职能篇太笼统，因此在第二版中整体框架将按基础篇、计划篇、组织篇、领导篇、控制篇设立，使职能篇中的各章与管理四大职能紧密相连，整体框架体系更明确。

另外，根据管理学各部分之间的关系和重要程度，在第二版中将第一版第一章"管理、管理者和管理学"拆分为"管理和管理学""管理者"两章，并加以重写，对管理和管理者的各方面进行了深入阐述，以更好地突出对基础部分的重视；将原第四章"决策及其过程"放到计划篇中去论述，在目标的制定中增加了技巧一节，增强了逻辑性和实用性；在组织篇中增加了"人员的配备"一章和"岗位职责设计"一节，弥补了原有的体系缺陷；在管理思想的演变一章中增加了对管理新趋势的描述，在沟通一章中增加了自我沟通部分，在控制部分中增加了对管理信息系统的介绍，从而进一步增强了该教材的适应性和通用性。

2. 增加了图表叙述方式，从而增强了内容的直观性和可理解度

第一版《管理学》在叙述上基本上采用的是单一的文字方式，只有少量必不可少的图表。在本次修订过程中，作者将自己在教学过程中使用的大量图表融入其中，从而增强了内容的直观性和可理解度。

3. 提供了阅读指导和教学建议，补充了推荐书目，使读者更便于使用本书

在本次修订过程中，删除了部分与当前的社会经济环境已不相适应的内容，修改了部分案例和讨论题，使其与现实能够更紧密结合。同时，提供了阅读指导和教学建议，以方便读者有效阅读、教师正确使用本书。在书后增加了一个"推荐书目"栏目，以方便读者进一步学习管理理论和方法。另外，在出版社和编辑的帮助下，还对该书的编排体系做了一定的调整，以便读者阅读和使用。

四

在修改过程中，第二版保留并进一步增强了第一版的以下特色。

1. 定位于管理学入门教材，注重基础性和通用性

尽管管理专业已成为当前社会上的热门专业，各类组织也在不断地加大对在职管理人员的培训工作，新的管理理论、方法和术语不断涌现，但作者认为，人们还是普遍缺乏对管理学基础知识的系统了解。而且作者在管理咨询实践中也发现，很多管理问题之所以没能得到较好的处理，也是因为管理者缺乏对管理基础知识的系统认识。所以，在再版时，作者仍将《管理学》定位于讲解管理学的基本概念、基本理论和基本思维方式。

管理学入门书籍常见的不足是：或只对若干个问题进行深入细致的分析，缺乏体系的完整性；或只对众多的内容泛泛而谈，缺乏一定的深度；或是东西方教材一大抄，断章取义，逻辑混乱，使读者难以理解。本书针对这些问题，在内容的编排上，以系统地讲解管理学基本知识为主，同时通过在正文中穿插思考题和在书后列出相应推荐书目的方式，引导读者进一步学习和思考，以加深对管理知识的理解，较好地处理广度与深度问题。在论述方式上，则既注重论述的逻辑性，又力求论述生动有趣，以增强可读性。

另外，针对不同层次读者的需要，本书在内容编排上，不仅包括了一般性的管理基础知识，而且在该扩展的地方进行了扩展，并在正文中专门设置了思考题，以引导读者进一步加深对管理知识的理解，使其既可作为专科、本科层次"管理概论"的教科书，也可作为管理类专业研究生

的教学参考书，同时也适合于在职管理人员和一般读者自学。

2. 理论讲解与实践指导相结合，注重应用性

现代人大都抱有一种"实用主义"的观点，他们需要真实、相关和有用的知识。为此，作者在本书中采取了以下一些措施：

首先，和大多数入门教科书的作者不同，本人并不认定读者只是为了想当高级管理人员而学习管理，而是把学习管理看作是每一个人走向社会所必须经历的过程。因此，在内容讲解上，既考虑到了管理人员的需要，也考虑到了一般人员了解管理的需要。

其次，注意时时提醒读者，管理学是一门实践性很强的学科。它的基本概念、原理是普遍适用的，但在具体应用时要注意其所处的环境对管理的影响，做到具体问题具体分析。

第三，结合中国的管理实践叙述管理知识。读者会看到现实中的许多事例在本书中的扩展性应用。在本书的案例中，有不少是作者在研究工作中收集、整理出来的实际例子，而不只是国外教科书上一些案例的引用，从而使读者感受到管理与其生活的紧密联系。

3. 提供学习指导，充分体现教科书的特点

为帮助读者更好地学习和掌握管理学的基础知识，作者吸取国外教科书的优点，在每一章的学习指导方面保留了第一版的做法，以较好地指导读者学习。

本书中的学习指导体系如下：

● 阅读指导。在一开始时，就对全书的内容做一个大致的介绍，并对各部分之间的关系、如何使用本书以及管理学的重点做了一定的说明，使读者能够从全局的视野出发来阅读和理解各部分内容。

● 学习要求。当我们开始一个旅程时，首先必须明确目的地，这样就可以少走弯路。学习也是如此。为了帮助读者有效地学习，本书在每一章的开头都提出了学习要求，指出通过学习这一章应该掌握哪些内容。

● 思考题。每一章都包含不少思考题，目的是促使读者在阅读过程中开动脑筋进行思考，注意文中各部分内容的主题，加深对管理基本概念和基本观点的理解。同时，通过思考题，进一步激发读者学习的兴趣，以便读者在学习管理基本知识的同时自觉扩大阅读面。

● 小结。正像学习要求指出了一个人前进的方向一样，小结则提醒你目前已到达哪里。本书的每一章后面都有一个围绕着每一章学习要求的简明总结。

● 复习题。本书的每一章后面都有一些复习题。假如你已理解了该章的内容，你就应该能直接回答这些问题。这些问题都是直接针对该章内容的，答案可以从该章内容中找到。

● 讨论题。除了复习题外，每一章后面还附有讨论题。这是为已有一定管理知识或已学过管理课程的读者进一步加深对管理学的理解而设置的，特别适用于研究生教学需要。这些问题的回答需要归纳、综合已学过的知识或应用管理学中的概念、原理等。这些讨论题不仅能使读者懂得该章中所叙述的知识，而且有助于读者运用这些知识去解决更为复杂和实际的问题。

● 案例分析。本书在每一章的最后都附有一个案例，这些案例大多来自管理实践。通过对这些案例的分析，读者可以理论联系实际，提高自己灵活地运用管理知识来解决实际问题的能力，同时加深对相关章节管理知识的理解。

五

本以为对第一版进行修订是一件比较轻松的事情，不料从2001年开始着手考虑修订，断断续

续，最后竟然花了几年的时间。若不是浙江大学出版社的催促，还不知道什么时候才能修订到自己满意为止。因此，本书能够得以早日出版，首先要感谢浙江大学出版社陈晓嘉副社长、李桂云编辑的时刻督促和鼓励。其次，在本书的写作过程中，得到了我的研究生的大力支持，他们通过集体讨论，提出了对1997年版的具体修改意见，为本书的修订指明了方向，第二版中很多的修订都是根据他们的建议进行的。另外，本书的修订得到了浙江大学"精品课程"和"重点课程"建设基金的资助。在本书的写作过程中，作者也参考和引用了国内外相关书籍和文献，从而进一步丰富了本书的内容。还有我的家人为本人创造了一个良好的写作环境，促使本书得以早日完成。在此，谨向他们表示诚挚的感谢！

邢以群

2004年10月于浙江大学

◆ 第一版序

一、本书结构

按照管理学的研究范围，本书由三部分六篇十五章组成。图1是关于各部分的一个简要介绍以及各篇之间的关系。

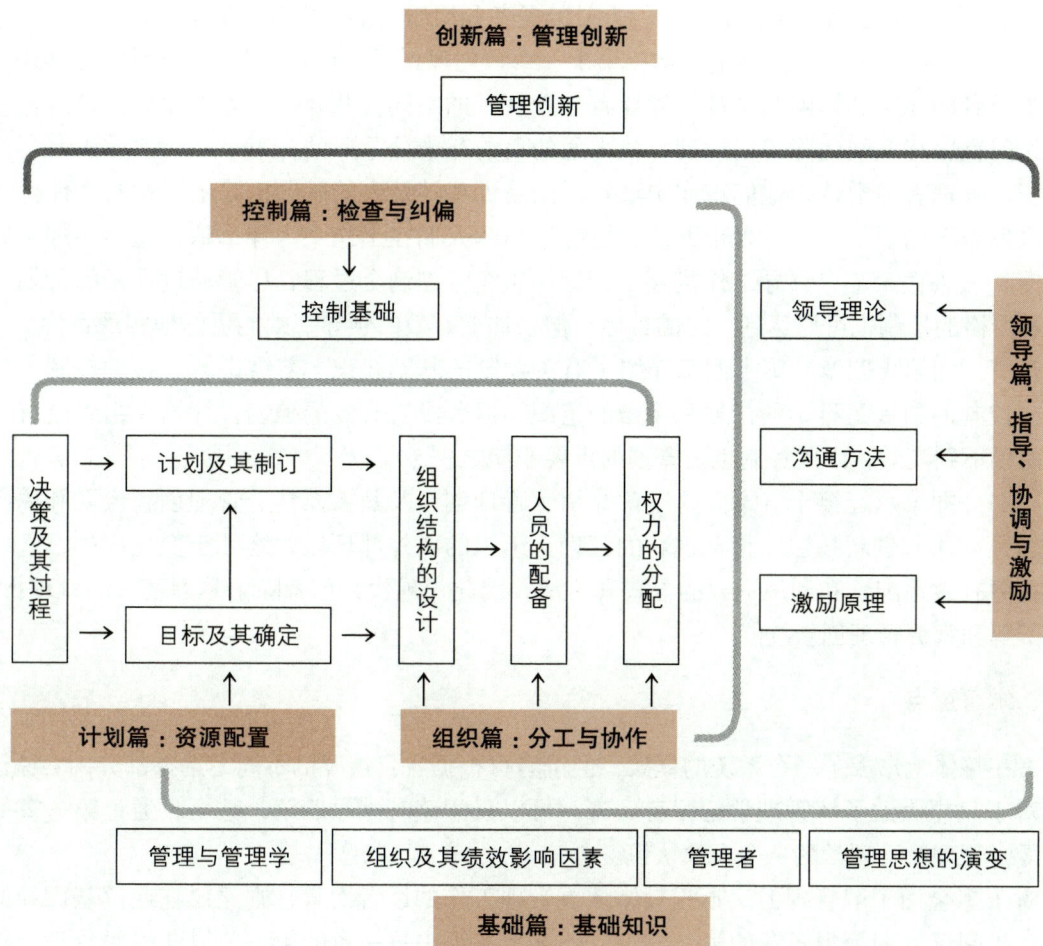

创新篇：管理创新

管理创新

控制篇：检查与纠偏

控制基础

领导理论 ← 领导篇：指导、协调与激励

沟通方法 ←

激励原理 ←

决策及其过程 → 计划及其制订 → 组织结构的设计 → 人员的配备 → 权力的分配

决策及其过程 → 目标及其确定 →

计划篇：资源配置

组织篇：分工与协作

管理与管理学　　组织及其绩效影响因素　　管理者　　管理思想的演变

基础篇：基础知识

图1　本书内容构成

第一部分也即第一篇基础篇，包括第一章至第四章。该部分分别介绍什么是管理、管理学有什么特点、组织是什么、为什么需要组织、组织绩效受哪些环境因素的影响、管理者是干什么的、管理者应具备的素质以及主要的管理思想流派等，目的是帮助读者建立对管理、管理学、组织、管理者、管理思想、管理作用的基本认识。这一部分是整个管理学的基础，只想对管理学有一个基本了解的读者只需通过阅读此部分就可获得对组织管理的大致了解。

第二部分由计划篇、组织篇、领导篇和控制篇组成，阐述的是管理的四大基本职能。读者可通过对每篇的深入了解，掌握有效管理的基本技能和方法。其中：

计划篇，包括第五章至第七章。分别是目标及其确定、计划及其制订、决策及其过程。任何组织的存在都是为了达成一定的目的，因此我们首先要确定组织目标及实现目标的途径，这就是计划工作。计划工作是管理的首要职能，管理工作一般都从计划工作开始。而要做好计划工作，就必须了解组织目标的基本特点和计划的基本构成要素，掌握确定目标、制订计划的基本方法和科学决策的基本原理与方法。第二篇着重就这些内容展开了论述。

组织篇，包括第八章至第十章。第八章就组织结构的设计进行了探讨，第九章着重介绍了人员配备的基本过程和方法，第十章介绍组织内部关系的形成，对权力类型、授权及其过程、集权与分权等做了详细介绍。如果不能付诸实施，计划做得再好也是没有用的，因此紧随计划之后的是组织工作。组织工作的前提条件是目标和计划的明确，着眼点是分工协作关系的明确和人员的落实，其主要工作就是组织结构的设计、人员的配备和组织内部权力关系的确定。

领导篇，包括第十一章至第十三章。第十一章首先探讨了个体行为与群体行为及其影响因素，指出了领导者的职责和影响力来源，领导者与管理者的不同，并介绍了各种领导理论。在领导工作中，如何克服相互间的障碍以达到有效沟通的目的是十分重要的，第十二章着重讲解了沟通方法及技巧。管理者通常认为他们工作中最棘手的是那些涉及人的问题，第十三章对个体行为模式和激励原理做了简要的介绍，以帮助读者更好地理解人们在工作中为什么这样做而不那样做，以及如何使某人去做某事。领导工作贯穿于计划、组织、控制全过程，尽管通过周密的计划、严密的组织和严格的控制也可以达到一定的目标，但若加上有效的领导，则能更好地实现目标。

控制篇，即第十四章。第十四章介绍了有关控制的基础知识，着重讲解了各种控制类型及控制方法。控制的前提是科学的计划和严密的组织，但若没有有效的控制，计划和组织就有可能流于形式而得不到实效，因此控制也是管理的重要职能之一。

第三部分即第六篇第十五章。这一章介绍了管理创新及其重要性、管理创新模式和原则、管理创新思维方法和创新技法、管理创新的管理。组织的内外部环境始终处于变化之中，管理也要不断寻找更有效地配置和利用资源的方式和方法，因此，现代管理者除了掌握基本的管理技能外，还应该了解和掌握管理创新技能。

二、学习重点

本书在整体上形成了一个系统的框架，但读者可根据各自情况的不同，选择部分内容阅读：

● 对于只想大致了解管理学的读者而言，可以只阅读基础篇四章，甚至只通过第一章的阅读即可获得对管理及管理学的一个大致认识。

● 对于想全面了解管理但又不想具体从事管理工作的读者而言，则建议在通读基础篇的基础上，进一步阅读计划篇中各章的第一、二节和其余各篇中每一章的第一节以获得对管理全貌的基本了解。

● 对于已经具备管理的基础知识，只想进一步获得管理操作性知识的读者而言，可选择性地通过阅读计划篇、组织篇、领导篇、控制篇和创新篇各章中的第二、三、四节以获得有益的启示。

● 对于想全面了解管理学，并掌握管理基本技能的读者而言，则需要通读全书。本书除基础篇以外，各章在编排过程中，第一节以介绍基本概念和基本理论为主，第二节侧重于介绍各项管理工作的基本过程，第三节以介绍基本方法为主，第四节则以总结基本技巧为主。

管理学是一门发展中的学科，本书所涉及的只是管理学中最基础的内容。管理学又是一门实践性很强的科学，读者只有在理论学习的基础上，通过不断地实践，才能真正掌握管理的真谛。

根据对管理学二十年的学习和研究，作者认为，学习管理的重点在于掌握以下三种基本思维方式、四项基本原则和一个核心要素。

1. 三种基本思维方式

管理基本思维方式之一：很难说——具体问题具体分析

面对一个管理问题，不少人通常直接凭借过去的经验，做出迅速的决策和直接的回答，只有在决策被实践证明是错误时，才通过原因分析了解到此问题非彼问题，尽管形式上两者似乎一样。为了避免犯经验主义错误，管理者在面对管理问题时，首先要树立具体问题具体分析的思维方式，学会说"很难说"。管理学从某种意义上而言就是一门传授如何具体问题具体分析的思维和方法的学科。

管理基本思维方式之二：统统摆平——目标导向、兼容并蓄

对一个管理问题，我们通过具体问题具体分析了解其实情后，不要急于先确定解决方案，而应先确定决策目标，即这个问题要解决到何种程度。决策目标不同，决策方案也就不同。在确定决策目标时，面对与这一问题相关的各个方面，很多人往往采取"非此即彼"的思维方式，只注重于与这一问题相关的一两个方面目标的实现。管理的功能在于以有限的资源投入获得尽可能多或高的目标实现，因此，管理者在面对一个管理问题时，所确定的决策目标应是尽可能取得我们对这一问题所看重的各个方面目标的实现，即要"统统摆平"。这也是职业管理者和业余管理者之间的区别之所在。

管理基本思维方式之三：责任在我——解决问题从认识自我、改变自我着手

对一个管理问题，在寻求具体解决措施时，要从认识自我开始、从改变自我着手。因为在多变的环境中，唯一可控的就是我们自己，而且每一个人的价值观、能力结构、所处环境不同，所以对于同样的管理问题，不同的人有不同的解决方法。管理者要从认识自我着手，从自己是否很好地履行了管理者的职责着手分析组织中问题产生的原因，从改变自我行为着手来寻找组织问题解决之道。

2. 四项基本原则

管理者在具体开展管理工作时，则要坚持以下四项基本原则：

一是要**以目标为中心**，即要进行有效的管理，首先必须确立正确的目标，围绕目标开展各项管理工作，并最终以目标达成度来衡量管理效果。管理是一种手段，其目的就是帮助人们有效地实现其目标，目标错了，就一错百错；同时，偏离目标的行为是一种无效的行为。因此，在管理过程中，要始终把目标放在首位，以目标作为行动的指南和衡量的标准。

二是要**以人为本**，即管理者在进行管理工作时，要从研究人的需求出发，把协调人与人之间的关系、引导人的行为、激发人的积极性作为开展管理工作的基础。管理的目的是更好地满足人的需求，一切工作也都需要由人来进行设计、安排、落实、执行，管理者的管理对象主要是人，若缺乏对人的了解和研究，管理工作将会无的放矢或很难开展。

三是要**随机应变**，即要具体问题具体分析。在实际工作中，不存在普遍适用的管理方法。学习管理学或他人先进的管理方法时，重要的是要学习其思想，至于具体的实施方法则要根据本组织的具体情况自行创造。只有把各种管理思想融会贯通，并结合本组织的实际创造性地加以运用，才能取得良好的管理效果。

四是要**注重经济性**，即要力求以比较经济的方法来达成目标。人们之所以需要管理，就是因为人们所拥有的资源是有限的，因此，不论从事什么工作、采用什么方法，都要考虑是否经济。只有时刻注意经济性，才能做到管理的有效性。

3. 一个核心要素

管理是人们为有效实现目标而采用的一种手段，其效果取决于管理者的水平。由于管理职能要由人来履行，以上四项原则的贯彻也有赖于人。因此，**有效管理的核心是提高管理者的素质**。只有提高管理者的素质，使其掌握有效管理的思想、方法和技巧，才能正确地贯彻以上四项原则，达到有效地实现组织目标的目的。所以要提高一个组织的管理水平，关键在于提高组织中管理者的素质。

以上是作者学习和研究管理学的心得，也是本书写作的指导思想，在这里贡献出来，供读者阅读本书时参考。

三、案例分析方法

在本书的每一章中，为了便于读者加深对各章内容的理解，每一章后面都附有一个案例分析题。由于第一版中没有给出各案例的分析思路，所以很多读者希望在再版时能给出各案例的分析思路，以便判断自己的分析是否正确。每一个案例的具体答案是多种多样的，给出具体的分析思路容易限制读者的思考，因此在再版修订时我们仍然没有给出参考答案。但为了便于读者进行案例分析，我们在此对案例分析方法做一介绍。

教学案例有哈佛式冗长而细节俱全的案例，也有德鲁克所倡导的短小精悍的案例。本书中采用的基本上是德鲁克式的案例，目的是希望人们能够超越事物的细枝末节，从大局出发去寻找解决各种管理问题的一般性原则，掌握管理的基本思维方式。因此在本书中，所谓案例分析，就是运用管理知识和管理理论，分析、判断所给出的管理实践问题，并提出相应的对策和建议。从分析结构上而言，案例分析应有论据、论证、论点。即要回答理论上是怎么认为的，结合本案例是怎样的情况，由此得出结论。**案例分析重要的不是结论，而是分析思路**，即为什么应该是这样而不是那样。案例分析的**关键在于能够将一个实际问题抽象成为一个理论问题**，再寻找相应的理论依据，据此分析、判断实际问题，并得出相应的分析结论。

以本书第三章中的案例分析题为例，该案例中的问题是：他应该亲自核对这批书，还是仍由业务员们来处理？为什么？针对案例，我们将此问题抽象为理论问题：一个人（他）在组织（案例讲的是网购部发生的事）中应该怎么做（亲自核对这批书，还是仍由业务员们来处理）？对此，根据管理学理论，一个人在组织中应该做什么、怎么做，取决于其在组织中的角色分工。据此，我们可分析在该案例中，"他"是什么角色。根据案例的描述，"蒋华是某新华书店网购部经理。随着网购业务的飞速发展，该网购部每天要处理众多的网购业务。在一般情况下，订单分配、按单备货、发送货物等都是由部门中的业务人员承担的"。这表明此人不仅有管理者的头衔，而且拥有下属，符合管理者的定义，因此可确定蒋华是一名管理者。由此，该问题可转换为：管理者在组织中应该怎么做？进一步地，该问题还可以依次转换为：管理者在组织中出现问题时应该怎么做，以及管理者在紧急情况下应该怎么做？通过对这几方面的分析，就可以获得对组织中管理者角色的更多理解，从而达到该案例分析的目的。

如何运用理论
指导实践？

在线微课程和教师专享资源说明

《管理学》（第五版）更好地融入了"互联网＋教育"的理念，为"教材＋教辅""教材＋课程"形态。改版后的纸质教材配套有大量的案例和习题资源，在书中以二维码的形式呈现。为了便于教师用好本书，更有针对性地教学，本书配套有教学建议。

作为"教材＋课程"形态，本书还配有微课程、教师专享资源、SPOC课堂等配套数字化线上资源，内容丰富、形式创新，满足不同类型读者的教学和学习需要。

微课程

用"立方书"App扫描封底二维码，付费进入微课程学习。微课程含有150个短视频讲解和演示，更有每章测试题可以检验自己的学习情况，便于读者更好地理解书中重要知识点。

教师专享资源

开通教师权限后，教师用户可获取海量的教学资源。方法如下：在"立方书"App端点击"我"——"教师专区"，上传教师资格证，通过审核即可。

SPOC课堂应用

教师用户借助"立方书"SPOC课堂系统自由设计课堂，进行混合式学习、移动式学习、协作式学习、沉浸式学习、案例式学习等教学模式的创新实践。

开通方法如下：教师用户开通教师权限后登录"立方书"官网（www.lifangshu.com），创建属于自己的个性化课堂。课堂创建成功后，教师可在电脑端进行课堂设计，并且通过"立方书"App手机端与学生进行互联互动。

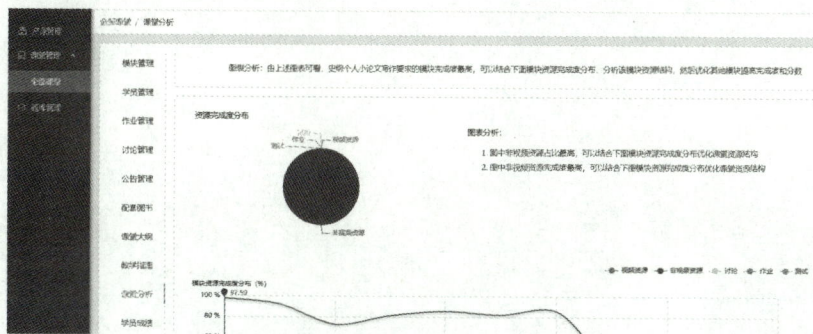

SPOC课堂电脑端应用示例

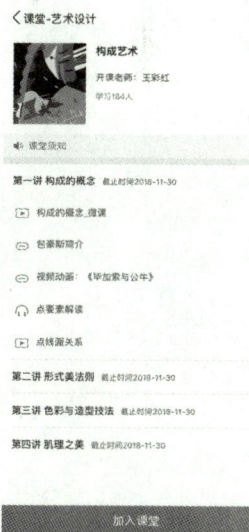

本书教学建议

SPOC课堂手机端应用示例

目 录
CONTENTS

第二篇　计划篇

第三篇　组织篇

格图理论以及几种典型的领导权变理论：费特勒模型、不成熟—成熟理论、应变领导模式理论、途径—目标理论。

讨论题： 开发和提高领导能力的途径与方法

案例分析： 领导方式的确定

第一篇 基础篇

INTRODUCTION

学习管理学，首先必须了解什么是管理，怎样才算管好了；为什么要成立组织，组织为什么需要管理，影响组织绩效的因素有哪些；管理者是干什么的，管理者应该具备怎样的素质；管理学与其他学科相比有什么区别，人类对于如何管理都有一些什么认识；等等。

基础篇围绕着这些基本问题分四章就管理与管理学、组织及其绩效影响因素、管理者的职责与素质要求、管理思想及其演变做了详细介绍。

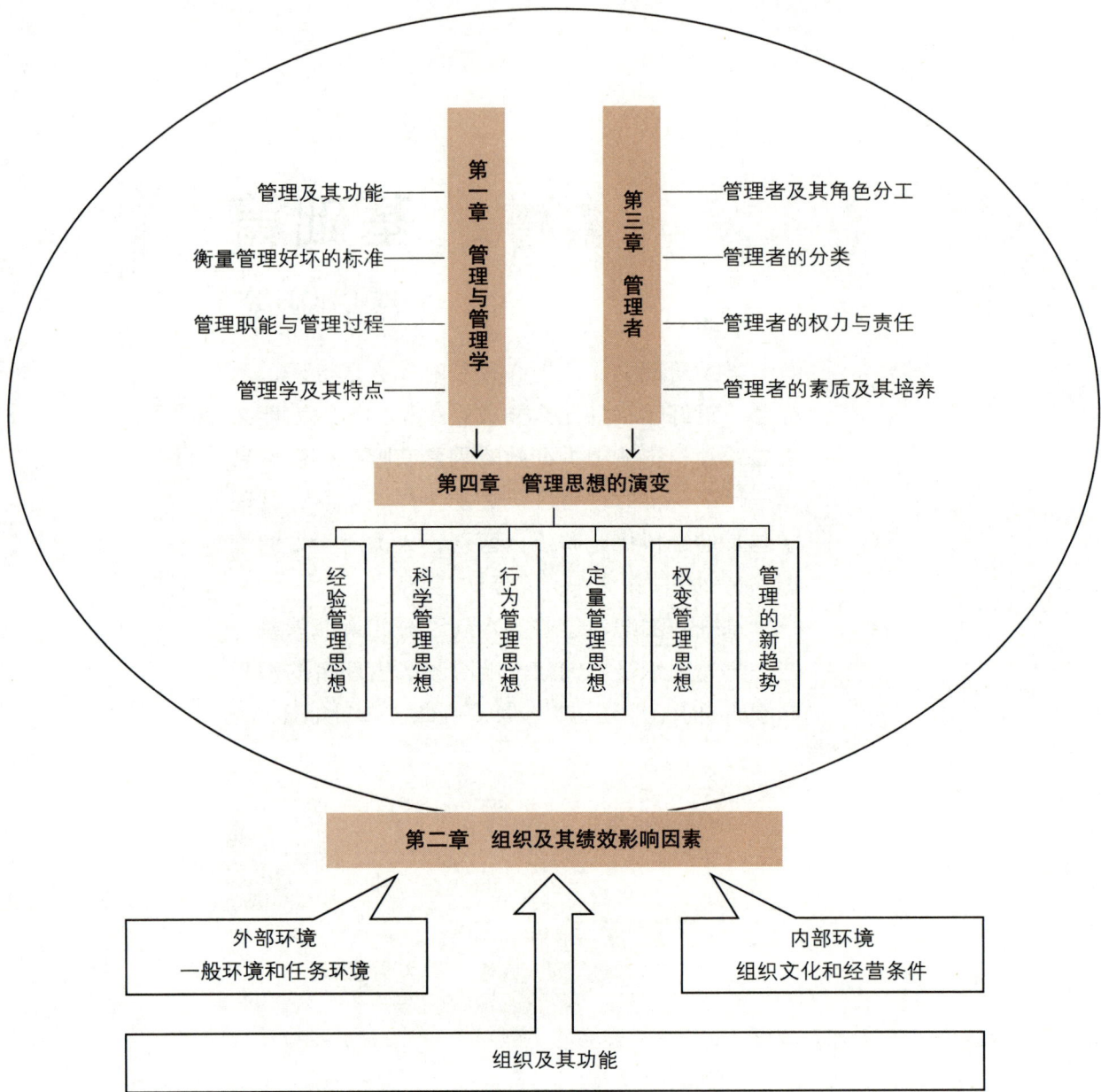

管理及其功能————第一章 管理与管理学————管理者及其角色分工 第三章 管理者

衡量管理好坏的标准————————管理者的分类

管理职能与管理过程————————管理者的权力与责任

管理学及其特点————————管理者的素质及其培养

第四章 管理思想的演变

经验管理思想 | 科学管理思想 | 行为管理思想 | 定量管理思想 | 权变管理思想 | 管理的新趋势

第二章 组织及其绩效影响因素

外部环境 一般环境和任务环境

内部环境 组织文化和经营条件

组织及其功能

管理与管理学

学习要求

　　通过本章学习，建立对管理和管理学的基本认识，并深刻认识到学习管理学的重要性。应了解管理产生的原因，清楚管理的功能；掌握有效管理的含义，能区分效率和效益；明确管理的基本职能，能清楚描述管理的基本过程；了解管理学科体系，清楚管理学科的性质特点；理解学习管理学的重要意义。

　　在现代社会中，"管理"是一个使用频率非常高的词。随着市场经济的不断深化，人们对管理的兴趣持续提高，有关管理的书籍、期刊越来越多，各大专院校也基本上开设了管理通识课，从专科到本科到研究生，报考管理类专业的人数也始终保持着热度。

　　人们为什么如此注重对管理的学习？管理到底是什么？它对我们的工作、学习、生活有什么影响？这是我们在开始学习管理前首先必须加以了解的。在本章中，将着重讨论以下内容：

- 什么是管理，为什么需要管理？
- 如何衡量管理的好坏？
- 有效管理包括哪些工作内容？
- 管理学研究什么？我们应该怎样学习管理？

第一节　管理及其功能

　　对于"管理是什么"，乍一看其似乎是一个不值得一问的简单问题。我们每天都在与管理打交道，每天都在讲管理，对于管理是什么难道还不清楚吗？但静下心来仔细想想，我们发现，尽管"管理"已深入我们的日常生活中，但对于管理是什么，绝大多数人却并没有进行过认真的思考，以至于在面对这一问题时，很难一下子清楚地回答。

❓思考题　管理是什么？

一、管理的定义

　　对于"管理是什么"这一问题，经过一番思考以后，人们会回答说"管理就是管人理事"，或"管理就是指挥他人开展工作"，等等。尽管每一个人不能一下子对管理给出准确的定义，但由于每天多多少少都会与管理打交道，因此每个人对于"管理是什么"也多少都能说出自己的一些看法。

扩展阅读：对管理的定义

对于人们的回答，我们首先可以看出，**每一个人对管理的认识是不同的，** 而且每个人的回答似乎都有一定的道理，都反映了管理的某一个方面。不仅如此，即使在管理理论界，学者们对于什么是管理，也有各自不同的见解，如表1-1所示。

表1-1 学者们对管理的定义

强调内容	代表人物	定义内容
强调管理作用	彼得·德鲁克	"管理就是牟取剩余。"所谓"剩余"，就是产出大于投入的部分。他认为，任何管理活动都是为了一个目的，就是使产出大于投入
强调决策作用	赫伯特·西蒙	"管理就是决策。"他认为，决策贯穿于管理的全过程和管理的所有方面，任何组织都离不开对目标的选择，任何工作都必须经过比较、评价、拍板等一系列过程后才能开始。如果决策错了，执行得越好，所造成的损失就越大。所以只有说管理就是决策，才能真正反映管理的真谛
强调管理者个人作用	詹姆士·穆尼	"管理就是领导。"该定义的出发点是：任何组织中的一切有目的的活动都是在不同层次的领导者的领导下进行的，组织活动的有效性取决于领导的有效性，所以管理就是领导
强调管理工作内容	哈罗德·孔茨	"管理就是通过别人来使事情做成的一种职能。"为了达成管理的目的，要进行计划、组织、人事、指挥、控制，管理就是由这几项工作所组成的
其他		还有人把管理看作是一个由计划、组织、领导、控制所组成的过程，或是管理者组织他人工作的一项活动；也有人认为管理就是用数学方法来表示计划、组织、控制、决策等合乎逻辑的程序，并求出最优答案的一项工作；等等

?思考题 学者们对管理有各种说法是否意味着我们对管理还认识不清？

现实生活中，**几乎每一个问题的正确答案不是一个而是多个。** 因为同一个问题从不同的角度分析，可以得到不同的答案，而这种多答案的回答常常可使我们对这一问题或事物有更全面的认识。学者们对于管理定义的多样性，既反映了人们研究立场、方法、角度的不同，也反映了人们对管理认识的逐步深入。我们面临"管理是什么"这一问题时，只有当我们能够从多种角度对这一问题进行思考，才能比较全面地了解管理，从而真正掌握管理的实质。

二、管理的形式与内容

为了说明管理是什么，让我们由外及内，首先从身边开始，看看现实生活中专门从事管理工作的人都在做些什么。

?思考题 请想一想学校中称职的校长、系主任、班主任主要做些什么事情？

我们看到的是：**各个组织中专门从事管理工作的管理者的工作表现形式是多种多样的。**

从表面上看，不同层次、不同组织中的管理者所从事的管理工作似乎很难有一个统一的说法，但如果透过各种管理工作的表现形式，对各项管理工作的内容做进一步的分析，就可以看到：无论在哪种组织哪一层面上从事何种管理工作，**管理工作的基本内容或核心是相同的，那就是协调。**

所谓**协调**，就是使多个表面看上去似乎相互矛盾的事物，如长远目标与近期目标、有限资源与远大理想、个人利益与集体利益等之间有机结合、同步和谐。

例如，组织中的高层管理者之所以要出席各种社交场合或请客吃饭，实际上是为了给本组织创造一个良好的外部环境，协调本组织与社会其他组织之间的关系。因为任何一个组织作为一个社会存在体，与社会上其他组织之间都有着千丝万缕的联系，没有其他组织的理解与支持，任何一个组织都很难在社会上有所作为。而为了取得其他组织和社会各方面的理解和支持，一个组织的高层管理者作为该组织的代言人就必须承担起与组织外部各方面之间的沟通工作。出席各种社交场合或请客吃饭，只不过是进行这种沟通协调活动的一种表现形式或手段而已。

同样，管理者进行决策、计划、分配、监督、检查等各种活动，实际上是在对目标、资源、任务、行为、活动等进行协调。**管理工作表现形式的多样化，是由管理工作协调对象的多样性导致的：**对目标的协调主要表现为抉择，对资源的协调主要表现为计划，对任务的协调主要表现为分工，对思想的协调主要表现为沟通，对行为的协调主要表现为沟通和奖惩，对活动的协调主要表现为计划、组织、检查和监督。

结论1：由于管理对象的多样性、管理环境的多变性和管理过程的复杂性，管理工作的表现形式呈现出了多样化的特征。尽管表现形式多种多样，管理工作的基本内容或核心却是相同的，那就是协调。

三、管理产生的原因

但凡从事过管理工作的人都清楚，要做好管理工作，就必须付出比从事一般工作多得多的精力和代价。如果管理工作不重要，可以不做，那么我们就可以节约大量的时间和精力。最明显的，在一个组织中，如果去掉管理工作岗位，我们就可以节约一大笔管理人员费用。那么，在现实生活中，我们为什么一定要进行管理，而且在各个组织中设立专门从事管理工作的众多岗位呢？

为什么要进行协调？

? 思考题 为什么需要管理？

对于管理产生的原因，人们通常以为是共同劳动产生了管理。因为两个或两个以上的人在一起劳动，必然就会产生相互之间的协调问题。

? 思考题 一个人需不需要管理？

共同劳动的确需要管理，但这并不意味着只有共同劳动才需要管理。事实上，我们每一个人作为个体也同样会面临目标与目标之间（如生活目标及工作目标与学习目标）、人与人之间（如家庭成员之间、朋友之间）、资源与目标、活动与活动之间（如时间安排）的协调问题。也就是说，个人也需要管理（通常称之为自我管理）。这就说明，共同劳动是组织或团队管理产生的原因，但不是管理产生的根本原因。

? 思考题 管理产生的根本原因是什么？

那么，到底是什么导致了管理的产生呢？从每一个人对目标、资源、活动等进行协调的目的来看，**管理产生的根本原因在于人的欲望的无限性与人所拥有的资源（时间、资金、精力、信息、技术等）的有限性之间的矛盾**，如图1-1所示。

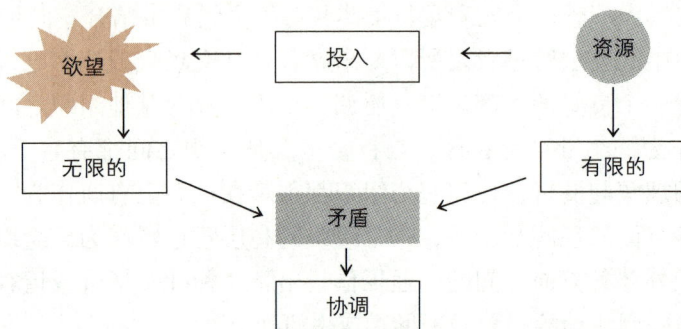

图1-1 管理产生的原因

一方面，人生而有欲，而且人的欲望还会随着当前欲望的满足而不断产生出新的欲望。另一方面，世界上不存在任何可以不劳而获的东西。"有得必有失，有失必有得"，要有所获得，就必须有所投入，而且要想取得超越常人的成就，就必须付出超越常人的努力。但每一个人所拥有的可以投入的资源却总是有限的，时间有限、知识有限、精力有限、能力有限。这就产生了一对矛盾，即人类欲望的无限性与其所拥有的资源的有限性之间的矛盾。

? 思考题 怎样才能缓解或解决这一对矛盾？

各种协调的方法

有矛盾就需要协调。为了协调人类欲望的无限性与其所拥有的资源的有限性之间的矛盾，人类绞尽了脑汁，并先后采取了各种不同的协调方法。

为了协调这一对矛盾，人类首先想到的是，如何尽可能地拓展自己所能拥有的资源。人类一开始是向大自然要资源，通过制造工具以提高向大自然索取食物的能力，通过在血缘家族中进行分工协作以发挥集体的力量，共同抵御野兽的攻击，这就是最早的人类生产活动和组织形成的起因。随着人类的不断繁衍，食物的需求不断提高，由于受制于当时的生产力发展水平，当向大自然所能要到的资源不能满足人类不断增长的欲望时，就产生了以掠夺他人资源为主要目的的战争。人们希望通过战争掠夺他人的资源以拓展自身的资源，满足自身急剧增长的各种欲望。从历史的眼光看，战争的主要起因是为了掠夺资源。

但战争本身也需要耗费资源，特别是当战争的双方势均力敌时。当一方费了九牛二虎之力，终于将另一方打败时，自己在战争中已丧失众多的资源，并且对方的资源也大多已在战火中毁灭。有鉴于此，先贤们又提出了各种不同的解决问题的方法，如表1-2所示。

在我国古代，先贤们主张"清心寡欲"，希望通过约束人的欲望，使有限的资源

表1-2 协调的手段与方法

手　段	协调的方法
生　产	通过科研和劳动向大自然要资源，以满足自己尽可能多的欲望
组　织	通过与他人分工协作，实现靠自己的力量所无法满足的欲望
战　争	通过掠夺他人的资源来增加自己的资源，从而满足自己更多的欲望
贸　易	通过用自己剩余的资源与他人交换获得稀缺的资源，更好地满足自己的欲望
道　德	通过教育约束与改变人的欲望，使有限的资源足以满足众人的欲望
管　理	通过科学的方法提高资源的利用率，力求以有限的资源满足尽可能多的欲望

足以满足人的欲望，由此就导致了伦理道德的形成。如荀况认为："人生而有欲，欲而不得，则不能无求；求而无度量分界，则不能不争；争则乱，乱则穷。先王恶其乱也，故制礼义以分之，以养人之欲，给人之求，使欲必不穷乎物，物必不屈于欲，两者相持而长，是礼之所起也。"（见《荀子·礼论》）为了约束人的欲望，先人们提出了各种伦理道德规范，通过各种教育的手段教化社会成员，由此在社会管理中形成了以"人治"为主的管理作风。

与东方人认为"欲为万恶之源"相反，在西方，圣贤们认为"人类的不断追求是推动人类文明、社会进步的根本动力"。因此，人的欲望不能被约束。在这种情况下，为了解决人所拥有的资源相对于人的欲望的有限性的问题，他们提出了协调这一对矛盾的另一种方法，那就是科学管理，即主张通过科学的方法来提高资源的利用率，**力求以有限的资源实现尽可能多或高的目标**，这就是管理的功能，也是一切管理工作的根本出发点。正因为西方人主张通过科学的方法来进行协调，因此在社会管理中其管理行为以"法治"为主——按照自然法则、法律法规、科学方法进行治理。

?思考题 道德与管理，哪一种方法更好？

需要注意的是：道德与管理在协调资源与欲望之间的矛盾时各有其优缺点。通过道德的方法，教育得好确实可以达到解决人类欲望的无限性与其所拥有的资源的有限性之间矛盾的目的，但费时费力，结果也常常会不稳定；依靠科学的方法，确实可以提高资源的利用率，在一定程度上缓解这一对矛盾，却无法最终解决这一对矛盾。光靠法治是解决不了所有的社会问题的。要协调解决资源与欲望之间的矛盾，就必须双管齐下，既注重道德教育又注重科学管理。正因为如此，如何将西方科学的管理方法与东方传统的教化方法相结合，以达到既有效地利用有限的资源，又不断地提高人民的生活水平和推动社会进步的目的，就成为中国管理界进行管理创新的重点课题。

结论2： 人的欲望的无限性与人所拥有的资源的有限性之间的矛盾，是管理产生的根本原因。管理的功能就在于通过科学的方法来提高资源的利用率，力求以有限的资源实现尽可能多或高的目标。

四、管理的实质

从以上分析中可以看出，**管理从本质上而言是人们为了实现一定的目标而采用的**

一种手段。人类活动的显著特征之一就是活动的目的性：致力于实现自己的追求。人们之所以需要管理，正是因为管理有助于人的追求和组织目标的确立和实现。因此，管理本身不是目的，它只是人们用以实现目标的一种手段，我们不能为了管理而管理。同时，管理作为一种工具，用得好，有助于目标的实现；用得不好，则可能适得其反。因此，我们应尽可能地提高自己的管理水平，以充分发挥管理的作用。

尽管管理是手段不是目的是显而易见的，但在管理实践中，人们常常由于缺乏对管理本质的正确认识而错把手段当目的，为了管理而管理。

？思考题 当有人违反了组织的规章制度时，我们应如何对待？

例如，在一个组织中，人们常常认为组织的规章制度是不能违反的，因此，当我们面临是否采取有助于组织目标的实现而又明显地违反本组织某一规章制度的某一行为时，我们的选择往往是为了不违反规章制度而不采取对组织有益的行为。尽管我们也认为有助于目标实现的事情是应该做的，但又认为规章制度也不能违反。当某人为了组织的利益违反了组织某一规章制度时，人们就常常为了维护规章制度的严肃性，而对违反规章制度的有益行为按规章制度予以处罚，然后在私底下对这种有益的行为给予一定的补偿，即先照章处理，后私下安慰。这样做，给人留下的信息是矛盾的：有益于目标的事是应该做的，但规章制度也是不能违反的。导致的结果是当人们下次再面临类似情况时，仍不知所措：做还是不做？

事实上，规章制度只不过是管理的一种手段而已。任何一个组织，为了实现共同的目标，都会制定一系列规章制度以规范群体的行为，规章制度是管理的一种有效手段，任何一个组织都不可缺少。但与此同时，我们一定要认识到，规章制度只不过是一种手段而已，绝不能为了维护规章制度的严肃性而置组织目标于不顾。有章不循，在任何情况下，都视情处理，是无政府主义，是缺乏管理的表现；有章必循，在任何情况下，都照章办事，是典型的教条主义，是错把手段当目的，为了维护规章制度的严肃性而置组织目标于不顾，同样是错误的。

？思考题 当一个组织中的成员在任何情况下都严格遵守规章时，这一组织还能发展吗？

正确的态度应该是：在一般情况下，照章处理；在特殊情况下，视情处理。因为规章制度从本质上而言，只是管理的一种手段。任何规章制度在被颁布实施时，实际上都有一个隐含的前提条件：假若没有特殊情况，就照此办理。因此，在一般情况下，我们要遵守规章制度，照章办事。有章不循，不如没有规章制度。但反过来，这一前提也告诉我们：假若有特殊情况，就可以不照章处理。因此，在特殊情况下，我们可以视情处理，而不一定在任何情况下都照章处理。

？思考题 怎样才属于特殊情况，应如何酌情处理？

在是否在任何情况下都必须坚持照章办事上，人们之所以常常认为应一律照章处理，最主要的就是因为说不清哪些是特殊情况、哪些不是。如果我们不能明确界定哪些属于特殊情况、哪些不是，那么由于任何人违反规章制度都可以列举出若干个不同于别人的特殊原因，因而都有可能被归入特殊情况；对于如何酌情处理如果没有一定的约束，那么酌情处理就有可能演化为随意处理。因此，**正确对待规章制度的关键在于明确界定特殊情况的范围和酌情处理的原则。**

我们可以明确界定可以不照章办理的特殊情况的范围，如目标一致或规章失效。在这两种情况下，我们都可以置原有的规章制度于不顾。

在特殊情况下，我们可以不照章处理，并不意味着我们在特殊情况下就可以随意行动。规章制度可以破，目标原则不能违背。在特殊情况下，酌情处理时要将目标牢记在心中，按目标有利原则处理。

进一步地，在运用规章制度时，并不是当事人认为是特殊情况就可以酌情处理。如果这样，就会出现在一般情况下，一旦违反规章制度，当事人就会以当时是特殊情况为借口逃脱应有处罚的情况，这样，特殊情况就会成为随意行事的借口。为避免出现这种情况，我们还必须明确每一个人可以不照章办事的前提条件和相应责任。前提条件是：只有情况紧急且确认当时是属于特殊情况时，才可以不照章办事。若情况不紧急，则以请示上级、由上级定夺为好；不能确认当时条件或有怀疑，则以遵守规章制度为好。

与权力相对应的是责任，每一个人都有权确认是否可以不照章办事，但每一个人也必须承担不照章办事后可能造成的后果。明确这种责任是为了防止滥用权力。后果自负是指一方面承认当破格行为带来了利益时，决定破格的人有获得相应奖励的权力，另一方面也要求一旦破格行为给组织造成了损失，决定破格的人也必须受到相应的惩罚。有了这样的一种机制，就使得组织成员在面对规章制度时，既不会被规章制度约束，使组织死水一潭、没有创新、毫无活力；也不会使组织成员无视规章制度、自由散漫，导致组织成为一盘散沙。正确认识规章制度，我们既可以充分地发挥规章制度有利的一面，使组织在正常情况下能够稳定、有序地运行；又可以避免规章制度不利的一面，在有助于组织发展和目标实现的情况下有创新、有弹性，从而使组织得以不断发展。

小卡片　　　　　　　　　　　**如何对待规章制度**

正确态度：在一般情况下，照章处理；在特殊情况下，酌情处理。

特殊范围：违反规章的目的与确立规章的目的一致（目标一致）；或已有的规章制度已不能发挥其应有作用（规章失效）。

酌情原则：无视规章，直接按照目标有利原则采取相应行为。对违反规章的有益行为按目标有利原则处理。

破格前提：情况紧急，且确认属于特殊情况范围。

破格责任：后果自负。

从对规章制度的分析中可以看出，**认识到管理是一种手段，对于我们正确地开展管理工作是十分重要的。**因为不管是何种先进的管理手段，都会有缺陷，都需要我们在实践中通过正确运用来弥补，而我们是否能正确地运用管理手段，取决于我们对该种管理手段的正确认识。例如，在运用规章制度这一手段时，我们就必须认识到，再完善的规章制度也不可能把所有的特殊情况一一列出，**规章制度是一种手段，它最终**

能否取得预期的效果取决于规章制度能否被正确设计和我们每一个人对规章制度是否有正确认识。在管理实践中，之所以会有不少人在一般情况下也不遵守规章，或为了遵守、维持规章制度而置目标于不顾，明知规章制度已过时还死板地按规章制度办事，一直要等到上级修改了规章制度以后才相应地改变处理方式，都是因为他们缺乏对规章制度的正确认识。

结论3：管理的实质是人们为了有效地实现目标而采用的一种手段。良好管理效果的取得，取决于我们对管理的正确认识和对管理手段的妥善运用。

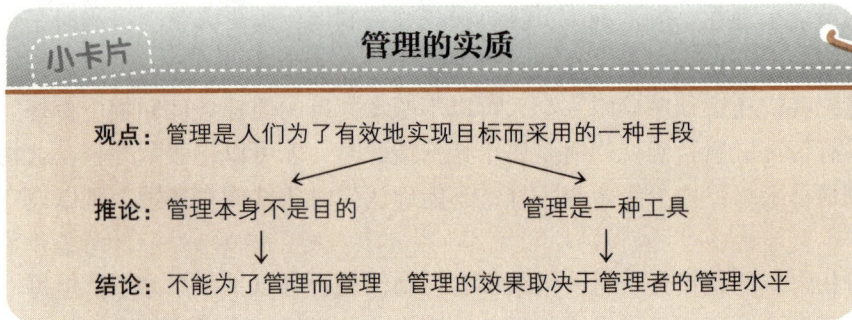

小卡片	管理的实质

观点：管理是人们为了有效地实现目标而采用的一种手段

推论：管理本身不是目的　　　　　　管理是一种工具

结论：不能为了管理而管理　　管理的效果取决于管理者的管理水平

五、管理的重要性

？思考题 在什么情况下不需要管理？

人力资源和其他资源（时间、资金、物资、信息、技术等）相对于人类的欲望来说总是短缺的，因此，管理的必要性是普遍存在的。人们为了更好地满足自己的欲望（目标），就必然会千方百计地想办法充分利用其有限的资源。

？思考题 人们学习管理就是为了当管理者吗？

人们学习管理首先是鉴于个人资源相对于个人欲望的有限性。人的一生是有限的，要在有限的一生中获得众多欲望的满足，同样需要借助管理。

学习管理的第二个理由是基于这样的事实：一旦走上社会，人人不是从事管理就是被人管理，而且随着组织管理向项目化和网络化发展，每一个人承担管理责任的概率大幅度上升。学习管理学也许只是为了获得某个学位，但这与大多数学习管理的人无关。假如你去创业或工作，那么几乎可以肯定你是在某个组织中工作，你将成为管理者或在管理者手下工作。通过学习管理学，你就可以较多地了解组织的运转过程或你的"老板"的行为方式，从而有助于你更好地适应这个社会，增强你的创业或生存能力。

你适合做管理者吗？ **Q**

学习管理的第三个理由是基于管理在当今社会中的重要作用。例如，尽管我们的物质生活水平已大幅提高，但也经常可以从网络、报纸、电视中看到不良管理所造成的恶果。不仅营利性组织，非营利性组织也迫切需要讲究效率和效益的管理者。人们希望消费者的权益得到保障，自然环境得到保护，政府机关能提高工作效率……而这一切，都取决于各级组织管理水平的提高。各类组织如果得到良好的管理，不良现象就会得到改善，希望就有可能变为现实。如果管理不善，人们就将永远生活在不安和失望之中。

结论4：在21世纪的中国，管理成为第一生产力。学习管理，不仅是当今社会发展的需要，也是每一个人在社会中生存和更好地实现个人理想的需要。为此，每一个人都应或多或少地学一点管理知识，提高自己的管理素养。

第二节　衡量管理好坏的标准

人们之所以需要管理，是因为管理得好有助于人们更好地实现目标，但有了管理并不等于就能实现管理的功能。在现代社会，由于资源相对于人的欲望的普遍缺乏，管理的必要性是普遍存在的，人们自觉或不自觉地都会运用一些管理的方法，来协调资源有限与欲望无限之间的矛盾。那么，怎样才能说管理达到了预定的目的，或者说，衡量管理好坏的标准是什么呢？

根据管理产生的原因，管理理论认为，**可以用管理的有效性来衡量管理工作的好坏。管理的有效性包括两个方面：效率与效益**，如表1–3所示。

表1–3　管理的有效性

衡量指标	效率	效益
指标含义	投入与产出之比	目标的达成度（产出满足需求的程度）
原　因	管理的条件：资源有限	管理的目的：实现尽可能多（高）的目标
影响因素	怎么做（方式、方法）	做什么（目标的选择）
要　求	以比较经济的方法做	做有助于目标实现的事
结　论	有效的管理：既要讲求效率，又要讲求效益	

效率是指投入与产出之比。一定的投入能取得多大的产出，主要取决于我们所采取的工作方式和方法。因此，讲求效率要求我们用比较经济的方法来达到预定的目标。对于一定的投入来说，取得了更多的产出，就是提高了效率；同样，对于一定的产出，我们减少了投入，那么也是提高了效率。由于人们所拥有的资源常常是短缺的，因此就必然关心资源的利用效率，因而有效的管理也就必然与资源成本的最小化有关。

此外，管理的目的是通过提高资源利用率实现更多（或更高）的目标，因此，光是效率高是不够的，管理还要讲求效益。所谓**效益**，是指目标的达成度，也就是产出满足需求的程度。如果我们通过管理所获得的产出并不是我们所需要的，那么这种产出再多，对我们也毫无意义，相应地，这种管理就是无效的管理。只有当我们通过管理实现了既定的目标，我们的管理工作才是有效的。欧洲管理大师马利克（Malik F.）认为，管理正确与否的评判依据是效益，而好与不好的区分依据则是效率。

？思考题　效率与效益相比较，哪个更为重要？

效率与效益是相互联系的。如果说效率意味着把事情做好，那么效益则意味着要做对的事。由此可见，效益是解决做什么的问题，它要求我们确定正确的目标、做有助于目标实现的事；效率是解决怎么做的问题，它要求我们选择合适的行动方法和途径，以求比较经济地达成既定的目标。什么事情该做，取决于我们的价值取向与目标定位；怎样才能把事情做好，取决于我们做事的方式和方法。

效率与效益相比较，效益是第一位的。一件有害于目标实现的事，我们做得越好，损失就越大；而把一件可做可不做的事情做得很好，也无太大价值。因此，有效的管理，首先要求我们做对的事，其次才是把事情做好。

有效的管理，要求既讲求效益，又讲求效率。光注重效率而不注重效益，是碌碌无为；光注重效益而不注重效率，则会得不偿失。

在日常生活中，人们之所以不能取得良好的管理效果，一个重要原因就是人们常常只注重某一方面，而忽视另一方面。例如，有的政府部门通常只注意如何用各种规章制度、政策法规规范人们的行动，使其保持正确的方向，却不注重提高办事效率，不讲究方式、方法，以致常常错失时机或不能取得预期的结果；有的企业则只注重效率而忽视了效益，如为了降低成本不断精减各类管理人员，以致很多应该完成的工作或可以做得更好的工作因为缺乏人手而无法开展，影响了更多效益的取得。成功的管理不仅要确保人们做对的事，而且要确保人们尽可能地做好。好的管理就是使人们做好对的事、提高投入产出比。

？思考题 怎样才能确保做好对的事呢？

第三节 管理职能与管理过程

怎样才能确保做好对的事呢？管理理论认为，主要是通过做好一系列基本管理工作来实现。

在日常生活中，存在着各种各样的管理现象：企业的经理管理着企业的生产经营活动；学校的校长管理着学校的教育活动；政府机关的各级领导管理着我们的城市和农村……尽管这些组织的目标不同，管理的要求也不同，但若去掉管理的具体形式与做法，就可以看到某些基本工作是任何管理者都在做的，而且都共同遵循着一定的规律，这些基本工作就是所谓的管理职能。管理职能的另外一种含义是指管理过程中的要素、基本步骤或手段。

一、管理职能

20世纪初，法国的法约尔第一次完整地阐述了管理的各种职能，他把管理分解为计划、组织、指挥、协调和控制五大职能。

在法约尔之后，许多学者对管理职能做了进一步的探讨，出现了许多不同的学派，其中计划、组织、控制是各学派公认的职能。随着管理理论的不断发展，20世纪70年代以后，管理学家通常认为**基本的管理职能包括计划、组织、领导和控制。**

● **计划工作。**任何管理活动首先都是从计划工作开始的。为了使管理有效益，我们首先必须确立清楚的目标。只有确立了清楚的目标，我们才能判别什么事情应该做，什么事情不能做。而为了提高效率，以比较少的投入获得比较大的产出，我们就要事先对资源的投放、工作的开展进行研究、安排，为此就要进行计划的制订，明确实现目标的途径。因此，计划工作表现为确立目标和明确实现目标的必要步骤之过程，包括估量机会、建立目标、制订实现目标的战略方案、形成协调各种资源和活动的具体行动方案等。计划工作是管理的首要职能，其他工作都只有在目标和计划明确了之后才能有目的地进行。

● **组织工作**。在制订出切实可行的计划后，为了将目标变成现实，就要组织必要的人力和其他资源去执行既定的计划，也就是要进行组织工作。组织工作是为了有效地达成计划所确定的目标而进行分工协作、合理配置各种资源的过程，它是计划工作的自然延伸，一般包括任务的分解、权责的明确、资源的配置以及协作关系的明确等内容。组织工作不当必然会影响工作成效。

● **领导工作**。任何活动的行为主体是人，因此指导和协调实施过程中人与人之间的关系、激励和调动人的积极性是管理的基本工作之一。在一个组织中，领导工作就是管理者利用职权和威信施展影响，指导和激励各类人员努力去达成目标的过程。领导工作的重点在于调动相关人员的积极性，协调相关人员之间的关系。个人的力量是有限的，我们要注重在实现目标的过程中充分调动一切可以调动的因素，激励他人协助我们实现目标。

● **控制工作**。控制是指在动态的环境中为保证既定目标的实现而进行的检查和纠偏活动或过程。控制是保证目标能按计划实现所必不可少的。由于环境的不确定性、组织活动的复杂性和管理失误的不可避免，因此，为了保证有效地实现目标，我们就必须对环境、组织成员和组织活动等加以控制。控制工作具体包括确立控制标准、衡量实际业绩、进行差异分析、采取纠偏措施等内容。控制是管理的一项基本职能，也是较易出现问题的一项工作。在许多情况下，人们制订了良好的计划，也进行了很好的组织，但由于没有把握好控制这一环节，最后还是不能达到预期的目的。无效的控制会导致计划无效和组织无效。

如表1-4所示，在上述各项职能中，计划工作主要着眼于有限资源的合理配置，组织工作主要致力于落实，领导工作着重于激发和鼓励人的积极性，控制工作的重点则在于纠正偏差。它们各自从不同的角度出发，相互配合，共同致力于管理效率和效益的提高，最终达到以有限的资源满足尽可能多或高的欲望的管理目的，即它们都是管理的有效手段和基本职能。

表1-4　管理的四大职能

管理职能	定　义	内　容	着眼点
计划工作	表现为确立目标和明确实现目标的必要步骤之过程	包括估量机会、建立目标、制订实现目标的战略方案、形成协调各种资源和活动的具体行动方案等	有限资源的合理配置
组织工作	为了有效地达成计划所确定的目标而进行分工协作、合理配置各种资源的过程	包括任务的分解、权责的明确、资源的配置以及协作关系的明确等	合理的分工协作关系的确立
领导工作	利用职权和威信施展影响，指导和激励各类人员努力去达成目标的过程	包括指导、协调、激励等	方向的把握与积极性的调动
控制工作	在动态的环境中为保证既定目标的实现而进行的检查和纠偏活动或过程	包括确立控制标准、衡量实际业绩、进行差异分析、采取纠偏措施等	纠正偏差

二、管理过程

? 思考题 是否做好计划、组织、领导、控制工作就一定能达到有效管理的目的？

如图1-2所示，管理的四大职能之间是相互联系的，管理正是通过计划、组织、领导、控制这四个基本过程（或手段）来展开和实施的。为了做好对的事，首先要根据内外部环境条件，确立目标并制订出相应的行动方案；一旦目标和计划明确，为了落实计划，就要进行相应的组织工作；由于目标的完成有赖于相关人员的共同努力，为了充分调动相关人员的积极性，在目标确定、计划落实下去以后，还要加强领导工作；在设立目标、形成计划、进行了任务分解和落实、培训和激励了相关人员之后，各种偏差仍有可能出现，为了纠正偏差、确保各项工作的顺利进行，还必须对整个活动过程进行控制。因此，**管理是由计划、组织、领导、控制等职能组成的一个系统的过程**。要做好管理工作，就必须系统地开展计划、组织、领导、控制等各项工作。单纯地就计划谈计划、就组织论组织、为领导而领导、为控制而控制，是达不到应有的管理效果的。

计划工作──组织工作──领导工作──控制工作

反馈

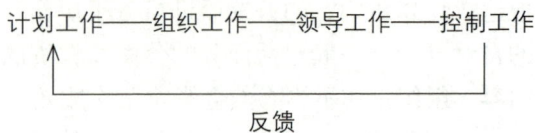

图1-2 管理的基本过程

? 思考题 根据"管理是一个系统的过程"这一观点，管理工作的重点是什么？

正因为管理是一个系统的过程，因此，在实际管理工作中，**管理的重点：一是抓瓶颈，二是搭平台，三是建系统**。即抓管理要从分析组织管理的薄弱环节或组织公认的问题着手，这样做一方面易于取得组织成员的共识，另一方面易于取得成效。在抓瓶颈时，要注意从系统的角度出发履行管理的四大职能，一方面防止就事论事，达不到应有的效果，另一方面有助于一环扣一环，循环往复，在解决一个又一个瓶颈问题的同时，不断提高组织的整体管理水平。

综上所述，**管理是人们通过综合运用人力资源和其他资源，有效地实现目标的过程**。

第四节 管理学及其特点

一、管理学科分类

在管理类各专业的教学计划中，管理学是一门必修的基础课。管理学以研究管理的一般问题为己任，以组织管理为研究对象，**致力于研究管理者如何有效地管理其所在的组织**。不同行业、不同部门、不同性质的组织，其具体管理的方法和内容可能很不相同，由此形成了许多专门性的管理学科，如企业管理、学校管理、行政管理、工业管理、农业管理、科技管理、财政管理、城市管理、社团管理、国民经济管理等。这些专门性的管理学科总体上可分为两大类、四个层次，如表1-5所示。

两大类中，一类以营利性组织或活动为研究对象，如工商企业管理学；另一类以非营利性组织或活动为研究对象，如教育管理学、学校管理学等。四个层次则是按研究范围来划分的：以组织个体为研究对象，研究单一组织中的管理问题的属微观层次，如工业企业管理学。以同一类型的多个组织组成的组织群体为研究对象，研究同

表1-5　管理学科体系的构成

层　次	研究范围	营利性组织或活动	非营利性组织或活动
微　观	单个组织或活动	工业企业管理学	社团管理学
中　观	一类组织或活动	工业经济管理学	行业管理学
宏　观	一群组织或活动	国民经济管理学	公共管理学
基　础	所有组织或活动	管理学	

一类型的多个组织作为一体情况下的管理问题的属中观层次的管理学科，如工业经济管理学。宏观层次的管理学科则是以多个组织群体组成的组织整体为研究对象，研究在相当大的范围内将不同类型的组织群体集合成一个整体时所出现的管理问题，如国民经济管理学。最后一个层次就是管理学，它是以所有的组织所共有的管理问题作为研究对象的，研究的是组织管理的一般问题。即**管理学是一门研究一般组织管理理论的科学**，它所提出的管理的基本原理、基本思想和基本原则是各类管理学科的概括和总结，它是整个管理学科体系的基石。

在本书中，我们首先在"基础篇"中介绍了有关管理学的一般概念和管理思想的发展过程，并描述了管理者所处的工作环境；随后分"计划篇""组织篇""领导篇""控制篇"，详细阐述管理的四大职能，这几部分共同组成对管理学基本知识的介绍。然后通过"创新篇"阐述如何推动管理的动态发展和持续提升。

二、管理学的特点

学习管理，首先要了解管理学的特点。管理学作为一门科学，具有以下几个特点。

1. 管理学是一门不精确的科学

人们通常把在给定条件下能够得到确定结果的学科称为精确的科学。如数学，只要给出足够的条件或函数关系，按一定的法则进行演算就能得到确定的结果。管理则不然，在管理学中几乎不存在什么纯粹的定律。

我们可以说管理者应该首先进行计划，应根据员工不断变化的需求调整相应的激励手段，这样的陈述也许可以称为管理原则，但非常明显，其缺乏精确科学的严密性。这主要是因为影响管理的因素众多，而且管理主要是与人打交道，不可控因素太多，人们只能借助于假定或人为的分析，进行定性和定量相结合的研究。但尽管如此，从**科学**是正确反映客观事物本质和规律的知识体系，是建立在实践基础上并经过验证或严密的逻辑论证的关于客观世界各个领域中事物本质特征、必然联系与运动规律的理性认识这一概念来说，管理学是一门科学，虽然它不像自然科学那么精确。经过几十年的探索、总结，已形成了反映管理过程客观规律的管理理论体系，据此可以解释管理工作中过去的和现有的变化，并预测未来的变化。管理学可以用许多精确科学中所用的方法定义、分析和度量各种现象，还可以通过科学的方法进行学习和研究，不同的只是其控制和解释干扰变量的能力较弱，不能像精确科学那样进行严格的实验。

正因为管理学是一门科学，所以我们能通过学习掌握其基本原理并据以指导实践；而**正因为它是不精确的科学，所以在实际运用时要具体问题具体分析，注重实际**

情景的特殊性和理论适用前提条件的分析，不能生搬硬套。

2. 管理学是一门综合性科学

作为实现目标的一种有效手段，管理在各种组织中普遍存在，涉及人、财、物、信息、技术、环境的动态平衡。管理过程的复杂性、动态性和管理对象的多样化决定了管理所要借助的知识、方法和手段的多样化。因而管理学的研究也必然涉及众多学科，主要有哲学、经济学、社会学、心理学、生理学、人类学、伦理学、政治学、法学、数学、计算机科学、系统科学等。

管理科学的综合性，决定了我们可以从各种角度出发研究管理问题；管理的复杂性和对象的多样化，则要求管理者具有广博的知识，如此才能对各种各样的管理问题应付自如。

3. 管理学是一门实践性很强的应用科学

理论的作用在于指导实践。由于管理过程的复杂性和管理环境的多变性，管理知识在运用时具有较大的技巧性、创造性和灵活性，很难用陈规、原理或定义固定下来，因此管理具有很强的实践性。

管理学科的实践性，决定了学校是培养不出"成品"管理者的。要成为一名合格的管理者，除了掌握管理学基本知识以外，更重要的是要在管理实践中不断地磨炼，积累管理经验，干学结合才能真正领悟管理学的真谛。

4. 管理学是一门发展中的科学

管理学的建立和发展，有其深刻的历史渊源。管理学发展到今天，已经历了许多不同的历史发展阶段，在每一个历史阶段，由于历史背景不同，产生了各种管理理论。这些理论，有的已经过时，有的仍在发挥作用，但总的来说，管理学被作为一门科学来研究还只有百年时间，因此它还是一门非常年轻的学科，还处于不断更新、完善的大发展之中。同时，作为一门与社会经济发展紧密相连的学科，它也必将随着经济的发展和科技的进步而进一步发展。

？思考题 管理学学了就能用吗？

综上所述，管理学是一门科学，管理实践则富有艺术性。管理学研究管理过程中的客观规律，由一整套原则、主张和基本概念组成，使得我们能够对具体的管理问题进行具体的分析，并进而获得科学的结论。从这个意义上说，它是一门科学，可以学习和传授。例如，通过本书的学习，你将懂得如何进行决策，如何进行计划，如何设计组织结构，掌握激励下属的方法和各种控制技术，以及作为管理者要用到的管理知识和具体分析管理问题的思维方法。但管理活动又具有很强的实践性，由于管理工作的对象包括组织中的人，同时管理问题和管理环境千变万化，管理学所能提供的专业手段和方法极其有限，因而其实践和管理知识的运用，需要有丰富的根据实际情况行事的技艺。懂得管理学基本知识并不意味着你在实践中能正确地运用它，如果只凭书本知识来诊断，仅仅借助原则来设计，靠背诵原理来管理，是注定要失败的。

扩展阅读：马利克论管理

根据管理学科的特点，认真学习管理理论知识，学习分析管理问题的思维和方法，有助于在实践中认清管理问题，提出正确的解决方案；随时将学到的知识应用于实际管理问题的分析和解决，则可进一步加深我们对管理知识的理解和掌握，实践是我们能够真正领悟管理的必由之路；而广泛地学习各种学科知识，则有助于我们更好地从各种角度加深对管理学的理解，提高我们解决实际管理问题的能力。因此，"熟读经书，结交高人，勤于实践，善于思考"是学会管理的不二法门。

●复习题

1．管理是什么？你是如何看待管理的？

2．为什么需要管理？可不可以不要管理？

3．管理的对象是什么？管理学以什么为研究对象？

4．如何衡量管理的有效性？

5．如何才能进行有效的管理？

6．管理的基本职能有哪些？它们之间有什么关系？

7．为什么说管理学是科学，管理是艺术？

8．为什么要学习管理？

要点参考 ▶

●讨论题

如何学好管理学：确立正确的学习观和方法

如何学好管理学，这是每一个下定决心学习管理的人首先必须思考的问题。请从各自的背景出发，结合自己进入管理学课程学习时的想法和管理学科的性质特点，谈谈自己学习管理学的目的和计划采取的学习方法。通过讨论，明确自己的学习目的，借鉴他人的经验并结合自己的特点，明确自己的管理学学习方法。

●角色扮演

如何创立一家新餐馆？

假设你和你的两个小伙伴准备在你们所居住的社区附近开一家平民餐厅，提供早、中、晚餐饮服务。根据初步调查，除了考虑周边4000多户社区居民的餐饮需求之外，还可以考虑附近约30万平方米写字楼中的餐饮需求，在堂食之外提供外卖送餐服务。你们初步看中的场地一年租金大约需要3万元，一次性的装修费用大约也是3万元。你曾经在一家餐饮店中做过两年厨师，你的两个小伙伴一个开过一年网店，关门了，还有一个家庭条件好，到目前为止还没有从事过任何工作。

请问：

1．为了开拓市场、建立竞争优势，你们在开张前必须要做哪些基本工作？请列出这些基本工作。

2．你们将会采用什么指标来判断餐馆经营管理是否成功？请列出相应的指标并说明理由。

推荐书目

1．［美］彼得·德鲁克著，齐若兰译，那国毅审订：《管理的实践》，机械工业出版社2006年版。这是现代管理学奠基之作，它第一次把管理作为一个整体和系统看待，是第一本全面探讨管理学的著作。全书分为概论、第一部分到第五部分，论述了管理的本质、管理企业、管理管理者、管理的结构、管理员工和工作，以及当一名管理者意味着什么。人们认为这是打好管理学根基最重要的一本书之一。

2．［法］亨利·法约尔著，迟力耕、张璇译：《工业管理与一般管理》，机械工业出版社2007年版。法约尔的这本著作第一次明确提出了管理的概念，使独立的管理职能和普及的管理教育从此成为可能。最重要的是，法约尔在这本经典著作中提出了管理五大职能和管理十四条原则，这成为后世管理实践和管理教育的基本逻辑，并奠定了现代管理的理论基础。

3．陈春花著：《激活个体：互联时代的组织管理新范式》，机械工业出版社2015年版。陈春花，北京大学教授，曾任新希望六和联席董事长、首席执行官。在该书中，陈春花认为工业时代的管理正在终结，互联网时代管理新范式已经拉开帷幕，管理的价值正在被重新定义，每个管理者都需要做出改变。这是一本重新发现管理价值的书，告别了工业时代的管理方式，开启了互联网时代的管理新范式。

4．［奥］弗雷德蒙德·马利克著，刘斌译：《管理：技艺之精髓》，机械工业出版社2013年版；弗雷德蒙德·马利克著，李亚等译：《管理成就生活》，机械工业出版社2009年版。马利克是欧洲著名的管理大师和管理教育家，欧洲著名的"圣加仑管理学派"创始人。在《管理：技艺之精髓》一书中，马利克具体阐述了"管理是什么，不是什么"以及"如何区分好与不好、正确与错误的管理"。《管理成就生活》一书则具体阐述了有效管理的六个原则、五项任务和七大工具，非常有助于我们理解和学习管理。

第二章　组织及其绩效影响因素

学习要求

能够区分组织和群体，知道组织的基本构成要素，清楚组织产生的原因，理解组织的功能，知道组织人与自然人的区别；掌握组织环境的定义及其组成要素；能区分某一因素是否是环境因素以及是何种环境因素；知道各种环境因素对组织绩效的可能影响；能对某一特定组织的任务环境进行分析；明确组织文化的定义、特点及其对管理的影响。

管理学研究的主要对象是组织。在现代社会中，存在着形形色色的组织。政府、社会团体、学校、企业、事业单位等都是组织。为了生活、社交和个人的发展，每一个人都或多或少地加入了某些组织。即使我们并没有加入某些组织，这些组织也会以各种方式影响我们的生活。例如，大多数人在医院出生，在学校上学，在企业或其他单位工作，在商店或网店购物，等等。人类现代文明就是建立在这些有组织的人类活动之上的，它们时刻影响和控制着我们的生活。

在现实生活中，我们还经常能看到这样一种现象：在外部有利环境的推动下，同行中各个组织的绩效都有较大幅度的提升，而一旦外部环境趋于恶劣，各个组织的绩效就开始趋于分化：有的组织仍然保持着较好的业绩，有的组织的业绩则直线下降。与此情境相类似的是：一个绩效较差的组织，来了一个新负责人后，组织业绩就大为改观；而在另一个绩效同样较差的组织中，尽管已经换过几任负责人，其组织绩效却无多大改观，甚至继续下滑。

组织是什么？为什么会有那么多的组织？它是如何形成的？影响组织绩效的因素有哪些？它们是如何影响一个组织的绩效的？这些都是我们学习组织管理必须首先要搞清楚的。在本章中，将着重讨论以下内容：

- 组织及其功能。
- 组织环境及其构成要素。
- 外部环境因素对组织绩效的影响。
- 组织文化及其对管理的影响。

第一节　组织及其功能

一、组织及其特征

思考题　组织是什么？组织有什么特征？

在第一章的叙述中，我们曾提到，当人们单纯地依靠个人的力量难以应对恶劣的自然环境、难以有效地获取猎物时，人类就开始通过组织的方式，运用群体的力量来设法满足自己的欲望。随着人类的进一步发展，更多的组织应运而生，最终使得组织成了现代人类生活的一个主要组成部分。

在现代社会中，存在着各式各样的组织。政府、企业、学校、社会团体、科研院所是组织，足球队、班级、兴趣小组也是组织。之所以它们都是组织，是因为它们都符合组织的定义。

所谓**组织**，是人们为了实现某一特定的目的而形成的一个系统集合。它具有以下三个共同的特征：

- 由两个或两个以上的人所组成，这一群人被称为**组织成员**。
- 有一个明确的目的，并以一个或一组目标来表示，这个目的被称为**组织宗旨**，这个或这组目标被称为**组织目标**。
- 有一个系统化的结构，用以规范和限制组织成员的行为。这个由规章制度、角色分工、职位职权体系等所构成的系统化结构被称为**组织结构**。

思考题　一群有共同目标的人是不是一个组织？

由两个或两个以上相互作用以实现特定目标或满足特定需求的个体所形成的集合体，我们通常称之为**群体**。如果在这个群体中，还有明文规定的规章制度、明确的角色分工和共同的奋斗目标，那么这一群体就是组织。但如果这个群体中并没有什么规章制度，更没有角色分工，那其就仅仅是群体而不是组织。因此，**组织由组织成员、组织目标和组织结构这三个基本要素构成，区分群体是组织或不是组织的关键在于该群体是否已经形成相应的群体规范或系统化的结构。**

二、组织的形成

思考题　影响组织三要素形成的因素有哪些？怎样才能形成组织三要素？

巴纳德认为："当具备下列条件时，组织就生成了，这些条件分别是：（1）存在能够彼此交流的人；（2）他们愿意做出贡献；（3）为了实现共同的目标。组织的构成要素主要有：（1）沟通交流；（2）做出贡献的意愿；（3）共同的目标。这些要素是组织最初成立时的必要条件和充分条件，并存在于所有的这类组织之中。其中，第三个要素——共同的目标是隐含在组织的定义之中的，而做出贡献的意愿、沟通交流以及在一般情况下这三项要素之间及其在合作系统之中的相互依存性，则是通过经验和观察所得到的事实。"[①]

[①] 切斯特·巴纳德. 经理人员的职能 [M]. 王永贵，译. 北京：机械工业出版社，2007：56.

1. 合作的意愿

根据组织的定义，没有人就没有组织。组织的生命活力，在于组织成员贡献个人力量的意愿。

当我们要创立一个组织时，首先要有人发起（这个人我们称之为发起人）。这个人之所以愿意发起成立一个组织，首先是因为他有与他人合作来开展行动以实现目标的意愿。而其他成员的加盟，也是建立在这些人愿意与他人合作的基础之上的。所以，**人们的合作意愿是形成构成组织所必需的一群人的必要条件之一**。

？思考题 人们为什么会愿意与他人合作？

2. 共同的目标

巴纳德认为，人们是根据以下两点来确定是否参与某一特定的合作的："（1）当时的目标、愿望和推动力；（2）个人认识到的、在其自身之外的、可供选择的其他机会。"[1]其中的愿望和推动力统称为"动机"。动机主要是由现在和过去的物质因素、生物因素和社会因素中的各种力量相互作用而产生的。"合作存在的理由，就是克服限制——克服对个人能做什么事情所施加的限制。"[2]因此，能够得到每一个参与者认可的共同目标的存在，是个体产生协作意愿的基础。如果没有这样一个目标，就无法预测个体需要付出怎样的努力，在许多情况下个体也无法知道他通过参与合作可以期望得到的欲望满足的程度。

因此，在发起人发起成立一个组织时，首先要明确组织的目标，并说明这个（些）目标是可以通过群体的共同努力实现的，以及当组织目标实现时，参与合作者预期可以得到的个人利益。最初的目的或目标得到认同与合作意愿往往是同时发生的，发起人最初提出的目标，也可能会通过参与者的讨论加以具体化或调整。但无论如何，**组织形成的前提条件之一：组织成员就组织目标达成共识**。

3. 顺畅的沟通

绝大多数组织，起源于某个人的有意识的行为，他想出并正式拟订一个目的，然后传达给别人，并鼓励别人与自己合作。在这一过程中，发起人不仅需要传播组织目标，而且需要说服他人与自己合作，这都离不开相互之间的沟通。而共同目标的确立和组织规范的形成，更离不开组织成员间的顺畅沟通。由于合作在一定程度上意味着个体的自我克制，放弃对个体行动的控制权，以及个体行动的非个人化，因此，只有当组织有足够的满足个体的诱因和个体间的充分有效的沟通时，合作才有可能被最终认可。

因此，**潜在合作者之间能否进行顺畅的沟通，以及是否能够通过沟通就组织的目的、目标和组织规范达成共识，也是组织最后是否能够诞生的充要条件之一**。

三、组织的功能

从组织产生的原因看，人们之所以要加入一个组织，是因为这个组织可以在一定程度上实现单靠个人力量无法实现或难以有效实现的目标。人的欲望的无限性，使得人不仅想实现靠其个人力量能够有效实现的目标，而且还想实现靠其个人力量无法或

---

[1][2] 切斯特·巴纳德. 经理人员的职能［M］. 王永贵，译. 北京：机械工业出版社，2007：13，18.

难以有效实现的目标，为此，就必须借助他人的力量，组织也就由此而生。即**组织的功能在于克服个人力量的局限性，实现靠个人力量无法实现或难以有效实现的目标。**

？思考题 组织发挥作用的前提条件是什么？

组织之所以能发挥这样的功能，是因为组织成员间的分工协作，即通过分工发挥每一个成员的特长，通过协作形成群体力量。因此，分工协作是组织发挥作用的手段，也是组织管理的重点。而组织成员间要进行分工协作，就要志同道合、能力互补、沟通顺畅，因为只有志同道合，才能进行相互协作；只有能力互补，才能进行分工；只有沟通顺畅，才能高效集体行动。因此，**组织成员志同道合、能力互补、沟通顺畅是组织发挥其功能的前提。组织管理的核心就在于创造一个志同道合、相互协作的组织环境。**

？思考题 通过什么方法才能保证一个志同道合、能力互补的团队的形成？

我们只有认识到组织的实质，才有可能处理好组织内部的各种关系。**组织从本质上而言，是一个利益共同体，**也就是说，是共同的利益把大家聚集在一起的。如图2-1所示，一个人之所以愿意加入一个团队，受群体规范的约束，与其他人共享成果，是因为这个组织能够在一定程度上实现其个人目标；而一个人要实现自己单独难以实现的目标，就必须借助于群体的力量，只有通过群体的努力实现了共同目标之后，才有可能实现自己的个人目标。既然如此，在一个组织中，损人必损己。从利益角度看，在一个组织中，与别人过不去，归根到底是跟自己过不去；对组织不关心，也就是对自己在该组织中的利益漠不关心；关心他人、帮助他人，归根到底是出于对自己在这个组织中的个人利益的关心。

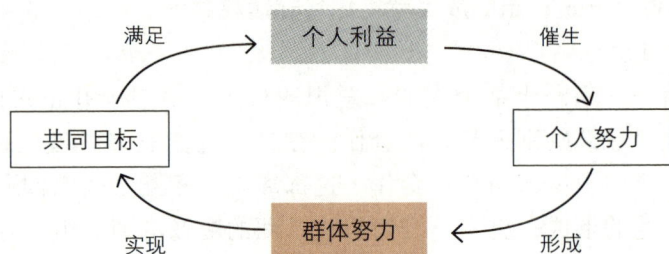

图2-1 组织的实质

小卡片 **组织的运作方式**

功能：克服个人力量的局限性，实现靠个人力量无法实现或难以有效实现的目标。

手段：通过分工——充分发挥每一个人的特长。
通过协作——形成群体力量。

前提：组织成员能力互补、志同道合、沟通顺畅。

机制：组织成员双向选择、自由组合。

四、组织人与自然人的区别

由于组织是通过分工协作形成群体力量，在实现共同目标的基础上实现每一个组织成员的个人目标的，因此，一个人只有认同群体理念、遵循群体规范，并能够为组织做出自己的贡献，才能置身于集体，成为组织的一员。

这就要求每一个成员在加入组织后，改变单凭个人意愿做自己愿意和喜欢做的事以及独享成果的自然人习惯，按组织人的要求开展具体行动。

首先要有**组织意识**，承诺遵守该组织的各项规范，愿意履行作为组织成员在组织分工中应该履行的职责，并愿意与他人共享劳动成果，以融入集体。

其次是要有**岗位意识**，信守诺言，认真做好本职工作，并勇于承担相应的工作责任，以充分体现自己在群体中的价值。

第三是要有**成员意识**，能够认识到组织是一个利益共同体，要关心集体，主动反对或阻止违反组织理念或对组织不利的行为，支持符合组织价值观和对组织发展有利的行为；在工作中能够主动配合他人，分工不分家；勇挑重担，积极参与创新性工作，持续改进本职工作。

而要成为一名优秀的组织成员，则不仅要有主动性、责任心，更要有全局观。即能够从组织整体的角度出发，定位本职工作、考虑问题和采取行动；在工作中，能够充分发挥组织整体的力量来做好本职工作；在成绩面前，能清楚认识自己工作成绩的取得与其他成员的支持配合之间的关系，正确对待荣誉，乐于分享成果。

第二节　组织环境的构成

一个组织的绩效受到各种因素的影响。**组织环境**就是指存在于一个组织内部和外部的影响组织业绩的各种力量和条件因素的总和。在这里，环境不仅包括组织外部环境，也包括组织内部环境。

根据各种因素对组织业绩影响程度的不同，组织外部环境又可分为**一般环境因素**和**任务环境因素**。任何组织都是整个社会大系统中的一个子系统，不可能脱离整个社会而独立存在，而总是与社会方方面面有着千丝万缕的联系。**一般环境**（宏观环境）**因素**是指可能对这个组织的活动产生影响但其影响的相关性却不明确的各种因素，包括政治、法律、经济、社会文化和科学技术等。这些因素一般都不是只涉及某一个具体的组织，正因为如此，这些因素对某一特定组织有什么样的影响以及有多大的影响都不一定很明确。一般环境因素对某一组织的影响虽不是直接的，但这些因素都有可能对组织产生某种重大的影响。

?思考题 各个组织的一般环境因素是不是都是一样的？

相对于一般环境而言，任务环境（微观环境）因素对组织绩效的影响更直接。**任务环境因素**是指对某一具体组织的目标实现有直接影响的那些外部环境因素。比较典型的，一个组织的任务环境因素包括资源供应者、竞争者、服务对象（顾客）、政府管理部门及社会上的各种利益代表组织。对一个特定的组织而言，任务环境因素是特定的，并随着构成因素的变化而变化，它将直接增加或减少组织的效益。

对一个组织而言，**组织外部哪些是环境因素，是一般环境因素还是任务环境因**

素，取决于组织的目标定位。同样是生产饮料的企业，由于各自的产品市场定位不同，其环境影响因素也不同。例如，两个饮料生产企业，一家生产儿童饮料，一家生产保健饮料，对于这两家企业而言，人口结构、饮食习惯、政府对食品卫生的有关规定、饮料生产技术的发展等是它们在经营中必须考虑的因素。进一步地，对前一家企业而言，还要考虑国家的计划生育政策、儿童在社会中的地位等一般环境因素以及儿童的口味变化、儿童的数量与年龄结构、所需的原辅材料供应情况、儿童饮料市场竞争情况等任务环境因素；而对后一家企业而言，则要关心保健技术的发展、保健品市场需求及竞争情况、国家对保健品生产销售的特殊规定等任务环境因素。由此可见，对于一个组织的发展有重大影响的环境因素，对于另一个组织可能根本不重要，即使最初看起来它们是同一类型的组织。

组织环境除了一般环境和任务环境以外，还包括组织内部环境。**组织内部环境一般包括组织文化和组织经营条件两大部分。组织文化**是处于一定经济、社会、文化背景下的组织，在长期的发展过程中逐步形成和发展起来的、日趋稳定的、独特的价值观（文化理念），以及以此为核心而形成的行为规范、道德准则、群体意识、风俗习惯等。**组织经营条件**是指组织所拥有的各种资源的数量和质量情况以及运用这些资源的能力，包括人员素质、资金实力、科研力量、信誉等。这些因素与外部环境因素一样，将影响一个组织的组织目标制定和实现。综上所述，组织环境的构成如图2-2所示。

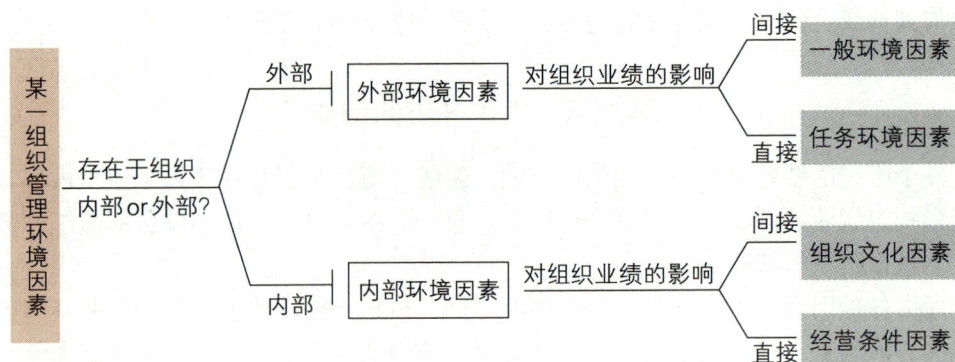

图2-2　组织环境的构成

?思考题　"人才市场上营销人员短缺"对于一般企业来说属于什么因素？

从图2-2中可以看到，要区别一个因素是否是环境因素，是什么环境因素，关键在于该因素对这一组织的绩效是否有影响，以及影响是直接的还是间接的。若有影响，这一因素就是该组织的环境因素之一；若没有影响，则这一因素对这一组织而言就不是环境影响因素。对于一般企业而言，营销是其基本职能之一，其营销工作的好坏会直接影响企业的经济效益，因此，营销人员的供应情况是企业所关心的环境因素之一。进一步地，由于是"人才市场上营销人员短缺"，这一因素存在于组织外部，因此是外部环境因素；又由于外部营销人员短缺会直接影响到本企业营销人员的获得或维护成本，进而直接影响企业的利润，因此，"人才市场上营销人员短缺"对于一般企业而言属于任务环境因素。

第三节　外部环境因素及其影响

一、一般环境因素

通常而言，**一般环境因素主要包括政治、经济、社会、科技、法律等方面的因素**，这些环境因素对一个组织的运转有影响但不那么直接。一般环境因素对组织的影响如下所述。

1. 政治环境因素

政治环境包括组织所在地区的政治制度、政治形势，执政党的路线、方针、政策和国家法令、法规，等等，这些都会对一个组织产生重大影响，如图2-3所示。

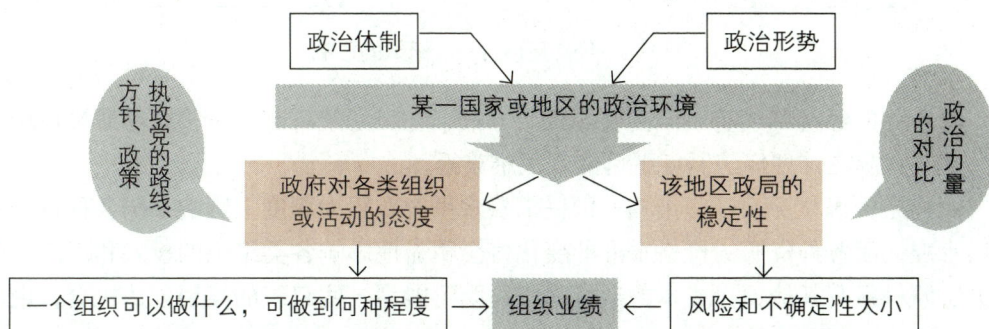

图2-3　政治环境对一般组织的影响

政治环境对一般组织的影响主要表现在地区政局的稳定性和政府对各类组织或活动的态度上。地区政局的稳定性是一个组织在制定长期发展战略时必然要考虑的，因为它将影响到组织在该地区的经营风险和不确定性程度，进而影响到目标实现的可能性；而政府对各类组织或活动的态度则决定了各个组织在该地区可以做什么、不可以做什么。

自从实行改革开放政策以来，我国政治环境基本上是稳定的，而且在今后较长一段时间内会致力于现代国家治理体系的建设，使各组织能够在法律的框架范围内自主经营。现代社会的一个特征就是全球化，我国不少企业已进军国际市场，在不少国家和地区开办了实业，与众多的国家和地区开展着贸易、进行着合作，要提高企业的绩效，就要求我们对这些国家和地区的主要政治环境变化有一定的预见能力。

?思考题 近年来世界政治环境的主要变化有哪些？

2. 经济环境因素

一个组织所处的**经济环境**，通常包括其所在国家或地区的经济制度、经济结构、物质资源状况、经济发展水平、居民消费水平等方面，国民生产总值（GNP）增长率、利率、就业率、通货膨胀率、人均可支配收入的变化、股市指数和经济周期是一些可以用来反映各经济环境因素的指标。通常，**经济环境主要通过对各类组织所需要的各种资源的获得方式、价格水准和市场需求结构的作用来影响各类组织的生存和发展**，如图2-4所示。

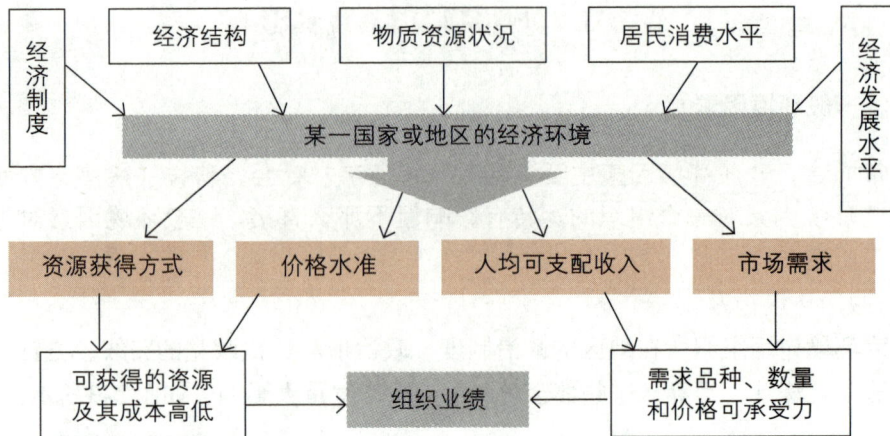

图2-4　经济环境对一般组织的影响

- 不同的经济制度有不同的资源供给方式，在市场经济制度下很容易通过市场获得的某些资源在计划经济制度下可能就很难获得。
- 物质资源状况、经济结构、国民消费水平会在很大程度上影响一国各种资源的价格水准，而各种资源的价格水准的变化将会明显地影响各类组织的投入和产出。劳动力、原材料及其他项目成本的通货膨胀，既可能为一些组织的发展创造机会，也可能导致一些组织走向破产。
- 在不同的经济发展阶段，国民消费水平不同，市场需求结构也不同。现在畅销的商品在将来不一定仍然畅销，而现在没有市场的产品在将来有可能成为畅销商品。

?思考题　中国经济环境发生了哪些主要变化？

3. 社会环境因素

社会环境主要由组织所在国家或地区的人口数量与结构、人民文化教育水平、传统风俗习惯以及伦理道德和价值观念等因素构成，它们通过行为规范（风俗、道德、法律）、人口结构（人口数量、年龄结构、人口分布）和生活方式与态度（家庭结构、教育水平、价值观念）的改变影响一国或地区群体行为规范、劳动力的数量和质量、所需商品和服务的数量与类型等，并进而影响该国或地区各组织的经营管理，如图2-5所示。

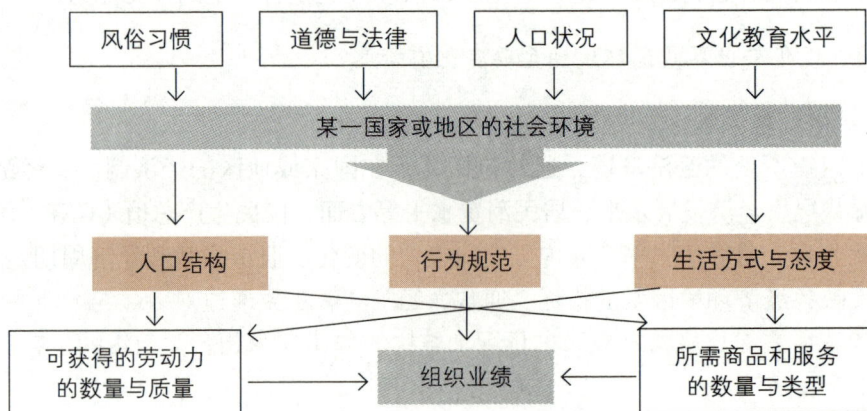

图2-5　社会环境对一般组织的影响

社会环境因素对于一个组织的行为也有很大的影响。例如，就风俗习惯而言，在有的国家或地区，人们把服装式样如何看成是自己社会地位的一种象征，因此他们很讲究服装的式样并很愿意为此花钱；而在有的国家或地区，人们对服装的式样并不讲究，只要经济、实用即可。作为从事国际贸易的服装企业，就必须注意到不同国家或地区在风俗习惯上的这些差异。人是社会中的人，要受到人们普遍接受的各种行为准则的约束。道德准则或社会公德虽然大多并没有形成法律条文，但对于约束个人或集体行为仍具有事实上的作用和威力，**任何组织的行为都不能不考虑社会秩序和伦理道德的影响**。例如，随着人们越来越注重环保，有污染的项目就很难生存；而当人们越来越追求精神享受时，文化产业也就越来越得到重视和发展。

思考题 新时期中国社会环境的主要变化有哪些？

4. 科技环境因素

技术在任何组织的环境中，都是一项关键的因素。**科技环境**通常由组织所在国家或地区的科技水平、科技政策、科研潜力和技术发展动向等方面因素构成。就一般环境而言，21世纪变化最迅速的因素就是技术，移动互联、人工智能、3D打印、新材料、新能源层出不穷。在当今充满变化的世界里，任何组织，欲求经营有效而与技术和技术发展无关，几乎是不可能的。那些能适应科技进步的组织，相对于不关注科技进步的组织，在竞争中占据了更有利的地位。

科技进步对一般组织的影响如图2-6所示。科技进步在劳动力素质、劳动资料、劳动对象等方面推动着生产力的发展，**不同的技术和技术过程要求有不同的管理方式和方法**，技术的发展也改变着管理活动的进行。在规划、决策、计划调度、组织、控制等方面，技术都占据着重要的位置，计划、组织和控制方式也随着技术的发展而改变。

思考题 人工智能的发展给管理带来了哪些变化？

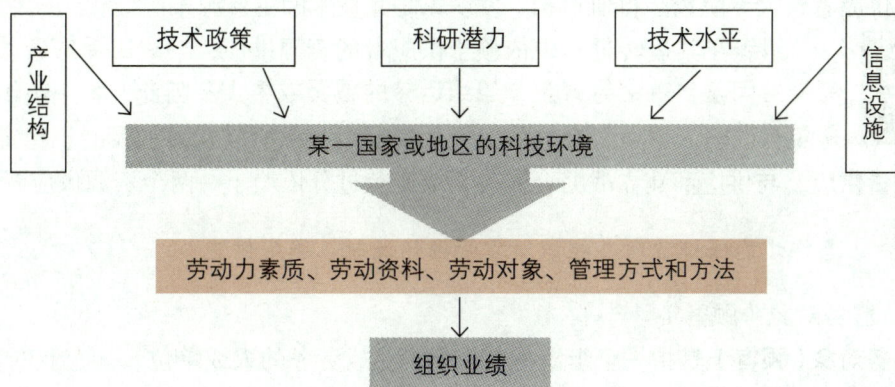

图2-6 科技进步对一般组织的影响

二、任务环境因素

不同的组织有不同的任务环境，与一般环境相比，任务环境对组织的影响更为直接和具体。**对大多数组织而言，任务环境因素主要包括资源供应者、服务对象（顾客）、竞争者、政府管理部门和社会特殊利益代表组织**，如表2-1所示。

表2-1　通常的任务环境因素

任务环境因素	定　义	以企业为例	对组织的影响
资源供应者	向该组织提供其所需资源的人或单位	股东、银行；职业介绍所、人才市场；新闻机构、情报机构；科研机构、技术市场；原辅材料和设备供应商	一旦主要的资源供应者发生问题，就会导致整个组织运转的减缓或中止
服务对象（顾客）	一个组织为其提供产品或劳务的人或单位	企业的客户或企业产品消费者	拥有一定量的服务对象，是一个组织生存和发展的前提
竞争者	与该组织争夺资源、服务对象的人或组织	同行、替代品生产者、同样需要该组织所需资源的组织	竞争者的多少直接影响组织获得一定的业绩所需付出的代价
政府管理部门	国务院各部委及地方政府的经济管理部门或机构	工商行政管理部门、税务部门、物价部门、劳动管理部门、技术监督部门等	其政策和权力对一个组织可以做什么和不可以做什么以及能取得多大的收益，都会产生直接的影响
社会特殊利益代表组织	代表着社会上某一部分人的特殊利益的群众组织	工会、消费者协会、环境保护组织等	通过直接向政府主管部门反映情况，或通过各种舆论宣传工具，对各类组织施加影响

1. 资源供应者

一个组织的**资源供应者**是指向该组织提供其所需资源的人或单位。这里所指的资源不仅包括设备、人力、原材料、资金，也包括信息、技术、服务和关系等一切该组织运作所需输入的东西。对大多数组织来说，金融部门、政府部门、股东是其主要的资金供应者，学校、各类人员培训机构、人才市场、职业介绍所是其主要的人力资源供应者，各新闻机构、情报信息中心、咨询服务机构、政府部门、网络平台是其主要的信息供应者，大专院校、科研机构、发明家是其技术的主要源泉。

扩展阅读：芯片制裁使中兴通讯一落千丈

组织在其运转过程中依赖于供应者的资源供应，一旦主要的资源供应者发生问题，就会导致整个组织运转的减缓或中止。因此，各个组织为了避免自己陷入困境，在战略上一般都努力寻求所需资源的及时、稳定、保质、保量供应，与供应商建立战略合作关系或避免过分依赖于一两个资源供应者。

思考题 怎样才能保证你所在组织所需资源的及时、稳定供应？

2. 服务对象（顾客）

服务对象（顾客）是指一个组织为其提供产品或劳务的人或单位，如企业的客户、商店的购物者、学校中的学生和用人单位、医院的病人、图书馆的读者等，都可称其为相应组织的服务对象。

任何组织之所以能够存在，是因为有一部分需要该组织产出的服务对象的存在，如果一个组织失去了服务对象，该组织也就失去了自身存在的基础。如果一个企业生产的产品无人问津，就必然走向破产；如果一个政党不能为人民谋利益，公众就会抛弃它，这个政党也就会萎缩乃至消亡。组织的服务对象是影响组织生存与发展的主要因素，而任何一个组织的服务对象对组织来说又是一个潜在的不确定因素。

顾客的需求是多方面且会经常改变的，而要成功地拥有顾客，又必须满足顾客的需求。为此，组织必须深入市场，分析顾客的心理，根据顾客需求的变化，及时推出新产品、新服务。确保及时地向其顾客提供满意的商品和优质的服务，这几乎已成为当今各级组织所面临的头等大事。

思考题 你所在组织的服务对象是谁？他们的需求有什么特点？

3. 竞争者

一个组织的**竞争者**是指与其争夺资源、服务对象的人或组织。任何组织，都不可避免地会有一个或多个竞争者。这些**竞争者之间不是相互争夺资源，就是相互争夺服务对象**。运用波特的"五力模型"，可对行业内的竞争状态加以系统分析。

扩展阅读：波特的"五力模型"

思考题 一个政府部门也有竞争者吗？如有，列举出几个。

基于资源的竞争一般发生在许多组织都需要同一有限资源的时候，最常见的资源竞争是人才竞争、资金竞争和原材料竞争。对经济资源的竞争可能涉及不同类型的组织。当各组织竞争有限资源时，该资源的价格就会上扬。例如，当资金紧缺时，利率就会上升，组织的营运成本就会上升。

基于顾客的竞争一般发生在同一类型的组织之间，或许这些组织提供的产品或服务方式不同，但它们的服务对象是同一的，就同样会发生竞争。例如，航空部门与铁路运输部门之间、铁路与公路运输部门之间就可能为争夺货源和乘客而展开竞争。竞争也不仅限于国内，随着经济全球化的发展，国内的各类组织不仅面临着来自国内组织的竞争，也面临着来自国外组织的竞争。在这种情况下，国内的竞争者之间有时可能会出现某种程度的联合，以对抗来自国外组织的竞争。

资本经营方式的出现，使得21世纪的竞争更为激烈与复杂。资本凭借其力量，打破各种行业壁垒长驱直入，令人防不胜防。

没有一个组织可以忽视竞争，否则就会付出沉重的代价。竞争者是组织必须有所了解并及时做出反应的一个重要环境因素。

思考题 既然每个组织都会面临竞争，那么我们应采取怎样的竞争策略？

4. 政府管理部门

政府管理部门主要是指国务院各部委及地方政府的相应机构，如工商行政管理部门、技术监督部门、物价部门等。政府管理部门拥有特殊的官方权力，可制定有关的政策法规、征税、对违反法律的组织采取必要的行动等，而这些对一个组织可以做什么和不可以做什么以及能取得多大的收益，都会产生直接的影响。

有的组织由于组织目标的特殊性，更是直接受制于某些政府部门。例如，我国的电信业、医药业和饮食业，就各自受到工信部、检验检疫管理部门的直接管理或监督。

政府制定的政策法规，一方面会增加组织的运行成本，另一方面则会限制组织的选择余地。为了符合政府制定的政策法规和政府管理部门的要求，组织就必然要增加运行成本，例如为了取得消防管理部门的认可，企业必须按规定装设消防设备。某些政策法规，规定了组织可以做什么和不可以做什么，从而限制了组织的选择余地，如

《中华人民共和国劳动法》的颁布，对组织的招工、用人、辞退决策带来了一定的限制。

?思考题 如果某些政府管理部门中的人员到你所在的组织，凭借其手中的权力，故意刁难或以权谋私时，该如何对待？

5. 社会特殊利益代表组织

社会特殊利益代表组织是指代表着社会上某一部分人的特殊利益的群众组织，如工会、消费者协会、环境保护组织等。它们虽然没有拥有政府部门那么大的权力，但却同样可以对各类组织施加相当大的直接影响。这类组织可以通过直接向政府主管部门反映情况，通过各种宣传工具制造舆论以引起人们的广泛注意。事实上，有些法规的颁发，部分的是对某些社会特殊利益代表组织所提出的要求的回应。

?思考题 有哪些社会特殊利益代表组织会对你所在的组织产生影响？

由上可见，任何组织都不是孤立的。组织把环境作为自己输入的来源和输出的接受者，组织必须遵守当地的法律，并对竞争做出反应。正因为如此，资源供应者、服务对象（顾客）、竞争者、政府管理部门、社会特殊利益代表组织等都可以对某一个组织施加压力，进而对组织绩效产生有利或不利影响。

?思考题 任务环境因素是不是就只有上述五个方面？

三、组织环境的分类

既然组织环境会影响组织绩效，组织就必须首先能够描述组织所处的环境。那么，怎样衡量组织环境的不同呢？可采用著名组织理论家汤姆森（J. D. Thompson）所提出的方法，即用环境的变化程度和环境的复杂程度来衡量。

根据环境的变化程度，组织环境可分为动态环境和稳定环境两类。形成环境的各种因素变化程度大，为**动态环境**；变化程度小则为**稳定环境**。稳定环境可能是一个没有新的竞争者进入，现有的竞争者在技术上也难以有所创新，没有什么公众对组织施加特别压力的环境。**在稳定环境中，组织可以比较准确地进行计划和预测**。例如，消费者对电力的需求一般是随季度和气候变化的，我们可以根据这个规律进行电力需求量预测，并进而制订各季发电和供电计划。在改革开放之前，我国的大多数企业处于稳定环境之中，而从20世纪80年代中期以后，企业所处的环境变化程度大大增加，企业开始步入动态环境。

与环境的不确定性密切相关的是环境的复杂性。环境的复杂程度与组织环境的组成因素多少及组织对其环境影响因素的了解程度有关。**根据环境的复杂程度，组织环境可分为复杂环境和简单环境**。一个组织需要接触的顾客、供应商、竞争者、政府机构越少，其环境越简单；当一个企业只订出10%的合同时，其环境复杂性增加，因为它还要与众多的用户接触以订出剩余的合同。

由环境的变化程度和环境的复杂程度，可形成四种典型的组织环境，如表2-2所示。

表2-2　组织环境的分类

组织环境		变化程度	
		稳　定	动　态
复杂程度	简　单	状态1：稳定、简单的环境 环境影响因素较少 环境因素变化不大 环境因素易于了解	状态2：动荡、简单的环境 环境影响因素较少 但在不断的变化之中 环境因素易于掌握
	复　杂	状态3：稳定、复杂的环境 环境影响因素多 环境因素基本保持不变 掌握环境因素较难	状态4：动荡、复杂的环境 环境影响因素多 且处于不断的变化之中 掌握环境因素困难

状态1：相对稳定和简单的环境。在这种环境中的组织会处于相对稳定的状态。在这种环境下，组织对内部可采用强有力的组织结构形式，通过计划、纪律、规章制度及标准化等来管理。一般的日用品生产企业大多处于此种环境。

状态2：动荡而简单的环境。处于这种环境中的组织一般处于相对缓和的不稳定状态之中。面临这种环境的组织一般采用调整内部组织管理的方法来适应变化中的环境。纪律和规章制度仍占主要地位，但也可能在其他方面，如市场销售方面需要采取强有力的措施，以应对快速变化中的市场形势。像音像制品公司等多属于这一环境中的组织，它们面临的竞争对手不多，材料供应商也只有固定的几个，销售渠道单一，涉及的政府管理部门也有限。尽管环境影响因素不多，但它却面临着技术或市场需求的迅速变化。

状态3：相对稳定但极为复杂的环境。一般来说，处于这种环境中的组织为了适应复杂的环境大多采用分权的形式，强调根据不同的资源条件来组织各自的活动。不管怎样，它们都必须面对众多的竞争对手、资源供应者、政府管理部门和社会特殊利益代表组织，并做出管理上的相应改变。汽车制造企业基本上处于此种环境之中。

状态4：动荡而复杂的环境。一般环境和任务环境因素的相互作用有时会形成极度动荡而复杂的环境。面对这样的环境，组织就必须更强调内部各方面及时、有效的相互联络，并采用权力分散下放和各自相对独立决策的经营方式。一般而言，互联网企业、高新技术企业面临的就是技术飞速发展、市场需求变化迅速、竞争对手对抗剧烈的动荡而复杂的环境。

应对多样性——你
的忍耐力有多大？

四、外部环境的管理

一般而言，除了某些实力雄厚的特大型组织外，大多数组织对于改变其外部环境是无能为力的，因而常常是环境主宰着组织。但这并不是说组织对外部环境的影响就无能为力了，**管理环境是困难的，但又是可能的**。说它困难是因为环境的组成因素是多变的、复杂的，环境的变化有时是不以主观意志为转移的，对组织的影响与作用有时是不可抗拒的；说它可能是因为不论环境是自然的还是社会的，都不是一成不变的，都有一定的规律可循，我们可以而且应该学会如何管理环境。

1. 外部环境因素管理的一般步骤

如图2-7所示，首先，我们要了解环境因素的变化情况。由于环境的多变性和复杂性，**我们首先要随时随地利用各种渠道与方法去认识、了解、掌握环境**，认真地研究其变化的规律，预测环境变化的趋势及其对组织可能产生的影响。一般而言，了解、认识和掌握外部环境因素的变化是比较困难的，这就要求我们花大量的精力收集各种信息，掌握第一手资料，从中了解在众多的因素中，哪些是对组织有利的，哪些会影响组织目标的实现。

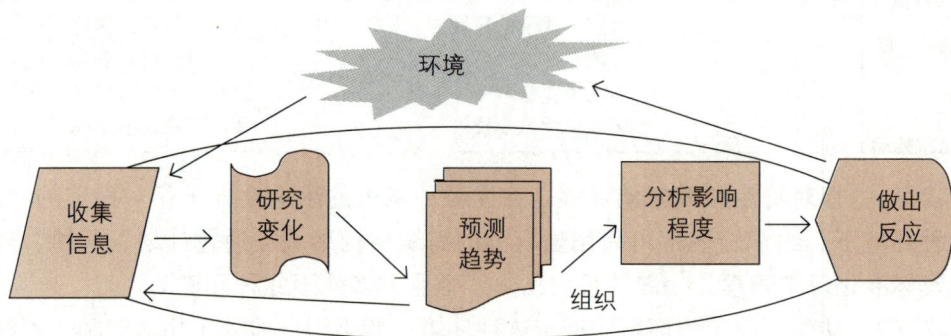

图2-7 外部环境因素管理的一般步骤

其次，在了解和掌握各种环境因素的基础上，对其变化趋势进行分析研究，确定各环境因素的变化对组织有什么影响，有多大的影响，等等。环境在不断地发生变化，研究工作也需要保持连续性。

思考题 怎样才能使研究工作保持连续性？

最后，在对环境因素进行了一定的分析之后，要对各种环境因素的影响做出相应的反应。充分利用环境对组织有利的方面，并努力使其继续朝着这个方向发展；对于环境中不利于组织发展的因素，组织一方面可通过内部的改革使组织与环境相适应，另一方面可努力通过组织的行为去影响环境，使其朝着有利于组织的方向转化。

2. 外部环境因素的管理方法

外部环境因素根据其对组织影响的直接程度，分为一般环境因素和任务环境因素，相应地，在管理上也应采取两种不同的方法。一般环境不是组织可以影响的，更不是一般组织所能改变的，**对于一般环境因素，主要是主动了解和适应它。**

扩展阅读：某企业应对环境的例子（中国五矿）

对于任务环境，组织是可以而且应该通过努力加以管理的。如当商品房销售竞争日趋激烈时，我们可通过以往企业品牌的塑造，使银行放心贷款，顾客放心购买其房子，等等。**在微观环境上，组织可以主动地改变自己，变被动为主动。** 表2-3列出了一些组织用以减少环境压力的常用措施。

表2-3　管理上组织用以减少环境压力的常用措施

品牌塑造	品牌塑造可减少易变的服务对象的影响，以及竞争者推出的新产品或新服务的影响。当一批顾客相信某公司的产品比其他公司的产品好时，该公司就拥有了一批稳定的顾客，并增加了该公司对其产品价格、经销商的决策选择余地，也增强了它与其他公司的竞争能力
联　合	所谓联合，是指一个组织与其他组织为某一共同的目的而团结起来，包括合资、建立战略联盟等。通过联合的方法，可控制其主要供应商以确保资源的稳定供应，或联合起来在市场中应对强大的竞争对手
舆　论	当组织受到其他组织威胁或危害时，常采用舆论的力量来对抗这些威胁。例如，当企业遇到同行的不正当竞争时，就常借助于舆论的力量来改变其不利地位
制定战略	在稳定的环境中，组织可根据事先对环境变化趋势的分析和预测，提前做好应变准备；在动态环境中，组织主要是通过保持策略的灵活性来应对复杂多变的环境，如采用多样化经营策略以减少市场风险等
改变结构	刚性的组织结构，适用于环境相对比较稳定的组织；而弹性的组织结构，则有助于增强组织对于复杂多变的环境的响应速度。在组织中设置专门的情报分析部门或岗位，则有助于组织提高对环境的洞察能力。

第四节　组织文化及其影响

组织环境除了组织外部环境外，还包括组织内部环境。其中对组织绩效影响较大的内部环境是组织文化和组织经营条件，由于不同的组织其经营条件包含的内容各不相同，而且经营条件对组织业绩的影响非常明显，因此在本书中，只讨论组织文化及其对组织的影响。

扩展阅读：资源能力论——经营条件对组织的影响

一、组织文化的内涵

就像部落和民族有图腾和禁忌以指导每一个成员如何与其同伴及外部人员交往一样，组织也有指导其成员应该如何行动的文化。同样一个领导人，在一个组织中能取得杰出业绩，在另一个组织中不一定能取得杰出的业绩，这在很大程度上就与不同的组织具有不同的组织文化有关。

何谓组织文化？**组织文化**是指处于一定经济社会文化背景中的组织，在长期的发展过程中逐步形成和发展起来的日趋稳定的、独特的价值观（文化理念），以及以此为核心而形成的行为规范、道德准则、群体意识、风俗习惯等。从这个定义中可以看到，**组织文化实际上是指组织的共同观念系统，是一种存在于组织成员之中的共同理解**，因此，组织中不同背景和地位的人在描述其组织文化时基本上用的是相同的语言。在每一个组织中，有各种不断发展着的价值观、仪式、规章、习惯等，这些观念一旦为全体员工所接受，就变成了组织的共同观念，亦即成为组织文化的一部分。而**组织文化一旦形成，就会在很大程度上对组织成员的思维和行为施加影响**，并具体体现在组织的各种行为和组织外在形象中。

组织文化的表述是描述性的，它与组织成员如何理解这个组织有关，但与他们是否喜欢它无关，组织文化是描述性的而不是评价性的。那么，如何来描述一个组织的文化呢？到目前为止，尚没有一种确定的表述组织文化的方法。但根据以前的研究，我们可以通过对一个组织在以下几方面所达到的程度的分析来描述其组织文化。
- 控制的程度：规章制度或用于监督和控制员工行为的指导原则的多少。
- 导向性：组织建立明确的目标和业绩要求的程度。
- 管理者与员工之间的关系：管理者给下属以帮助和支持的程度。
- 对员工的基本看法：信任或不信任员工，或予以员工责任、自由和独立的程度。
- 风险容忍度：鼓励员工开拓、创新和承担风险的程度。
- 纷争容忍度：允许员工自由发表不同意见和公开批评的程度。
- 沟通的模式：组织信息传递是否受正式的权力线的限制。
- 协作意识：鼓励组织中的团体协调一致地工作的程度。
- 整体意识：组织成员把组织作为一个整体而不是把他们特定的工作小群体作为整体的程度。
- 奖励的指向：奖励基于员工的业绩而不是感觉、好恶的程度。

根据对一个组织以上10个方面的描述，我们就可以大致勾画出该组织的组织文化，下面是根据这些方面综合描述组织文化的两个例子。

【实例】

例一，这是一个制造厂。该厂有员工必须遵守的许多规章制度；每一个员工都有特定的工作目标，管理者严格管理员工以确保不发生偏差；员工对其工作几乎没有任何决策权，有任何不平常的问题，都必须向其上司报告，由上司来决定如何处理；所有的员工都必须按正式的权力线进行信息传递；管理人员不相信员工的诚实和正直，因此他实行严格的控制；组织雇用的管理者或员工都要按一定的程序先在基层各个部门锻炼，使其成为多面手而不是专业人员；组织高度赞扬和奖励的是努力工作、团结协作、不犯错误和忠诚。

例二，这同样是一个制造厂。但在这个厂，规章制度很少；员工们被认为是努力工作和值得信赖的，因此监控比较松散；它鼓励员工自己解决问题，但当他们需要帮助时，可随时向其上司请教；各部门之间分工明确；组织鼓励员工开发其专业技能；人与人之间、部门之间存在不同意见或差异被认为是正常现象；组织根据管理者所在部门的业绩和该部门与组织其他部门之间的配合情况来评价管理者；晋升和奖励倾向于那些为组织做出最大贡献的员工，即使他们有不同的观点、异于常人的工作习惯或独特的个性。

思考题 你认为上述两种组织文化，哪一种好？为什么？

哪一种组织文化比较适合你？

以上所说的只是表述组织文化的一种方法，人们还可以从其他方面来描述组织文化。如从组织理念（mind identity，MI）、组织行为（behavior identity，BI）、组织形象（visual identity，VI）三方面来描述等。

二、组织文化的特点

任何组织的组织文化，都具有以下一些共同特点。

1. 客观性

组织文化是组织在其所处的一定的经济、社会、文化环境合力作用下，在长期的发展过程中逐步形成和发展起来的。**在组织文化的形成过程中，组织创始人起了关键性的作用。**一个组织的文化反映了组织创始人的理想和价值观。创始人通过对组织应该是怎么样的规划或设想导致了早期组织文化的形成。因为组织创始人在建立组织时，总是怀有一定的理想，也有如何实现这些理想的想法和措施，他们可以不受先前行事习惯或思想体系的限制，提出其独特的要求其组织成员共同遵循的一些价值观和行事准则。因此，组织文化来源于组织创始人的志向、理念与第一批组织成员从其过往经验中所学到的东西的相互作用。尽管如此，从总体上来说，**组织文化的产生和存在是不以人的意志为转移的。**只要是一个组织，在形成和发展过程中就必然会形成组织文化，不管人们是否意识到，组织文化总是存在着，并发挥着或好或坏、或大或小的作用，成功的组织有优秀的组织文化，失败的组织有不良的组织文化。

思考题 组织文化的好坏如何判断？

2. 个异性

组织文化没有绝对的好坏之分。**一个组织的文化好坏，取决于该组织的文化是否有助于该组织的发展和目标的实现。**同时，每个组织由于其创立的目的不同，所拥有的资源和所处的环境不同，相应地，组织文化也不同，即**任何组织的组织文化都有其鲜明的个性。**例如，一家企业的厂训是"努力学习，像一所学校；步调一致，像一支部队；互相帮助，像一个家庭"。而生产同类产品的另一家企业的宗旨可能是"向员工提供有意义的工作，改善员工的工作生活环境，实现与工作成果相称的劳动报酬和福利待遇"。

进一步地，组织文化还有强有弱。**所有的组织都有其特定的组织文化，但其文化对组织成员的影响程度是不同的。**根据组织文化对组织成员的影响程度的大小，组织文化可分为强的组织文化和弱的组织文化。所谓强的组织文化，是指主要的价值观念为组织内的员工所广泛了解和接受的组织文化，弱的组织文化则相反。

员工接受的共同价值观念越多，对这些观念越认同，该组织的文化就越强。在有些组织中，什么是重要的，一个好的员工应该怎么做，怎样才能被评为先进等是非常明确的，这是一种强的组织文化。在这样的组织中，组织成员的行为会受到组织文化的很大制约。而在有些组织中，什么是重要的、什么是不重要的，什么可以做、什么不允许做等并不明确，这是一种弱的组织文化。在这样的组织中，组织文化对成员行为的约束较小。

组织文化的强弱与组织规模、发展历史、员工流动性及组织的发展速度等有关。

思考题 对一个组织成员而言，组织文化强好还是弱好？

3. 民族性

民族是指人们在历史上形成的有共同语言、共同区域、共同经济生活及表现于共同文化上的共同心理素质的稳定的共同体。每一个民族都有其独特的民族文化，而组织都是存在于某一区域内的，它们就必然受到所在地区民族文化的影响，相应地，其**组织文化也必然带有地域性、民族性和时代性。**例如，在中国企业文化中，提倡"协作""奉献"的很多；同时在中国、日本、美国三国的企业文化中，也各自体现出了崇尚"集体主义""家族主义""个人英雄主义"的鲜明特征。

?思考题 在一个国际性的公司中，来自不同民族的组织成员协同工作时，常常会出现什么问题？

4. 稳定性

组织文化需要经过较长的时间才能形成，但一旦形成，就具有稳定性，就像人的个性较难随时间改变一样，组织文化的改变也是十分困难的。

?思考题 我们为什么要了解组织文化的特点？

三、组织文化对管理的影响

组织文化对组织成员的行为有重大的影响，当组织文化形成并得到加强时，它会到处蔓延并影响组织成员所做的一切，并通过左右组织成员的知觉、思想和感觉影响组织成员的行为。表2-4列举了组织文化对管理四大职能的影响。组织文化之所以能对管理产生重大影响，是因为它建立了在这个组织中可以做什么和不可以做什么的规范。

表2-4　组织文化对管理职能的影响（示例）

计划： 　确立什么样的目标 　计划可以包含的风险程度 　决策倾向于长期还是短期考虑	组织： 　授权的程度 　用人的标准 　规范化程度的大小
领导： 　用什么样的方式来激励员工 　采用什么样的领导方式 　是否要消除一切不一致	控制： 　采用何种控制方式 　业绩评估时注重什么标准 　超过预算时应有怎样的反应

组织文化对组织成员的约束很少是直截了当的，它们可能并没有被写下来，甚至在口头上也很少被明确地说起，但它们确实存在，并影响着组织成员的行为和组织的决策。例如，在一个致力于利润的平稳增长，并认为利润的增加主要要通过降低成本来取得的公司里，人们不太可能去建议那些创新的、风险大的、时间长的项目；而在一个以"用户至上"为服务宗旨的组织中，也不会容许员工与用户争执。

四、组织文化的管理

扩展阅读：企业文化演化过程及其影响因素探析

　　由于组织文化理念的不明会导致员工思想的混乱，从而带来行为的不一致或与组织要求的背离，因此，越来越多的组织已经意识到明确组织文化理念的重要性，并开始系统表述组织的核心价值观和经营管理理念。通过明晰组织文化理念，使组织成员明确组织内判断是非的准则，从而有效地控制自己的行为，使自己的行为努力符合组织的价值观。有一个清楚的文化理念体系是一个组织开始走向成熟的标志。

1. 组织文化的建立

组织文化对于组织的生存发展有着重大的影响，不良的组织文化会影响组织目标的实现。例如，组织内部成员若没有一种共同的使命感，没有一种团结向上的精神，这个组织就会变成一盘散沙。因此，对内部环境的管理，首先是要加强对组织成员的

教育，倡导良好的组织文化的形成。

组织文化是组织内的人员以已有的思想（传统文化、现代观念）为基础，通过组织内部一定时期的实践、加工而逐步形成的。例如，"爱司如家"这种企业文化的形成，首先是以人们备感亲切、温暖、安全可靠的"家"的观念、意识等构成的文化为基础；然后按"家"文化模式来运作，如上班时总经理主动问候，结婚、生日时获赠礼物，员工生病即嘘寒问暖，等等，使人由衷感到亲切，产生一种到了"家"的感觉；最后，把这种"家"的信息转换成物质的、制度的、观念的各种形态从而固定下来成为企业文化的一部分。

组织要有意识地去引导良好的组织文化的形成。应倡导企业精神，以良好的企业精神来激励员工；确定组织长远目标，使员工围绕目标开展工作；建立一整套规章制度，以规范员工的行为；处事客观，使组织内部形成民主的气氛；关心和体贴员工，使员工团结一致，产生向心力；领导者以身作则，在组织中树立榜样，以榜样的力量感召员工。

行动指南：企业文化理念体系的构成 ◯

对于现代组织而言，如何创建更为道德的、鼓励创新的、注重顾客导向的组织文化，对于组织的可持续发展具有越来越重要的意义。

2．组织文化的改变

组织文化需要很长的时间才能形成，但一旦形成后，它又趋向于稳定不变。一种强的组织文化，由于得到员工们的普遍认同，要改变它更是困难。因此，当一种既定的组织文化随着时间的推移而变得对组织不合适或成为其发展的障碍时，从短期而言，几乎不可能改变它。即使在最有利的条件下，改变组织文化也需要几年的时间，而不是几个星期或几个月。

哪些"有利条件"可以推进组织文化的改变呢？根据实践，在表2-5所列的情况下，组织文化最有可能发生变化。

表2-5　组织文化的改变时机

发生戏剧性的危机	危机可以是地位突然下降所造成的伤害，或对现有文化的怀疑等所形成的打击，如一个主要顾客的离去或由竞争者带来的重大技术突破。危机可使人对习惯了的东西进行反思，从而促进已有文化的改变
领导层发生变动	新的高层领导可能会带来一套新的价值观念，而且由于他们常被看作是具有改变危机能力的人，因而其观念相对来说也易被员工所接受。领导层包括组织的主要领导，但也可能包括所有的中层管理人员
组织成立不久且规模较小	组织成立的时间越短，组织文化越不稳固。同样地，当组织规模小时，管理人员也更容易与员工沟通以建立新的价值观念
组织文化较薄弱	组织文化渗透得越广，组织成员的认同率越高，组织文化就越难改变。相反，弱的组织文化则为改变提供了便利

需要注意的是，即使这些条件存在，也不能确保组织文化一定能改变，而且，任何重大的改变都要经过较长的时间才能实现。因此，**就短期而言，组织文化是稳定不变的，管理人员只能去认同它并在管理工作中适应它。**

●复习题

1. 为什么会产生组织？形成组织的充要条件是什么？
2. 组织是如何发挥其功能和作用的？
3. 在一个组织中，组织成员之间是一种怎样的关系？
4. 影响组织绩效的因素由哪几部分组成？
5. 如何判断一个因素是否是环境因素，以及是何种环境因素？
6. 常见的组织外部环境因素有哪些？它们是怎样影响组织业绩的？
7. 什么是组织文化？组织文化是如何影响组织的？
8. 根据汤姆森对组织环境的分类，如何判断一个组织处于何种环境之中？

◉ 要点参考

●讨论题

便利店的任务环境因素分析

试着一起描述一所高校中提供日用品的便利店的任务环境因素，并根据环境的变化程度和环境的复杂程度，判断其所处的组织环境类型。

●案例分析

合作成效为何大起大落？

孙加明和周云龙是高中同学，也是好友。孙加明相对比较内向，不爱多说话，但动手能力强，喜欢钻研问题，学习成绩非常好；周云龙则性格开朗，兴趣广泛，喜好结交朋友。考大学时他们双双考上了本省的重点大学。尽管孙加明在生化学院学化学，周云龙在管理学院学企业管理，但两人平时还经常在一起讨论问题，交流思想。

大学毕业时，孙加明进入了当地一家大型的国有药厂研发部门搞产品研发，周云龙则在当地一家私营企业的人力资源部工作。在最初的几年中，两人都取得了很好的工作业绩，先后在各自的企业中当上了产品研发部经理和总经理助理。

在这期间，虽然两人之间也有一些联系和来往，但总体上都忙于自己的工作，相互交流不多。在五年后的一次大学同学聚会上，两人之间有了一次深入交谈。正是这一次深谈，使两人下决心从各自的企业辞职，筹集资金各投资50%创办了双龙合成化工厂，初始注册资金50万元，租用他人的场地和设备，周云龙负责企业经营管理，孙加明负责技术和产品研发，两人走上了共同创业之路。

由于孙加明拥有技术和产品知识，周云龙善于经营管理，加上经济处于飞速发展期，市场需求旺盛，公司在第一年就利用小试设备实现销售收入50万元、利润近10万元的佳绩，并在随后五年间，年销售收入增加到了5000多万元，利润增加到了600多万元，完成了企业的原始积累，进入了二次创业时期。

在最初的几年，两人专心致力于企业的发展，尽管双方在企业某些经营决策上也产生过一些分歧和争执，但两人之间维持着良好的合作关系，以至于外人常常以为他们是两兄弟办厂。

随着中国经济的高速发展，众多像双龙这样的企业都发展迅速，随之而来的就是市场供过于求，市场竞争愈演愈烈，产品价格不断下降。加上劳动力成本的上扬和新产品的不断涌现，双龙企业利润增速开始减缓。到第七年，企业销售额尽管增加到了近8000万元，利润却仍然只有600多万元。同时，周云龙和孙加明两人之间表面上仍维持着以前那种良好的合作关系，但从两人与自己的家人、朋友的交谈中，以及双方私下的交流中可以发现，双方心底里也产生了一些隔阂。

孙加明认为，企业前期之所以能取得这么好的效益，主要是因为自己开发的产品好，尽管周云龙在经营管理上也起到了一定的作用，但也不能把所有的荣誉都归功于他自己。而且周云龙在管理上也没有做好：现在企业中员工的待遇比以前提高了，在行业中也处于中上水平，但员工的积极性还不如以前。公司创业时那种艰苦奋斗、团结协作和奉献的精神不见了，取而代之的是铺张浪费、相互攀比、部门主义和相互推诿。特别是在企业内部，讨论制定了很多制度，既然在制定的时候大家都没有异议，按道理平时就应该一律照章办事，违反了规章制度就应该照章处理，但在实际工作中，周云龙常常以属于特殊情况为由，不按规章制度处理，导致员工一违反规章制度就找周云龙说情，到最后规章制度也成了嘴上讲讲、纸上写写的东西。孙加明还认为，现在市场形势不好，就应该加大新产品研发投入，如果去投资做其他事情，企业在市场中就更难有竞争力了。

周云龙则认为，孙加明老是认为企业的发展主要是靠他自己的技术和产品，事实上，没有他带着营销部门的人到处跑，哪能取得这么快的发展；自己身为董事长，社会上的交际是难免的，尽管得到了一些荣誉，那也是代表企业的，孙加明为此斤斤计较，也太过于小气。在管理上，他也没少花心思，应该说自己对管理非常重视，花费了不少精力，一般公司加强管理的措施，本公司基本上都做了。至于为什么没有取得预期的效果，他也不清楚，可能管理本来就需要持续完善。对于孙加明意见比较大的不照章办事的问题，周云龙认为，这实际上是两人在到底应该如何对待规章制度上有不同的想法。孙加明认为应照章处理；周云龙则认为规章制度只是一种管理手段而已，有特殊情况就可以而且应该酌情处理，所以在工作中出现特殊情况时，自己确实就会不按规章制度来做，这也是很正常的。现在化工行业竞争激烈，企业现在有些钱，就应该去投资一下其他行业，以分散风险，这也是很正常的。孙加明表面上是对自己的工作有意见，实质上可能是不愿意自己当董事长，想自己一个人干。

两人尽管心中有不同的想法，但却并没有进行相互交流，只是在工作中并不像以前那样配合默契，研发投入不足，新产品开发缓慢，随着产品市场价格的不断下滑，企业的营业收入和利润也开始走下坡路：第八年营业收入为7000多万元，利润不到500万元；第九年营业收入跌到5000多万元，利润只有200多万元。

请问：

1．孙加明和周云龙当初为什么会一起创办企业，并在最初几年取得了良好的业绩？

2．到后来为什么企业业绩会持续下滑？两人之间产生了什么矛盾，为什么会产生这些矛盾？

3．如果你是孙加明，你会如何改变这一局面？如果你是周云龙，又会怎么做？为什么？

推荐书目

1. ［美］切斯特·巴纳德著，王永贵译：《经理人员的职能》，机械工业出版社2007年版。巴纳德，系统组织理论创始人。该书于1938年出版后，受到了西方管理学界的普遍重视，被奉为管理学经典著作。在书中，巴纳德将社会学概念用于分析组织，从最简单的人类协作入手，揭示了组织的本质及其最普遍的规律，建立了现代组织理论的基本框架。

2. ［美］伊查克·爱迪思著，王玥译：《企业生命周期》，中国人民大学出版社2017年版。爱迪思博士是美国加州爱迪思研究所创始人，他在书中对企业从创立到消亡的整个过程进行了分析和研究，对企业在不同阶段可能遇到的问题、应采取的对策以及推动企业发展的因素等进行了深入探讨，为企业管理者提供了有用的管理指南。

3. ［美］威廉姆·伯斯特、本杰明·马丁著，罗汉、刘文杰译：《驾驭变化的世界》，复旦大学出版社2000年版。该书是美国企业界培训企业家新思维的一部著作，它对企业家如何面对多变的环境、在危机中发现机遇、在不可预测的未来稳操胜券进行了深入浅出的论述，是一部不可多得的好书。全书共分三部分，分别是问题、解决方案和未来。

4. 邢以群、张大亮著：《企业文化建设——重塑企业精神支柱》，机械工业出版社2007年版。该书是"众成企业管理理论与实践丛书"中的一本。该书共分五章，从中国企业由不规范到规范的过程中常见的问题出发，阐述企业文化建设的重要性，然后从理论上系统介绍了进行企业文化建设必须掌握的知识，从实践出发系统讲解了企业文化建设的过程，并通过对一个企业进行企业文化建设过程的真实描述展示了企业文化建设实践的全过程，最后对企业中各方面人员可能产生的对企业文化的各种疑惑进行了解答。该书是一本理论与实践相结合的原创著作。

管理者

学习要求

清楚管理者的特征，能区分谁是管理者；知道管理者产生的原因，清楚管理者在组织中所充当的角色；掌握管理者的分类，清楚各级管理者的职责；了解管理者所拥有的职权，清楚管理者各项职权的适用范围；知道管理者应承担的责任；清楚管理者应具备的素质，知道提高管理者素质的可能途径。

在我们这个社会中，存在着各种各样的人，其中有一类人，人们称之为管理者。尽管他们在非常广泛和不同的组织——营利性的和非营利性的、大的和小的——以及各种各样的岗位上工作，但他们的工作都是和组织管理联系在一起的。

管理者是干什么的？为什么需要管理者？一个合格的管理者应该具备怎样的素质？这是我们在学习管理、走上管理者岗位之前必须了解的基本知识。在本章中，将着重讨论以下内容：

- 管理者是干什么的？他们在组织中充当什么角色？
- 在一个组织中有哪几类管理者？他们的职责有什么不同？
- 管理者拥有什么职权？要承担什么责任？
- 管理者应该具备怎样的素质？

第一节　管理者及其角色分工

一、管理者的特征

?思考题　从事管理的人就是管理者吗？

如果从事管理工作的人就是管理者，则人人都将是管理者——管不了别人，但可以管自己，我们每一个人都在从事自我管理。管理者确实是从事管理工作的人，但从事管理工作的人并不都是管理者。

那么，怎样的人才是管理者呢？首先，管理者是组织当中的一种角色，管理者的管理对象是组织而不是个体，因此从事自我管理的人并不能称为管理者。其次，管理者在组织中主要从事管理工作，他们不一定从事生产，也不一定从事产品开发或销售，他们主要从事生产管理、研发管理、销售管理等，履行计划、组织、领导、控制四大职能。最重要的是，在组织中从事管理工作的人也不都是管理者，**管理者区别于其他管理人员的显著特征是管理者要对组织绩效负直接责任**，他们通常通过直接协调下属开展工作，来确保组织目标的实现。

小卡片　　　　　　　**管理者的特征**

● 在一个组织中，是组织中的一种角色；
● 从事管理工作，履行管理的四大职能；
● 通过协调下属开展各项工作来确保组织目标的实现。

？思考题　在组织中有管理者的头衔但没有直接下属，是否就不是管理者？

　　一般地，管理者在组织中都有类似于经理、主任、科长、处长、局长之类的头衔，因此准确地区分一个组织中谁是管理者一般不是一件很难的事。但我们也确实会遇到组织中有些人有管理者的头衔却没有直接下属的情况，那么他们是不是管理者呢？这要根据具体情况来确定。在有的情况下，给予某人以管理者的头衔只是为了便于开展业务工作，例如，有的保险公司为了便于做大公司的团体险，赋予相应业务部门的业务人员以业务副总裁的头衔。在这个公司中，业务副总裁只是对这一类业务人员的岗位称呼，就像在其他公司中将销售业务员称为客户经理一样。在有的情况下，是为了调动某些人的积极性，因为对于这些人而言，拥有一个管理者的头衔是其工作动机和追求之一，因此尽管他没有管理能力，充其量只能当一名高级操作者，但若能给他以管理者虚衔的话，则可在较大程度上调动其积极性。出现有管理者头衔却没有直接下属的情况，有时则可能是一个部门或组织建立过程中的暂时现象。

　　总而言之，真正的管理者通常都拥有直接下属。只有管理者的头衔而没有直接下属的人只能称其为"名义上的管理者"；没有管理者头衔，但实际拥有下属，并负责指挥下属开展工作的则为"实际上的管理者"。管理者是在组织中从事管理工作并对某一方面的组织绩效负责的人，其区别于其他角色的显著特征是管理者拥有直接下属，尽管在互联网时代，组织中存在着组织成员在不同的项目组中互为管理者和下属的情况。一个不从事计划、组织、领导、控制等管理工作的人当然不是管理者；即使从事管理工作，但若并不对组织绩效负责，或者说不是负责人的话，那么也不能称之为管理者。只有在组织中从事管理工作，并对某一方面的组织绩效负责的人才是管理者。

二、管理者的产生

　　那么，在一个组织中为什么要有专门从事管理工作的管理者呢？

　　在第二章我们曾经讲到，组织是由一群人组成的。这一群人要发挥群体的力量，实现靠个人力量无法或难以有效实现的目标，就必须进行分工协作。而组织中最主要的分工就是管理者和操作者的分离。

　　所谓**操作者**，是指在组织中直接从事具体业务的人，其主要职责是做好组织分派的具体的操作性事务，如企业的工人、饭店的厨师、学校的教师、医院的医生、商店的营业员等。**管理者**是那些在组织中指挥他人完成具体任务的人，如企业的经理、学校的校长、医院的院长、商店的店长等。他们虽然有时也做一些具体的操作性事务，但其主要职责是指挥下属开展工作。

思考题 在你所在的组织中，哪些是管理者，哪些是操作者？为什么？

　　一个组织中之所以需要有管理者，一方面是因为影响组织绩效的因素是多种多样的，且外部环境通常是不确定的，而组织所拥有的内部资源常常是短缺的，需要有人来统筹规划并带领大家克服外部环境的不确定性和内部资源短缺所带来的困难，以保证组织目标的实现；另一方面是因为组织是由性格、能力、追求各异的一群人组成的，要发挥群体的力量就需要有人来提出共同的目标、制订相应的行动方案，需要有人来分配各项工作和协调工作中出现的各类问题，需要有人来检查各项工作的进展情况、纠正可能发生的偏差。最初这些工作是由每一个组织成员自己进行的，其导致的结果是效率和效益的低下。在亚当·斯密提出劳动分工理论以后，人们认识到了劳动分工的优越性，因此当大规模生产使管理的功能得到凸显后，首先从生产劳动者中分离出了一部分专门从事生产管理的人员——生产管理者，如工厂中的工头。然后，随着组织规模的扩大和生产经营活动的复杂化，在企业中出现了区别于其他活动的管理活动，如财务管理、营销管理、技术管理等。人们开始将各类管理者从操作者中分离出来，由管理者负责指挥，操作者负责具体执行，并由此在组织中产生了管理者这一特定角色。

三、管理者的角色分工

思考题 在一个组织中，管理者充当着什么角色？

　　对于管理者在一个组织中所充当的角色，亨利·明茨伯格（Henry Mintzberg）在其1973年出版的《管理工作的本质》一书中曾有过详细的描述。具体而言，管理者在一个组织中充当着三个方面共 **10 种角色**，如表3-1所示。

　　● **人际关系方面**。任何组织都是一个社会存在体，与周围环境有着千丝万缕的联系，这种内外之间的联系主要是由组织中的管理者来承担的。如一个公司的总经理领导着他的公司，并代表这一组织与外部相关的各个组织保持密切的联系，以求得社会各方面的理解与支持；一个部门经理领导着他所在的部门，并且要代表这一部门处理好与公司其他部门之间的关系。因此，管理者在人际关系方面，充当着形象代言人角色、领导者角色和联络员角色。

　　● **信息传递方面**。管理者在各自组织的内部信息传递过程中处于中心位置。管理者在信息传递方面，不仅要代表所在组织，作为组织发言人向上级组织或社会公众传递本组织的有关信息，而且要承担信息监督者角色，通过对外联系者和对内领导者的身份，收集组织外部和内部各种有用的信息，并作为信息传递者，将组织或外界的有关信息通过会议等形式及时向下属传递，以便下属清楚地开展工作。

　　● **决策活动方面**。在一个组织中，需要进行各种各样的决策。管理者在一个组织的决策活动中，首先，充当着企业家角色，按其本人意志在上级组织或法律规章允许的范围内自主地在进行内部变革以适应环境的变化；其次，充当着资源分配者角色，根据组织工作的需要和本人的意志进行各种组织资源的分配；再次，在组织

表3-1 管理者的角色

方 面	角 色	角 色 职 责	作 用
人际关系	形象代言人	作为组织的首脑发挥象征作用	外部协调
	领导者	通过运用组织所赋予的权力，把各种分散的因素结合成一个整体，激励群体齐心协力实现共同目标	内部协调
	联络员	代表组织建立和保持与外界其他组织之间的联系，以取得外部各方面对本组织的理解和支持	外部协调
信息传递	组织发言人	代表所在组织，向上级组织或社会公众传递本组织的有关信息	外部协调
	信息监督者	通过对外联系者和对内领导者的身份，收集组织外部和内部各种有用的信息	内外协调
	信息传递者	将组织或外界的有关信息通过会议等形式及时向下属传递，以便下属清楚地开展工作	内外协调
决策活动	企业家	按其本人意志在上级组织或法律规章允许的范围内自主地在组织内部进行变革以适应环境的变化	内外协调
	资源分配者	根据组织工作的需要和本人的意志进行各种组织资源的分配，包括自己时间的安排、组织工作的安排和重要行动的审批	内外协调
	矛盾排除者	在组织内部出现各种矛盾时，出面排除各种冲突	内部协调
	谈判者	在本组织与其他组织发生冲突时，带领其队伍参加各种正式或非正式的谈判以协调纷争	内外协调

内部出现各种矛盾时，作为矛盾排除者出面排除各种冲突；最后，在本组织与其他组织发生冲突时，作为谈判者带领其队伍参加各种正式或非正式的谈判以协调纷争。

在以上各种角色中，管理者对外通过形象代言人角色、联络员角色、组织发言人角色取得外界对本组织的理解与支持；对内通过领导者角色、资源分配者角色和矛盾排除者角色协调组织内部的各种资源和各项工作；通过信息监督者角色、信息传递者角色、企业家角色、谈判者角色协调组织内外之间的关系。

第二节 管理者的分类

对于组织外部而言，一个组织只有一个管理者，那就是法人代表，即法人代表要为这一组织承担一切法律责任。但对于组织内部而言，随着组织规模的扩大，单个管理者将越来越难以承担起所有的协调职责。因此，随着组织的发展，组织内部将出现越来越多的管理者。这些管理者要发挥其在组织中的作用，也必须进行合理的分工，由此就产生了管理者的分类。

一个组织中的管理者，既可以按其在组织中的管理层次或地位分类，也可以按其在组织中所从事管理工作的领域或所起的作用来分类。按管理层次，管理者可分为高层管理者、中层管理者和基层管理者；按所从事的工作领域，则可分为业务管理者、财务管理者、人事管理者、行政管理者和其他管理者等，如图3-1所示。

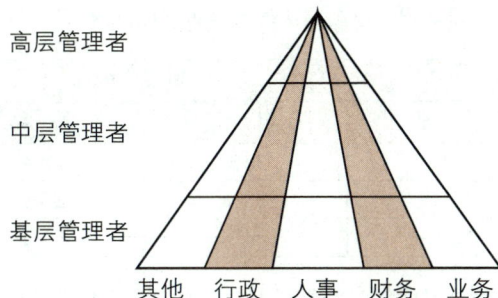

图3-1 管理者分类示意

一、按地位分

在一个组织中，有各个阶层的管理者，由于他们的责任和权限不同，因此他们的具体工作内容也不同。**按管理者在组织中所处的地位，管理者可分为高层管理者、中层管理者和基层管理者**，他们各自的职责如表3-2所示。

表3-2 按地位划分的不同管理者的职责

层 次	实 例	主 要 职 责	关 注 点
高层管理者	学校的校长、医院的院长、行政机关首脑、公司总经理等	对组织负有全面责任。主要侧重于决定组织的大政方针，建立和维护组织与外界的交往联系，为组织创造良好的内外部环境	在很多情况下，组织的成败往往取决于高层管理者的一个判断、一个决策或一项安排，因此高层管理者很少从事具体事务性工作，而把主要精力和时间放在组织全局性或战略性问题的考虑上。他们最关心的是重大问题决策的正确性和良好的组织环境的塑造
中层管理者	学校里的系主任、医院里的科主任、行政机关里的处长、企业里的部门经理等	正确理解高层的指示精神，创造性地结合本部门的实际情况，贯彻落实高层所确定的大政方针，指挥各基层管理者开展工作	他们通常是根据上级的指示，把任务分解落实到各基层单位，并了解基层管理者的要求，帮助其解决困难，检查并监督他们的工作，通过基层管理者的努力去带动第一线的操作者完成各项任务。他们注重的是日常管理事务
基层管理者	学校里的教研室主任、医院里的医疗组长、机关里的科长、企业里的班组长等	直接指挥和监督现场作业人员，保证完成上级下达的各项计划和指令	他们几乎每天都要和下属打交道，明确下属的任务，组织下属开展工作，协调下属的行动，解决下属的困难，反映下属的要求。他们主要关心的是具体任务的完成

？思考题 相应地，操作者的具体职责是什么？

管理者的职责随着其在组织中地位的不同而不同，但这并不意味着各级管理者的工作在本质上有什么不同，不同的只是侧重点和程度，而不是管理职能。从职能角度看，随着管理者在组织中地位的上升，他将从事更少的直接领导工作和更多的计划工作。所有的管理者，不管在哪个层次上，都要从事决策，履行计划、组织、领导、控制职能，只不过各项职能的具体内容会随着管理者地位的上升而发生变化，同时他们花在每项职能上的时间也有所不同，如表3-3所示。

表3-3 不同层次的管理者的时间分布[①]

层 次	时间分布			
	计 划	组 织	领 导	控 制
高层管理者	28%	36%	22%	14%
中层管理者	18%	33%	36%	13%
基层管理者	15%	24%	51%	10%

在上述分类中，高层、中层、基层是相对而言的，如学院院长在整个学校中属于中层管理者，但在其所分管的学院中，他就是高层管理者，要履行高层管理者的职责。

二、按作用分

组织中的一名会计师，他在走上管理岗位时，一开始可能是成本核算小组的组长（基层管理者），后来晋升为财务部经理（中层管理者），最后又成为财务总监（高层管理者）。虽然其职务、地位改变了，但其在组织中所起的作用则是一样的，即都属于财务方面的管理者。根据管理者在组织中所起的作用的不同，一个组织中管理者的分类和职责如表3-4所示。

表3-4 按作用划分的不同管理者的职责

业务管理者	对组织目标的实现负有直接责任，负责计划、组织和控制组织内部日常业务活动的开展。在一个企业中，业务管理者一般指主管或分管生产制造、产品销售、研发等工作的管理者；在一个学校中，则指主管或分管各类教学、科研工作的管理者
财务管理者	任何一个组织的运转都离不开资金的有效运作，财务管理者主要从事与资金的筹措、预算、核算、投资和使用等有关活动的管理，并对此承担责任
人事管理者	主要从事人力资源管理，保证组织所需的各类人员和组织中人力资源的合理使用，负责员工招聘、选择、培训、使用、评估、奖惩等管理工作
行政管理者	主要负责后勤保障工作。任何组织都少不了行政管理人员和行政工作人员，没有他们，其他专业管理人员和操作者就难以专心致志地工作
其他管理者	由于各组织的目标、任务相差甚远，很难按管理者的作用统一分类。除了上述几类管理者外，不同的组织中还有其他各种管理者，均归入此类，如公共关系管理者、信息管理者等

?思考题 对管理者进行分类，这样做对管理实践有何指导意义？

三、管理者的错位

明确管理者的分类，对于搞好一个组织内部的管理是十分重要的。一方面，管理者可通过明确不同管理者的职责，推导不同管理者应该具备的素质，从而结合自己的实际情况，明确自己的努力方向；另一方面，管理者可以通过了解管理者的分类，清楚自己目前所处的地位和在组织中的角色分工，从而正确地履行自己的职责。

在管理实践中，管理者的错位是导致一个组织管理混乱的主要原因之一。所谓**管理者的错位**，是指管理者在组织中没有履行其应该履行的职责，或者在工作中搞错了

[①] T. A. Mahoney, T. H. Jerdee, S. J. Carroll. The Jobs of Managment[J]. Industrial Relations, 1965, 4(2): 103.

自己的角色，做了别人应该做的事。

？思考题 常见的管理者错位现象有哪些？

最常见的管理者错位现象是：高层管理者事必躬亲，中层管理者热衷于上传下达，基层管理者只管贯彻落实不管最终结果。

1. 高层管理者：事必躬亲

在一个组织中，高层管理者的主要职责是决定组织发展的大政方针，并为组织创造良好的内外部环境，其具体任务是远景目标的提出、战略计划的制订、组织结构的调整、资源的合理调配、文化建设的组织和重大公共关系的处理等。也就是说，高层管理者应致力于全局性问题的决策和组织环境的创造。但在现实管理实践中，我们却经常可以看到不少高层管理者热衷于组织内的具体事务，不论事情大小，喜欢自己亲自出面"一竿子插到底"。导致的最后结果是高层管理者手下无能人，且高层管理者越来越忙于具体事务的处理而无暇顾及有关组织发展的重大问题。而事实上，在一个组织中，**管理者要做的是别人不能替代的事情，**而不是去抢做下属也能做的事情。

？思考题 高层管理者事必躬亲，为什么会导致高层管理者手下无能人？

一般而言，当高层管理者越权干涉下属职权范围内的事务时，下属即使认为自己的行为是正确的，也不太会过于坚持，而会将这一事项通过请示等形式交给高层管理者来处理或直接按照高层管理者的指示开展工作。久而久之，下属就会养成"上级推一推，动一动，不推就不动"及"反正上级会过问，自己不用太操心"的不良习惯，整个组织中各项活动的开展会越来越依赖于高层管理者的亲自推动。

高层管理者的角色定位

？思考题 当高层管理者看到某一个基层员工工作不当时，该怎么办？

2. 中层管理者：上传下达

在现实管理中，不少中层管理者误认为自己的职责就是上传下达，即向上反馈基层的问题或呼声，向下传达上级的指示精神。因此，在履行自己的职责时，比较注重的是下级问题或意见的收集和及时反映，上级指示的准确记录和及时传达。

？思考题 为什么说上传下达是对中层管理者职责的误解？

从信息传递的角度分析，由于信息和利益密切相关，从理论上而言，没有人愿意传递对自己不利的信息。据此，人们在传递信息的过程中会出现诸如报喜不报忧、欺上瞒下、伪造信息、歪曲信息等现象。而随着现代信息技术的日趋发展，中层管理者作为上传下达桥梁的作用已经大为削弱，甚至不再需要。

事实上，一个组织中之所以需要增加一个管理层次，是因为高层管理者在复杂的内外部环境面前，需要面对的问题太多，需要做的管理工作太多，希望通过增设中层管理者，由中层管理者来替其解决某一方面或层面的问题，做好某一部分管理工作，使高层管理者能够集中精力考虑组织发展的重大问题。因此，中层管理者应该"承上启下"，充分发挥"脑袋"的功能，在正确理解上级指示精神的基础上，创造性地结合本部门的实际，有效地指挥下属开展工作，把自己职权范围内的事情处理好。

3．基层管理者：只管贯彻落实不管最终结果

一名基层管理者最基本的任务就是保证完成上级下达的各项任务，为此不仅要进行贯彻落实，而且要加强现场指导监督，随时掌握工作进展情况，及时解决工作中出现的各种问题。

但不少基层管理者却只管任务的贯彻落实而不管最终结果。典型情况就是当其上级询问某项工作的进展时，只会说"已经布置下去了"，至于这项工作下属做了没有，做得怎么样？则一问三不知。基层管理者是组织中的一线管理者，如果基层管理者对上级下达的各项任务的执行情况不关心，做到哪里算哪里，则整个组织也将随之漂浮。

还有的基层管理者则不清楚其职责就是要保证上级下达的各项任务的完成，喜欢根据自己的好恶倾向或正确与否的判断来决定执行还是不执行上级的指令。他们常常自以为是，当他们认为上级的指示不符合自己的判断或难以贯彻时，就以各种借口拒不执行上级的指示。

基层管理者的
角色定位

？思考题 当你认为上级指示不正确或与你的主张不一致时，你该怎么办？

在一个组织中，由于分工不同，各层面的管理者职责也不同。职位有高低，权力有大小，下级必须服从上级。在情况紧急时，下级对上级的指示，理解要执行，不理解也要执行，因为上级要对此项工作负责，就意味着其拥有指挥的全权。更何况对于同一个问题，从不同角度看本来就有多种答案，下级从其角度出发认为不合理的事情从更高的层面看未必不合理。当然，在上级还没有做出决定或事情并不紧迫时，下级应履行作为一名组织成员的职责，及时将自己的观点、看到的情况向上级汇报，以便上级能及时掌握基层情况，更好地做出正确的判断。

小卡片 **职业管理者和一般管理者的区别**

从某种程度上而言，职业管理者和一般管理者的区别，在于职业管理者在面对上级或各种矛盾时，知道什么时候该说"不行"，什么时候应该说"行"。

不清楚自己角色定位的一般管理者常常会在上级征求其对某项工作的意见时，阿谀奉承，说什么"老总，你的看法嘛当然是正确的了。你就说我们该怎么做或什么时候开始实施吧！"而当上级决定以后，又常常从自己的角度出发，提出各种各样的理由，认为无法实施而拒不执行上级的决定，说什么"这怎么可能做得到呢！"

职业管理者则相反。当上级事先征求其意见时，他会充分地发挥其聪明才智，从实际出发，对上级的方案提出自己的意见，善于说"不行"，借此体现自己的职业能力和水平。而一旦上级做出决定，则致力于贯彻落实，克服各种困难以完成任务，借此体现出自己良好的职业道德和对自己角色的正确认识。同样地，在管理实践中，职业管理者还懂得在目标一致的情况下，不在方式和方法上与其他部门争高低，而是在原则性问题上坚持目标原则不妥协，从而既能与大多数人协调一致或在大多数情况下与其他部门协调一致，又能坚持原则履行好自己的职责。

正确地理解自己在组织中所处的地位和角色分工，明确各类管理者的职责，是一个管理者做好本职工作的基础。 只有当管理者知道了自己应该履行的职责，他才会去

做他应该做的事，并充分地运用其能力做好该做的事。

第三节 管理者的权力与责任

所谓**职权**，是指组织成员为了达到组织目标而拥有的开展活动或指挥他人行动的权力。拥有一定的职权是一个组织成员做好组织所分派的任务的必要条件之一，任何一个组织成员都拥有与其在这一组织中的岗位职责相对应的岗位权力。如果一个管理者没有与其职责相对应的职权，也就无法履行好其应尽的职责。就像一个清洁工没有阻止他人乱丢纸屑的权力，却要承担保持场地整洁的责任一样，光有职责没有相应职权的管理者只能充当握有该职权的人的替罪羊。

思考题 在管理实践中，是否存在光有责任没有权力的现象？若有，会导致什么结果？

因此，当某人被任命为某一组织的管理者时，一般上级就会赋予其指挥该组织中的其他成员的权力，并可在授权范围之内自行决定有关该组织运行方面的事项。

一、管理者的职权

管理者区别于其他组织成员之处在于：管理者不仅拥有开展本职工作的权力，而且还拥有指挥下属开展工作的权力。拥有一定的指挥权是保证管理者能够履行其相应职责的条件之一。

部门经理所拥有的职权

在一个组织中，管理者的权力来自于上级的授予。如在一个企业中，总经理的权力来自于董事会的授予，中层管理者的权力来自于高层管理者的授予，基层管理者的权力来自于中层管理者的授予。组织正式授予管理者的职权一般包括支配权、强制权和奖赏权。这些权力发挥作用的基础不同，适用范围也不同。管理者要有效地指挥下属，就必须学会正确地运用各项权力。

1. 支配权

管理者在其分管的工作范围内具有确定工作目标、建立相应组织、制定规章制度、组织开展活动的决策权和对下属的工作、组织内的资源的调配权。这种**支配权**是由管理者的地位或在组织中的角色所赋予的。组织正式授予管理者一定的职务，从而使管理者占据权势地位和支配地位，使其有权对下属发号施令。

管理者拥有的决策权和对组织内资源、人力的调配权，来自于该组织的工作职责分工。因此，管理者拥有的支配权局限于管理者的工作职责范围之内，一旦超越这一范围，该管理者的支配权就失效。也就是说，管理者的支配权只有在该管理者的工作需要时才能发挥作用，而且一般在一个组织中，下级必须服从上级的支配。

思考题 如果下属不服从管理者的支配，管理者可以怎么办？

2. 强制权

强制权是和威胁相联系的迫使他人服从的力量。在某些情况下，管理者是依赖于强制权来迫使下属服从自己的命令的。对于一些心怀不满的下属来说，他们不会心悦诚服地服从管理者的命令，这时管理者就可以运用强制权来迫使其服从。

强制权只适用于管理者要求下属履行其职责范围内的工作。当下属没有能够按照要求履行其应该履行的职责时，管理者可以通过惩罚、威胁来迫使下属履行职责，从而保证组织分派的各项任务的完成。**强制权发挥作用的基础是下属的惧怕，**因此，要发挥强制权的效用，必须事先向下属讲清楚如果不服从上级的指挥、不履行其应该履行的职责将受到何种惩罚，而且这种惩罚必须是下属所害怕的或不希望的。

？思考题 如果下属不在乎或不知道这种可能的惩罚，结果会怎么样？

强制权只对那些认识到不服从命令就会受到他所害怕的惩罚，或产生其他他所不希望发生的后果的下属有效。当下属不在乎这种可能的惩罚，或认为这种惩罚不可能实现，或事先不知道这种可能的惩罚时，强制权的胁迫作用就会失效。即使下属出于对惩罚的惧怕而被迫服从，这种服从也是表面的、暂时的。为了维持这种顺从，管理者必须对下属是否真正按其指示开展工作进行经常性的监督，因此成本可能比较高。

3. 奖赏权

管理者可通过强制权迫使下属履行其应该履行的职责，但当管理者期望下属付出额外的劳动或从事其岗位职责以外的工作时，管理者就不可以通过强制权来迫使下属服从，而要通过奖赏权来诱使下属服从。

奖赏权通过给予一定的奖励来诱使下属做出组织所希望的行动。在下属完成一定的任务时，管理者承诺给予相应的奖励，可鼓励下属的积极性，使其付出额外的劳动，达成超出组织要求的额外的业绩。**奖赏权建立在交换原则之上，**管理者通过提供心理上或经济上的奖酬来换取下属的遵从。奖励可增加管理者对下属的诱导力，提高下属对额外工作的兴趣并提高工作效率，但条件是管理者所许诺给予的奖励必须是下属所需要的，否则就不能对下属的行为产生作用。

？思考题 在某些组织中，员工只要完成本职工作就可拿奖金，这合理吗？

小卡片　　　　　**管理者的职权**

构成	性质	作用	作用基础	适用范围
支配权	命令	必须服从	工作需要	在管理者本职工作范围内
强制权	威胁	迫使	下属惧怕	要求下属履行应尽职责
奖赏权	奖励	诱使	交换原则	下属从事额外工作或做出额外绩效

二、职权的有效性

尽管与操作者相比，管理者在组织中拥有指挥下属的特权，**但管理者的权力并不总是有效的。**从上述有关管理者权力的论述中可以看到，管理者的各种权力都有一个相对的边际范围，它的有效性局限在一定的范围之内。

● 管理者的职权源自工作需要，因此管理者的权力运用只有出自工作需要，与组织目标的实现相一致，并发挥出有助于组织目标实现的作用时，其权力才是有效的。任何一个组织成员都可以拒绝执行管理者以权谋私、假公济私的指令。

● 任何一个管理者的权力，一方面要受高一级权力的限制，即使是组织的最高权力也要受到法律和官方权力的制约；另一方面，也受同级其他权力范围和下级权力范围的制约，管理者不能随意干涉他人权限范围之内的事务。管理者的权力使用受到组织中权力分配范围的限制，只有在组织根据其岗位职责所授予的权力范围之内，管理者才可以行使其相应的权力。例如，在一个组织中只负责分管人事工作的副总经理不能擅自就营销策略做出决定（营销副总的权力），也不能擅自决定本公司的人事基本政策（董事会权力）。

● 即使在组织规定的权力范围之内，管理者权力的充分行使也受到权力重叠交叉的冲击。任何权力都不是孤立的，也很难做到界限绝对分明，因此权力重叠交叉的现象几乎难以避免，有时有些权力在执行中还会发生冲突。权力交叉或冲突的存在，并不能成为取消其中某方面权力的理由，但客观上会影响管理者权力的有效性。

● 管理者权力的有效性，一方面和权力的运用是否与组织目标一致有关，另一方面还要看下属接受权力支配的程度。若下属拒绝接受权力支配，那么权力的有效性也会丧失，尽管采用奖励或惩罚的办法也许能诱使或迫使下属改变态度，从而恢复权力的有效性。

正因为管理者权力的有效性受到各种因素的影响，所以管理者不仅要清楚了解各种权力的作用基础和适用范围，而且要了解影响职权有效性的各种因素，以正确运用好各种职权，确保自身职责的履行。

职权的正确运用

三、影响管理者职权大小的因素

管理者的权力是通过组织正式的渠道发挥作用的。 管理者的权力之所以能被大家所接受，是因为大家理解这种权力是实现组织共同目标所必需的。那么在一个组织中，管理者的权力大小受哪些因素影响呢？

1. 职位：岗位职责

职权的分配和委任是实现组织目标的客观需要，因此一个管理者的权力大小首先取决于其在组织中所处的地位和其所担负的岗位职责。一般而言，管理者的地位越高，其所处的岗位需要承担的责任越大，组织赋予的权力也就越多。例如，作为一个公司的总经理，一般拥有以下权力：

● 根据公司定位，提出企业经营方案和所需资金预算的权力；

● 根据企业经营计划，提出组织机构设置和人员定编方案，及决定部门以下机构设置方案的权力；

● 对企业日常经营管理活动的决策权；

● 对董事会任命人员的提议权和对其他管理人员的任免权；

● 对企业内部人员进行工作监督检查和对下属工作进行调配、检查、考核和奖惩的权力；

● 根据工作需要，按管理权限安排指派人员负责某些临时性工作的权力；

● 代表公司签署公司制度中规定的有关协议、合同、意向书等的权力；

● 在董事会批准的预算范围内审批各项费用开支的权力；

● 对企业资本运作等重大问题的建议权和列席董事会会议的权力；

● 董事会授予的其他职权。

?思考题 各企业中的总经理权力相同吗？

职位高低不仅决定了管理者权力的大小，而且也关系到管理者权力影响力的大小。由于管理者凭借组织所授予的指挥他人开展具体活动的权力，可以左右被管理者的行为、处境，甚至前途、命运，从而使被管理者对管理者产生敬畏感。管理者的职位越高、权力越大，下属对他的敬畏感越甚，管理者职权的影响力也就越大。

2．能力：个人素质

管理者所承担的岗位职责决定了该岗位上的管理者应该拥有的基本权力，具体到某一个管理者，其所拥有的岗位权力大小还与其个人的素质有关。

权力的正确运用与一个人的素质高低密切相关，而且在一个组织的权力授予过程中，授权者对被授权者的工作负有最终的责任。因此，在一个组织中，一般不仅要根据某一管理岗位的职责，来选择具备履行该岗位职责所需素质的管理者，以避免出现不胜任或不愿受权等情况，还会根据所选管理者的实际素质，授予其相应的岗位权力和对等的责任：对既能干又肯干的，充分授权；对适合干但能力有所欠缺或能力强但有可能滥用权力的，则会适当保留决策权。由此就出现了同一个管理者岗位，不同的人上岗其所拥有的实际权力不尽相同的现象。

?思考题 一个管理者的权力大小还与哪些因素有关？

3．其他：历史影响和周边因素

管理者的个人能力影响着其实际所能获得的权力大小，而管理者的资历深浅则影响着其对群体的实际影响力。一个人的资历与经历是历史性的东西，它反映了一个人过去的情况。一般而言，人们对资历较深的管理者比较尊敬，因此其言行也容易在人们的心灵中占据一定的位置。

一个管理者的权力大小不仅与其岗位职责、个人素质有关，而且与其上级对权力的偏好程度、组织文化、前任获得的岗位权力大小等有关。上级对权力的偏好会在一定程度上削弱其下属管理者的实际权力，因为组织赋予的岗位权力的行使会受到上级管理者的干涉。组织文化中对于每个管理者所处的岗位在组织中的重要性的不同认识，也会导致同一层面的管理者权力影响力的不同。而每一个岗位的权力大小还会受到前任管理者从组织中所获得的实际权力大小的影响，一般地，前任管理者获得的权力会依惯性延续给下一任。

由上可见，管理者的职权影响力主要来自于其在组织中所承担的管理职责。当一个人走上管理者岗位时，组织就会根据其岗位职责和个人素质赋予其相应的岗位权力，由职位和资历所构成的职权的影响力也就会随之产生。而当管理者失去管理职位时，这种权力就会随之转移，其在组织中的影响力也将随之大大削弱甚至消失。

四、管理者的责任

一个人在组织中有多大的权力，就要承担多大的责任，责任与权力是对等的。管理者在组织中拥有指挥他人的特权，相应地，管理者也就负有额外的责任，即**管理者不仅要对自己的工作负责，而且要对下属的工作负责**。下属在工作中出现任何问题，管理者都负有不可推卸的领导责任。因为下属是在管理者的指挥下开展各项工作的，下属在工作中出现问题，就说明管理者在履行其管理职能方面存在着不足。因此，犯错误的下属要对其工作失误负责，管理者则要对下属之所以会出现失误所反映出来的管理问题负责。

？思考题 管理者通常要负哪些领导责任？

作为一个管理者，除了要对自己是否做好计划、组织、领导、控制等本职工作负责以外，还要对其分管部门或分管工作的最终绩效负责，对下属人员的工作行为负责，对分管部门所提供的信息的及时性和准确性负责。

如何面对不良的组织绩效？

？思考题 某个组织规定，当下属犯错误被处以 20 元罚款时，其直接上级要加倍罚款，这样做对不对？为什么？

管理者所承担的责任大小是与其所获得的权力大小和利益大小相对应的。在一个组织中，管理者的报酬通常要比操作者高得多，之所以如此，是因为管理者要承担比操作者更多的责任。一个操作者只要对自己的工作业绩负责，职责较轻，报酬也较低，即使在工作中出现失误，由于其职责范围较窄，对组织的影响也不大，因此处罚也不重。管理者则不同，他不仅要对自己的工作负责，而且还要对分管部门和下属的工作绩效负责。由于其分管的面较宽，一旦其管理工作出现失误，涉及的面较大，对组织的影响也大，管理者的责任自然也就比操作者大。也正因为如此，管理者的岗位报酬一般比操作者要高，而且当下属出现失误时，管理者受到的处罚也要比直接犯错误的下属更重。

？思考题 有的管理者认为部门工作没有做好，主要是因为外部环境变化或内部资源不足，下属又懒又笨，或缺乏执行力。请问这一理由是否成立？

有的管理者坐着管理者的位子，享受着管理者的待遇，却不想承担管理者应负的责任。于是他们便寻找各种理由推脱自己的责任。将部门工作没有做好的原因归结到外部环境变化或内部资源供给不足以及下属身上，就是这类管理者常用的理由。

管理者的现实工作条件就是环境是不确定的，组织资源常常是短缺的，组织中之所以需要管理者，其中的原因之一，就是希望在管理者的带领下，组织能够克服由于环境的不确定性和资源短缺所带来的困难，实现既定目标。如果管理者以此推卸自己的责任，也就等于否定了管理者自身的价值和存在的必要性。而且从第二章对组织环境的描述中可以看到，在多数情况下，环境是可以管理的，关键是管理者对环境要保持高度的重视与灵敏的嗅觉。对于已经形成的环境，管理者要认识、了解和掌握环境，并努力使组织适应环境的限制与变化，在特定的环境下求生存与发展；同时，积极地寻找其中的突破口，通过组织行为作用于环境，使之朝着有利于组织的方向发展。

在环境的管理上，我们要反对两种倾向，即"管理万能论"和"管理无能论"。"管理万能论"认为不论环境条件如何，管理者对组织的成败负有直接的责任；"管理无能论"则认为管理者对组织的业绩几乎没有什么影响，一个组织的成败完全取决于管理者无法控制的环境因素。事实上，管理者既不是万能的，也不是无能为力的。每一个管理者的工作都受到来自组织内外部各种因素的制约，但管理者仍可以在一定范围内对组织的生存与发展产生重大的影响。**在特定的环境中，管理者是决定组织业绩的关键性因素**，因为管理者可以通过管理工作变消极因素为积极因素，这也是一个好的管理者与一个差的管理者相区别的地方。

另外，部门工作没有做好，固然与该部门中各位员工的能力强弱和积极性高低有关，但选择合适的员工和调动员工的积极性本身就是管理者的工作职责之一。在组织没有赋予管理者以相应的对下属的选择权和对下属的奖惩权时，将自己部门工作没有做好归结于他人或许可以成立，但若管理者拥有与其职责相对应的权力，那么这一理由也就不复成立。因为懒不是人的本性，是由于环境造成的，下属之所以懒，通常是由于管理者没能激发和调动下属的积极性所导致的。笨也是相对而言的，"天生我材必有用"，人人都是"材"，关键在于我们怎么用。管理者没有识人之明，在工作中用人之短，下属即表现为"笨"；只管分配任务，不对下属加以培训和指导，以致下属空有一身本事却用不上，也是管理者的失职。归结起来一句话：**问题出在下属身上，根子在管理者身上**。下属之所以会在工作中出现这样或那样的失误，是因为管理者没有履行好自己的职责，在计划、组织、领导或者控制某一环节中出了问题。因此，**组织中出现任何问题，该组织的管理者都负有不可推卸的领导责任**；要彻底解决组织中的问题，就必须从管理者自身是否很好地履行了其管理职责着手。

综上所述，尽管管理者在组织中的地位不同、职责不同，但从工作性质看，他们从事的都是管理工作。而且，**无论管理者在组织中的地位如何，其所担负的基本职责是一样的**，即：设计和维护一种环境，使身处其间的组织成员能在组织内协调地开展工作，克服资源短缺和环境的不确定性所带来的困难，在有效地实现组织目标的基础上一定程度上实现每一个组织成员的个人目标。

第四节 管理者的素质及其培养

管理者要履行好自己的职责，运用好组织所赋予的职权，必须具有相应的素质。那么，一名合格的管理者应具备怎样的基本素质呢？

一、管理者应具备的素质

一个人的素质包括品德、知识和能力三大方面。品德是推动个人行为的主观力量，决定着一个人工作的愿望和干劲。知识和能力代表了一个人的智能水平，决定着一个人实际的工作能力和发展潜力。素质是决定一个人为何做、能做什么和还能做什么的内在基础。

管理者应具备怎样的素质，一直是管理学家们关注的重点。科学管理之父泰勒曾具体说明一位"全面"的工长应具备的九种品质，法约尔也从身体、智力、道德、知识、经验等方面指出了作为一名管理者应具备的素质。

尽管在某个组织环境中能导致成功的素质，在另一个组织环境中可能不能导致成功，而且一个人的素质是由多方面的品质和能力组合而成的，特定品质的重要性会受到其他品质及其组合方式的影响，但现有的研究确实表明，某些品质和能力与管理的成功有密切的关系。以下是根据各方面的研究，总结出来的关于管理者基本素质的一个大致描述。

1. 品德

品德体现了一个人的世界观、人生观、价值观、道德观和法制观念，持续有力地指导着他对现实的态度和他的行为方式。作为一名管理者，从其所应履行的职责出发，应具有强烈的管理意愿和良好的精神素质。

?思考题 为什么有的人有管理才能，却不能成为一名合格的管理者？

● **有强烈的管理意愿和责任感**。如果一个人缺乏为他人工作承担责任、缺乏激励他人取得更大成绩的愿望，那么即使他已经走上了管理者岗位或者具有从事管理工作的潜能，他也不可能成为一名合格的管理者。**管理意愿是决定一个人能否学会并运用管理基本技能的主要因素**。现代行为科学研究认为，缺乏管理欲的人不可能敢作敢为，因此也就不可能在管理的阶梯上捷足先登。只有树立一定的理想，有强烈的事业心和责任感，一个人才会有干劲，勇挑重担，渴望在管理岗位上有所作为、有所贡献。所以管理者首先要有强烈的管理意愿。

● **良好的精神素质**。由于管理工作的特殊性，作为一名管理者，除了要有强烈的管理意愿外，还要有良好的精神素质，即要具有创新精神、实干精神、合作精神和奉献精神。面对复杂多变的管理环境，管理者要有创新精神，勇于开发新产品、开拓新市场、引进新技术、起用新人、采用新的管理方式，以适应时代发展的要求；在组织发展过程中，往往会遇到各种意想不到的困难，会遇到强大的竞争对手，甚至遭受挫折和失败，这就要求管理者具有百折不挠的拼搏精神和吃苦耐劳的实干精神；管理者的工作依赖于他人的努力程度，管理者要有与人合作共事的精神，公正公平，善于团结群众、依靠群众；同时管理者要能抵制权力的诱惑，能够公私分明，有一种服务于社会、造福于人民的奉献精神，对事业执着追求，愿意为此在一定程度上牺牲个人利益。

2. 知识

知识是提高管理水平和增强管理艺术的基础与源泉。管理工作不仅要求管理者掌握专业知识，同时由于管理是一项涉及多方面因素的综合性实践活动，需要管理者具有较广的知识面。一般来说，管理者应掌握以下几方面的知识：

● **政治、法律方面的知识**。管理者要掌握所在国家执政党的路线、方针、政策，国家的有关法令、条例和规定，以便正确把握组织的发展方向。

● **经济学和管理学知识**。懂得按经济规律办事，了解当今管理理论的发展情况，掌握基本的管理理论与方法。

● **人文社科方面的知识**。如心理学、社会学方面的知识。管理的主要对象是人，而人既是生理的、心理的人，又是社会的、历史的人。学习一些人文社科方面的知识，有助于管理者了解管理对象，从而有效地协调人与人之间的关系和调动员工的积极性。

● **科学技术方面的知识**。如互联网及其应用、本行业科研及技术发展情况等。无论管理什么行业，都要有一定的本专业的科技基础知识，否则就难以根据该行业的技术特性进行有效的管理。

3. 能力

这里的**能力**是指管理者把各种管理理论与业务知识应用于实践、进行具体管理、解决实际问题的本领。能力与知识相互联系、相互依赖，基本理论和专业知识的不断积累与丰富，有助于潜能的开发与实际能力的提高；而实际能力的增长与发展，又能促进管理者对基本理论知识的学习消化和具体运用。

关于管理者应具备的基本能力，管理学家们提出了各种观点。罗伯特·卡特兹（Robert L. Katz）认为，**管理者应具有三种基本的管理技能：技术技能、人际技能和概念技能，**如表3-5所示。

表3-5　管理者基本技能构成

能力分类	能力示例	作　用
技术技能	诊断技术、决策技术、计划技术、组织设计技术、评价技术、书写技术	履行决策、计划、组织、控制等管理职能的基础
人际技能	表达能力、协调能力、激励能力、领导能力、公关能力	获取信息、履行领导职能、组织落实和创造良好的组织环境所必需
概念技能	识别能力、分析能力、综合能力、决断能力	履行决策和指挥职责所必需

● **技术技能**是指执行一项特定的任务所必需的能力。也就是说，技术技能与一个人所从事的工作有关。例如，编写计算机程序、撰写财务报告、分析市场统计数据、起草法律文件、绘制设计图纸等。对于管理者来说，就要掌握和运用各种管理技术。技术技能可通过学校专业教育或组织内部的在职培训获得。

● **人际技能**是指与人共事、激励或指导组织中的各类员工或群体的能力。人际技能是一个人以合适的方式与人交往的能力。由于管理是一种群体性的工作，因此，对于管理者来说，表达能力、协调能力和激励能力都是非常重要的。

● **概念技能**是一种洞察既定环境复杂性的能力和减少这种复杂性的能力。在任何既定的环境中，都有众多的影响因素，要了解某一事件是如何影响和怎样受到其他因素影响的，需要很强的概念技能。作为一名管理者，需要快速敏捷地从混乱而复杂的环境中辨清各种因素之间的相互关系，抓住问题的实质，并根据形势和问题果断地做出正确的决策。对于管理者来说，概念技能是最重要的也是最难培养的。在进行市场策略的调整、应对政府政策的改变、开展内部机构的重组等工作时都需要概念技能。

卡特兹同时指出，成功的管理者应具备较高的技术、人际、概念技能，但由于各个层次的管理者所承担的主要职责不同，因此对于不同层次的管理者而言，这三种技能的重要程度也是不同的。一般地，对于高层管理者来说，最重要的是概念技能，因为要由高层管理者负责的计划、决策都需要有理解各种事物间相互关系的能力。而对于基层管理者来说，由于他最接近现场作业，所以技术技能格外重要。由于管理者的工作对象是人，因此人际技能对于各个层次的管理者来说都是重要的。

?思考题　在学术上有杰出成就的科研人员，为什么在管理岗位上不一定称职？

从上述对管理者应具备的基本素质的描述中可以看到，**并不是什么人都适合走上管理者岗位的。**一个人即使在业务上很突出，但如果不具备以上管理者所应具备的各方面品德、知识和能力的话，也就难以履行好作为一名管理者所应该履行的职责。我们不能仅根据某人业务上的表现来提拔或任命其为管理者，而应该进一步结合其是否具备管理者的基本素质来确定其是否适合走上管理者岗位。

优秀管理者与一般管理者的区别

二、管理知识的获得与能力的培养

在管理者的基本素质构成中，良好品德的形成取决于各种因素，特别是社会教育和家庭教育，是一个长期的过程，而且一旦形成就较难改变。在本节中，我们只讨论管理者知识获得和能力提高的方法。

管理者如何才能获得上述应具备的知识和能力呢？其基本的途径，一是教育培训；二是实践锻炼。

1. 通过教育培训获得各方面知识和管理技能

许多优秀的职业管理者的经历证明，要获得较好的管理成效，接受正规的管理教育是极为必要的。即使是获得了管理学学士或硕士学位，许多有眼光的管理人员也并没有就此感到已经学到头了。许多专职的高级管理人员现在仍不定期地回到学校学习，第一线的管理人员也经常利用业余时间进修有关管理的课程。许多大型企事业单位都设有专门培训管理人员的培训中心，对管理者的继续教育投入了大量的资金。

国内外目前对管理人员的正规培训内容主要包括：

- **最新管理知识讲座**。讲授国内外新出现的管理理论与优秀企业新创造的管理方法。
- **管理热点问题专题讨论**。针对某个现实问题，请有关专家和管理者共同进行探讨，在讨论中共享经验和知识。
- **管理核心课程**。传授经典的管理基本原理、基本原则和基本方法等，可作为管理者的上岗培训或管理入门学习。
- **管理技能培训**。针对某项管理技能，通过案例分析、情景模拟、行动学习等方法，进行理论知识传授和实践相结合的培训，可作为管理者的在岗培训或管理专业学习。
- **管理经验交流**。针对某些特定的管理问题，请具有丰富经验的管理者传授管理技巧，或一群管理者共同交流从事管理工作的经验，以共同提高管理水平，可作为提高管理者素质的重要手段。

思考题 通过学校的正规教育，就能培养出合格的管理者吗？

正规教育的好处是能使学生集中精力学习，熟悉关于管理方面的最新研究成果和各种不同的管理理论。许多有实践经验的管理者通过系统的理论学习和再教育，开阔了眼界，丰富了知识，管理的能力和水平有了进一步的提高。但这种教育方法，由于要适应众多学生的要求，课程设置往往过于一般化，学生很难从学校的学习中学到具体的管理技能。尽管网络学习平台和各种社会教育培训机构的涌现，为管理者的个性化学习提供了较多的选择，但要想获得较具体的管理技能，更主要的是在实践中提高。

2. 通过实践提高管理能力

实践是提高管理技能的最有效的方法。一个人即使把管理的理论、原则、方法背得滚瓜烂熟，也不一定能成为一名合格的管理者。要想成为一名合格的管理者，就必须通过实践锻炼，只有在实践中才会碰到一名管理者每天会碰到的各种问题、压力和各种严峻的考验。实践可进一步深化书本知识，促使管理者对管理问题做深入探索和思考，从而获得对管理的更深认识。通过实践培养管理人员的主要方法如表3-6所示。

表3-6 通过实践培养管理人员的主要方法

方 法	定 义	功 效
管理工作扩大化	通过定期的职务轮换使管理者接触不同性质的工作，从而培养管理者的全局观，使管理人员全面地提高管理能力	因为不同的职位有着不同的能力要求和特点，通过职务轮换，可使管理者全面了解本组织各方面工作的管理知识，全面提高管理能力
管理工作丰富化	通过职务的升降从纵向扩大管理者的工作范围，进而扩大管理者的视野，提高管理者的管理能力	在一个组织中，不同层次的管理工作内容和特点是很不相同的，通过职务的升降，上级管理者可更好地体察下属的困难和要求，以提高领导的针对性和有效性，下属可理解上级的要求，从而加深上下级之间的沟通和理解
设立副职或助理	在组织中设立副职或助理等培养性岗位，以管理者的"传、帮、带"影响和训练副手，并通过授权和委派任务的方式考察下属是否具有相应的管理能力。这种方法是培养青年管理者的有效方法之一	一个人的成长需要一定的实践锻炼，而培养性岗位的设立，有助于被培养者通过参与管理实践亲身感受管理工作，并有助于组织在实践中对其进行考察，从而可有效控制用人风险
管理问题研讨会或案例研讨会	十几个人组成一个研究小组，在阅读下发的各种有关管理问题的背景资料后，进行自由讨论，据此开拓与会者的思路，锻炼思考问题、分析问题和解决问题的能力	通过对实际管理问题的群体研讨，有助于提高与会者分析与解决管理问题的能力，并学会如何在群体中发挥自身作用
敏感性训练	其一度是国外训练管理人员的重要方法。其要点是在一个人际关系实验室里，由参与训练的管理人员通过巧妙的安排获得如何管理下属的知识	主要用于培养管理者自我认识和与人相处的能力

● **复习题**

1. 在一个组织中，为什么需要管理者？
2. 如何识别一个人是不是管理者？
3. 管理者在组织中的基本职责是什么？
4. 当管理者在组织中的地位发生变化时，其管理工作有何异同？
5. 管理者通常拥有哪些特殊的权力和责任？
6. 在一个组织中，为什么管理者的报酬通常比一般操作者要高？
7. 一名合格的管理者应具备怎样的素质？
8. 管理者应如何培养与提高自己的管理素质？

◆ 要点参考

● **讨论题**

培训主管是管理者吗?

在一个企业的人力资源部中,设有部门经理、招聘专员、培训主管、薪资人事专员、考核主管五个岗位,除招聘专员岗有两名员工外,其他岗位均为一人,且都直接接受部门经理的领导。培训主管的主要职责包括:拟订公司培训管理制度和年度培训计划,组织开展新员工培训和管理者在职培训,组织、指导、监督公司各部门开展专业培训,对公司各部门的培训工作组织评估和考核等。可以说,该企业中的培训工作主要是培训主管在负责。在具体开展新员工培训、管理者在职培训和部门培训工作评估考核时,通常是通过组建专门的工作组的方式开展工作。这些工作组在专项工作开始前组建,完成后解散。在这些工作组中,培训主管通常担任组长或实际负责的副组长,其他相关部门的人员则作为组员参与。

请分析:该培训主管是不是管理者?

● **案例分析**

管理者是干什么的?

蒋华是某新华书店网购部经理。随着网购业务的飞速发展,该网购部每天要处理众多的网购业务。在一般情况下,订单分配、按单备货、发送货物等都是由部门中的业务人员承担的。但在前一段时间里,接连发生了多起A要的书发给了B,B要的书却发给了A之类的事,引起了顾客极大的不满。今天又有一大批书要发送,蒋华不想让这种事情再次发生。

请问:

他应该亲自核对这批书,还是仍由业务员来处理?为什么?

📖 推荐书目

1.[加]H.明茨伯格著,方海萍译:《管理工作的本质》,中国人民大学出版社2007年版。明茨伯格是西方管理学界经理角色学派的主要代表人物。该著作是明茨伯格的成名之作,也是经理角色学派的经典著作。该书全面阐述了管理者工作的特点、管理者的10种工作角色、管理工作的4个影响因素等,从而提示了管理工作的本质。

2.[美]彼得·德鲁克著,许是祥译,那国毅审订:《卓有成效的管理者》,机械工业出版社2005年版。该书首次出版于1966年,已经被翻译成20多种语言,德鲁克在该书中提出的观点,几十年来一直指导着管理者如何做到卓有成效。该书已经成为世界上众多管理者的必读书籍。该书共分七章,前五章主要讲管理者如何管理自己,后两章讲的是管理者如何做决策。

3.[美]罗伯特·卡茨:《高效管理者的三大技能》,《哈佛商业评论》(中文版)2005年第7期。这篇哈佛经典文章首次发表于1955年,是作者针对当时美国企业界涌起的一股寻找"理想经理人"的狂热而撰写的个人研究成果。1974年,该文再发表。在该文中,作者提出了高效管理者应该具备的三大技能:技术技能、人际技能和概念技能。

第四章　管理思想的演变

学习要求

懂得学习管理历史的价值；了解西方管理思想的发展过程，掌握不同管理思想的特点及其主要学派的基本观点；知道各管理学派的主要代表人物及其贡献；了解中国古代管理思想的精华和现代管理思想的发展过程；清楚中国管理界发展现状；了解21世纪管理面临的挑战，清楚管理大致的发展趋势。

在管理实践中，我们常常可以看到，不同的管理者对下属会采取不同的管理方法，如有的管理者对员工采取"胡萝卜＋大棒"的管理方式，有的管理者则对员工采取"目标导向，自我管理"的管理方式，而且他们各自还都有这样做的充分理由。为什么会出现这样的情况呢？

思想决定行为，行为决定效果。当我们面对某一管理问题时，之所以采取这样的措施而不是那样的措施，取决于我们对这一问题的看法。**管理思想**是人们对管理过程中发生的各种关系的认识总和，是由一系列观念或观点所构成的知识体系，它是指导管理人员从事各项管理活动的蓝图。

管理思想的正确与否，直接关系到各项管理活动的效率和效益。一名现代的管理人员要进行有效的管理，就必须了解人类管理思想的发展过程，了解各种管理思想的基本特点和观点。许多组织的管理者都深深地认识到，从历史中可学习到今天管理所需要的东西，通过学习管理思想史，融会贯通各种管理思想，可提高管理的有效性。在本章中，将着重讨论以下内容：

- 剖析西方管理思想的演变过程。
- 介绍各种不同管理思想的特点及其主要学派的基本观点。
- 对中国的管理发展历史和现状做一大致描述。
- 对管理的发展趋势做一简要介绍。

第一节　西方管理思想的整体图像

管理思想是在一定的历史条件和一定的民族文化背景下产生和发展起来的。尽管人类管理思想的发展可追溯到人类最初试图通过集体劳动来达到一定目标的年代，但系统化的管理思想，一直到19世纪末20世纪初，才随着生产力的高度发展和科学技术的进步，在西方形成并蓬勃发展起来。

一、管理研究需求的产生

人类有组织的活动源远流长，**人类的组织管理活动也有着悠久的历史**。远在奴隶制时代，古巴比伦、古埃及、古罗马人就在指挥军队作战、治国施政和教会管理中形成了比较有效的组织管理方法，如表4-1所示。

表4-1 奴隶制时代的管理方法

国 家	管理方法
古巴比伦	古巴比伦在汉谟拉比的统治下，建立了强大的中央集权国家，由国王总揽国家司法、行政和军事权力，从中央到地方的各级官吏管辖行政、税收和水利灌溉，并编纂了共有282条法规的《汉谟拉比法典》，来调节社会中人与人之间的关系和规范社会成员的行为
古埃及	在古埃及，建立了以法老为最高统治者的金字塔式的管理机构来管理国家。最高统治者为法老，下设各级官吏，最高为宰相，辅助法老处理全国政务，总管王室农庄、司法、国家档案，监督公共工程的兴建；宰相之下设有一大批大臣，分别管理财政、水利建设及各地方事务。上至宰相，下至官吏、监工，各有专职，分工管理
古罗马	古罗马从一个小城市发展成为一个世界帝国，统治延续几个世纪，若没有高超的管理方法和技能是不可能做到的。古罗马不仅确立了一个严格的体制和权力层次来保证各种职能的履行，而且在各军政机构之间进行了具体分工，实行了分权制。古罗马的法律、立法、司法和行政的分权制都被以后的社会所借鉴

可以说，人类在开始记载他们的活动之前就已感受到了在通力合作中对他们的活动进行协调的必要性。原始社会恶劣的自然环境，使人们产生了经济、社会和政治的需求。为了满足需求，人们建立了各种经济、社会和政治组织，而有组织的活动又要求行使某些职能以有效地分配、利用人类的努力和稀少的自然资源，于是管理也就自然随之产生、发展。

但是，长期以来，人们对管理并没有进行很好的研究。因为工业化以前的组织可分别靠神赐君权、教义对虔诚教徒的号召力、军队的严格纪律以及家庭内部的亲情来进行管理，如表4-2所示。在这种尚未工业化的环境中，很少或者完全没有创立正式的管理思想体系或专门进行管理规律研究的需要。

表4-2 工业化以前的组织管理

组织类别	主要管理手段
教会	按照教义，依靠信徒的虔诚，来组织和管理其财产
政府	依据国家法规，依靠军队力量，来实施其统治
军队	通过严格的等级纪律和权力结构管理大批的官兵
家庭	通过家庭血缘关系（亲情）和家法来管理家庭事务

18世纪下半叶从英国开始的工业革命，导致了工厂制度的产生。专业化协作的发展、生产基本组织的变革，带来了一系列新的管理问题，如工人的组织和相互间的配合问题，在机器生产条件下人与机、机与机的协调问题，劳动力的招募、训练与激励

问题，纪律的维持问题，等等。

新兴的工厂制度所提出的管理问题完全不同于以前传统组织所碰到的管理问题。新制度下的管理人员不能用以前的任何一种管理办法来确保各种资源的合理使用。这些前所未有的管理问题需要人们去研究解决，在这种情况下，管理理论研究开始出现。

二、早期研究者

在18世纪中期及下半叶，有一些人为了解决工业革命所带来的一系列管理难题，从各自原有的学科出发，对管理进行了一些理论研究。其中对后期的管理思想有较大影响的代表人物有罗伯特·欧文、亚当·斯密和查尔斯·巴贝奇，如表4-3所示。

表4-3 管理理论早期研究者代表

人 物	背 景	思想简介	思想发展
罗伯特·欧文（Robert Owen，1771—1858）	成功的英国企业家，空想社会主义者，最早注意到企业内人力资源的重要性	以前工厂的老板都把工人看作是机器，而欧文把他们看作是人。为改善工业革命造成的苛刻的劳动条件，欧文提出了缩短劳动时间、禁止招收童工、设置工人教育设施和住宅、改善工人生产条件和生活条件等社会改良政策，并在自己的工厂里付诸实施	在企业人道主义实践方面，欧文是个开拓者，他的这一思想与后来的行为管理思想非常接近
亚当·斯密（Adam Smith，1723—1790）	英国古典政治经济学家，他在1776年出版的《国民财富的性质和原因的研究》（简称《国富论》）中，有不少关于管理方面的论述	对管理理论发展有重大影响的是他的分工理论和"经济人"观点。他认为劳动分工是提高劳动生产率的因素之一，并通过实例充分论证了劳动分工的优越性。另外，他的"经济人"观点认为人们在经济活动中追求的是个人利益，社会利益是由于个人利益之间的相互牵制而产生的	斯密的分工理论和"经济人"观点后来成了西方科学管理理论的重要依据之一
查尔斯·巴贝奇（Charles Babbage，1792—1871）	英国剑桥大学毕业，著名的数学家，曾到英、法等国的工厂了解和研究管理问题	提出了劳动分工、用科学方法有效地使用设备和原料等观点。他的主要贡献体现在对工作方法和报酬制度的研究上，主张通过科学研究来提高动力、材料和工人的工作效率，采用利润分享制以谋求劳资之间的调和	可以说巴贝奇是科学管理思想和定量管理思想的先驱

尽管这些先驱从不同的角度提出了一些管理思想，但毕竟他们不是专门研究管理的，因此他们的研究并没有形成一种系统化的管理理论体系。这也与当时社会普遍注重于生产组织、增加产量、追求最大利润有关，人们注重的是具体方法而不是理论。

在这一阶段，由于没有系统的管理理论的指导，管理工作呈现出了以下几个**特点**：

● **管理的重点是解决分工与协作问题**。当时的管理仅着眼于如何进行分工协作，以保证生产过程的顺利进行；或怎样减少资金的消耗，提高工人的日产量指标，以取得更多的利润。管理的内容局限于生产管理、工资管理和成本管理。

● **管理的方法是凭个人的经验**。由于工业刚从农业中分离出来，这就意味着没有"管理阶层"，既没有普遍适用的有关如何进行管理的知识体系，也没有共同的管理行为准则，因此，早期的管理人员通常凭自己的经验来管理，管理工作的成败主要取决于管理者个人的经验、个性特点和工作作风。

● **管理的主体即企业管理者由资本家直接担任**。由于劳动三要素是由资本聚集起来的，拥有资本的工厂主也就成了当然的企业管理者。随着企业的发展，越来越多的工厂主开始认识到，单凭自己的经验和直觉已越来越难以胜任整个企业的生产经营管理工作，最好的办法是让那些有管理才能的人来代替自己做一些管理工作，于是后期出现了"特种雇佣人员"——厂长、监工、领班等。但尽管如此，企业的总体管理还是由资本家亲自掌握的。

？思考题 西方这一时期的管理与我国民营企业发展初期的经营有何异同？

三、管理思想的发展

随着资本主义工厂制度的进一步发展，人们对管理的研究不断深化，在管理实践和理论研究中，出现了各种对管理思想的建立和发展具有深远影响的管理理论，西方的管理实践和理论也随之出现了质的飞跃，如表4-4和图4-1所示。

表4-4　西方管理思想的发展

管理思想流派	触发事件	形成基础
经验管理思想	工业革命	新的组织——工厂的出现
科学管理思想	发明热	产品的供过于求，竞争的加剧——要求提高效率
行为管理思想	霍桑试验	科学管理的不足，劳资矛盾的激化——关注人的因素
定量管理思想	第二次世界大战	战争中运筹方法的成功运用，战后组织的巨型化所带来的精细化管理要求——关注准确及时
权变管理思想	石油危机	环境的日趋动荡，经济的全球化——注重环境影响

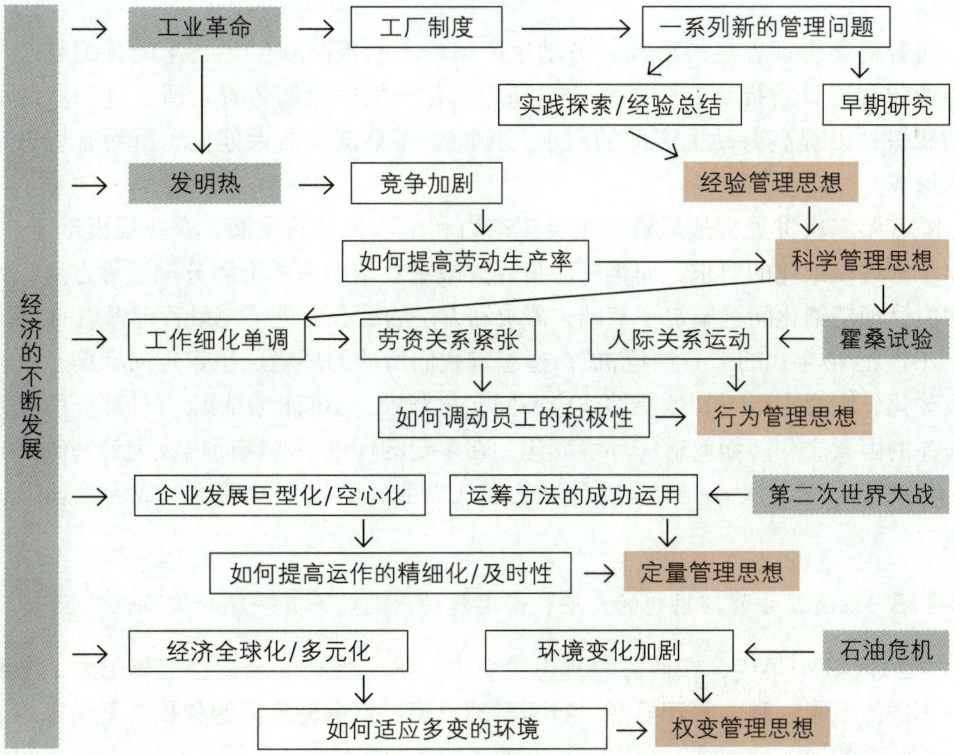

图4-1　西方管理思想的演化

工业革命使工业从农业中分离出来，社会上出现了新的一类组织——工厂。由于工厂不同于以往任何一类组织，因此在当时没有现成的管理经验可以借鉴，人们凭借自己的能力和对新的管理问题的理解进行管理实践。由于人们难以从理论上解释成功的原因，因此当时流行的是经验管理思想。

经验管理思想认为，组织管理的有效性取决于管理者个人的素质。一个企业之所以能够取得发展，在竞争中脱颖而出，是因为它拥有优秀的企业领导人；而另一个企业之所以在竞争中被淘汰，是因为它缺乏能人的指点。经验管理思想的特点是将企业成败的原因归结为企业管理者个人的素质。在他们看来，管理是依附于人的一种经验，说不清道不明。

？思考题 经验管理思想在当今中国是否仍然流行？

经验管理思想的形成是与人们前期缺乏对管理的深入研究以及后期对管理活动所固有的艺术性的认识相对应的。即便是在现在，不少没有参加过管理教育或培训的管理者，仍然认为管理的有效性仅仅取决于管理者的个人素质。**经验学派**（主要代表人物包括德鲁克和明茨伯格等）注重于管理实践经验的积累，并主张通过分析经验（常常就是案例）来研究管理，认为只有通过研究各色各样的成功或失败的管理案例，才能理解管理问题，真正地学会有效管理。

随着工业革命从英国转向欧洲大陆和美洲，在19世纪下半叶，工业得到了前所未有的发展。发明热使工厂制度日益普及，生产规模不断扩大，同类产品急剧增加，随之而来的是竞争加剧、价格下跌。在这种情况下，如何提高劳动生产率便成为企业在竞争中能否脱颖而出的关键，在早期研究和经验总结基础上，科学管理思想随之诞生。

随着科学管理思想的普及、劳动生产率的不断提高和生产技术的日趋复杂，生产专业化程度日益提高，劳资矛盾也随之恶化。如何协调劳资矛盾，进一步调动员工的积极性以提高劳动生产率的需求，伴随着霍桑试验结果催化了行为管理思想的正式形成。

随着第二次世界大战后资本主义生产力和生产关系的发展，企业规模迅速扩大，提出了管理精细化的要求，而第二次世界大战中总结出来的资源分配运筹方法，为战后解决管理精细化问题奠定了基础，需求和方法的结合促进了定量管理思想的发展。

20世纪70年代的"石油危机"，标志着我们所处的环境从稳定走向动荡，而经营的全球化，则要求组织管理能够适应不同文化背景、不同社会制度，外部环境成为人们关注的因素之一。如何适应环境变化，在多变的环境中脱颖而出成为管理研究的重点。与此相适应，认为一切应随环境的变化而变化的权变管理思想成为管理思想的主流。

？思考题 综观西方管理思想的发展，新思想的出现是否有一定的规律性？

在20世纪80年代，在西方管理思想史上，**除了传统的经验管理思想外，主要的管理思想流派是：科学管理思想、行为管理思想、定量管理思想和权变管理思想**，如表4-5所示。

表4-5　西方主要管理思想

思想流派	着眼点	基本观点	代表学派或理论
经验管理思想	经验	管理的有效性取决于管理者的经验	经验学派
科学管理思想	科学方法	管理的有效性不仅取决于管理者的经验，更重要的是依据一定的科学方法或原则	科学管理理论 一般管理理论 官僚组织理论
行为管理思想	人	人是组织中最宝贵的资源，管理应以人为本	人际关系学派 行为科学学派
定量管理思想	数字化	只有致力于定量化，才能真正提高管理的效率与效益	管理科学学派
权变管理思想	环境	不存在普遍适用的管理理论与方法	系统管理理论 权变理论学派 过程理论学派

第二节　主要管理流派思想简介

一、科学管理思想

科学管理思想着眼于寻找科学地管理劳动和组织的各种方法，包括三个不同的理论学派：科学管理理论学派、一般管理理论学派和官僚组织理论学派。科学管理思想有时也被称为古典管理思想。

1. 科学管理理论

最先突破传统的经验管理思想的代表人物是美国的**弗雷德里克·泰勒（Frederick W. Taylor，1856—1915）**，他于1911年发表的《科学管理原理》，提出了通过对工作方法的科学研究来提高工人劳动效率的理论与方法。泰勒在书中提出的理论奠定了科学管理的理论基础，标志着科学管理思想的正式形成，泰勒也因而被西方管理学界称为"科学管理之父"。

泰勒出生在美国费城一个富裕的律师家庭，从小醉心于科学试验。18岁时，他进入钢铁厂当工人，做过技工、工头、车间主任、总工程师。泰勒是从"工人为什么磨洋工"这一现象出发来研究管理问题的，长期的切身观察使泰勒认识到，工人"磨洋工"，主要是因为"落后的管理"。泰勒相信，通过科学管理可以避免"磨洋工"现象。

通过在企业中的实践和大量试验，他在《科学管理原理》一书中提出了四条科学管理原则[①]，其与经验管理的区别如表4-6所示。

科学管理理论的核心是认为应该通过科学研究来决定工作方法，而不是凭每一个工人自己过去的经验。泰勒认为，科学管理是管理思想上的一次"革命"。以前，劳资双方的兴趣集中在双方共同努力所取得的盈利的合理分配上，而若遵循科学管理的四项原则，劳动生产率将得到充分的提高，从而使得如何分配盈余的争论不再必要。提高效率是工人能取得较高工资、资本家能获得较多利润的前提，**科学管理所要做的一切就是提高劳动生产率**。"管理的目的应该是使雇主实现最大限度的富裕，同时也使每个雇员实现最大限度的富裕。"[②]

---

① ② 弗雷德里克·泰勒. 科学管理原理 [M]. 马风才，译. 北京：机械工业出版社，2007：27，3.

表4-6　泰勒的科学管理理论与经验管理的区别

经验管理的做法	科学管理的原则
工人们按各自的经验来开展工作	科学地研究工作的每一个方面，制定出最佳的操作方法，以科学替代工人的个人判断
由工人任意挑选自己的工作，并根据各自可能进行自我培训	科学地挑选工人，并进行培训和教育，使之成长
	真诚地与工人们合作，以确保工人按正确的方法工作
几乎所有的工作和大部分责任都是由工人承担的	明确管理者和工人各自的工作和责任。管理者负责按科学原理制定工作方法；工人负责按此完成相应的工作

实例：泰勒制应用
实例——搬铁块

　　在企业管理实践中，泰勒从上述管理思想出发，做了许多开拓性的工作：进行劳动方法、工具、材料的标准化；对工人进行科学训练；实行刺激性的差别计件工资制；明确管理工作要专业化；采用职能组织形式；推行"例外管理"制度；等等。

　　与泰勒同时代的科学管理理论学派的著名学者还有甘特（Herry L. Gantt）、吉尔布雷思夫妇（Frank Gilbreth and Lillian Gilbreth）等。

?思考题　在你身边的组织中，有哪些做法是符合科学管理理论的？

　　2. 一般管理理论

　　泰勒等人在美国研究和倡导科学管理理论的同时，欧洲出现了对组织管理的研究，其中最为著名的就是以法约尔为代表的一般管理理论。泰勒和他那一学派的人主要关心的是作业方面的问题，注重的是车间管理和科学方法的运用，而**法约尔他们则关注于整个组织，研究有关管理者干什么以及怎样才能干好等更一般的管理问题**，即注重管理者协调组织内部各项活动的基本原则的研究。

　　亨利·法约尔（Henri Fayol，1841—1925），长期担任法国某大公司的总经理。根据自己30多年的管理实践，法约尔于1916年发表了《工业管理与一般管理》一书，提出了适用于一切组织的管理的五大职能（见表4-7）和有效管理的14条原则（见表4-8）。

表4-7　管理的五大职能[①]

管理职能	各项职能的含义
计划	是最重要也是最难的管理职能，可简述为对未来的预测、目标的确定和行动计划的制订
组织	可看成是物力和人力的组织问题，可简述成为完成已确定的目标而进行的各种资源的有效配置和组合
指挥	为了使组织行动起来，指挥是必要的，可简述成为使组织能充分发挥作用的有效领导的艺术
协调	就是让事情和行动都有合适的比例，就是方法适应目的
控制	核定情况的进行是不是与既定的计划、发出的指示以及确定的原则相符合，以便对错误加以纠正和避免重犯

---

①亨利·法约尔. 工业管理与一般管理［M］. 迟力耕，张璇，译. 北京：机械工业出版社，2007.

表4-8　管理的14条原则[①]

原　则	各项原则的含义
劳动分工	劳动分工属于自然规律，其目的是用同样的努力生产出更多更好的事物。但劳动分工有一定的限度，经验和尺度感告诉我们不应超出这些限度
权责相当	权力是指挥和要求别人服从的权利。管理者必须拥有权力以发布命令，但权力必须与责任相当
纪律严明	雇员必须服从和尊重组织规定，领导以身作则、管理者和雇员对规章有明确理解和公平的奖惩对于保证纪律的有效性是非常重要的
统一指挥	组织中的每一个人应该只接受一个上级的指挥并向这个上级汇报自己的工作。双重指挥经常是冲突的根源
统一领导	从事同种工作的任何部门应该由同一个领导者按一个统一的计划来加以领导。这是统一行动、协调力量和一致努力的必要条件
个人利益服从整体利益	个人和小集体的利益不能超越组织整体的利益。成功的方法是：领导者的坚定性和好的榜样；尽可能签订公平的协定；认真监督
报酬	必须给工作和服务以公平合理的报酬，并尽量使企业和其所属人员都满意
集权	集权反映的是下属参与决策的程度，决策是集中（由管理者做出）还是不集中（由下属做出）是一个恰当比例的问题，集中和分散应允许有弹性，可根据组织具体情况而定
等级制度	从高层到基层应建立关系明确的等级链，信息的传递应按等级链进行，但如果顺着这条链会造成延误，那么应允许越级报告和交叉通告，以保证重要信息的畅通无阻
秩序	建立秩序是为了避免损失物资和时间，为此，无论是物品还是人员，都应该在正确的位置上，"各有其位，各得其所"
公平	管理者应该友善和公平地对待下属，以鼓励其所属人员能全心全意和无限忠诚地履行他的职责
人员的稳定	每个人适应自己的工作需要一定的时间，高级雇员不要轻易变动，以免影响管理工作的连续性和稳定性；管理者应制订规范化的人事计划，以保证组织所需人员的供应
主动性	鼓励员工发表意见和主动工作。这种全体人员的主动性对于企业是一股巨大的力量，特别是在困难的时刻更是这样
团结精神	强调团体精神可加强组织内部的融洽和统一

　　法约尔将工业企业中的全部活动和职能划分成六类：技术的、商业的、财务的、安全的、会计的和管理的。前五类是人们所熟知的，因此要研究的主要是管理活动。他认为管理包括五大要素，即计划、组织、指挥、协调、控制，并且这些要素存在于一切有组织的人类活动之中。同时，他认为**管理上的成功不完全取决于管理者个人的管理能力，更重要的是要灵活地贯彻管理的一系列原则**。

　　如果说提出科学管理原理，使管理成为一门科学、一个专业是泰勒的主要贡献的话，那么法约尔的贡献则在于概括出了一般管理的理论、要素和原则，在学术上把科学管理提升到了一个新的高度。法约尔提出的一般管理的理论、要素和原则对以后的管理理论发展一直起着重大的作用，因而西方也把他称为"现代经营管理之父"。现代社会中的许多管理实践和思想都可直接追溯到一般管理理论学派的思想。

---

①亨利·法约尔. 工业管理与一般管理［M］. 迟力耕，张璇，译. 北京：机械工业出版社，2007.

？思考题 法约尔提出的有效管理14条原则在今天是否依然有效？

3. 官僚组织理论

官僚组织理论是科学管理思想的一个重要组成部分，它**强调组织的运转要以合理的方式进行而不是依据业主或管理者的判断**。这一理论主要是基于德国社会学家韦伯的工作。

马克斯·韦伯（Max Weber，1864—1920）是德国柏林大学的一位教授，他反对当时盛行的靠传统的自觉（封建制）和裙带关系（世袭制）来管理的思想，认为这不仅是不公正的，而且还造成了人力资源的巨大浪费。为此，他提出了一个权力结构理论，并设计了一个他称之为"官僚"的理想组织模式。这一理想组织模式的主要特征如表4-9所示，这是一个具有明确的劳动分工、清晰的等级关系、详尽的规章制度和非人格化的相互关系的系统。由于这种组织模式强调规则而不是个人、强调能力而不是偏爱，所以有助于组织提高工作效率，有利于杜绝任人唯亲、组织涣散、人浮于事等现象，至今仍是许多大型组织的设计样板。韦伯也因此被称为是"古典组织理论"的创始人。

表4-9 韦伯理想的官僚组织的主要特征

特 征	各项特征的含义
劳动分工	把各种工作分解成简单、常规化并且明确的各项任务，明确规定每一个人的权力和责任
权力体系	各种公职或职位按权力等级排列，上一级的人指挥和控制下一级
正规选择	通过教育和训练所获得的技术资格或通过正式考试来挑选组织中的所有成员
规章制度	制定明确的规章制度以规范管理者和员工的行为，以确保统一性
非人格化	组织的规章制度是组织中的每一个人都必须遵守的，它不受个人情感和个人背景的影响
职业导向	组织中的管理者是专业的公职人员，而不是该组织的所有者，他们领取固定的薪金，并在组织中谋求他们的发展

？思考题 韦伯提出的"官僚"组织模式与今天所讲的官僚机构有何区别？

4. 科学管理思想的特点

从上述各理论学派的观点看，科学管理思想与传统管理思想相比呈现出了以下几个**特点**：

● **管理研究的重点是如何提高效率**。由于当时所处的环境，企业迫切需要提高劳动生产率，因此，寻找进一步提高机器效率和改进生产中协调配合的途径，便成为当时管理研究的重点。泰勒注重于运用科学方法提高工人的劳动效率和管理人员的工作效率，提出了标准化制度、例外管理制度等一系列方法；法约尔和韦伯则着眼于提高管理工作和组织的整体效率，法约尔提出了管理的五大职能和14条原则，韦伯则设计了一个理想、高效的组织模式。

● **主张用科学管理来代替单纯的经验管理**。这一阶段在传统的经验管理所积累的经验基础上，向标准化、科学化发展，在企业管理的操作规程、劳动定额、生产组织、作业计划和成本核算等方面，形成了一系列科学管理的原理和原则，在管理的整体研究上，提出了一般管理理论，为现代管理思想的发展奠定了科学基础。

● **主张管理专业化和职业化**。泰勒主张管理者和操作者的分离，法约尔阐述了开展专门的管理教育的必要性和重要性，韦伯则主张在官僚组织中应将管理者职业化。到1911年，美国已有30所工商管理学院，社会上也出现了一批受过专门训练的经营管理专家。管理者作为一个独立的阶层为社会所承认，为管理学科的进一步发展奠定了牢不可破的基础。

二、行为管理思想

科学管理思想通常把人看作是生产的机器，因此，他们把精力集中在寻找如何最有效地运用这些机器的方法上。相反，**行为管理思想则把人看作是生产活动的主体，注重分析影响组织中个人行为的各种因素，强调管理的重点是理解人的行为。**

行为管理思想之所以产生，是因为科学管理思想尽管在提高劳动生产率方面取得了显著的成绩，但由于它片面强调对工人进行严格的控制和动作的规范化，忽视了工人的社会需求和感情需求，从而引起了工人的不满和社会的责难。在这种情况下，单纯地依靠科学管理已不能适应新的形势，需要有新的管理理论和方法来进一步调动工人的积极性，激发员工的士气从而提高劳动生产率。

组织是由一群人所组成的，管理者是通过他人的工作来完成既定目标的，因此有一些研究人员把管理研究的角度调整到了对人类工作行为的研究上，并最终导致了行为管理思想的产生。为了清楚地表述这一思想，我们从三个方面来介绍行为管理思想的发展过程。

1. 早期的行为学家和霍桑试验

雨果·芒斯特伯格和玛丽·福莱特是行为管理思想最有名的早期开拓者。

雨果·芒斯特伯格（Hugo Munsterberg，1863—1916）是一位德国心理学家，他于1892年在哈佛大学创办了一个心理学实验室，并于1913年发表了《心理学和工业效率》一书。在书中他认为心理学家可以帮助管理者挑选和激励员工，他的思想导致了工业心理学的建立和人们对工作中的人类行为的关注。现代社会中有关人员选择、员工训练、工作设计和员工激励等方面的许多知识都是建立在芒斯特伯格的工作基础之上的。雨果·芒斯特伯格也因而被称为"工业心理学之父"。

玛丽·福莱特（Mary P. Follett，1868—1933）是一位社会工作者，她的有关权力分享、解决纷争的思想都超越了她所处的那个时代。她认为组织应建立在群体伦理而不是个人主义的基础上，管理者的工作应该是指导和协调群体的努力，管理者和工人应该把对方看成是合作伙伴，是一个共同组织中的不同部分，因此，管理者应更多地通过自己的专长和知识去领导下属而不只是依赖于他们的职权，等等。她的人文主义观点影响了以后人们对激励、领导、权力与权威的看法。中国和日本的组织管理方式都比较注重集体活动和群体协作，这在一定程度上与玛丽·福莱特的观点是相一致的。

芒斯特伯格和福莱特等对行为管理思想的形成做出了重要的贡献，但对这种思想的发展起主要推动作用的乃是**乔治·埃尔顿·梅约**（George Elton Mayo，1880—1949）和他的助手们于20世纪20年代在芝加哥附近的西方电气公司的霍桑电话机工厂进行的一系列试验，即霍桑试验。

霍桑试验开始于1924年，当时是根据科学管理理论中关于好的工作环境可以提

扩展阅读：霍桑试验

高工人的劳动生产率的假设，进行"照明的质量与数量同工业中效率的关系"的研究，试图通过照明强弱的变化与产量变化之间的关系来分析工作条件与劳动生产率之间的关系。结果却发现，工作条件和环境的好坏与劳动生产率的提高没有必然的联系，反而与人的因素有密切的关系。为了证实这一结果，梅约他们在1927—1936年断断续续进行了为时9年的两阶段试验研究，结果表明：**生产率不仅同物质实体条件有关，而且同工人的心理、态度、动机，同群体中的人际关系以及领导者与被领导者的关系密切相关**。梅约在1933年发表的《工业文明中的人的问题》一书中，对霍桑试验的结果进行了总结，其主要结论如下：

- **工人是"社会人"，是复杂的社会系统的成员**。人们的行为并不单纯出自追求金钱的动机，还有社会方面的、心理方面的需要，即追求人与人之间的友情、安全感、归属感和受人尊敬等方面的需要，而且后者更为重要。管理者若能设身处地地关心下属，注意进行感情上的沟通，那么工人的劳动生产率将会有较大的提高。

扩展阅读：非正式组织的影响

- **企业中除了存在正式组织之外，还存在着非正式组织**。这种非正式组织的作用在于维护其成员的共同利益，使之免受内部个别成员的疏忽或外部人员的干涉所造成的损失，非正式组织中有自己的核心人物和领袖，有大家共同遵循的观念、价值标准、行为准则和道德规范等。非正式组织以其特有的感情倾向和精神导向，左右着成员们的行为。

- **新的领导能力在于提高工人的满意度**。在决定劳动生产率的诸因素中，置于首位的因素是工人的满意度，其次是生产条件和工资报酬。员工的满意度越高，其士气就越高，从而生产效率就越高。高的满意度来源于工人个人需求的有效满足，个人需求不仅包括物质需求，还包括精神需求。

梅约等人通过霍桑试验了解到，工人并不是把金钱当作刺激积极性的唯一动力的"经济人"，而是在物质以外还有社会的和心理的需求的"社会人"。所以，**新型的管理者要在"正式组织"的经济需求和"非正式组织"的社会需求之间保持平衡**。他们认为，只有这样才能弥补科学管理思想的不足，解决劳资之间乃至整个"工业文明社会"的矛盾和冲突。

扩展阅读：私利并不是激励人工作的全部动力

？思考题 梅约的这些结论与科学管理思想有何区别？

霍桑试验及梅约对霍桑试验结果的分析，对西方管理思想的发展产生了重大而深远的影响。这些结论导致了人们对组织中的人的重新认识，使西方管理思想在经历了科学管理思想阶段之后进入了行为管理思想阶段。

2. 人际关系运动

根据霍桑试验，提高劳动生产率的关键在于对工人的更多关心，以使他们对工作感到满意，并愿意去提高效率。这就要求管理者与工人建立良好的协作关系，并需要了解怎样才能使工人对工作感到满意。为此，人们从各方面开展了对人的需要、动机、行为、激励以及人性的研究，形成了人际关系研究热潮。人际关系学说的主要理论家有马斯洛和麦克雷戈等人。

亚伯拉罕·马斯洛（Abraham H. Maslow，1908—1970）是一位著名的心理学家和行为科学家，他于1943年在《人的动机理论》中提出的需要层次理论，对人际关系运动做出了重大贡献。他认为人有各种各样的需要，管理者可以据此激励员工的行为。在他的基础上，人们又提出了各种各样的激励理论。

道格拉斯·麦克雷戈（Douglas McGregor，1906—1964）在哈佛大学和麻省理工学院长期从事心理学的教学工作，他在1957年发表的《企业的人性面》一文中提出了著名的"X–Y理论"，认为管理者对员工有两种不同的看法，相应地他们就会采用两种不同的管理方法。他在文中所提出的"X理论"和"Y理论"，对管理者的管理实践有极大的影响。

这些理论为管理者寻找有效管理的途径提供了思路，所以得到了广泛的传播。在本书的"领导篇"，我们将对这些理论进行详细的介绍。

3. 行为科学学派

人际关系学家认为工人是有各种各样需求的"社会人"，这比"经济人"的观点有了较大的进步，但他们对人的描述过于一般、简单，常使管理人员不知道在特定的情况下应该采取何种行动。为此，需要从各种角度更全面详尽地分析人的工作行为。行为科学理论就是在这种需求推动下形成的。

行为科学学派强调通过科学研究来形成关于组织中的人的行为理论，并要求能据此指导管理者的管理实践。他们运用心理学、社会学、人类学、管理学等学科知识，从个人、群体及组织的各个方面来分析人的工作行为。该学派不仅关心人的需求、动机和激励因素，而且还研究环境的压力、沟通、组织的变革、纷争的解决、领导的方式等。其最终目的是要形成管理者能据此评价各种情境并采取合适行动的科学理论。

4. 行为管理思想的特点

行为管理思想的特点在于改变了人们对管理的思考方法，它把人看作是宝贵的资源，强调从人的作用、需求、动机、相互关系和社会环境等方面研究其对管理活动及其结果的影响，研究如何处理好人与人之间的关系、协调人的目标、激励人的主动性和积极性，以提高工作效率。但由于个人行为的复杂性，对行为进行准确的分析和预测非常困难，因此行为科学要在实践中得到广泛的应用，还有待于研究工具和方法的进一步发展与完善。

三、定量管理思想

定量管理思想是在第二次世界大战中发展起来的，英国和美国军队为了解决战争中的一些资源配置问题，建立了由各种专家组成的运筹研究小组，并取得了巨大的成功。例如，英国通过数学家建立的最优分配模型，有效地解决了如何以有限的皇家空军力量来抵抗庞大的德国空军的问题。定量方法的这些应用引起了企业界的关注，特别是当这些研究人员战后纷纷到公司就业以后，定量研究方法在企业管理中得到了迅速的发展。

定量管理思想的核心是把数学、统计学和计算机等用于管理决策和提高组织效率。它包括三个主要分支，如表4–10所示。

定量管理思想把科学的知识和方法用于研究复杂的管理问题，以便确定正确的目标和合理的行动方案。因此，与其说是探求管理的科学，不如说是努力把科学技术应用于管理，从这一点而言，定量管理思想和科学管理思想是极为相似的。

时代的发展，要求管理人员改进他们的决策方法和管理方法，寻找合理分配和应用资源的更好的方法。因此定量管理思想在管理决策中得到了广泛运用，特别是在计

表4-10　定量管理思想

分　支	内　容	特　点
管理科学	管理科学也称为运筹学，它的目的是通过具体的数学模型和统计模型的应用来提高决策的有效性。例如，可以用线性规划方法对有限的资源进行合理的分配，以取得最大的经济效益	力求减少决策中的个人艺术成分，依靠建立一套决策程序和数学模型来寻求最优方案；各种可行方案均以效益作为评判的依据；广泛使用计算机作为辅助管理手段
作业管理	作业管理也称运作管理，是企业管理中的一部分。作业管理包括库存管理、工作安排、计划编制、设备安装和设计、质量控制等方面，常用到预测技术、库存分析、网络图、质量控制统计技术和项目计划评审技术等定量化方法	
信息技术在管理中的运用	定量管理思想的第三个方面就是用计算机建立管理信息系统，通过这种系统可把原始资料转化为各个层面的管理者决策所需要的信息。由于计算机信息技术的优越性，管理者可以通过管理信息系统和大数据分析迅速了解情况、分析对策，从而大大促进了管理效率的提高	

划和控制决策中。尽管在管理实践中解释和预测组织成员的行为比较困难，并时常受到实际情境难以定量化的限制，但伴随着移动互联网的迅速发展和神经科学、智能技术、云技术、大数据分析技术的广泛运用，可以相信，定量管理思想在21世纪必将获得更大的发展。

?思考题　定量管理思想与科学管理思想有区别吗？

四、权变管理思想

在上述各种管理思想不断发展的同时，随着科学技术和经济的迅速发展，新的管理思想不断涌现。从20世纪最后几十年看，占主导地位的管理思想是权变管理思想，其中包括系统理论、权变理论、过程理论等。

1. 系统理论

第二次世界大战之后，企业组织规模日益扩大，企业内部的组织结构也更加复杂，从而提出了一个重要的管理课题，即如何从企业整体的要求出发，处理好企业组织内部各个单位或部门之间的相互关系，保证组织整体的有效运转。为了解决组织整体的效率问题，系统理论学派就此产生。**切斯特·巴纳德（Chester I. Barnard，1886—1961）** 是早期系统理论的主要代表人物之一。他于1927年起担任美国贝尔电话公司总经理，并于1938年发表了《经理的职能》一书，从社会组织系统的角度分析了经理人员的职责和任务，探讨了组织形成的原因、正式组织与非正式组织之间的关系，并认为管理的职能就在于保持组织同外部环境之间的平衡，被认为是现代组织理论的创始人。

1963年，理查德·约翰逊（Richard Johnson）、詹姆斯·罗森茨韦克（James E. Rosenzweig）、弗里蒙特·卡斯特（Fremont E. Kast）合著的《系统理论与管理》一书，借助当时风靡的系统论，比较全面地阐述了系统管理的观点，成为他们创立系统管理理论的奠基之作。20世纪60年代中期到70年代中期，从系统的角度分析组织的理论得到了迅速的发展。

系统理论 把 **系统** 定义为由相互依赖的各部分以一定的形式组合而成的一个整体。每一个系统都包括四个方面：

- 从周围环境中获得这个系统所需要的资源。
- 通过技术和管理等过程促进输入物的转化。
- 向环境提供产品或劳务。
- 环境对组织所提供的产品或劳务做出反馈。

系统理论认为，组织是一个系统，是由相互依存的众多因素所组成的。例如，一个企业是由生产、市场营销、采购、财务和人事等部门组成的。生产部门生产的产品质量的好坏会直接影响市场的销售情况，采购部门所采购来的原辅材料质量的好坏与成本的高低会影响生产部门的产品质量和产品成本，并进而影响销售和利润等。局部最优不等于整体最优，管理人员的作用就是确保组织中各部分之间的相互协调，以实现组织的整体目标。

按照系统理论的观点，系统有两种基本类型：封闭性系统和开放性系统。封闭性系统不受环境的影响，也不与环境发生关系。科学管理思想把组织看作机器，把管理者看作工程师的观点，基本上就是把组织看作一个封闭性系统。而现代组织理论则认为，组织是一个开放性系统，即组织是一个和周围环境相互影响、相互作用的系统，组织与环境之间存在着相互作用。例如，劳动力市场中劳动力的素质和工资水平、政府的政策、用户的需求变化等都会影响企业的业绩。正因为如此，一个组织的成败，往往取决于其管理者能否及时察觉环境的变化，并适时做出正确的反应。

2. 权变理论

权变理论是20世纪70年代才出现的一种管理理论。美国著名的管理学家**弗里蒙特·卡斯特**是西方管理理论中系统管理理论与权变管理理论的重要代表人物。卡斯特在其1970年与詹姆斯·罗森茨韦克一起发表的《组织管理：系统方法和权变方法》一书中，应用一般系统理论的范畴、原理，全面分析与研究了企业和其他组织的管理活动和管理过程，认为在企业管理中要根据企业所处的内外条件随机应变，组织应在稳定性、持续性、适应性、革新性之间保持动态的平衡。

以前的管理研究倾向于寻找普遍适用的最佳方法，**权变理论**则认为，组织的管理应根据其所处的内外部环境的变化而变化，世界上没有一成不变的、普遍适用的"最佳的"管理理论和方法。

例如，科学管理思想认为，要提高劳动生产率，就必须进行分工，这是普遍适用的管理原则；权变理论则认为，在一定的范围内，分工确实可以提高效率，但分工太细则会降低劳动生产率。科学管理理论采用"假如X，那么Y"的表达形式，权变理论采用的则是"假如X，那么Y，但只有在Z的情况下"的表达方式，其中Z为环境变量。

?思考题 权变理论认为管理要根据环境的变化而变化，是否就意味着不存在什么能够指导实践的管理理论？

3. 过程理论

过程理论是在法约尔的一般管理理论基础上发展起来的，该学派把管理看作是一个过程，认为管理是由许多相互关联的职能所组成的，通过对这些职能的分析，可归纳出一系列的管理原则，从而形成系统的管理理论。该学派的代表人物是**哈罗德·孔茨**（Harold Koontz，1908—1984）和**奥·唐奈**（Cyril O. Donnell），其代表作是他们两人合著的《管理学》。

由于过程理论提供了一个分析研究管理的思想框架，其内涵既广泛又易于理解，所以这一学派已被人们广泛接受。本书基本上就是按过程理论来描述管理的。

4. 权变管理思想的特点

权变管理思想的最大**特点**是，它在继承以前的各种管理思想的基础上，把管理研究的重点转移到了对管理有重大影响的环境因素的研究上，希望通过对环境因素的研究，找到各种管理原则和理论的具体适用场合。权变管理思想是与20世纪70年代以来经济活动的国际化、组织的大规模化和环境的复杂多变相适应的。

管理理论和实践随着社会的发展而发展，一定的管理理论反映了一定社会的管理要求。上述各种管理思想都在一定程度上反映了管理的本质，都有其一定的适用范围。我们在现代的管理实践中要注意根据管理实际灵活地加以运用。

❓**思考题** 我们可从西方管理思想的发展过程中得到什么启示？

第三节　中国管理思想的发展

管理是随着社会生产力和民族文化的发展而发展的。中华民族是一个历史悠久的伟大民族，无论是在古代、近代还是现代，我国优秀的管理思想光彩夺目。遗憾的是，我国的管理思想与实践缺少系统的整理和提高，没有像西方那样形成系统的理论。

为了使读者对本民族优秀的管理思想有一个大致的了解，我们对中国古代和现代的管理思想做一个简单的回顾。

一、中国古代的管理思想

翻开浩瀚的史卷，中国古代关于管理的论述比比皆是，《论语》《孙子兵法》《三国演义》《资治通鉴》等著作中对管理的精彩论述，至今备受世界各国管理学界的重视。下面介绍的只是其中的一小部分。

1. 经济管理思想

孔子主张重义轻利，要"知命""安贫"。老子、庄子主张寡欲，对财富要有知足感。孟子认为劳动分工是非常重要的，"且一人之身，而百工之所为备，如必自为而后用之，是率天下而路也"（见《孟子·滕文公上》）。一个人什么事都自己去做，就会疲惫不堪。而通过"通工易事"，以自己之有余以换不足，则大家都受益。进一步地，孟子把劳动分工加以引申，得出"劳心者治人，劳力者治于人"的结论。荀子认为人的需求是无止境的，需要用礼来调节；人类生产要满足群体的欲望，就必须分工；富国必须富民，"下贫则上贫，下富则上富"（见《荀子·富国》）。

❓**思考题** 古代的经济管理思想对我国现代企业管理有何影响？

2. 运筹与决策思想

我们的祖先很重视运筹与决策，在长期的生产、战争实践中形成了较完整的运筹与决策思想体系。

例如，《孙子兵法》中认为，运筹和决策：一要有预见性，"知己知彼"；二要有系统性，要考虑到各方面的因素，上下左右要协调；三要有严密性，建制科学，纪律严明；四要有权威性，令行禁止，军令如山；五要有灵活性，随机应变，用兵如神；六要有科学性，要知天文、识地理、懂民情。

把运筹方法作为处理问题的手段也早已见于我国古代军事、建筑、商业诸领域。"田忌赛马"就是2300年前的孙膑运用运筹思想的生动反映。我们的祖先也很重视决策问题，强调"凡事预则立，不预则废"，主张"三思而行"。三国时期的诸葛亮是一位杰出的政治家和军事家，其《隆中对》就是一个高瞻远瞩、善于分析形势和未来的决策典范。

扩展阅读：田忌赛马
与隆中对

3. 关于人的心理和行为的思想

我国古代有许多关于人类心理和行为的精辟学说。

例如，关于人性，荀况说"人之性恶，其善者伪也"（见《荀子·性恶》），认为人的本性是恶的，即使有善的行为，那也是人为的。而孟轲则说"人性之善也，犹水之就下也。人无有不善，水无有不下。今夫水，搏而跃之，可使过颡，激而行之，可使在山，是岂水之性哉？其势则然也。人之可使为不善，其性亦犹是也"（见《孟子·告子上》），认为人的本性是善良的，就像水向下流一样；人之所以会干坏事，并非出于人的本性，而是由于环境的影响，就像击水能使水跃起、堵水能使它倒流一样。

诸葛亮对人的个性和怎样了解这些个性有过很好的论述："夫人之性，莫难察焉。美恶既殊，情貌不一，有温良而为诈者，有外恭而内欺者，有外勇而内怯者，有尽力而不尽忠者。然知人之道有七焉：一曰，问之是非而观其志；二曰，穷之以辞辩而观其变；三曰，咨之以计谋而观其识；四曰，千之以祸难而观其勇；五曰，醉之以酒而观其性；六曰，临之以利而观其廉；七曰，期之以事而观其信。"（见《将苑·卷一·知人性》）

关于人的需求，管仲指出"仓廪实则知礼节，衣食足则知荣辱"（见《管子·牧民》）。关于奖惩，管子认为"赏不可以不厚，禁不可以不重""赏薄则民不利，禁轻则邪人不畏"（见《管子·正世》），主张重赏重罚。韩非子也认为"赏莫如厚，使民利之；誉莫如美，使民荣之；诛莫如重，使民畏之；毁莫如恶，使民耻之"（见《韩非子·八经篇》）。

4. 关于领导艺术

古人在很多著作中都有关于领导艺术的研究，例如，《孙子兵法》中说"将能而君不御者胜"（见《孙子·谋攻篇》）。如果将军是有能之人，那么其上级对这个将军的领兵作战就不要多加干预；为保证指挥系统的令行禁止，要"令之以文，齐之以武"（见《孙子·行军篇》），用规章制度和必要的纪律统一步伐等。其中，最主要的治国思想是主张顺"道"、重"人"、重"和"、守"信"。所谓顺"道"，是指管理要顺应客观规律；重"人"，是指看重人心向背、人才归离；重视"人和"，孟子认为"天时不如地利，地利不如人和"（见《孟子·公孙丑下》），把"人和"看成是办好一切事情的关键；重视"信誉"，管子认为"不行不可复""言而不可复者，君不言也；行而不可再者，君不行也。凡言而不可复，行而不可再者，有国者之大禁也"（见《管子·形势》），把守"信"看作是人们之间建立稳定关系的基础，国家兴旺和事业成功的保证。

5. 关于管理者的修炼

中国古代管理思想非常注重强调管理者个人应该如何做，而很少讨论组织应该如何管理。因此，中国的管理强调的是"诚信、修身、义利、人际"等概念，而不是西方管理理论中的"利润、效率、组织、结构、流程"之类的概念，也正因为如此，在中国古代管理思想中，有丰富的有关管理者修炼的论述。

中国传统的管理思想认为，"管理就是管人"。"为政以德"是儒家管理思想的核心，相对应的管理模式是"道之以德，齐之以礼，有耻且格"，强调通过教育来管人。儒家管理之道和管理模式，需要借助管理者素质才能最终落到实处，主张"盛德大业""内圣外王"。正因为如此，管理者素质的训练和提升，成了古代管理思想的核心主题。

"圣者，仁且智也。"在古代圣贤们看来，只要不间断地"学而时习之"，那么"人人皆可以为尧舜"。《大学》中系统阐述了管理者素质的具体修养路径，即"格物、致知、诚意、正心、修身、齐家、治国、平天下"。"古之欲明明德于天下者，先治其国；欲治其国者，先齐其家；欲齐其家者，先修其身；欲修其身者，先正其心；欲正其心者，先诚其意；欲诚其意者，先致其知；致知在格物。物格而后知，知至而后意诚，意诚而后心正，心正而后身修，身修而后家齐，家齐而后国治，国治而后天下平。自天子以至于庶人，壹是皆以修身为本"（见《礼记·大学》）。即：要想成为圣贤之人，起始于身边小事的感悟；只有意念真诚、心思端正，才能因品性修养良好而管理好家庭和家族；通过管理好家庭和家族才能治理好国家；治理好国家后天下才能太平。"格物、致知、诚意、正心"都是修身，只有先修好自己的各种品德，才能具有"齐家、治国、平天下"的管理能力。

在中国人看来，管理的最高境界，就是依靠管理者的崇高品德，使他人心悦诚服。"修己"才能"安人"，"正己"才能"正人"，中国传统的管理思想强调从"管自己"开始，即以"修身为本"。这种认识至今影响着中国人对管理者的要求：一个组织的管理者应该"以德为先"，经常"三省吾身"，在组织中率先表率。

二、现代管理思想的发展

我国现代管理思想则是在继承战争年代的优良传统，接收旧的大机器工业和学习苏联经济管理理论的基础上发展起来的。由于是在成功与失败之间、正确与错误之间寻求着自己的发展道路，因而我国现代管理思想的发展带有明显的曲折性和复杂性。

我国现代管理思想的发展，大致上可分为战争时期、学习苏联时期、总结经验时期、"十年内乱"时期和改革开放时期。

1. 战争时期的管理思想

国内革命战争时期，中国共产党就在江西苏区办有工业。到抗战时期，革命根据地的工业有了较大发展。当时的企业，主要是从事军需品和日用必需品的手工业生产，并分散在战争环境的农村中，相应地，其管理特点也非常明显：

- 生产的目的是满足革命战争的需要，指导思想十分明确。
- 实行供给制，企业不独立核算，一切统收统支。
- 受小农经济思想的影响，自给自足"小而全"的小生产经营管理方式极为普遍。

● 具有优良的革命传统：坚持党的领导，重视思想政治工作；自力更生、艰苦奋斗的精神突出；由军队中的官兵一致作风而形成了政治、技术经济和管理上的"三大民主"制度等。

思考题 战争时期所形成的管理思想对我国现代企业管理还有影响吗？

2. 学习苏联时期的管理思想

新中国成立后，我们通过没收官僚资本主义企业而掌握了现代工业。由于刚掌握现代大工业，缺乏管理现代工业企业的经验，因此，在国民经济第一个五年计划期间，我国的管理基本上是全面地引进和学习苏联的管理理论和方法，建立了以统一计划、集中管理为特征的经济管理体制，生产实行指令性计划，财政统收统支。这一时期的管理思想既包括了苏联管理模式中科学的一面，也包括了其中的糟粕。

表现为科学的管理思想有：强调计划管理，推行生产作业计划，建立了生产责任制度；重视技术管理，推行工艺规程、技术检查制度，制定了技术标准、劳动定额等；注重经济管理，建立了厂内经济核算、经济活动分析制度；重视人才培养，开展了劳动竞赛，实行各尽所能、按劳分配制度等。这些做法有效地缓解了当时管理上的混乱状态，使我国的管理基本上走上了科学管理的轨道。

表现为有缺陷、不正确的管理思想有：片面认为苏联的管理制度和方法是完美无缺的，不加分析地照搬照抄；单纯强调行政命令，忽视了民主管理；把物质鼓励和思想教育相对立。这些都不利于调动各方面的积极性，影响了社会主义优越性的发挥，以至于我们在掌握了现代工业以后，没能较快地把党的优良传统同现代化大生产紧密结合起来，形成具有中国特色的现代管理思想体系。

3. 总结经验时期的管理思想

1956年，毛泽东同志在党中央政治局扩大会议上做了《论十大关系》的报告，论述了调动一切积极因素的方针，批评了盲目的学习态度，对当时管理中的不良倾向开展了批判。据此，党中央相继颁发了一系列改善和加强管理的重要文件，开始着手我国自己的管理理论和管理思想体系的建立。从1956年到1966年，党中央经过认真总结正反两方面的经验教训，提出了许多新的管理思想：

● 1958年制定的"鼓足干劲，力争上游，多快好省地建设社会主义"的总路线，集中阐述了我国当时管理的核心内涵，为管理指明了正确的努力方向。

● 注重人的研究，把激发人的积极性与提高生产效率结合起来。"鞍钢宪法"（即"两参一改三结合"的管理制度：干部参加劳动，工人参加管理，改革不合理的规章制度，工人群众、领导干部和技术人员三结合）

扩展阅读：工业七十条

和《国营工业企业工作条例》（即"工业七十条"），对我国前一时期的管理实践进行了科学总结，把党的优良传统、领导作风与现代化大生产有机结合起来，形成了系统地做人的思想工作、激发人的积极性和创造性以提高劳动生产率的一系列管理原则。如领导干部、技术人员和工人群众三结合的管理方式和组织机构；开展合理化建议运动；开展细致的政治思想工作；建立岗位责任制；实行班组八大员管理方法；实行职工代表大会制，民主选举管理干部；精神鼓励与物质奖励相结合；等等。

● 重申实事求是是我国管理的根本出发点。当时中央提出了"调整、巩固、充实、提高"八字方针，主张把党的优良传统与现代化大生产相结合；把冲天的革命热情同严肃的科学态度相结合；把破除迷信、解放思想同尊重客观经济规律相结合；把大搞群众运动同严格的责任制度相结合；把政治挂帅同物质鼓励相结合。

中国特色的管理思想的形成和管理水平的提高，促进了生产的发展。这一时期国家许多技术经济指标都创造了历史最好水平。

4. "十年内乱"时期的管理思想

在1966年开始的"文化大革命"中，已形成一定系统的中国管理理论和管理思想被"口诛笔伐"、荡涤殆尽，取而代之的是一切"以阶级斗争为纲"（典型的口号如"宁要社会主义的草，不要资本主义的苗；宁要社会主义的低速度，不要资本主义的高速度"）。这一"管理思想"不仅对我国的社会主义经济建设造成了巨大的损失，也把广大管理人员的思想搞得十分混乱，给以后恢复管理秩序、进行经济体制改革造成了极大的思想障碍，以至于经济学界对姓"资"姓"社"问题的争论从1978年一直延续到1992年邓小平发表南方谈话。

扩展阅读：
南方谈话

总结党的十一届三中全会以前我国的管理思想，其具有以下几个特点：

● 传统的经济管理思想和体制始终左右着我国的管理。苏联的经验和战争年代管理上的一些做法，对这一时期的管理有很大的影响。在企业管理方面，没有把企业作为独立的经济实体，而视之为行政机关的附属物，国家对企业管得过多过死。

● 在企业内部管理方面，小生产管理方式、家长式的领导作风、不讲经济效益的经营思想仍有相当影响。

● 在分配方面，平均主义思想严重。国家对企业统收统支，企业职工工资按国家统一标准定级，与企业经济效益和职工的劳动成果不挂钩，干多干少、干好干坏一个样，企业和劳动者的进取心和责任感受到了较大的影响，也削弱了改善管理的动力。

● 在组织结构方面，国家实行以"条条"与"块块"为主的管理体制，削弱和切断了企业之间的横向经济联系，使企业无法根据分工协作原则进行资源的合理使用。

5. 改革开放时期的管理思想

党的十一届三中全会决定把党的工作重点转移到社会主义建设上来，并对一些国民经济中的重大比例进行了调整，开始进行经济管理体制改革和扩大企业自主权的试点，开展了企业的全面整顿，走上了探索具有中国特色的社会主义管理体系的道路。

随着传统经济理论禁区的突破，以及社会主义市场经济理论的确立，我国的管理思想发生了中华人民共和国成立以来所没有过的变革。主要体现在以下几个方面：

● 改变了以往片面追求产值和速度，不重视经营和质量的落后状况，树立了"转轨变型""转型升级"思想。"转轨"就是把一切管理工作都转到提高经济效益的轨道上来，从只重视效率转到更加重视效果和效益上来；"变型"就是把企业从单纯生产型转变为生产经营型、创新经营型，树立市场经济思想，增强市场竞争意识和经营观念，重视经营战略研究。"转型"是从外延扩大再生产向内涵扩大再生产转变，从环境不友好型向环境友好型转变，从模仿跟随型向创新创业型转变；"升级"是从低水平状态向高水平状态发展，从粗放管理走向精细化管理，从低技术含量向高技术含量发展。

● 注重国有企业管理体制的改革。从"扩权"试点，到推行多种形式的经济责任制，再到现代企业制度试点、国资委成立，推动央企国企整体改制上市，直到实行分类管理、推行混合所有制，逐步理顺政府和企业之间的关系，促使国有企业履行社会责任或讲求经济效益，并形成了一些新的组织形式和运行模式，极大地推动了国有企业的发展。

- 改变了以往"只见物不见人"的不合理状况，树立了"人才第一"的思想。在自主经营的过程中，乡镇企业首先认识到了人才的重要性，花大力气引进人才，注重员工培训和调动员工积极性；人才的外流和竞争的加剧又促使国有企业注意到了人才问题。人才第一的思想在管理界得到了确认，许多优秀的企业无不把人才放在第一位。

- 改变了以往办事不讲效率、不重视时间和信息的落后观念，树立了时间、信息、知识产权是重要资源的思想。从深圳特区提出"时间就是金钱，效率就是生命"到各种各样信息公司的成立，管理者的时间观念和信息观念得到了加强：承认了时间的重要性，注意抓住有利时机，分秒必争；认识到信息和知识产权是无形的财富，只有掌握必要的信息，才能进行正确的决策，只有拥有自有知识产权，才能形成一定的竞争力。

- 改变了以往因循守旧、凭经验办事的陈旧观念，树立了开拓创新的思想。因循守旧、凭经验办事是小生产管理思想的反映，逐渐难以适应变革的年代。面对新的形势，管理者们注重科学管理理论的学习，勇于探索创新，在实践中提出了不少具有中国特色的管理方法。

？思考题 除上述几点外，还有哪几方面的思想变革？

以上几方面的变革，促进了我国管理思想的完善与发展，对管理水平和经济效益的提高起到了重要的作用。总体而言，我国已进入向管理要效益阶段，但我们企业整体的管理理念和水平还比较落后，特别是在科学管理思想的普及、系统管理思想的确立、定量管理思想的运用、权变管理思想的掌握等方面还有待进一步加强。目前，我国基本上还处于同步引进西方国家先进的管理理论、着手发掘古代中国管理思想、开始总结管理实践中的成功经验、探索创立中国特色的管理思想和方法阶段。我国管理理论研究还远远落后于管理实践，许多在实践中发展起来的管理思想、管理方法，还没能进行系统的整理和科学的总结。要建立系统的具有中国特色的现代化管理理论，还有很长的一段路要走。

第四节　管理理论的新发展

自泰勒提出科学管理原理到现在已有一个世纪。在这百年时间里，通过不断地创新，管理理论从零散到系统，从侧重物质到注重人，从注重单个要素分析到注重全面，从注重组织内部条件利用到注重组织外部环境适应，形成了一个比较系统完整的管理理论体系。

在迄今为止的讨论中，我们看到了管理理论一直在随着社会经济的发展和环境的变化而不断地推出新的思想和方法：科学管理提出以科学取代经验，行为科学主张对组织中的人的重视，管理科学则提出了数量技术的运用，系统科学主张对组织问题进行系统的考虑。而进入20世纪80年代以后，企业发展呈现出了新的特点：企业规模的巨型化和超小型化同存，生产技术复杂程度和智能化程度迅速提升，产品升级换代周期大为缩短，互联网运用和商业模式创新如火如荼，知识和创意在经济增长中的作用日益突出，经济活动全球化、交叉化趋势明显。针对现代企业面临的管理上的新问题、新情况、新要求，企业界和理论界纷纷投身于创新与环境相适应的管理思想、方式、方法之中，管理学说和管理实践创新犹如春天的百花，呈现出一派欣欣向荣的景象。

一、管理新理论

20世纪90年代最有影响力的思潮当数企业再造理论和学习型组织理论的提出。

1．企业再造理论

1994 年，美国的**迈克尔·哈默**（Michael Hammer）和**詹姆斯·钱皮**（James A. Champy）合作出版了一本名为《企业再造》的著作，发表了"企业革命的宣言"。他们通过对企业的考察发现，在许多公司从事的具体工作中，"有许多是跟满足客户需要——即生产的产品质地要优良、供应的价格要公道、提供的服务要优质——风马牛不相及的。他们的许多工作纯粹只是为了满足公司内部的需要"。他们还察觉到一套新的程序正在一些企业中形成，他们把这套程序称为"企业再造"。

他们认为："两百多年来，人们创建企业一直是根据亚当·斯密的杰出发现：工业劳动应分解成最简单、最基本的操作。而在我们正在进入的后工业时代，创建企业所根据的思想是将上述最简单、最基本的操作重新连成协调一致的业务流程。"而且他们认为，"这种思想对当前企业的重要意义不亚于在过去两百年间亚当·斯密的思想对企业家和经理们的重要意义"。"运用企业再造的原则所产生的效果之重大，也将不亚于当年运用亚当·斯密的工业组织原则所产生的效果。"[①]

企业再造理论的**中心思想**是，"企业已不再需要也不再适宜根据亚当·斯密的劳动分工原理去组织自己的工作，在当前的'三C'（即顾客、竞争和变化）世界中，以任务为导向安排工作岗位的做法已属过时。取而代之的是，企业应以流程为中心去安排工作"，也就是企业组织要从职能型向流程型转变。

实例：国际商用机器信用公司的流程再造

在该书中，他们列举了三个例子来具体说明企业如何实行改革及其改革为企业带来的成果。在此后他们发表的一系列著作中，进一步对企业再造过程中可能出现的问题和具体的实践进行了探讨。

？思考题 你所在的单位是否也存在着业务流程再造的可能性？

2．学习型组织

现代管理的另一个重大创新成果是学习型组织的提出。**彼得·圣吉**（Peter M. Senge）于1990年出版了《第五项修炼——学习型组织的艺术与实务》一书，立即引起了管理界的轰动。

彼得·圣吉以全新的视角来考察人类群体危机最根本的症结所在，认为我们片段和局部的思考方式及其所产生的行动，造成了目前切割而破碎的世界，为此需要突破线性思考的方式，排除个人及群体的学习障碍，重新就管理的价值观念、管理的方式方法进行革新。"在全球的竞争风潮下，人们日益发觉21世纪的成功关键与19世纪和

---

① 迈克尔·哈默，詹姆斯·钱皮. 改革公司——企业革命宣言书［M］. 胡毓源，等译. 上海：上海译文出版社，1998：2-4，24.

20世纪的成功关键有很大的不同。在过去，低廉的天然资源是一个国家经济发展的关键，而传统的管理系统也是被设计用来开发这些资源。然而，这样的时代正离我们而去，**发挥人们的创造力现在已经成为管理努力的重心。**"①

小卡片　　　　　　**企业再造理论的基本要点**

定　义

　　所谓企业再造是指"针对企业业务流程的基本问题进行反思，并对它进行彻底的重新设计，以便在成本、质量、服务和速度等当前衡量企业业绩的这些重要的尺度上取得显著的进展"。

关键词

　　● **"基本的"**：企业人员在着手再造前，必须先就企业的运作提出一些最基本的问题，如"为什么我们要干这项工作？""为什么我们要这样干？"这些基本问题会促使人们去注意在从事他们的业务工作时所因袭的那些规则和前提，结果常常会发现这些规则和前提是过时的、错误的或不适当的。企业再造不注重事情"现在是"怎样，而是注重事情"应该是"怎样。

　　● **"彻底的"**：彻底的重新设计是指要从事物的根本着手，不是对现有的事物做表面的变动，而是把旧的一套抛掉。企业再造不是指对企业现有的业务工作进行改良、提高或修修补补，而是要重建企业的业务流程。

　　● **"显著的"**：企业再造不是要在业绩上取得点滴的改善或逐渐的提高，而是要在经营业绩上取得显著的改进。

　　● **"流程"**：业务流程定义为一系列业务活动，通过这些活动创造出对顾客有价值的产品。企业再造要求以流程为导向，而在大多数企业中并不是以流程为导向，他们忙于流程中的各项任务、忙于本位工作，重视人事、重视结构，而不是流程。

　　资料来源：迈克尔·哈默，詹姆斯·钱皮. 改革公司——企业革命的宣言书[M]. 胡毓源，等译. 上海：上海译文出版社，1998：29-33.

　　所谓的**学习型组织**，是指人们能够得以在其中不断扩展创造未来的能量，培养全新、前瞻而开阔的思考方法，全力实现共同的愿望，并持续学习如何共同学习的组织。彼得·圣吉认为，为什么在许多团体中，每个成员的智商都在120以上，而整体智商却只有62？为什么1970年名列《财富》杂志"500大企业"排行榜的公司，到20世纪80年代却有1/3已销声匿迹？原因就在于组织的智障妨碍了组织的学习及成长，使组织被一种看不见的巨大力量所侵蚀甚至吞没。面对全球性的竞争，20世纪90年代最成功的企业将会是"学习型组织"，因为**未来唯一持久的竞争优势，就是要有能力比你的竞争对手学习得更快**。在此思想指导下，彼得·圣吉在其著作中提出了整体互动思考方式及建设学习型组织的具体修炼方法。

---

① 彼得·圣吉. 第五项修炼——学习型组织的艺术与实务[M]. 郭进隆，译. 上海：上海三联书店，1994：6.

小卡片　　　　　　　　　**五项修炼**

- 第一项修炼：**自我超越**。学习不断厘清并加深个人的真正愿望，集中精力，培养耐心，并客观地观察现实。这是学习型组织的精神基础，因为组织整体对于学习的意愿与能力，根植于个别成员对于学习的意愿与能力之中。
- 第二项修炼：**改善心智模式**。"心智模式"根深蒂固于个人或组织之中，影响我们如何了解这个世界，以及如何采取行动的许多假设、成见，甚至图像、印象。它对人或组织的行为有重大的影响。改善心智模式就是把镜子转向自己，学习发扬内心世界的图像，严加审视，并学会有效地表达自己的想法，以开放的心灵容纳别人的想法。
- 第三项修炼：**建立共同愿景**。一个缺少全体员工衷心渴望的共有的目标、价值观与使命的组织，必定难成大器。而一旦拥有衷心希望实现的共同的目标，大家就会努力学习、追求卓越。这里的关键是要能够将组织中个人的愿景整合为组织的共同愿景，为此必须学习一套发掘共有"未来景象"的技术，以建立使组织成员主动而真诚地奉献和投入的共同愿景。
- 第四项修炼：**团队学习**。团队学习的目的在于充分发挥整体协作的力量。除非团队能够学习，否则组织也就无法学习。当团队真正在学习的时候，不仅团队整体能产生出色的成果，个别成员成长的速度也比其他的学习方式为快。团队学习的修炼从"深度汇谈"开始。"深度汇谈"就是一个团体中的所有成员，摊开心中的假设，让想法自由交流，从而一起思考，获得远较个人深入的见解的方法。
- 第五项修炼：**系统思考**。在现有的不少组织中，大多数人把自己的眼光局限于本职工作，专注于个别事件，不注重那些细微却不寻常的变化，固守经验，一旦出问题就常常归罪于其他部门，缺乏进行整体思考的主动性和积极性。第五项修炼就是要培养人与组织进行系统观察、系统思考的能力。

资料来源：彼得·圣吉. 第五项修炼——学习型组织的艺术与实务［M］. 郭进隆，译. 上海：上海三联书店，1994.

除了企业再造理论和学习型组织以外，在20世纪90年代还出现了探索企业竞争优势来源的核心能力理论、以顾客为导向的顾客满意理论、致力于获取独特竞争优势的定位理论与蓝海战略，以及探求企业长盛不衰奥秘的基业长青方法等。这些理论的提出，预示着随着内外部环境的变化，在21世纪将出现与20世纪完全不同的管理理论与实践。

二、21世纪管理新趋势

与20世纪相比，在21世纪，由于竞争的不断加剧、科学技术的突飞猛进和人们生活水平的不断提高，管理的理论与实践也将发生重大的变化。

21世纪以来，我们经常可以听到这样的故事：一家公司昨天还是一颗明星，今天却发现已停滞不前，并陷入困境，而且常常是处于一种看起来似乎是不可逆转的危机之中。这种现象并不仅仅局限于中国，在美国、日本、德国、英国等国家也普遍存在。这种现象还经常出现在企业之外的组织之中——政府机关、医院、社团、学校等。

扩展阅读：诺基亚的衰退

引发这些危机的主要原因，按照管理大师德鲁克的说法，"并不是因为我们把事情弄糟了，也不是因为我们做了错事。在大多数情况下，我们做的事是正确的，只是没有效果。为什么会出现这种自相矛盾的情况呢？原因是时代改变了，组织一直赖以为基础的假设不再符合现实了"①。这些假设涉及对市场、对顾客、对员工的认识，涉及对自身优势和弱点的认识等。当我们对这些方面的假设不再符合现实时，由这些假设出发所做的决策和所采取的行为就会遭遇失败。例如，有时我们明明看到了眼前有一个极好的发展机遇，但当我们按照以前曾经取得成功的做法来利用这一机遇时，结果却不是走向更大的成功，而是陷入困境或由此走向失败。原因不在于以前的做法不对，也不是我们不应该利用这一机遇，而在于我们所处的环境变了。由于环境的变化，以前成功的方法今天已不再适用，而当我们忽视变化的环境，仍以以前的做法来进行今天的事情时，结果就是失败。

归纳进入21世纪以来的变化，21世纪的管理呈现出了以下几个新趋势。

1. 信息化导致管理规则重构

21世纪人类所面临的变化之快是史无前例的，其所可能发生的变化不仅比以往更加迅猛，更加捉摸不定，而且更加彻底。从21世纪的管理实践看，大致有三股主要的力量在推动着变化的加速，那就是信息技术的发展、人类需求的多样化和全球化进程。而其中对管理影响最大的是信息技术的发展。

信息技术的发展正在彻底改变着人类的生产经营方式和管理方式。由于信息技术的发展，组织之中以及组织之间的信息处理方式发生了翻天覆地的变化。以前一些不言自明的道理，在信息技术高度发展的今天，往往变得不堪一击。在企业中，不管规则成不成文，当它们被制定或被普遍认可时，多少有其道理存在，而规则中蕴藏着的往往是前人的理论与经验的结晶，但在互联网和智能化技术广泛运用之后，这些规则就有待我们仔细商榷（见表4-11）。

信息技术的发展是20世纪最伟大的成果，它使人类的生产方式和生活方式都发生了根本性的变化。工业化时代给我们带来了汽车、冰箱、洗衣机、电脑等有形产品，而信息时代的特点是无形的存在物，即用于搜集、分析、传输和综合处理信息的才智与能力，其结果是新公司和新产业如互联网公司、软件系统、机器人、电子商务等的诞生。在工业化时代，企业得以繁荣发展是因为它们能得到并开发利用原材料、拥有标准化产品和服务及大批量生产能力。而随着科技的进步，产品变为商品的速度大大加快，新产品一旦问世，几个月甚至几天内具有类似特性的无牌产品立即就会出现在市场上。除非消费者能从商标中认出价值，否则很多人购物时只考虑价格。因此，只有当我们善于利用无形资产时，才能将自己与其他竞争者相区别，并超价出售商品。**这意味着在21世纪，最有价值的商品是无形资产，**而不是有形物。有形物只不过是无形物的载体而已，无形资产成为现代企业管理的重要内容之一。

2. 创意经济引发知识管理

根据现在的发展趋势，与信息技术的广泛运用相联系的另一个未来变化就是我们将从工业经济走向创意经济时代，在这个社会中最基本的经济资源不再是资本、自然资源和劳动力，而是知识和创意。机器人将取代大部分体力劳动，智能技术的发展也将取代大部分的程式化工作，企业的发展将更多地依赖于是否能在知识基础上形成与

---

① 彼得·德鲁克. 巨变时代的管理［M］. 朱雁斌，译. 太原：山西经济出版社，1998：4.

表4-11　信息技术对企业固有规则的影响

旧　规　则	运用的信息技术	新　规　则
资料只能出现在一处，地方人员需要办公室或档案室，以接收、储存、修正并传送、查寻资料	云盘、互联网、搜索引擎、云计算、智能手机	资料可以不受限制，同时出现在许多地方；各地人员可随时随地搜索查询、上传和共享使用
只有专家才能处理复杂的工作	专家系统、人工智能	一般人也能做专家的事
企业必须在集权与分权之间选择其一	移动信息网络、数据信息平台、即时交互通信系统	企业能取长补短，同时享有集权与分权的好处
由经理人做一切的决定	决策支持工具(大数据、云计算、智能模拟系统)	每个人都可以只做最终的选择
和潜在客户联络的最好方式，便是面对面亲自接触	多样化的即时交互通信系统	和潜在客户联络的最好方式，便是有效的接触
你必须找出东西在哪里，考虑如何合理配置各种资源	物联网、自动辨识与追踪技术、智能软件	东西会告诉你它们在哪里，并自动生成最佳配置方案
计划必须定期修正，控制需要专人负责	高效能软件、在线跟踪系统和报警系统	计划可即时修订，控制可以自动化

众不同的创意。与创意经济相对应，将出现一个全新的管理领域——知识管理。

知识管理的核心是运用集体的智慧提高应变和创新能力。在知识型企业中，难免会出现某些员工为了自己的工作成效而隐瞒知识和信息，使知识和信息不能被共享的情况。这种"信息利己主义者"是对知识型企业管理的挑战。知识管理就是要重新调整公司的管理重心，把它建成知识型公司，并建立有利于员工彼此进行合作的环境，开发员工的知识创新能力。企业未来的生存空间就是创意的空间，有效的知识管理要求企业的领导层把集体知识共享和创新视为赢得竞争优势的支柱。在传统的企业中，员工是作为机器的补充而参与生产的，每一个人就像一架机器中可替换的零件，企业关心的是员工做了多少重复的动作，整个企业就像重复操作的机器，管理者的任务只是为它的运作建立秩序；知识型企业将更加注重人的核心作用，员工作为知识的创造者和载体，成为企业的主体，机器只是他们的工具；企业关心的是员工能为企业创造什么，他们的智慧才是企业最看重的；企业就像一个知识库，企业的价值也主要取决于知识的价值，企业的任务就是管好这个知识库。

值得关注的是：在以知识为基础的经济中，新的知识不断涌现，随后大部分知识很快就变得陈旧过时。企业不能等着自己的知识被竞争对手的创新所淘汰，而是要主动地淘汰旧产品和旧知识，以争取走在变革的前面，自己建立"游戏规则"，领导新潮流。在知识管理中，最难处理的旧知识不是那些已经证明是错误或不适用的知识，而是曾经很成功但未明确证明已过时的知识。人们往往把过去成功的经验不假思索地搬到未来使用，这就难免招致失败。

3. 环境变化促发网络化组织

信息技术促使经营范围、方式发生着急剧的变化，新产业、新需求、新模式层出不穷，知识经济使得组织的资源重心从劳动力、土地、资本转向知识、信息和创意，

小卡片　知识管理方法

- **设置专门的知识管理部门**。该部门的职责就是对知识进行有效的收集、分类，建立面向知识的基础，并监督知识的流向和使用。
- **推行全面知识管理**。知识的价值只能通过生成、利用和共享的过程得到体现。知识这种资源越是普及，它所创造的价值越大。
- **建立知识档案、进行产权管理**。新知识结构的形成，是许多人智慧的结晶。但现代社会人员经常处于流动之中，很容易把知识从一个组织带到另一个组织。而知识是一种有价值的资源，所以必须加强知识档案管理，从法律上界定知识产权的归属。同时，也需要通过知识管理及时更新知识。
- **通过合作实现知识共享**。应打破传统企业在分工上的等级制度，以信息管理为中心重新设计企业的价值流程和结构，重新对不同岗位的员工和领导进行定位，主动合作，共享知识资源，在共享知识中实现企业快速发展。
- **建立能为知识共享和信息交流提供方便的基础设施——网络**。为了使组织中的每一个成员能共享企业知识，并利用企业所特有的知识创造出更大的价值，要充分利用现代信息技术，构造一个能够实现知识共享和信息即时交流的网络系统。

物质生活的丰富和个体能力的崛起使大众从"经济人"向"社会人""自我实现人"转变，自然环境的恶化则促使组织更多地关注社会整体的利益和发展的可持续性。由于21世纪以来，组织的经营环境发生了巨大的变化，未来组织的管理模式也必然会随之发生变化。根据詹姆斯·吕佩等人的总结，**未来的组织将不再是传统的金字塔形，而是各种适应性网络型组织形式**。

在信息社会中，企业不再仅仅追求单纯的庞大和复杂，而是必须极其高效地运作。**今后的企业必然以大量的信息交流为基础，管理也必然是富有创造力和综合性的、灵活而迅速的**。在网络型组织中，除了一些常规性的工作由常设的职能部门完成外，大部分的工作主要将由一些有不同专业知识的员工组成的跨职能工作组完成，并由一些临时性的应急小组负责解决一些特殊问题和满足顾客的临时需要；决策将尽可能由基层做出，依靠技术手段，丰富的信息足以使智慧型员工完全不必再等上层管理者的指示就可做出自己的判断；按照客户的具体要求提供个性化定制生产或服务，即时生产技术取代以前的批量流水线作业，生产过程将变成公司、合作伙伴与顾客之间同时互动的过程；非正式组织将在网络组织中发挥主导作用，权威的建立更大程度上取决于个人的品质、专长和创造性而不是正式职位；这种结构的最大特点在于它能充分发挥个人的能力，同时赋予组织以快速反应的能力。

？思考题　未来的企业应该是怎样的呢？

未来的这种适应性网络组织能够对不断变化着的外部环境做出灵活机动的反应，但是个人能力发挥与快速决策的问题在于容易失去控制。巴林银行的倒闭就是一个极好的例子——一个证券经纪人就搞垮了一个全球性的大型组织。为了增强对外部环境的适应能力，组织必须机动灵活，而随着组织的全球化和决策的低层化，越来越多的企业将可能被它自身任何一个成员的失误置于危险之地。这就给我们的管理带来了一

实例：巴林银行的
倒闭

系列的新问题：怎样管理这样一个网络型组织？作为管理者如何去了解一个由许多自我管理的个体组成的分散组织中的情况？

对此，管理大师德鲁克在《新型企业组织的诞生》一文中认为："一个以信息为基础的企业必须围绕着一个对企业管理有明确规定、对企业各部门甚至个人都有明确规定的目标进行组织，它还必须根据比较预期目标和实际效果的系统反馈进行组织，这样每个人就都可以实行自我管理了。"也就是说，**为了使网络组织紧密相连，管理者必须清楚组织的共同目标和共同准则**。这些准则能帮助我们确立经营的标准和原则，能够规定该组织的任何成员在所谓关键时刻应如何行事。除了必须从一开始就有明确的目标之外，我们还必须启用新的企业模式，配之以高级管理形式，重新构建企业基础，并创造一种能促进更新与发展的企业文化，如表4-12所示。

表4-12 21世纪与20世纪企业模式对比

比较项	20世纪	21世纪
结构	官僚主义盛行，追求规模	没有官僚主义，条条框框少，员工人数少
	多层次，金字塔形	层次少，扁平化，网络结构
	组织安排的原则：高级经理负责管理	组织安排的原则：管理层负责领导，员工负责自我管理
	其政策和程序的特征：存在许多复杂的内部相互依赖关系	其政策和程序的特征：使内部相互依赖关系达到满足服务客户所需的最低限度
体系	几乎不依赖业绩信息体系	依赖许多业绩信息体系，特别是能提供有关客户资料的体系
	只向主管们提供业绩资料	广泛传播业绩资料
	只向高级人员提供管理培训和支持体系	为许多人提供管理培训和支持体系
文化	内向型	外向型
	集权型	分权型
	决策慢	决策快
	保密	开诚布公
	倾向于保守	有更大的冒险意识

？思考题 在未来管理中，管理者的职责将会有何变化？

在新型组织中，强调的将不再是指挥，而是每一位员工的自我管理，管理者和操作者之间的界限会进一步消失，管理的作用不再是传统意义上的计划和预算、组织和人事、控制与解困，而且也将超出传统领导工作的范畴。**21世纪组织中的管理者必须突出三项重点职责：**确立组织定位，指明组织前进的目标；调动员工的能动性，使组织充满创造力；力争诚实正直，建立相互信任，并以此作为组织管理的基础。

● **定位**。定位的含义是指追寻从最大外延上讲组织的性质是什么：我们从何而来？我们的特色是什么？我们将走向何方？定位的核心就是明确组织的特色或核心能力。管理者如果搞不清自己的组织做过什么、最适合做什么，就会使组织变得毫无特色，盲目模仿他人，最终必败无疑。通过定位可以把一个组织的优良传统带向未来，并在竞争中确立自己的特色。因此，管理者的一个重要职责就是要搞清楚什么是他们自己心目中和全体员工心目中的组织定位。

● **能动性**。能动性是指需要增加管理的激励性质。传统的命令支配式管理、单向交流方式和绝对服从的组织文化只能激发出员工10%的创造力，在一个日新月异的世界里，新型管理者成功的关键是让每一个成员都密切关注市场动向。为此，需要打破几十年来根深蒂固的陈旧观念，改变以往管理者计划、员工执行的做法，致力于创造一种激发每一个员工创造力的良好气氛。

● **诚实正直**。第三项新职责是力求组织的诚实正直。诚实正直是信任的基础，而信任是管理控制一个灵活机动的网络组织的基础。诚实正直要求所有的交流都是开诚布公的，说到做到，言行一致。

21世纪的管理者将和20世纪的精英们有很大的不同。21世纪的管理者善于说服人而不是咆哮发令，他们知道如何与员工沟通，如何保持团结一致，管理者创造价值的途径是靠与员工沟通协调而不是靠统治帝国。

环境的变化是永恒不变的真理，只要环境在变，管理创新就不会也不应该停止。**随着环境变化的加剧，创新将成为管理的主旋律**。面对未来环境的急剧变化，唯有致力于持续的创新，才能使管理理论和实践与不断变化着的环境相适应，才能使管理这一工具在人类追求不断发展的过程中显示出勃勃生机。

现代各种管理新思潮的涌现，也对我国的管理学界提出了新的挑战。如何根据中国的实际情况和现有基础，结合最新的管理理论和方法，创造性地形成适合中国国情和时代发展背景的独特的管理理论与方法，是摆在我国管理理论研究人员和实践工作者面前的一个重要课题。

扩展阅读：互联网时代的战略原则

● **复习题**

1．何谓管理思想？它对管理的有效性有何影响？

2．西方管理思想是如何随着社会的发展而发展的？

3．列举科学管理理论、一般管理理论、官僚组织理论之间的异同点。

4．霍桑试验得到了什么结果？

5．西方各种管理思想的主要特点是什么？

6．中国古代杰出的管理思想有哪些？

7．党的十一届三中全会以来，我国的管理思想发生了哪些变化？

8．21世纪的管理出现了什么新趋势？

要点参考

● **讨论题**

如何建立具有中国特色的现代化管理思想体系？

分析我国没有能够形成系统的管理理论与方法的原因，就如何建立具有中国特色的现代化管理思想体系进行探讨，并提出具体的行动策略。

●案例分析

应该如何进行管理？

在一次管理经验交流会上，有两个企业的老总分别论述了他们各自对如何进行有效管理的看法。

老总A认为，企业的首要资产是员工，只有员工们都把企业当成自己的家，把个人的命运与企业的命运紧密地结合在一起，才能充分发挥他们的智慧和力量为企业服务。因此，企业有什么问题，管理者应该与员工们商量解决；平时要注重对员工需求的分析，有针对性地给员工提供学习、娱乐的机会和条件；每月应公布当月过生日的员工姓名，并祝他们生日快乐；如果哪位员工结婚、生儿育女，企业应送上贺礼；企业经济效益增长了，也应该与员工分享。在老总A的企业中，员工们普遍地以自己所在的企业为荣，全心全意地为企业服务，企业日益兴旺。

老总B则认为，大家聚集在一起的目的是实现组织目标，只有实现了组织目标才能实现每一个人的个人目标，为此就必须实行严格的管理以保证实现企业目标所必须开展的各项活动的顺利进行。因此，企业要制定严格的规章制度和岗位责任制，建立严密的计划和严格的控制体系；注重对员工的上岗培训和过程检查；根据员工个人的工作业绩和与他人的协作情况确定其个人的报酬。在老总B的企业中，员工们都非常注意遵守规章制度，努力做好本职工作以完成任务，企业发展迅速。

请问：

这两位老总谁的观点正确，为什么？

📖 **推荐书目**

1. ［美］丹尼尔·A.雷思著，孔令济译：《管理思想的演变（第四版）》，中国社会科学出版社2002年版。雷思是美国伊利诺斯大学的管理学教授。该书通过考察管理思想的背景、概念及其主要代表人物的影响，概要地叙述了管理思想发展的各个重要时期，描述了管理思想从最初非正式的时代直到当今的演变，是国外介绍管理思想演变较详细的一本经典著作。

2. ［英］斯图尔特·克雷纳著，邱琼等译：《管理百年——20世纪管理思想与实践的批判性回顾》，海南出版社2003年版。克雷纳是英国资深记者，曾创作了一系列经典商业著作。该书按照历史年表的顺序详细描述了管理史上的重大事件，对众多历史人物进行了回顾，笔调活泼，极富吸引力。这是一本将真实生活写进历史的书籍，其中充满了对每一位学习管理理论和实践的人来说都具有价值的远见。

3. ［美］彼得·德鲁克著，朱雁斌译：《21世纪的管理挑战》，机械工业出版社2006年版。该书是德鲁克以90岁的高龄，在1999年出版的著作。《哈佛商业评论》认为该书极具"前瞻性和超前思维"，是又一部管理学"里程碑式"的著作。该书只涉及21世纪的"热点"问题，共分六章，分别是：管理的新范式、战略——新的必然趋势、变革的引导者、信息挑战、知识工作者的生产率、自我管理。对于该书，德鲁克建议：一次读一章。

4. ［美］法兰克·K.索能伯格著，游自珍、郑启鸣译：《凭良心管理——如何通过正直诚实、信任和全力以赴的精神来改进公司的运作》，中国经济出版社1997年版。该书描述了如何通过重新激活有效的价值观，以恢复我们在多变的环境中掌握平衡的能力，从而取得长期成功的方法。全书共分十章，分别阐述了如何建设富于激情和自我创新精神、富于凝聚力、献身于优质服务、善于应变、反应迅速、灵活、充满信任的组织。

5．邢以群、张大亮著：《管理是要系统的——企业管理实用指导手册》，机械工业出版社2015年版。作者基于近20年的企业管理研究与咨询实践经验，根据系统管理理论，结合中国企业实际，提出了科学管理平台理论，形成了一套关于企业"如何从不规范管理走向规范管理"的系统实用的理论与方法。

第二篇 计划篇

PLANNING

　　有效的管理既要讲究效率，又要讲究效益。为了进行有效的管理，我们需要知道什么事情该做，什么事情不该做或可以不做。而要明确这一点，又必须首先明确目标定位：我们想要什么。计划工作就是管理者确定目标和制订必要的行动方针，以期在未来的发展中能够实现目标的过程，其核心内容就是目标的确定和计划的制订。

　　管理者的职责是运用其权限范围内的资源，动员其他人来完成要做的工作，从而达到预期的目标；而计划工作则是管理者合理利用资源，协调和组织各方面力量以实现目标的重要手段。在所有的管理职能中，计划职能是最为重要和关键的职能。

计划工作相对于其他管理职能，具有以下几个**特点**：

- **在管理工作中处于首要地位**。管理的其他职能只有在计划工作确定了目标之后才能进行，并且都随目标和行动计划的改变而改变。只有知道了目标和行动方案之后，才能确定要建立何种组织结构，领导下属走向何方以及何时需要纠偏。有时，计划工作还是唯一需要完成的管理工作，因为计划的结果可能是无须采取进一步行动。

- **着眼于有限资源的合理利用**。相对于人类的欲望而言，我们所拥有的资源总是有限的。为了使有限的资源发挥最大的效益，就需要事先对各项活动进行分析研究、统筹安排。计划工作中的事前预测、目标设置、行动安排、监督检查，都是围绕着有限资源的合理利用而展开的。

- **计划工作具有普遍性**。计划工作的普遍性包含两层意思：一是组织中的每一位管理者都或多或少地拥有制订计划的部分权力和责任；二是由于资源的有限性，使得人们在从事各种活动时，都需要事先进行计划，因为只有这样，才能有效地利用资源。

由于计划工作是管理的首要职能，因此在一个组织中，一般配备专人负责计划工作。作为组织中的计划管理者，其基本职责包括：

- **综观和掌握整个计划工作过程**。计划管理者要为计划的制订亲自确定一些重要的原则、方针和目标，并为整个工作过程制订出计划，明确计划工作的内容、组织、进度、预算等。计划管理人员要负责通过计划工作明确组织的战略目标并使其能一步步地得到实现而不偏离。

- **评审已制订出来的计划草案**。对于已制订出来的计划草案，管理者要负责评审工作，审查计划是否完整，有无重要的遗漏；审查计划是否可行，能否保证组织目标的实现。如果不行就要做出适当的修改。

- **解决计划工作中出现的问题**。计划工作中出现的某些问题，有时可能对组织目标的实现带来影响。因此，要及时掌握各种信息，注意捕捉苗头，及早考虑解决的办法，以便及时妥善地解决所出现的问题。

- **定期检查计划的执行情况**。计划管理人员必须定期检查计划的执行情况，并预测前景，确定修订计划的必要性。作为计划管理人员，应记住自己是管理计划的，而不是被计划所管理，从而时时掌握计划工作的主动权。

本篇包括第五、六、七章，着重就计划工作中最主要的两项工作——目标的确定和计划的制订进行了探讨，并对贯穿管理全过程的决策及其过程和方法做了较为全面的介绍。

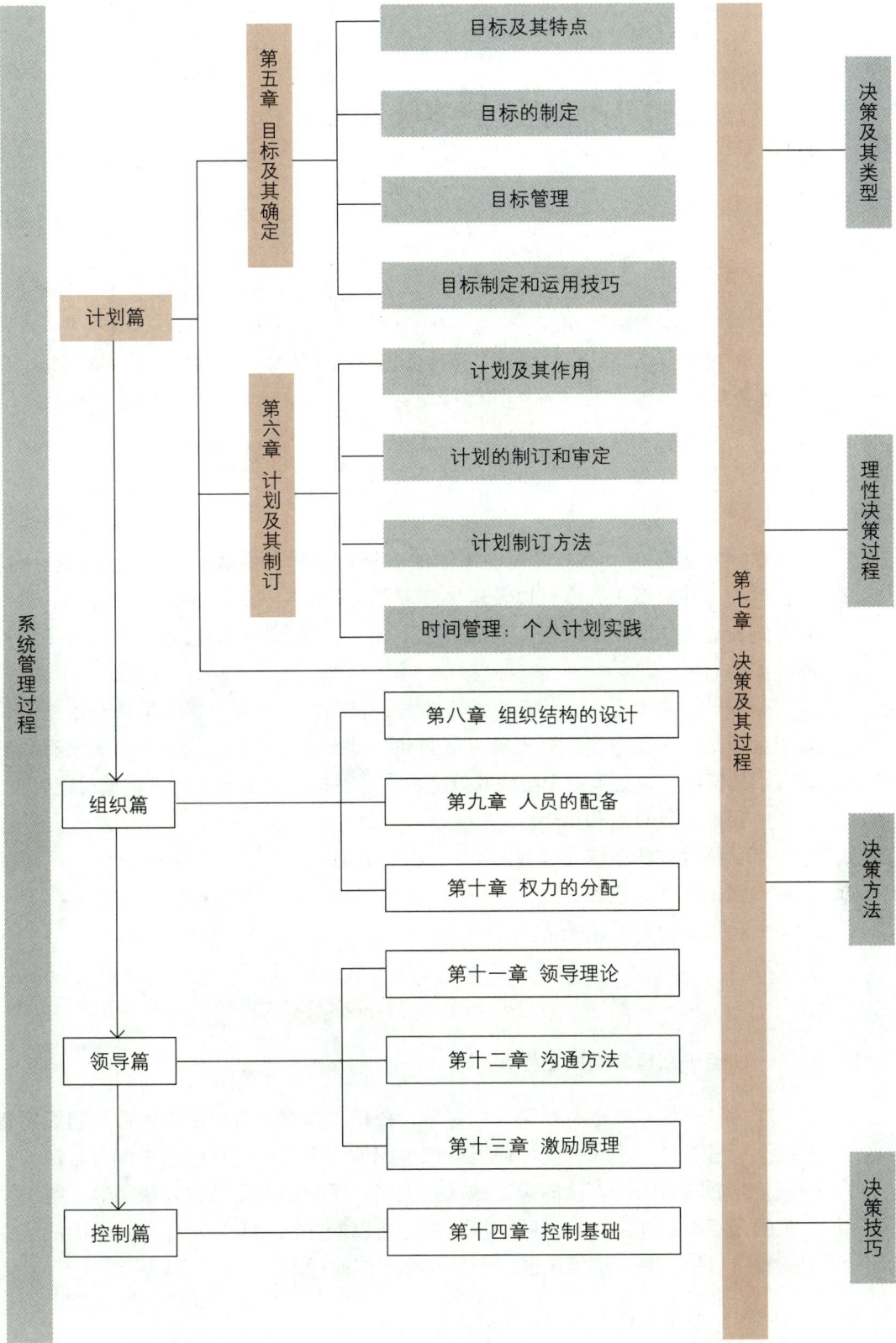

```
                                        ┌─────────────────┐
                                    ┌───│   目标及其特点   │
                                    │   └─────────────────┘
                    ┌──────────┐    │   ┌─────────────────┐
                    │ 第五章    │────┼───│   目标的制定     │                    ┌──────────┐
                    │ 目标及其  │    │   └─────────────────┘                    │ 决策及其 │
                    │ 确定      │────┼───│   目标管理       │                    │ 类型     │
                    └──────────┘    │   └─────────────────┘                    └──────────┘
        ┌──────────┐                └───│ 目标制定和运用技巧│
    ┌───│  计划篇   │                    └─────────────────┘
    │   └──────────┘                    ┌─────────────────┐
    │               ┌──────────┐    ┌───│   计划及其作用   │
    │               │ 第六章    │    │   └─────────────────┘
    │               │ 计划及其  │────┼───│  计划的制订和审定 │                    ┌──────────┐
    │               │ 制订      │    │   └─────────────────┘                    │ 理性决策 │
    │               └──────────┘    ├───│   计划制订方法   │                    │ 过程     │
┌──────────┐                        │   └─────────────────┘                    └──────────┘
│ 系统管理 │                        └───│时间管理：个人计划实践│
│ 过程     │                            └─────────────────┘
└──────────┘                           ┌─────────────────┐   第七章 决策及其过程
    │       ┌──────────┐            ┌───│第八章 组织结构的设计│
    │       │  组织篇   │────────────┼───│ 第九章 人员的配备  │
    └───────│          │            │   └─────────────────┘                    ┌──────────┐
            └──────────┘            └───│ 第十章 权力的分配  │                    │ 决策方法 │
                                        └─────────────────┘                    └──────────┘
            ┌──────────┐            ┌───│ 第十一章 领导理论  │
            │  领导篇   │────────────┼───│ 第十二章 沟通方法  │
            └──────────┘            └───│ 第十三章 激励原理  │
                                        └─────────────────┘                    ┌──────────┐
            ┌──────────┐                ┌─────────────────┐                    │ 决策技巧 │
            │  控制篇   │────────────────│ 第十四章 控制基础  │                    └──────────┘
            └──────────┘                └─────────────────┘
```

第五章

目标及其确定

理解目标在管理中的重要性；能区分组织宗旨与组织目标，掌握组织目标的基本特点；清楚组织目标与个人目标之间的关系；掌握确定目标的基本原则，了解目标的确定过程；理解目标管理的基本思想，了解目标管理的基本原则和过程；知道目标制定和运用的一些技巧。

在现实生活中，我们发现当不同的人拥有同样的资源时，他们如何利用这些资源，运用这些资源干什么，以及最终能取得怎样的结果，常常是不一样的。只有当人们首先能够就"利用组织所拥有的资源干什么"达成共识时，才有可能分工协作，发挥群体的力量。

对于一个组织而言，什么事情应该做，什么事情可以不做，取决于组织的价值取向和目标定位。正如赛跑要先确定意图和终点一样，一个人或一个组织要有效地管理其有限的资源，也必须首先明确其价值取向和目标。在本章中，将着重讨论以下内容：

- 目标及其特点和作用。
- 目标确定的原则和过程。
- 目标管理思想和方法。
- 目标制定和运用技巧。

第一节　目标及其特点

一、组织宗旨和组织目标

作为社会中的一个有意义的存在体，任何组织都具有一定的宗旨。**组织宗旨**表明了社会所赋予这个组织的基本职能或该组织致力于承担的社会基本职责。例如，学校的宗旨是教书育人，军队的宗旨是保家卫国，医院的宗旨是救死扶伤等。组织宗旨所表达的是组织的使命，它说明了该组织之所以能在社会上得以存在的原因或成立该组织的根本目的，是一类组织区别于另一类组织的标志。

思考题　企业和政府的宗旨分别是什么？

任何一个组织建立时，都要首先明确其宗旨，即要明确："成立本组织的目的是什么？我们应该是个怎样的组织？为什么？"一个组织之所以能够在多变的环境中正确决策、克服各种困难勇往直前，其中一个很重要的原因就在于这种目的的指引和激励。

小卡片　　　　　　　　**部分企业的宗旨**

阿里巴巴　促进"开放、透明、分享、责任"的新商业文明。

华为　聚焦客户关注的挑战和压力，提供有竞争力的通信解决方案和服务，持续为客户创造最大价值。

腾讯　通过互联网服务提升人类生活品质。

谷歌　整合全球信息，使人人皆可访问并有用。

脸谱网（Facebook）　给予人们分享和使世界更加开放和联系的力量。

星巴克　激发并孕育人文精神——每人，每杯，每个社区。

亚马逊　我们努力为客户提供最低的可能价格，最佳的选择和最大的便利。

迪士尼　用我们的想象力，带给千百万人快乐，并且歌颂、培育、传播"健全的美国价值观"。

索尼　体验以科技进步、应用与创新造福大众带来的真正快乐；提升日本文化与国家地位。做先驱：不追随别人，但是要做不可能的事情。

沃尔玛　我们存在的目的是提供给顾客物有所值的东西：用比较低的价格和比较多的选择，改善他们的生活，其他一切都属次要。

强生　公司存在的目的是要"减轻病痛"。

默克　我们做的是保存和改善生命的事业。我们所有的行动都必须以达成这个目标的成就来衡量。

通用电气　以科技及创新改善生活品质。

？思考题　如果你是一个组织中新设部门的部门经理，要带领本部门员工为组织做出自己的贡献，首先必须做什么？为什么？

就像人生目的表达的是一个人在人世间的最终追求一样，组织的宗旨是一个组织最基本的目的，它或者反映了社会对组织的要求，或者体现了组织的创办者或组织成员的共同追求和抱负。宗旨决定了组织的目标方向、资源分配的优先顺序和重点、工作的目的和意义。任何一个组织的管理者，要正确地指挥下属开展具体工作，都必须首先了解组织中设立本部门的目的，即明确"为什么需要设立本部门"。只有搞清楚这一根本问题，才能明确本部门的工作重点，指挥下属正确开展工作，真正体现出本部门的作用。

光有宗旨是不够的，组织宗旨需要通过目标的具体化才能转化为组织成员具体行动的指南。所谓组织目标，是指一个组织在未来一段时间内要达到的状态。它反映了组织在特定的时期内，在综合考虑内外部环境条件的基础上，希望某一时间段内在履行其使命上能够达到的程度或取得的成效。

？思考题　你所在组织的宗旨和年度目标是什么？宗旨和目标之间有何关系？

组织目标和宗旨不同，宗旨表达的是组织的一种追求，不仅相对比较抽象，而且也许最终也无法完全实现；目标则是一种"行动承诺"，它必须具体、可操作、可实现、可检验。宗旨表达的是一种总体上的追求，目标则必须是细化的，组织对实现宗旨所必须开展的各方面工作都必须制定相应的目标。

二、组织目标的特点

每一个组织都有一系列围绕着组织宗旨而展开的目标。为了更深入地了解组织目标的含义和指导组织目标的制定，应注意组织目标的以下**特点**。

1. 差异性

组织目标是组织在未来一段时间内要达到的目的，**不同的组织有不同的组织目标**。首先，不同类型的组织，由于其组织宗旨不同，组织目标也大不相同。例如，企业型组织，其组织目标往往较多地表现为各种具体的营利性指标，而事业型组织的组织目标则不以营利为主要目标。其次，同一类型的组织，尽管其组织宗旨基本相同，但由于受其所处的具体环境、所拥有的组织资源及价值观念等的制约和影响，即使其组织目标指标体系可能相同，其目标的具体数值也常常表现出很大的差异性，就像同一行业中的企业具有不同的年度组织目标一样。

既然各个组织的组织目标是不同的，那么作为任何一个组织的管理者，要明确本组织的目标，就必须掌握确定组织目标的基本技能和方法。

2. 多元性

不同的组织有不同的组织目标，**在同一个组织中，也会有不同性质的多个目标**，这就是组织目标的多元性。每一个组织都面对着众多的公众，而每一类公众都会对组织提出不同的要求。组织为了能够在社会中生存与发展，就必须考虑各类公众的要求，并尽可能地加以满足，如表5-1所示。**组织目标的多元性，是组织为了适应内外部环境的要求而导致的必然结果。**

表5-1 企业所面对的公众和企业目标的多元性

面对的主要公众	公众对企业的关注点	企业为了适应公众要求所设立的目标
股东或投资者	红利或回报	利润、投资回报率
员工	待遇、发展空间	报酬、发展前景
消费者	产品、服务	销售量、质量、新产品开发等
政府	税收、守法	纳税额、文明建设
社区	对社区的贡献	企业形象、捐赠
新闻机构	新闻	公正客观地提供信息、企业形象

组织目标具有多元性，那么作为一个组织，应该在哪些方面制定出自己的目标呢？许多战略研究人员在这方面进行了深入研究，提出了不少建议。例如，**彼得·德鲁克（Peter Drucker）**认为，凡是成功的企业都在市场、发明创造、生产力、物质和金融资源、利润、人力资源、管理人员的行为表现及培养发展、工人的表现及社会责任等方面有自己一定的目标，具体如表5-2所示。

对于大多数组织而言，组织目标一般包括以下几个方面：

● **经济目标**：主要涉及用经济指标度量的组织基本目标，如销售收入、利润、投资回报率、每股净资产、劳动生产率等（对于非营利性组织，其经济目标主要是费用

表5-2　德鲁克提出的经营成功的企业所包括的各种目标

目标性质	目标内容
市场方面	应表明本公司希望达到的市场占有率或在竞争中应占据的地位
技术改进与发展方面	对改进和发展新产品、提供新型服务内容的认识及其具体措施
提高生产力方面	有效地提高原材料的利用率，最大限度地提高产品的数量和质量
物质和金融资源方面	获得物资和金融资源的渠道及其有效的利用
利润方面	用一个或几个经济指标表明希望达到的利润率
人力资源方面	人力资源的获得、培训和发展，管理人员的培养及其个人才能的发挥
员工积极性发挥方面	发挥员工在工作中的积极作用，制造激励和报酬等措施
社会责任方面	注意本公司对社会产生的影响，说明对社会应尽的责任

的控制及资金的有效运用）。经济指标通常反映组织对产出或效率的要求。

● **战略目标：**主要针对组织将来发展所必须开展的各项工作所设立的工作要求。包括人才培养、产品开发、客户或渠道管理、品牌建设、新领域开拓、管理改善等方面。战略目标的内容很广，而且往往无法像经济指标那样定量化描述。各企业应该根据企业的发展需要来确定自己的战略目标。

● **管控目标：**主要针对组织发展中可能出现的重大问题，设立风险管理控制目标。包括但不限于应收账款不超过××，负债率低于××，无重大安全事故，无重大质量事件等。管控目标确立了企业经营中的管控底线。

● **员工目标：**主要是指有关员工收入和福利相关的工作目标，包括薪资增长率、人均收入、福利设施建设与组织文化建设等。要记住，每一个员工之所以愿意为组织目标的实现贡献自己的智慧和力量，归根到底是为了实现自己的个人目标。所以在明确企业发展目标的同时，一定要明确一旦实现组织的发展目标，员工的个人收入等方面会有怎样的相应变化，或组织将在员工为实现组织目标而奋斗的同时，提供怎样的一种组织环境。

正是由于组织目标的多元性，要求管理者在制定组织目标时不仅要考虑到多方面的目标内容，而且要协调处理好各类不同性质目标之间的关系。

思考题　你所在组织所提出的年度目标中，哪些属于生存目标？

3. 层次性

为了使组织目标成为组织中每一个成员的行动指南，组织目标往往需要进行进一步的分解和细化，形成一定的层次性，使组织中不同层次和岗位的员工都了解，他们各自应当做些什么才有助于组织总体目标的实现，如图5-1所示。

一般地，**组织目标可按具体化程度不同分为总目标、战略目标、行动目标三个层次**。总目标和战略目标是公开的，它们也是该组织希望达到的社会目标；而行动目标则是保密的，它是组织的真正目标，也许只有少数高层管理人员和相关人员知道。组织目标也可按组织等级分为总体目标、部门目标和岗位目标。例如，销售部门有其关于扩大销售量和市场占有率的目标，生产部门有其关于降低生产成本、提高产品质量等方面的目标。低层次目标的实现是上一层次目标实现的基础。**通过分等分层，抽象**

```
        ┌──────────────┐
        │   组织宗旨    │
        └──────┬───────┘
               ↓  具体化
        ┌──────────────────────┐
        │ 组织总体目标（某一时期）│
        └──────────────────────┘
    分解    ↓   细化        分解   ↓  细化
┌──────────┐  ┌──────────┐  ┌──────────┐
│  部门目标 │  │  中期目标 │  │  战略目标 │
└────┬─────┘  └────┬─────┘  └────┬─────┘
     ↓             ↓             ↓
┌──────────┐  ┌──────────┐  ┌──────────┐
│  岗位目标 │  │  短期目标 │  │  行动目标 │
└────┬─────┘  └────┬─────┘  └────┬─────┘
     ↓             ↓             ↓
┌──────────┐  ┌──────────┐  ┌──────────┐
│   人选   │  │   时间   │  │   行为   │
└──────────┘  └──────────┘  └──────────┘
        ┌──────────────────────────┐
        │ 每一个组织成员的具体行动指南 │
        └──────────────────────────┘
```

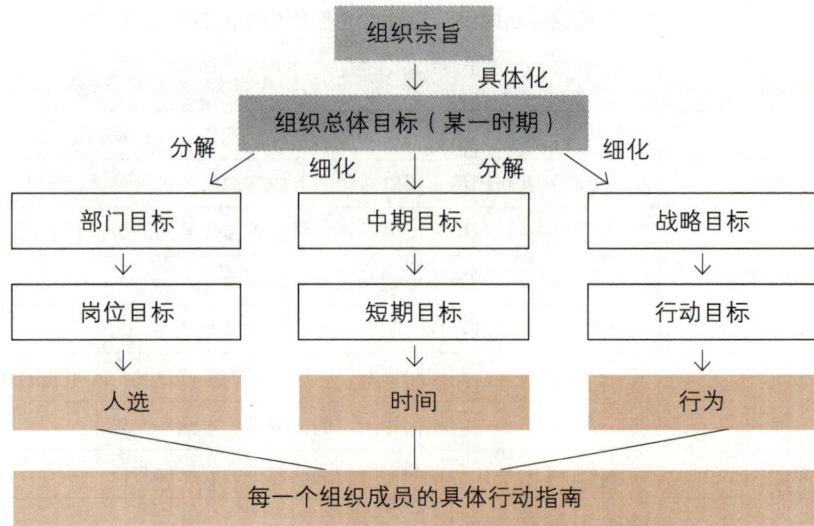

图5-1　组织目标的分解细化

的组织目标将变成具体的行动目标，从而指导组织中每一个成员的行为。

正由于组织目标是分等分层的，因此管理者在制定目标的过程中要进行目标的分解细化，而且要通过对这些多层次、多部门目标的综合协调，形成一个"相互支持的目标矩阵"。

？思考题　组织的总体目标如果没有细化分解，在实际工作中会出现什么状况？

4. 时间性

组织目标是组织在未来一段时间内要达到的状态，因此，**任何组织目标都有时间性**。一方面这意味着组织目标都是在特定时间内要达成的，在确定组织目标时必须指明其时间区限；另一方面，这也意味着在不同的时间段，组织目标是发展变化着的，管理者要根据环境和组织内部条件的变化及时地制定出新的组织目标。

按照组织目标时间跨度的不同，组织目标可分为长远目标、中期目标和短期目标。一般地，在一个组织中，管理层次越低，组织目标的时间跨度越短，目标内容越具体；反之，管理层次越高，组织目标的时间跨度越长，目标内容也越抽象和笼统。

组织目标的差异性、多元性、层次性和时间性，体现了组织目标体系复杂而有机的联系，只有充分认识和把握组织目标的这些基本特点，才能切实有效地做好组织目标的制定工作。

？思考题　组织目标分解细化以后，是否就能够变成组织成员的实际行动？

三、组织目标与个人目标

在任何一个组织中，除了组织目标之外，还存在着个人目标。组织是由一个个的个体集合而成的群体，作为一个群体，有其共同的组织目标；作为一个个体，成员们有着各自不同的个人目标。**组织目标**表现为组织为实现其宗旨所确定的一些正式指标，主要涉及组织的贡献、效率、市场、福利等方面；**个人目标**则表现为组织成员希望通过他们在组织中的努力所能得到的个人需求的满足，主要包括职位升迁、增加工资、改善环境、实现抱负、为社会承认等。

第二章中讲到组织的实质时曾提到，组织从本质上而言是一个利益共同体。每一个人之所以愿意加入一个组织并为之奉献自己的智慧和力量，是因为在这个组织中能够在一定程度上实现其个人目标；而每一个组织成员期望在这一组织中实现的个人目标，依据组织产生的原因分析，都是必须建立在群体共同努力实现组织目标的基础之上的（参见图2-1）。从组织成员的角度出发，他们真正追求的不是组织目标的实现，而是其个人目标的实现，**组织目标只是实现每一个组织成员个人目标的共同基础**。正因为组织目标是实现每一个组织成员个人目标的共同基础，所以从根本上而言，组织目标与组织成员的个人目标之间是一致的。

？思考题 组织目标和个人目标之间是否总能保持一致？

组织目标反映了组织成员的共同利益，组织目标的实现是个人目标得以实现的基本前提，而**能够在一定程度上实现个人目标则是组织成员之所以愿意留在该组织中工作的根本原因**。在一般情况下，组织目标与个人目标之间是一致的。但有时，组织目标和个人目标之间也会产生不一致或不相容的情况。在这种情况下，个人目标无法得到承认和实现，这将给组织目标的顺利实现带来困难。事实上，在中国各类组织中，组织成员之间之所以不能很好地进行合作，很大程度上就是因为这些组织中的管理者没有清楚地将每一个组织成员个人目标的实现与组织目标挂起钩来，使组织成员明确地感受到组织是一个利益共同体。

？思考题 当只根据上级对下属的满意程度来决定组织成员的报酬时，组织成员之间的相互帮助在这一组织中会经常发生吗？

根据组织目标与个人目标之间的关系，**管理者要努力寻求组织目标和个人目标之间的结合点，**创造机会，使每一个组织成员在完成组织目标的同时个人目标也能得以实现，从而为组织目标的实现提供保证。例如，在升等升级考评过程中，管理者可根据组织目标提出各种升级要求，规定若符合这些要求，就给予升等或升级，这样不仅为组织成员实现个人目标指明了努力的方向，为其实现个人目标创造了平等的机会，更重要的是为组织目标的实现打下了坚实的基础。在这种情况下，一些组织成员会自动自发地去努力完成大量的工作，因为那样做可以实现其个人目标。

示例：如何让教师自动自发？

因此，只有将组织的宗旨、理念、目标、职责等与组织成员的个人目标实现程度挂起钩来时，组织成员才会认真地对待，尽力地将其转化为自己的实际行动。

四、组织目标的作用

组织目标规定了每个组织成员在特定时期内要完成的具体任务，从而使整个组织的工作能在特定的时刻充分地融为一体。没有明确的目标，整个组织就会成为一盘散沙，管理也必然是杂乱的、随意的。因此，**组织目标是组织存在的前提，是组织开展各项工作的基础，是管理者和组织中一切成员的行动指南，**在管理中起着重要的作用。

示例：目标的重要性

1. 组织目标是组织进行计划和决策的基本依据

在一个组织中，管理者要有效配置资源，首先必须明确组织的目标。只有明确了组织的目标，才能确定为了实现目标必须开展哪些工作，因此，**目标是计划的基础。**

同时，在管理工作中，管理者时常面临各种问题的决策。在决策过程中，管理者只有对组织目标有清晰的了解，才能判断该问题是否需要解决、应该解决到何种程度、应该怎么做才是组织行动的正确方向。**目标不清，就无法做出决策。**

2. 组织目标是组织内部分工和协调的准则

一方面，一个组织的目标实现，有赖于全体组织成员的共同努力。组织结构如何设置、成员之间如何分工，都必须在明确了组织目标之后才能进行。

另一方面，为了维护组织的稳定，减少相互间的冲突和矛盾，组织成员往往需要了解其他成员的工作，以便有效地予以配合。但事实上，由于人数众多和工作内容的差异，在组织中这种相互了解存在较大的困难。**组织目标提供给了组织成员相互了解的途径。**因为组织中各个成员的工作都是以实现组织目标为基础的，只要了解了组织的目标体系，就可以了解组织中其他成员的工作内容及其各项工作的重要程度，从而搞好相互之间的协作和配合，减少工作中的冲突和矛盾。

？思考题 当组织中的员工只知道本部门职能，不清楚组织的目标时，会出现什么情况？

3. 组织目标是高效率的前提，也是业绩考核的基本依据

效率和效益相比，效益是第一位的。要改进和提高组织的效率，就必须搞清组织的目标是什么，并沿着这个方向努力，使有限的资源发挥最大限度的作用。**组织成员的努力是否符合组织目标是其工作是否有效的前提，**不符合或违反组织目标的努力是无效的，甚至是有害的。

对组织成员的业绩考核或贡献评估一般是基于其行为是否符合组织目标及其对目标的贡献大小，因此，组织目标也是对员工进行绩效考核和贡献评估的基本依据。

？思考题 没有明确的岗位目标，能对个人的业绩进行考核或评估吗？

4. 组织目标是重要的激励手段

为了调动组织成员的工作积极性，管理者常采用物质刺激的方式。而事实上，**能够真正调动员工内在工作热情的是具有吸引力的目标。**如果管理者能够提出一个使全体员工为之振奋的目标，并树立其信心，不仅能够减少眼前物质刺激的压力，而且可以使员工在工作中努力克服可能遇到的各种困难，致力于最终目标的实现。

第二节　目标的制定

一、目标制定的基本原则

组织通过履行一定的社会职责，来换取组织生存和发展所需要的各种资源和实现组织目标。因此在确定组织目标时，要注意遵循以下几方面原则。

1. 以满足社会或市场需求为前提，并考虑组织的社会责任

每一个组织作为一个社会存在体，要取得社会的认同，就必须体现出一定的社会价值，能满足一定的社会需求。因此，**要把分析社会需求、满足社会需求作为制定组织目标的基础，**只有这样，组织才有可能得到社会的承认并取得不断的发展。

同时，每一个组织都是构成社会的基本单位，都应承担一定的社会责任和义务。

因此，每个组织在考虑自己的组织目标时，都应考虑到自己应尽的社会责任，如不违法经营、注重环境保护等。

2. 以提高投入产出率为出发点

由于任何组织所拥有的资源都是有限的，所以组织在选择目标方案时，要充分体现获取最大效益的原则，**即要选择能较好地使有限的资源发挥最大效益的目标方案。**这就要求在确定组织目标时，要全面、系统地分析组织自身的实力和影响组织绩效的一切因素，在此基础上，设计多个目标方案，通过比较论证，择优确定，如图5-2所示。

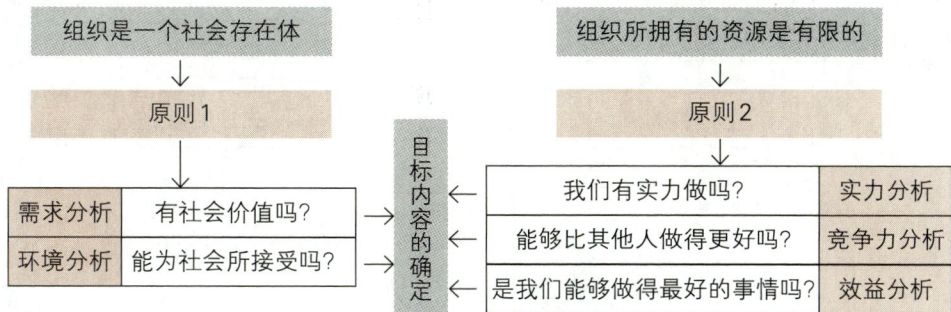

图5-2 目标内容确定原则

3. 所制定的目标值应具有先进合理性

目标描述的是在未来一段时间内在某一方面要达到的状态，因此目标值的确定必须有切实可行性。在制定目标时，要全面分析组织现有的各种资源条件和通过努力能够获得的其他资源条件，并充分考虑各方面可能的创新。既不能脱离实际，凭主观愿望把目标定得很高，失去指引和激励作用，从而使组织成员丧失信心；也不要妄自菲薄，不求进取，满足于提出在现有的基础上通过自身的努力就能实现的目标，以至于发展缓慢，在竞争中趋于落后。

？思考题 在21世纪，"跳一跳"能实现的目标是否还具有先进性？为什么？

为了充分发挥目标的激励作用和在激烈的竞争中脱颖而出，**在制定目标时，我们应致力于制定尽可能高而合理的目标值。**什么样的目标是尽可能高而合理的呢？传统的"跳一跳"能够实现的目标是建立在依靠自身的实力和现有的基础之上的，并不是我们能够实现的最高目标。事实上，通过创新和充分利用社会资源，我们能够实现的目标远不止"跳一跳"能够达到的高度。因此，在21世纪，我们应该从组织成员的**愿景**出发，基于市场竞争的需要，将能够充分激发和调动组织成员积极性并能适应市场竞争需要的结果作为我们追求的目标，并通过对社会资源的利用和创新发展可能的分析来判断目标的合理性，最终通过对这两方面的综合协调，确定既具有先进性又具合理性的目标值，如图5-3所示。

示例：企业愿景

二、目标制定过程

制定目标是一项复杂的工作。依据上述基本原则，目标制定一般包括以下几个步骤。

1. 组织环境和追求分析

目标的确定首先要对影响组织绩效的环境因素进行分析。即进行内外部环境分

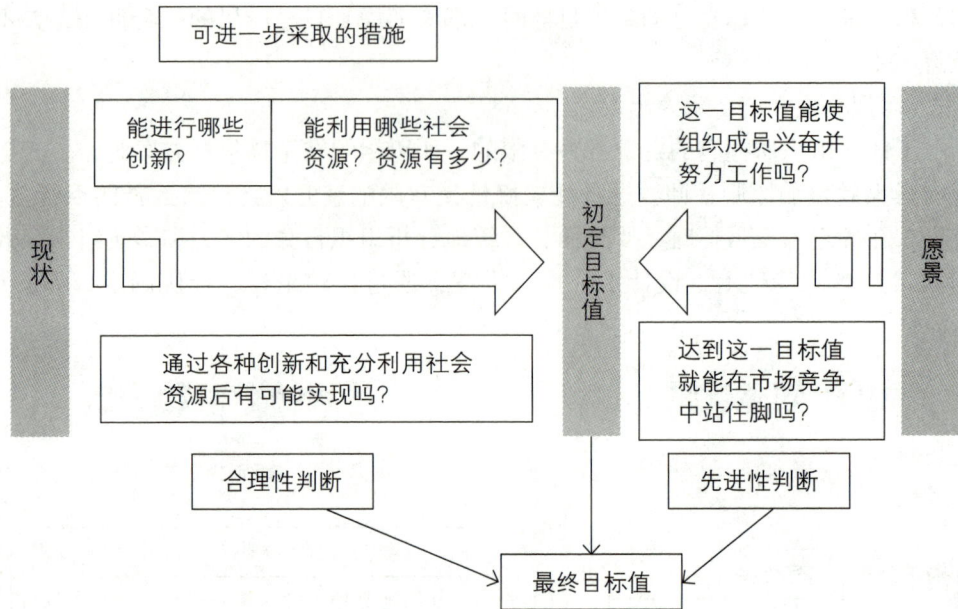

图5-3 目标值的确定

析，全面收集、调查、分析、掌握外部环境和内部条件的有关资料，在大量调研的基础上，对组织内外环境的现状、发展趋势及其对组织的可能影响做出客观的分析和判断，以此作为确立组织目标的依据。

思考题 通过对组织内外部环境的分析，要得到什么结果？

● **愿景和追求分析**。通过对组织成员特别是领导层价值观和志向的分析，明确组织成员愿意做什么、不愿意做什么，以及希望做到何种程度，即明确组织成员致力于组织发展的目的、群体价值观和追求。

● **内部实力分析**。通过对以往组织目标执行和完成情况的分析，以及对组织所拥有的物质资源、资金条件、人员素质、管理水平等方面的分析和未来可能发生的变化的分析，明确按照组织所拥有的资源和能力，组织能够做什么、不能做什么、通过创新还能做什么，即确定自身的实力。

● **外部环境分析**。通过对影响组织目标制定和组织生存发展的外部环境因素，如有关国家政治和法规、经济政策、社会消费倾向、科学技术等在过去若干年中的发展情况和未来可能发生的变化的分析，明确组织在未来若干年中可以为社会做什么，可以利用哪些社会资源和能力，以及不可以做什么，即明确组织未来生存发展可能面临的机会和威胁、可以利用的社会资源和能力。

2. 拟订可行的组织定位方案

在对上述各方面进行系统分析的基础上，明确组织的定位方案可行域。定位是指组织在社会生态中给自己确定的位置，具体包括三方面内容：服务对象（目标顾客，为谁做）和服务内容（顾客价值，做什么）以及贡献率（组织目标，做到何种程度）。具体明确方法可参考战略管理中有关"定位"的相关内容。

如图5-4所示，为了保证组织目标的切实可行性，**所提出的各定位方案必须是在外部环境允许（可以做）、内部条件具备（能够做），而且符合组织成员价值观（愿意**

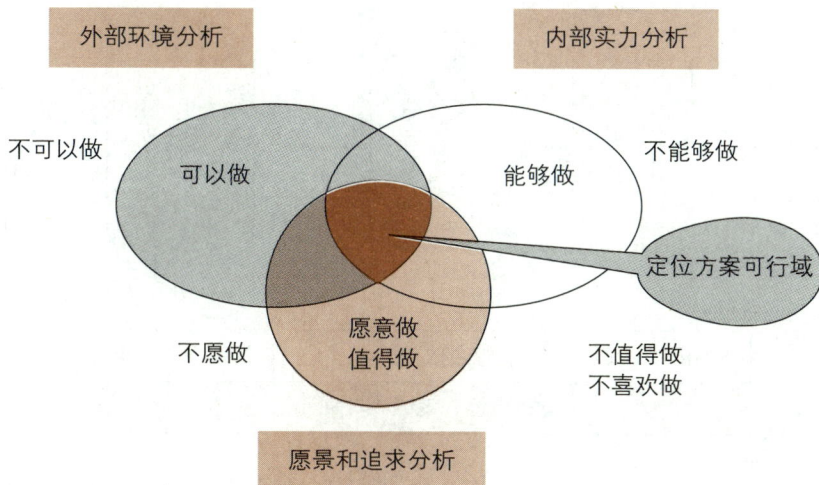

图5-4　组织定位方案的确定

做且认为值得做）的范围之内（可以做、能够做且希望做）。外部环境不允许（不可以做）或组织力量难以实现（不能够做）或组织成员不愿意做（认为不值得或不喜欢做）的都不能列为可行定位方案。

❓**思考题**　在外部环境允许且组织实力具备的情况下，组织成员愿意做和不愿意做，对组织目标实现的程度有何不同影响？

❓**思考题**　目标制定过程中的第一步（组织环境和追求分析）与第二步（拟订可行的组织定位方案）是否能颠倒？为什么？

3. 评估各定位方案并确定组织定位

按照科学决策过程（参见第七章）对所提出的各可行定位方案进行分析论证，从中选出一个满意的定位方案。评估主要从以下几方面进行（见图5-5）：

● **限制因素分析**。分析哪些因素会影响目标的实现，有多大影响。特别要对比分析组织与竞争者之间的实力，看组织是否有可能在竞争中取得一定的竞争优势。

● **综合效益分析**。对每一个定位方案，综合分析其可能带来的种种效益，包括社会的和本组织的效益，看是否是组织能够取得最大效益的方案。

● **潜在问题分析**。对实施每一个定位方案时可能发生的问题、困难和障碍进行预测分析，看组织是否有能力解决这些可能遇到的问题。

通过评估，进一步明确组织的优势与劣势，最后根据"发扬优势、避开短处"的原则，确定组织定位（应该为谁做、在什么方面做、做到何种程度）。

❓**思考题**　经评估后选择的最终方案与前面的可行方案有何区别？

4. 目标的分解和细化

由于组织目标是分等分层的，所以通过第三步明确组织定位、确定组织总体目标以后，还需要将组织总体目标进行分解和细化，形成一个完整的目标体系。

目标的细化方法为：一是要根据组织总体目标制定出相应的战略目标和行动目

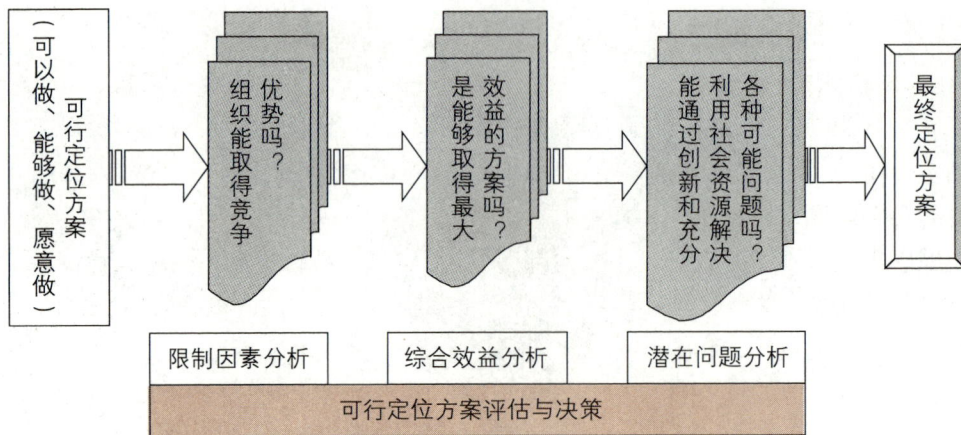

图5-5　组织可行定位方案评估示意

标，即进一步明确为了实现总体目标，必须做些什么、怎么做，以及做到何种程度等。例如，一个企业为了成为行业龙头企业(总体目标)，就必须在技术上保持领先地位(战略目标)，为此就要制定出为了在技术上保持领先，在高层次研发领军人才的引进、研发经费投入、研究中心的组织建设等方面更具体的行动目标。只有通过这一系列的行动目标和战略目标的明确，组织总体目标才能得以落实。二是要将总体目标分解成部门目标和岗位目标，确认各级成员在组织总体目标实现中应承担的责任和拥有的权利，并明确相应的检查、考核评价与奖罚制度，使组织中不同层次和岗位的成员了解，他们应当做些什么才有助于组织总体目标的实现，并清楚组织目标的实现与个人利益之间的关系，从而使组织目标落实到人，成为组织中每一个成员的行动指南。

【实例】

某企业某年的某一生产目标体系（部分）如图5-6所示。在图5-6中，分解到各厂的中功率船用齿轮箱年度生产目标还可以进一步分解为季度、月度生产目标，直至各工序每天的生产目标。

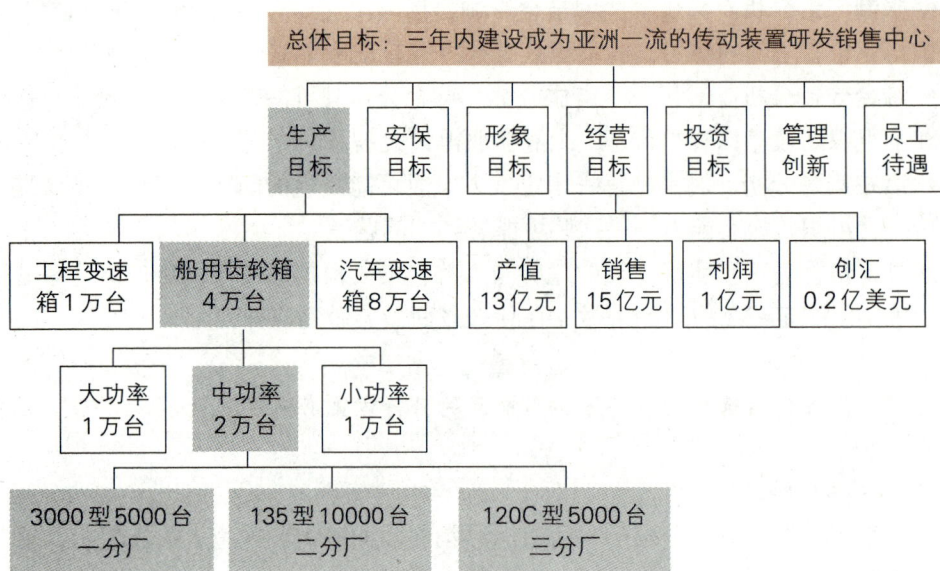

图5-6　某企业某年的某一生产目标分解示例

思考题 经过第四步后，得到的是什么结果？

5. 目标体系的优化

通过总体目标具体化后形成的多层次、多部门的目标体系一般是按一个网络的方式相互连接的，因此如何保证这些目标相互之间的协调，便成为目标制定过程中必须解决的一个问题。如果目标体系中的各目标互不支援、互不协调，就会在目标的制定及实施中出现对本部门有利而对其他部门不利或有害的现象。例如，生产部门希望以大批量、长周期、重复生产为目标，而销售部门则希望以小批量、短周期、多品种为目标，两者之间若不加以协调，就会影响相互间的合作与配合。

组织目标的协调主要通过以下三方面工作：

一是**横向协调**，即对组织中处于同一层次的不同目标之间进行相互协调，如降低成本和提高员工收入，研发、生产、营销、财务等各部门之间的目标要有机联系，相互支持。管理的作用就在于力求以有限的资源实现尽可能多或高的目标，因此在制定目标时我们要尽可能将表面上似乎是矛盾的不同性质的目标有机地加以协调。

二是**纵向协调**，即组织中不同层次的目标之间要上下保证，如岗位目标与部门目标之间、部门目标与总体目标之间要保持一致。上一层次抽象的目标要分解细化为下一层次的具体目标，下一层次的具体目标必须能够保证上一层次目标的实现。

三是**进行综合平衡**，即明确各目标的优先顺序和重要程度，以突出重点，避免因小失大。因为尽管进行了横向和纵向协调，在实际执行过程中仍有可能出现目标之间相互冲突的情况，为此，必须事先明确各目标的优先顺序，以便在目标冲突时不会忙中出错，因小失大。

通过上述三方面的协调，最终将形成一个"相互支持的目标矩阵"。

示例：某企业的目标分解

第三节　目标管理

当一个组织确定了组织目标以后，如何将组织目标转换成为各部门以及各组织成员的岗位目标呢？解决此问题的一种较好的方法就是目标管理。

一、目标管理产生的背景

目标管理（management by objectives，MBO）是由美国著名的管理专家德鲁克在1954年出版的《管理实践》一书中提出的一种管理方法。这种管理方法提出后，逐步发展成为许多西方国家的组织普遍采用的一种系统地制定目标，并据此进行管理的有效方法。中国于20世纪70年代末引进了这一方法，并运用于企业管理，取得了明显的效果，目前已成为中国不少企业实际采用的管理方法之一。

目标管理的产生，基于以下两大**背景**：

一是20世纪40年代后期，随着科学技术和经济的迅速发展，组织内部的分工越来越细，各类工作的专业性越来越强，使各部门的本位主义和唯我思想得以滋长，各部门相互之间各行其是、互不往来，组织整体的协调性被忽视，组织内部出现了大量的损耗。在这种情况下，管理者整天忙于协调，到处"救火"，管理呈现出盲目性和随意性，事倍功半。因此，如何在分工日益专业化的情况下，保持各项工作之间的相互配合便成为当时比较突出的问题。

二是由于当时占主导地位的科学管理思想比较强调理性而忽视人性，强调命令下属应该如何做，而不考虑下属的思想状况和需求，实行的是"命令式管理"。在这种情况下，管理者与下属之间是监工与操作者的关系，上级事事监督下级，不仅容易引起下属的反感，造成上下级之间的对立，而且也造成了"有人管干一阵，无人管歇一阵"的"磨洋工"局面；下属由于只是单纯地"奉命行事"，在工作中找不到乐趣，缺乏安全感，常常处于紧张状态中而被动地工作，难以取得好的效果。梅约的霍桑试验冲击了泰勒的科学管理思想，梅约提出要实现有效管理，不仅要重视理性管理，也要重视人性管理。正是在这种背景下，德鲁克提出了目标管理思想。

二、目标管理的基本思想

概括地说，**目标管理是一种综合的以工作为中心和以人为中心的管理方法**，它首先由组织中的上级管理者与下级管理者、员工一起制定组织目标，并由此形成组织内每一个成员的分目标，明确规定每个成员的职责范围，最后又用这些目标来进行管理、评价和决定对每一个部门和成员的奖惩。由此可见，目标管理有四个特点：

- 组织目标是共同商定的，而不是上级下指标、下级提保证。
- 根据组织总目标来决定每个部门和个人担负什么任务、责任及应达到的分目标。
- 以这些总目标和分目标作为组织部门和个人活动的依据，一切活动都是围绕着这些目标而展开的，将履行职责与实现目标紧密地结合起来。
- 对个人和部门的考核和奖惩以目标实现情况为依据。

？思考题 目标管理与"应急式管理""命令式管理"有何区别？

目标管理，在指导思想上，以Y理论为基础（Y理论认为，在目标明确的情况下，人们能够对自己负责）；在具体方法上，则是科学管理理论的进一步发展。它强调通过目标来进行管理，其基本思想可概括为以下三个方面。

1. 以目标为中心

目标管理强调明确目标是有效管理的首要前提。明确的目标使整个组织有了协同行动的准则，可使每个成员的思想、意志、行动统一在一起，以最经济有效的方式去实现目标。在目标管理中，注重目标的制定，各分目标都必须以总目标为依据，分目标是总目标的有机组成部分，计划制订和执行以目标为导向，任务完成后又按目标的完成情况来进行考核和奖惩。目标管理把重点放在目标的实现上，而不是行动本身，这克服了以往只注重工作而忽略目标的弊端，有助于克服管理的盲目性、随意性，可收到事半功倍的效果。

？思考题 注重行动和注重行动的目的有何区别？

2. 强调系统管理

任何组织都会有不同层次、不同性质的多个目标，如果各目标相互之间不协调一致，那么组织规模越大、人员越多时，发生冲突和浪费的可能性就越大；同时，组织总目标的实现有赖于组织各分目标的实现，总目标和分目标之间以及分目标与分目标之间是相互关联的。目标管理强调目标的分解，要求总目标和各分目标之间以及分目标与分目标之间要相互支持、相互保证，形成相互支援的目标网络体系，从而保证了目标的整体性和一致性。

3. 重视人的因素

目标管理是一种参与式的、民主的、自我控制的管理制度，也是一种把个人需求与组织目标结合起来的管理制度。目标管理重视人的因素，通过工作的目的性、管理的自我控制、个人的创造性来进行管理。目标管理强调由管理者和下属共同确定目标和建立目标体系，下属不再只是执行命令，他们本身就是目标的制定者。目标不再是异己的东西，而是上下级共同协商研究的结晶，这样不仅能使组织目标更符合实际，更具有可行性，而且能激发各级人员在实现目标时的积极性和创造性，能使组织成员发现工作的兴趣和价值，享受工作的满足感和成就感。在这种制度下，上下级之间的关系是平等、尊重、信赖和支持的，下级在承诺目标和被授权后是自觉、自主和自治的。

？思考题 目标管理是否适用于任何场合？

三、目标管理的程序

目标管理的程序具体分为：确立目标体系、实施目标、评价所取得的成果。

1. 目标的制定和展开

目标的制定和展开是实施目标管理的第一阶段，也是最重要的阶段，如果目标设置合理、明确，那么后两个阶段就容易了。目标设置可细分为四步，如表5-3所示。

扩展阅读：战略研讨会

表5-3　目标的制定与展开过程

步　骤	说　明
最高层管理者预定目标	目标的制定一般是先由高层管理者通过对组织内外部环境的分析，提出组织发展规划，初步确定组织在今后一定时期内发展的方向、期望的目标和要完成的主要任务，然后和下属进行讨论、修改、确定
重新审议组织结构和职责分工	目标管理要求每一个目标都有人负责，因此在预定目标后，要重新审议现有的组织结构，做出相应的必要变动，以明确职责，使每一个目标都有明确的责任部门和责任人
共同确立下级目标	向下级传达和明确组织的规划和目标，在此前提下和下级商定他的目标，共同讨论下属能做什么、有什么困难、需要什么帮助等。目标确定的结果应是下级目标支持上级目标、分目标支持总目标，形成上下衔接、切实可行的目标体系
上下级进行协商并达成协议	上下级就实现各项目标所需要的条件及达成目标后的奖惩事宜达成协议，并由组织授予下级以相应的支配人、财、物等资源的权力。双方协商后，由上下级签署书面的目标责任书协议。组织汇总所有资料，绘制出目标图

？思考题 目标管理中的目标制定过程与本章第二节中所述的目标确定过程有何区别？

2. 目标的实施

目标管理在实施阶段强调自主、自我管理，但这并不等于达成协议后管理者就可以放手不管。相反，管理者要利用双方经常接触的机会和正常的信息反馈渠道对工作情况进行检查；同时要加强对下级的指导和帮助，做好基础管理工作，完善必要的规章制度，形成日常工作靠规章制度、业务工作靠目标管理的工作模式。

3. 总结和评价所取得的成果

到预定的期限后，由下级提出书面总结报告，上下级再一起对目标完成情况进行评估考核，并根据考核结果按协议决定奖惩。**目标管理以制定目标为起点，以考核目标完成情况为终结。**也就是说，它所考核的对象是成果，成果是评价工作好坏与优劣的唯一标准。不能目标是一套，考核又是另一套。考核的标准、过程、结果应当公开，以产生宣传、鼓励先进，鞭策、帮助落后的效果。下属对考核结果如有意见，应允许申诉，并认真加以处理。

四、目标管理的推行

1. 目标管理的优点

目标管理是一种很实用的管理方法，国内外不少企业都采用目标管理方法。目标管理有很多**优点：**

- 通过目标管理，可使各项工作都有明确的目标和方向，从而避免工作的盲目性、随意性，避免形式主义和做无用功，并可使管理者摆脱忙于"救火"的被动局面。
- 通过目标的系统分解，可提高组织整体工作的一致性，有助于增强各级人员的进取心、责任感；目标管理强调参与，有助于增强全体组织成员的团结合作精神和内部凝聚力，充分发挥每一个组织成员的内在潜力和积极性。
- 目标管理有助于实现有效控制。目标管理解决了控制工作中的两个难点：控制标准和控制手段问题，使控制工作落到了实处。

2. 目标管理推行过程中常见的问题

应用目标管理也会出现一些问题，这些问题大多与目标管理运用不当有关。在实际工作中常出现的**问题**有：

- **对目标管理的本质缺乏认识**。缺乏对目标管理基本思想的正确认识，常常会使目标管理走样，蜕变成为一种管理上的时髦或骗人的玩意。例如，有的管理者认为目标管理就是目标的制定和分解，因此，只注重对目标的制定和分解，而不注重成员积极性的发挥和在执行过程中对下属提供指导和帮助。
- **在目标制定过程中草率从事**。目标是目标管理的核心，没有目标不行，目标不恰当也不行。因此，目标的确定是一项既十分复杂又十分严肃的工作。影响目标的因素很多，多个目标之间也难以平衡，加上目标的确定需要上下级反复讨论协商，需要耗费时间和进行大量的沟通工作，因而有的组织刚开始还比较认真，到后面就草率从事，把目标管理变成了数字游戏，或强迫下属接受其不同意的目标，使目标管理失去意义。
- **管理者难以转换角色**。目标管理强调目标的实现主要依靠下级人员的自我控制和自我调节，管理者的职责是及时进行监督检查，提供帮助和指导，而不是直接指挥下属的工作。但有的管理者常常难以适应这种角色的转换，在具体行动过程中不时地插手下属的工作，指令下属应该怎么做，使下属左右为难，从而使目标管理的思想得不到落实。
- **不按协议兑现奖惩**。目标管理强调最终考核时要以目标的完成情况为依据，并按事先商定的协议予以奖惩。而在运用目标管理时常常发生的另一种动摇就是当下属完成任务的情况大大超出管理者事先的预料时，由于按目标完成情况进行考核，按协议要给予下属以较大的奖励或惩罚，有的管理者往往就会因各种原因而转换考核标准，不按协议兑现奖惩。长此以往，目标管理也就流于形式。

?思考题 不按协议兑现奖惩，会带来什么后果？

因此，目标管理的推行，一要有思想基础，大家对目标管理的基本思想有共同的理解；二要得到管理者，特别是高层管理者的支持；三是贵在坚持，只有坚持原则，按协议奖惩，才能真正使目标成为每一个组织成员的行动指南，取得目标管理应有的效果。

第四节　目标制定和运用技巧

设定目标是有效管理的首要任务。没有目标，管理就无的放矢；目标不清，管理就必然混乱。管理者的任务之一就是让共同目标存在，这不难理解，但在管理实践中，怎样制定有效的目标以及怎样运用目标实现有效的管理，仍然让不少管理者为之困惑。本节针对管理实践中人们在目标制定和运用中遇到的若干常见问题进行进一步探讨。

一、目标制定中的问题

1. 目标能否被事先预定

在稳定的环境中，几乎很少会有人问及目标能否预先设定的问题，但进入21世纪以后，人们发现事先设定的目标常常会由于环境的变化被大大超过或者远远达不到。在这种情况下，人们开始怀疑目标能否事先预定，事先预定目标是否还有意义。

在稳定的环境中，由于变化幅度不大，人们可以根据前几年的情况，结合当年环境可能发生的少量变化，大致估计出当年可以实现的目标。但在多变的环境中，由于未来各种因素的变化难以预计，我们确实很难根据前几年的情况来比较准确地推断当年可能达到的目标。即使根据对现有基础的认识和对未来变化的预计确定了一定的目标，这一目标与实际业绩之间也许还是会有很大的差距。

那么，这是否意味着在多变的环境中目标无法制定或没有必要事先预定目标呢？目标难以从现状出发预先确定并不意味着我们就不需要事先确定目标或难以在事先确定目标；另外，没有一定的目标指引，组织就难以吸引成员、分工协作、合理配置资源，以及进行有效的控制。因此，不管环境变化有多大、目标预定有多么困难，管理者都必须确立各时期组织的目标。

目标是在未来的一段时间内要达到的程度，它既可以从现实出发来预定，也可以根据我们内心的追求来确定。在我们难以从现状出发，根据对未来的预计确定目标时，我们可以从使命和愿景出发，倒推我们在未来一段时间内应该达到的程度，或根据竞争的需要，推测我们在未来一段时间内必须达到的程度，以此作为目标；或结合两方面的推测，综合形成我们的目标，如图5-7所示。

?思考题 这两种目标确定方法有何异同？

与此同时，我们可根据环境可能发生的变化大小，以理想目标为基准，向下确定一个确保目标值（不管环境发生怎样的变化都必须实现而且能够实现的目标），并

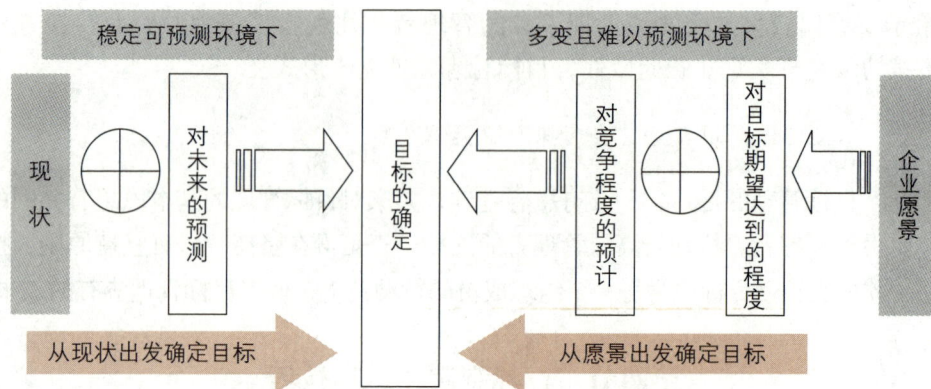

图5-7　不同环境下的目标预定方法

将目标与报酬挂钩：达到确保目标值可获得基本年薪；达不到确保目标值相应扣减基本年薪，并给予调岗等相应处罚；实际业绩在确保目标值和理想目标值之间，按比例给予一定的绩效年薪；超过理想目标值，按超额的幅度大小给予重奖。以此促使组织成员充分发挥主观能动性，克服环境多变所带来的各种困难，在多变的环境中脱颖而出。

2.　怎样的目标表述是符合要求的

目标的全部意义在于指导组织成员向所期望的方向努力并力求达到所期望的程度，因此，任何一个目标的制定都必须明确以下四方面内容：

- 目标内容。阐明应该做什么工作，或哪一方面的工作。
- 时间要求。明确要求在何时或在多长时间内达成。
- 目标程度。阐明最终所期望得到的结果、达到的程度或状态。
- 衡量方法。说明目标程度如何衡量，即结果或状态的具体衡量方法。

进一步地，以上四方面内容的表述必须符合表5-4所列的五方面要求。

表5-4　目标制定要求——SMART

表述要求		要求解释
总体要求	具体的 （specific）	明确不含糊，能使员工明确组织期望他做什么、什么时候做以及做到何种程度。同时，每一层面的目标数量要有一定限制，既然组织资源有限，我们就只能将努力集中于最重要的事情上，目标太多会使组织成员无所适从；目标的表述要简明扼要、易懂易记，目标越容易理解，就越容易起到作用
目标值	可衡量的 （measurable）	如果目标无法衡量，我们就无法检查实际与期望之间的差异，从而无法指导人们不断改进工作，无法使目标的作用落到实处。为此除要明确目标内容的具体衡量方法外，目标值不应该用形容词，要尽可能用数字或具体表示程度、状态、时间等的词语准确客观表述，衡量方法不应是主观判断而应是客观评价
	能实现的 （attainable）	目标值应尽可能高而合理，过高或过低都会影响目标作用的发挥
目标内容	相关联的 （relevant）	目标是实现公司使命和愿景的重要工具，目标内容的确定必须与公司宗旨和愿景相关联。在分解目标时则应与员工的职责相关联，使员工的日常工作指向目标的实现
时间要求	有时限的 （time - bound）	目标必须有起点、终点和固定的时间段。没有确切的时间要求，就无法检验；没有时间要求的目标，容易被拖延，即一项没有截止期限的目标常常是一项永远不会完成的目标

？思考题 "成为本行业中最具竞争力的企业""财务部的结算服务无违规、无书面投诉""当年的广告投入达到1000万元人民币"，以上各目标的表述符合表5-4各项要求吗？

3. 目标是否一定要以书面形式明确

管理者常常忘记向下属清楚地说明下一阶段的基本打算。如果下属对组织的目标一无所知，我们就无法期望他们参与到目标的制定中来，并为实现目标而努力。因此，管理者必须向下属阐明组织的目标。口头介绍是很好的办法，它可以激发人们的热情。但在做过口头介绍后，一定要形成书面备忘录。**每个人的目标都应该以书面形式记录下来，并且尽可能详细。**

许多管理者似乎对书面形式有一种抗拒，一提到书面记录，就会联想到增加许多工作量。在某些情况下，确实如此；但对于目标来说，并非如此。书面记录可以帮助我们避免许多不必要的工作，让我们免掉以后因没做记录而产生的反复、误解、错误和沟通障碍。同时，书面记录有助于我们不断补充、更加准确描述、防备遗忘和作为日后考核的依据。所以，目标应尽可能地以书面形式明确。

4. 上下级不能就目标达成共识时怎么办

组织目标的实现有赖于全体组织成员的共同努力。如果组织成员不认同某一目标内容的必要性、不相信某一目标值能够实现，那么可能很难使其产生足够的动力或信心，致力于行动。因此，在目标制定过程中，管理者应尽量让员工一起参与目标的制定与分解，并与员工就目标内容和目标值达成共识。

上下级不能就目标内容或目标值达成共识，通常是因为信息的不对称：下级不理解上级为什么要设立这一方面的目标，或不知道上级提出这一目标值的依据是什么。在这种情况下，组织成员只能依据自己所理解和掌握的信息做出评价，难免会产生不一致。为此，管理者在组织目标制定和分解过程中，一方面应向员工说明目标设立的理由，并共享相关的信息；另一方面应创造条件，让员工参与目标的制定与分解，了解员工的想法和来自基层的信息，对不切实际的目标加以修正。

二、目标运用中的问题

1. 目标是否是一成不变的

组织的定位和目标的设置是建立在人们对于外部环境变化、自身实力和自身愿望的假设基础之上的，这种假设有可能反映了客观事实，也有可能仅仅是我们的主观认识。进一步地，环境、实力和追求都会随着时间变化，因此，**我们不能把基于环境、实力和愿望假设基础之上形成的组织定位和目标当成是一成不变的东西。**

与此同时，组织目标不能决定组织的将来，它只是一套有效配置组织资源的方法，通过计划预测、期望与承诺，明确目标以有效利用资源创造组织的未来。

组织目标最好的运用方法，应该像航空公司运用飞行时间班次表一样。时刻表上说明某班飞机上午7点从北京起飞，9点到达上海，如果当天上海有大风暴，班机就不宜按时刻表直飞上海，而可改在杭州降落。我们不能因为实施过程中可能需要根据气候的变化改变计划和目的地，因此就不确定时刻表和飞行计划；同时，若一家航空公司制定了一套时刻表，结果竟有90%的飞行任务不能遵守该表的飞行计划，那么该公司的管理也是非常糟糕的。**正确的态度**是：根据现有的对外部环境变化、自身实力和愿望的分析，制定出相应的目标；定期根据实施过程中对这三方面的变化情况的评估，及时修订既定目标，形成新的目标。

不管环境如何变化，我们在任何时刻都必须有清楚的目标。同时我们应认识到：**明确目标是为了有效地配置资源，衡量一个目标体系是否有效的最终标准是它是否有助于有效地实现我们的追求。**

2. 怎样将组织目标与每一个员工的日常工作相关联

组织的目标必须转化为各项工作，如果只是将其作为一种"意愿"的表达，那么这些目标便形同虚设。而要转化为工作，就必须是具体的、清晰的和可测量的，是一项"限期"完成的特定的责任指派。那么，怎样才能将组织目标与每一个部门、每一个岗位的工作紧密相连呢？

首先，我们根据组织的定位和总体目标要求确立组织内的分工协作关系，设计部门设置方案，明确各部门的职能、内部的岗位设立和人员定编，将实现组织总体目标所必须开展的各项工作分解落实到各部门、各岗位。在组织篇中将详细叙述这一过程。

在此基础上，如图5-8所示，我们要根据总体目标制定年度工作目标，并结合各部门职能分工，将其分解落实到各部门，形成各部门的年度工作目标；在执行过程中，进一步根据组织年度工作目标形成月度工作计划，明确组织为了实现年度目标在该月要完成的各项工作及其目标要求；再进而形成各部门月度工作计划，由部门月度工作计划结合各岗位职责分工，明确各岗位在该月要完成的工作以及各项工作目标要求；检查督促各岗位、各部门完成既定的计划，再根据当月计划完成情况，结合年度工作计划形成下月计划，循环往复，直至完成既定的目标。有关工作计划的制订，将在下一章中具体介绍。

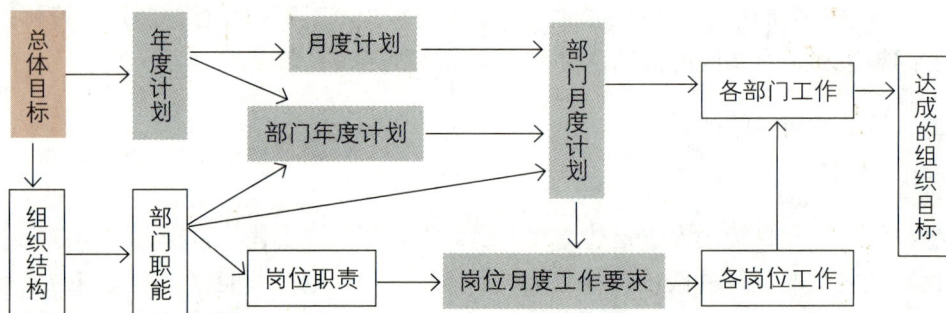

图 5-8 组织目标转化为组织成员具体行动的过程示意

3. 怎样保证在日常工作中始终以目标为中心

在日常工作中，我们会被许多事情分散注意力，以至于偏离目标的轨道。

● **上级的干预**：当你正准备按计划从事最重要的工作时，上级来了指示，要求你放下手头工作，先做其他也许并不重要的事情。

● **下级的干扰**：从你一上班开始，你还没有开始着手计划中的工作，就来了一个又一个下属，提出一个又一个问题，希望你能予以解决。

● **无休止的会议**：人们一旦在工作中碰到需要协调的事情或业绩不尽如人意，就希望通过召开会议加以解决。尽管会议可以加强沟通，协调解决一些妨碍目标实现的问题，但多数会议是不必要的、无效的。当身陷其中时，你就会发现根本没有时间来做一些对目标有益的事。

在目标制定过程中，人们往往憧憬在目标达成后的兴奋状态中。但制定了目标并不等于目标就能自动实现，它需要人们付出实际努力。为此，我们必须采取措施来保证在日常工作中始终以目标为中心，围绕着目标开展各项工作。

为此，我们除了要采取如图5-8所示的过程，将组织目标分解落实到各岗位以外，在实施过程中还要注意遵循以下几条原则：

- **做好计划安排，先做最紧要的事。** 如果没有计划，你就肯定会陷入盲目行动之中，日复一日、年复一年地一天忙到晚，却没有达成什么目标。如果你不集中精力先做紧要的事，就会在你的记事本上发现同一件紧要的事情从上个月排到这个月、从上一年排到今年。同时，计划也有助于你与上级的沟通，在一定程度上减少上级对你的临时干预；有助于你按轻重缓急，有效排除下级的干扰。

- **做好时间管理。** 如果你办事井井有条，就可以用少量时间决定你应该先做什么，然后用更多的时间来做你应该做的事，在同样的时间内，完成更多的工作。

- **学会说"不"。** 如果有人想把他们的问题推到你的肩上，就要说"不"，你必须时刻警惕不要做一些无意义的工作来浪费自己宝贵的时间。你要时刻提醒自己："它是实现目标必须做的吗？必须由我来做吗？为什么？"等等。不要让他人的问题干扰你。

- **学会忍耐。** 在日常工作中，我们常常会发现有很多紧要的事情都需要我们来处理，在这种情况下，要保持内心的平静和头脑的清楚，既不要让内心的烦躁影响我们的情绪，进而影响我们的工作效率，也不要急于行动，想到一件做一件。要意识到我们的资源和能力都是有限的，不可能把所有重要的事情在短时间内一下子都完成。我们仍然要静下心来，根据各项工作的重要程度、它们相互之间的关系和解决的难易程度，安排计划一项一项地予以解决。在这一过程中，对于一时不能解决的其他问题，要学会忍耐。

- **做好检查纠偏和奖罚工作。** 定期检查目标实现程度，及时根据检查结果采取纠偏措施，以保证既定目标的实现。同时要根据检查结果，给予当事人或部门相应的奖惩，以提高其动力，增强其压力，使各部门和各岗位始终以目标为导向，做好各项工作。

● **复习题**

1. 组织宗旨和组织目标有何不同？
2. 组织目标有何特点？为什么要进行分解和细化？
3. 组织目标在管理中有何作用？
4. 组织目标和个人目标之间有何关系？
5. 组织目标的制定应遵循什么原则？
6. 简述组织目标制定过程。
7. 什么是目标管理？目标管理的基本思想是什么？
8. 在目标制定和实施过程中要注意哪些问题？

要点参考

● **讨论题**

如何评价一个组织目标体系的好坏?

请根据本章知识,探讨一个好的组织目标体系应该满足的充分必要条件,列出相应的评价标准,并说明为什么。

● **案例分析**

采购费用为什么会大幅度超支?

王勇曾经在一家著名的外资企业中担任销售部经理,成绩卓著。几年前,他离开了那家企业,自己开了个建材贸易公司,由于有以前的业务底子,所以生意一直很不错。年初,他准备进一步扩大业务,在5个县级市中设立经销处,同时,扩大经营范围,增加建材品种,争取到年底营业收入比上一年增加40%。

面对众多要处理的事情,王勇决定将部分权力授予下属的各部门经理。他逐一与经理们谈话,一一落实各部门要达到的目标。其中,王勇给采购部经理定下的目标是:保证每一个经销处销售所需货物的及时供应,所采购到的货物的产品合格率需保持在98%以上,采购业务费用保持在采购额的5%以内。采购部经理当即提出异议,认为要保证货物的及时供应和产品合格率,业务费用5%不够。王勇则认为,过去的采购费用就是在采购额的5%以内,现在业务扩大了,相应的业务费用总额也是相应增加的,5%的采购费用应该是够的,再说了采购部也要想办法降低费用。所以王勇就回答说:"应该够的,你尽力而为就是了。"

到年终考核时发现,采购部达到了王勇给他们规定的前两个目标,但采购费用则大大超出,约占当年采购额的8%。王勇问采购部经理怎么会这样时,采购部经理解释说:"有的事情也只能如此,我们今年不仅要开拓新的建材供应商,而且要扩大原有建材产品的采购量,要做的事情很多,费用自然就上去了。就目前而言,我认为,保证及时供应和货物质量比我们在采购时花掉多少钱更重要。"

请问:

王勇应怎么做,才能使采购部门经理更明确地理解和接受王勇提出的目标,并且承担起相应的责任?

📖 **推荐书目**

1.[美]彼得·德鲁克著,朱雁斌译:《成果管理》,机械工业出版社2009年版。《成果管理》所论述的就是人们今天所说的"企业战略",该书共分三部分14章,主要阐述了企业是什么、如何分析环境以及如何在这个环境中摆正企业的位置。第一部分是了解企业,提出并回答了企业的现实是什么、企业的成果区在哪里、应该采取什么行动等;第二部分以机会为中心,对企业的环境进行了分析;第三部分是绩效方案,探讨企业在这些"现实"面前如何摆正位置,将它们转化为创造出绩效和成果的机会。该书首次把"战略"一词应用到商业和管理中,并开创了对商业企业经济绩效的研究。迄今为止,大部分战略管理书籍阐述的问题几乎都源于该书。

2.李金明、戴昌钧编著:《标杆瞄准》,天津人民出版社1996年版。该书是南开大学教授陈炳富、李国津主编的"世纪之交管理变革新趋势书系"中的一本。

标杆瞄准（benchmarking）是20世纪80年代以后出现的一种管理新方法，它以行业中的最佳绩效为基准，树立学习和追赶的目标，从而使企业成为市场中的强中之强。该书介绍了有关标杆战略的概念和具体做法。读者可通过阅读此书了解制定目标的方法之———标杆瞄准。

3.［日］串田武则著，何继草译:《目标管理实务手册——日企管理实务丛书》，广东经济出版社2005年版。该书是一本关于目标管理的指导手册。它运用通俗易懂的图表形式，集中阐述了目标管理的理论和实践；书中图文并茂的形式有助于读者从任意章节开始阅读，并能理解其意。

第六章　计划及其制订

学习要求

　　理解计划的定义；掌握计划的基本构成要素；掌握计划的分类，清楚各种计划之间的区别；理解进行计划的益处；清楚制订计划的基本步骤和计划的审定方法；知道各种现代计划方法的基本原理、优缺点；掌握时间管理的要点并能运用于实践。

　　在一个快速发展的互联网企业中，员工们对自己的产品和市场前景充满信心，每年都确立了宏伟的目标，但尽管每天都勤奋工作，常常加班加点，却并没有能够达成他们认为应该能够达成的各项目标。他们常常为此感到困惑：市场不应该说不好，产品也一直在开发、推广，大家也在拼命地工作，为什么最终仍不能取得预期的结果呢？

　　管理理论告诉我们：明确目标固然重要，勤奋工作当然也重要，但如果没有很好的计划，我们仍然难以有效地实现目标，我们的勤奋也难以取得预期的效果。在本章中，将着重讨论以下内容：

- 计划及其作用。
- 计划的制订和审定。
- 计划制订方法。
- 时间管理方法。

第一节　计划及其作用

　　计划有两种不同的含义。计划作为动词，通常是指管理者确定必要的行动方针，以期在未来的发展中能够实现目标的过程，也就是计划工作。而**计划**作为名词，则是指对未来活动所做的事前预测、安排和应变处理，它是计划工作中计划制订的成果、贯彻落实和监督检查的对象。在本书中，计划主要作为名词来运用。

　　？思考题　按照计划的定义，日常工作中哪些东西是属于计划范畴的？

一、计划的内容或要素

　　一项完整的计划应包括哪几方面内容？计划的目的是实现组织所提出的各项目标，每一项计划都是针对某一个特定目标的，因此，**一项计划首先要明确该项计划所**

针对的目标。在目标明确以后，在计划中还必须说明如何做、谁做、何时做、在何地做、需投入多少资源等基本问题。

除此之外，为了在实施过程中明确在什么情况下需要修改计划，在一项计划中还应说明该项计划有效的前提条件；为了增强计划的适应性，要注明当实际情况与计划前提条件不符时应采取的措施；为了便于在情况发生较大变化、计划实施条件不具备时，能够判断是应该放弃该项计划还是要竭尽全力、创造条件完成计划，计划书中还应说明进行这项工作或实现相应目标的意义或重要性。综上所述，一项完整的计划应包含的要素如表6-1所示。

表6-1　一项完整的计划应包含的要素

要　素	内　容	所要回答的问题
前提	预测、假设、实施条件	该计划在何种情况下有效
目标（任务）	最终结果、工作要求	做什么、做到何种程度
目的	理由、意义、重要性	为什么要做
战略	途径、基本方法、主要战术	如何做
责任	人选、奖罚措施	谁做、做得好坏的结果
时间表	起止时间、进度安排	何时做
范围	组织层次或地理范围	涉及哪些部门或何地
预算	费用、代价	需投入多少资源、付出怎样的代价
应变措施	最坏情况计划	实际与前提不相符时怎么办

? 思考题　表6-1中的要素对于一项计划来说，是否缺一不可？

二、计划的表现形式

根据计划的定义，现在所做的针对未来活动的工作都属于计划的范畴，因此，**在实际工作中，计划有多种表现形式。**

- **目标。**目标描述的是在未来一段时间内要达到的状态。有的计划只是阐述目标，对组织的使命、发展方向及最终期望达到的状态做最一般的表述，重点在于明确应该做什么、做到何种程度以及达到什么目的。

- **战略。**目标指明了要做什么以及做到何种程度，战略则集中解决为了实现目标在将来应该怎样干。有的计划着重叙述实现目标的途径，指出工作重点、资源分配优先顺序等。围绕目标，形成一个统一的"框架"式行动准则，用于指导各部门的工作。

- **政策。**为了落实战略，应制定相应的政策，政策即处理各种问题的一般规定。政策是人们进行决策时思考和行动的指南，因而也是一种计划。

- **规章制度。**为了落实政策，必须制定一些强制性的行为准则。规章制度规定了过去、现在和将来必须遵守的各种规则和程序。

- **预算。**预算是指用数字来表示活动的投入与产出的数量、时间、方向等，是一种数字化的计划。在许多组织中，预算是主要的计划表现形式。

- **规划。**规划是指为达到目标所制定的包括目标、战略、政策、实施步骤、资源预算等在内的综合性蓝图。由规划可派生出具体的进度计划。

? 思考题 为什么说目标、政策、规章制度等都属于计划？

三、计划的类型

计划有多种类型，按时间分，有长期计划、中期计划和短期计划；按范围分，有战略计划和行动计划；按对象分，有综合计划、部门或职能计划和项目计划；按效用分，有指令性计划和指导性计划。

1. 按时间：长期计划、中期计划和短期计划

如表6-2所示，一般地，人们习惯于把三年及三年以上的计划称为**长期计划**，一年以上三年以内的计划称为**中期计划**，时间跨度在一年及一年以内的计划称为**短期计划**。长期计划主要回答两方面的问题：一是组织的长远目标和发展方向是什么；二是怎样达到本组织的长远目标。例如，一个企业的长期计划要指出该企业的长远经营目标、经营方针和经营策略等。中期计划来自长期计划，只是比长期计划更为具体和详细，它主要起协调长期计划和短期计划之间关系的作用。**长期计划以问题、目标为中心，中期计划则以时间为中心，具体说明各年应达到的目标和应开展的工作**。短期计划比中期计划更为具体和详尽，它主要说明计划期内必须达到的目标，以及具体的工作要求，要求能够直接指导各项活动的开展。企业中的年度销售计划就是短期计划的一个例子。

表6-2　按时间划分的计划类型

比较项目	长期计划	中期计划	短期计划
时间	三年及三年以上	一年以上三年以内	一年及一年以内
内容	长期计划以问题、目标为中心，主要明确发展方向、目标及发展思路	中期计划来自长期计划，它主要起协调长期计划和短期计划之间关系的作用。中期计划以时间为中心，具体说明各年应达到的目标和应开展的工作	短期计划比中期计划更为具体和详尽，它主要说明计划期内必须达到的目标，以及具体的工作要求，要求能够直接指导各项活动的开展
举例	企业发展纲要	企业三年规划	企业年度计划

? 思考题 在组织发展的不同阶段，计划的时间跨度是否应有所不同？

示例：某企业的发展战略规划

在一个组织中，**长期计划和短期计划之间的关系应是"长计划、短安排"**，即为了实现长期计划中提出的各项目标，组织必须制订一系列相应的中、短期计划加以落实，而中、短期计划的制订则必须围绕着长期计划中所提出的各项目标展开。

2. 按范围：战略计划和行动计划

战略计划是由高层管理者负责制订的具有长远性、全局性的指导性计划，它描述了组织在未来一段时间内总的战略构想和总的发展目标，以及实施的途径，决定了在相当长的时间内组织资源的运动方向，涉及组织的方方面面，并将在较长时间内发挥其指导作用。

行动计划是在战略计划所规定的方向、方针、政策框架内，为确保战略目标的落

实和实现，确保资源的取得与有效运用而形成的具体计划，它主要描述如何实现组织的整体目标，是战略计划的具体化或是战略实施计划。行动计划还可进一步细分为施政计划和作业计划，分别由中层管理者和基层管理者负责制订。施政计划按年度拟订，明确各年度的具体目标和达到各种目标的确切时间；作业计划则在施政计划下确定计划期内更为具体的目标，确定工作流程、明确人选、分派任务和资源、确定权力与责任。

战略计划、行动计划的划分与按计划期的长短划分的计划类型在很多方面有相似之处，但也有一些差别，如表6-3所示。

表6-3 战略计划和行动计划

比较项目	战略计划	行动计划
时间跨度	三年或三年以上	三年以内（周、月、季、年）
范围	涉及整个组织	局限于特定的部门或活动
侧重点	确定组织宗旨、目标，明确途径和重大措施	明确实现目标和贯彻落实战略、措施的各种方法
目的	提高效益	提高效率
特点	全局性、指导性、长远性	局部性、指令性、一次性

？思考题 是否每一个组织都应有战略计划和行动计划？

3. 按对象：综合计划、部门或职能计划和项目计划

顾名思义，综合计划涉及的内容是多方面的，部门或职能计划只涉及某一特定的部门或职能领域，项目计划则是为某项特定的活动而制订的计划。**综合计划**一般是指具有多个目标和多方面内容的计划，就其所涉及的对象而言，它关联整个组织或组织中的许多方面。习惯上，人们把预算年度的计划称为综合计划，在企业中它是指年度经营计划。**部门或职能计划**是在综合计划的基础上制订的，它的内容比较专一，局限于某一特定的部门或职能，一般是综合计划的子计划，是为了达到组织的分目标而制订的。如企业的年度销售计划，就属于这一类型的计划。**项目计划**是针对组织的特定活动所做的计划，如某项产品的开发计划、职工俱乐部建设计划等都属于项目计划。

？思考题 为什么有了综合计划后还要有部门或职能计划和项目计划？

4. 按效用：指令性计划和指导性计划

指令性计划是指由上级下达的具有行政约束力的计划，它规定了计划执行单位必须执行的各项任务，其规定的各项指标没有讨价还价的余地；**指导性计划**是指由上级给出的一般性的指导原则，是具体如何执行具有较大灵活性的计划。

？思考题 有人认为现在计划不如变化快，所以没必要制订计划，这话对吗？

直观地看，似乎指令性计划比指导性计划更可取，指令性计划具有明确描述的目标，不存在模棱两可容易引起误解的问题。但在现实中，指令性计划所要求的明确性和可预见性条件会由于内外环境条件的多变而难以得到满足。在这种情况下，指导性计划更可取，一方面，由于其没有明确的要求，从而使其具有较好的环境适应性；另

一方面，由于指导性计划规定了一般性的指导原则，从而使其在多变的环境中具有较好的可控性。灵活性和可控性相结合，是应对多变环境的有力武器。

？思考题 你所在的组织中，存在着上述哪些类型的计划？

四、计划的作用

制订计划是一项重要的管理工作，一些管理者和组织失败的原因通常不在于其技术能力，而是因为其缺乏制订有效计划的能力。计划的最终成果是对未来发展的行动方针做出预测和安排，**有效的计划是一切成功的秘诀，**计划做得好可取得很多收益。例如：

● **提供方向**。通过清楚地确定目标和如何实现这些目标，可为我们未来的行动提供一幅路线图或行动图，从而减少未来活动中的不确定性和模糊性。计划是连接现在和未来的一座桥梁。

● **有效配置资源**。实现目标可能有多条途径，事先进行分析，有助于对有限资源做出合理的分配。进一步地，借助计划可以克服由于资源的短缺和未来情况的不确定性所带来的困难，使一些本来无法或难以有效实现的目标得以实现。

● **适应变化，防患于未然**。未来的不确定性不可能完全消除，通过事先对未来可能发生的各种可能性的预计，有助于及时预见危险、发现机会，早做准备。从这一角度讲，计划是一种生存策略，它尽管不能保证我们明天一定成功，但能使我们更好地面对明天。

● **提高效率，调动积极性**。由于目标、任务、责任明确，可使计划得以较快和较顺利地实施，并提高经营效率。通过清楚地说明任务与目标之间的关系，可制定出指导日常决策的原则，并培养计划执行者的主人翁精神。

● **为控制提供标准**。通过事先明确要做什么、由谁做、要求做到何种程度等，为事中和事后控制提供标准，有助于提高控制的有效性。事实上，**没有计划，就不可能进行控制**。

？思考题 为什么很多人在工作中还是常常不做计划？

第二节　计划的制订和审定

如表6-1所示，一项完整的计划包含若干要素，在这些要素中，有的比较容易明确，如范围，有时就体现在计划的标题之中，如"某某企业的经营计划"，说明该计划所涉及的范围就是某某企业；但也有些要素较难确定，如人选和责任。本节将就计划的制订和审定做进一步的探讨。

一、计划制订过程

如图6-1所示，计划的制订通常包括七个步骤。

1. 任务或目标的明确

制订任何一项计划都必须首先明确目标或任务。明确目标可以指明计划的方向，计划中的目标应该具体可衡量、易懂易记，符合第五章中所述的目标描述要求。

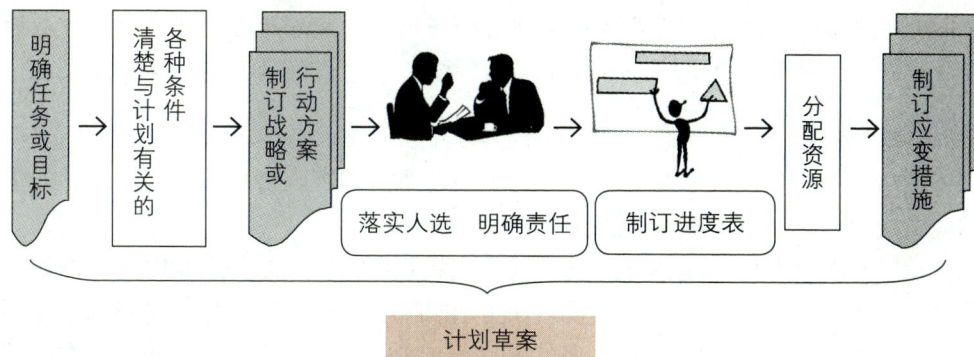

图6-1　计划制订过程

一项计划最好只针对一个目标。因为一项计划如果设立的目标太多，行动时就常会发生不知如何协调以达成各目标的情形。

例如，当你给一次目标为"交流学习经验，增强相互间的感情，娱乐身心"的集体活动制订相应计划时，为了达到以上三方面的目标，就要安排学术交流、交友活动、娱乐活动等项目，导致的结果可能是由于时间有限而内容繁多，不仅学术交流、感情交流泛泛而行，而且每一个人都搞得筋疲力尽。

因此，计划时首先要浓缩目标，使计划易于制订和有效实施。若计划书中有两个以上的目标时，则一定要列出各目标优先顺序或重要程度，以集中资源、保证重要目标的实现。

2. 清楚与计划有关的各种条件

计划是为了指导行动，现实生活中各种不可能具备的条件，不能作为计划的基础。因此，在明确目标以后，要积极与各方面沟通，收集各方面的信息，明确计划的前提或针对该计划的各种限制条件。

例如，在我们制订海外旅游计划时，不仅要收集有关目的地的气候、货币使用情况、当地的食宿情况等信息，而且还要清楚可使用的时间、能够承受的费用额度等条件，只有将这些情况查清，才能够计划行程、路线等。

?思考题　如果在制订计划时忽视了其中的某些信息或限制条件，会导致什么后果？

3. 战略或行动方案的制订

确定目标、明确前提条件后，就要从现实出发分析实现目标所需解决的问题或需要开展的工作。可按照第五章所述的目标分解过程，确定所要进行的各项工作。在各项工作明确之后，通过对各项工作之间相互关系和先后次序的分析，用本章第三节所述的网络计划技术即可画出行动路线图。

在制订行动方案时，应反复考虑和评价各种方法和程序，因为一个好的计划，不仅程序、方法要清楚可行，而且所需要的人力和资金等各种资源支出也越少越好。

4. 落实人选、明确责任

在所要进行的各项工作任务明确以后，就要落实每项工作由谁负责、由谁执行、由谁协调、由谁检查。同时，要明确规定工作标准、检查标准，制定相应的奖惩措施，使计划中的每一项工作落实到部门和个人，并有清楚的标准和切实的保障措施。

?思考题 若在计划中没有明确各项工作的检查标准或做好做坏的奖罚方法，在计划
实施过程中会出现什么情况？

5. 制订进度表

各项活动所需时间的多少，取决于该项活动所需的客观持续时间、所涉及的资源
的供应情况及其可以花费的资金多少。

活动的客观持续时间是指在正常情况下完成此项工作所需的最少时间。例如，酿
酒需要一定的发酵时间，从原材料投入到生产出成品需要一定的生产时间等。在一般
情况下，工作计划时间不能少于客观持续时间。实际工作时间的多少还受工作所需资
源的供应情况的影响，若所需资源能从市场上随时获得，则工作计划时间约为客观持
续时间加上一个余量；若所需资源的获得需要经过一段时间，则计划时间也要在客观
持续时间上再加一个获得资源所需的时间。另外，同样的一项工作，如果不计成本，
则可通过采用先进的技术、增加人力等缩短工作时间；资金不足，也会影响工作进
展。所以，**在一定条件下，计划时间与工作成本成反比。**

根据以上几方面的情况，即可决定每项工作所需的时间，前后相连的各项工作时
间之和即为完成此项任务或实现此项目标所需的总时间。

6. 分配资源

资源分配主要涉及需要哪些资源、各需要多少以及何时需要等问题。

一项计划所需要的资源及资源多少可根据该项计划所涉及的工作要求确定，不同
的工作需要不同性质和数量不等的资源。根据各项工作对资源的需求、各项工作的轻
重缓急和组织可供资源的多少就可确定资源分配给哪些工作和各分配多少。每一项工
作所需资源何时投入、各投入多少，则取决于该项工作的行动路线和进度表。

在配置资源时，计划工作人员要注意不能留有缺口，但要留有一定的余地，即必
须保证工作所需的各项资源，并且要视环境的不确定程度留有一定的余量，以保证计
划的顺利实施。

?思考题 为什么在分配资源时，不能留缺口，但要留有余量？

7. 制订应变措施

制订计划时，最好事先备妥替代方案或制订2~3个计划。制订多个方案的目的，
一是因为在一个组织中，计划必须经过各方面的审议才能获得批准，制订多个方案有
助于早日获得各方面的认可；二是因为尽管我们按未来最有可能发生的情境制订了计
划，但未来的不确定性始终存在，为了应对未来可能的其他变化，保证在任何情况下
都不会失控，就**有必要在按最有可能的情况制订正式计划的同时，按最坏情况制订应
急计划。**

需要说明的是，**应急措施**可以是一个完整的应对最可能发生的最坏情况的计划，
也可以只是简单地说明一旦出现最坏情况该如何做。如当我们按天气晴朗制订郊游计
划时，最后要明确一下，一旦天气不好有雨该如何，这时可以制订一个具体的应急计
划，也可以就是简单的一句"风雨无阻"。

制订计划的实际过程未必都要按上述顺序进行，不过需要强调的是：只要是完备
的计划，上述计划过程的每一个环节都是必不可少的。

二、计划的审定

在完成计划初步编制后，要进行计划的审定。**计划审定主要是评价所制订计划的完整性和可行性。** 计划的**完整性审定**主要是看该项计划要素是否齐全，是否包含了表6-1中所列的各项要素，也可称之为计划形式审查；计划的**可行性审查**也叫内容审查，主要是评价计划中所列各事项的可行性。如果在计划的审定过程中，发现缺少某一部分或某一部分不合适，就要立即进行修改，以使计划更加行之有效。

计划的审定可以由上级审定、同事审定，也可以由群众讨论评价。若经常从事计划审定工作，可根据计划评审的要求将一些问题列成一张清单，作为检核表据此审定。检核表中的问题可根据形式审查和内容审查的要求，包括诸如以下一些问题：

- 计划目标与该组织的目标一致吗？
- 计划的前提假设现实吗？
- 具体的预算投入同计划预计的收益是否平衡？
- 能及时取得计划中所需的资源吗？
- 计划中的完成日期现实吗？
- 计划中的各项工作的负责人能否胜任？
- 如有需要，应急计划行得通吗？
- ⋯⋯

计划审定通过后，该项计划就可作为正式计划付诸实施。

？思考题 计划经过审定和不经过审定这一环节有何不同？

三、计划工作中常见的错误

尽管管理理论非常强调计划的重要性，但在管理实践中，对计划工作的怠慢和抵制仍大量存在：有的管理者以各种理由拒绝进行书面计划的制订；有的组织的计划只有大体框架，而无具体内容，或者只有近期计划，而无长远规划；有的组织的计划只存在于组织高层管理者的头脑当中，其他成员无法知晓；有的组织计划一套，工作起来却是另外一套。在计划工作中，管理人员常犯的错误如下。

1. 认识错误，不注重计划的制订

？思考题 人们不做计划的主要理由有哪些？这些理由成立吗？

尽管大多数人都知道计划的必要性，但在实践中，人们常常以各种理由，忽视计划的制订。如认为计划不如变化快，与其花时间去制订无用的计划，还不如用此时间多做些事情，或者认为现在的事就已经做不过来了，没有必要再为将来去浪费时间，因而忙于应付眼前问题，而不注重为实现未来的目标制订计划；轻视计划，把制订计划看作是一件无足轻重、枯燥无味的事，懒得为此下功夫；认为计划既然常常难以完成，就不如没有计划，而没有认识到**计划的有效性就在于保证在发生各种预想不到的情况时，能将有限的资源首先用于最重要的事情，** 有时没有按计划执行反而是正确的；此外，有的管理人员由于缺乏信心、害怕承担责任，因而不愿意为自己制定有明确时间限制的目标和计划。

2. 缺乏知识，制订的计划缺乏可行性

计划工作本身缺乏计划，各项计划之间互不衔接支持，职权又不相符，从而使计划在实际中无法贯彻。有些计划只是口头上的，连像样的计划文本也没有；有的计划目标过于僵硬，以至于在需要改变时无法加以改变；也有的计划无确定的目标，在执行过程中稍遇困难，即行放弃。

有的管理人员缺乏计划工作的必要知识，制订出来的计划常常内容不完整，从而使计划无法实施或难以应变。如只列出要做哪些工作，却不说明完成这些工作最终是为了什么，一旦情况发生变化就不知所措；事前没有确立适当的评价标准，使计划无从检查、评价；等等。

3. 固守计划，不能适应环境的变化

环境总是处于不断的变化之中，尽管预测技术在不断进步，但它仍不能保证准确地预见未来可能发生的一切变化，因此计划工作要考虑到环境的多变性，及时地加以调整。但在许多情况下，人们即使认识到或预见到未来环境会发生变化，也不一定能及时地改变自己的计划和行动，以使资源的利用趋于效益最大化。思维和行为模式的固化，常常会使人们对计划的变更不自觉地采取抵制的态度，从而使计划受挫。

思考题 评价计划有效性的标准是什么？是否只有当计划的实绩与计划相符时，才是一项有效的计划？

4. 运用不当，缺乏明确的交流与授权

有的管理者只注重计划的保密，不将计划内容让有关的人员知道，使执行计划的人不知道为什么要做、自己的工作与组织目标的实现有何关系等，使计划失去了应有的动员和激励作用。如果组织成员不了解在整个计划中自己的责任与权力以及与其他人员之间的关系，他们是不可能很好地执行计划的。

思考题 产生上述问题的主要原因是什么？

经常注意和防止这些错误的发生，将有助于管理者提高自己的计划能力和所制订的计划的有效性。

第三节　计划制订方法

计划制订的效率高低和质量好坏在很大程度上取决于所采用的计划方法。过去，人们常常采用定额换算法、系数推导法及经验平衡法制订计划。

- **定额换算法**：根据有关的技术经济定额来计算确定计划指标的方法。例如，根据各人、各岗位的工作定额求出部门应完成的工作量，各部门的工作量加总即得到整个组织的计划工作量。
- **系数推导法**：利用过去两个相关经济指标之间长期形成的稳定比率来推算确定计划期的有关指标的方法，也称比例法。例如，在一定的生产技术条件下，某些原材料的消耗量与企业产量之间有一个相对稳定的比率，根据这个比率和企业的计划产量，就可以推算出这些原材料的计划需用量。
- **经验平衡法**：根据计划工作人员以往的经验，把组织的总目标和各项任务分解后分配到各个部门，并经过与各部门的讨价还价最终确定各部门计划指标的方法。

?思考题 这些传统计划方法的优缺点是什么？

在稳定可预测的环境中，上述计划方法简单易行，表现出了较大的优越性。但进入21世纪以后，现代组织面对的是更加复杂和动荡的环境，组织规模也在不断地扩大，依靠传统的计划方法常常难以适应现代计划工作的要求。下面几种常用的计划方法可以帮助我们确定各种复杂的经济关系，提高综合平衡的准确性，并能采用计算机辅助工作，加快计划工作的速度。

一、滚动计划法

滚动计划法是一种将短期计划、中期计划和长期计划有机地结合起来，根据近期计划的执行情况和环境变化情况，定期修订未来计划并逐期向前推移的方法。由于在计划工作中很难准确地预测未来发展中各种影响因素的变化，而且计划期越长，这种不确定性就越大，因此，若硬性地按几年前制订的计划执行，可能会导致重大的损失。滚动计划法则可避免这种不确定性可能带来的不良后果。

滚动计划法的具体**做法**是：在制订计划时，同时制订未来若干期的计划，但计划内容采用近细远粗的办法，即近期计划的内容尽可能详尽，远期计划的内容则较粗；在计划期的第一阶段结束时，根据该阶段计划执行情况和内外部环境变化情况，对原计划进行修订，并将整个计划向前滚动一个阶段；以后根据同样的原则逐期滚动（见图6-2）。

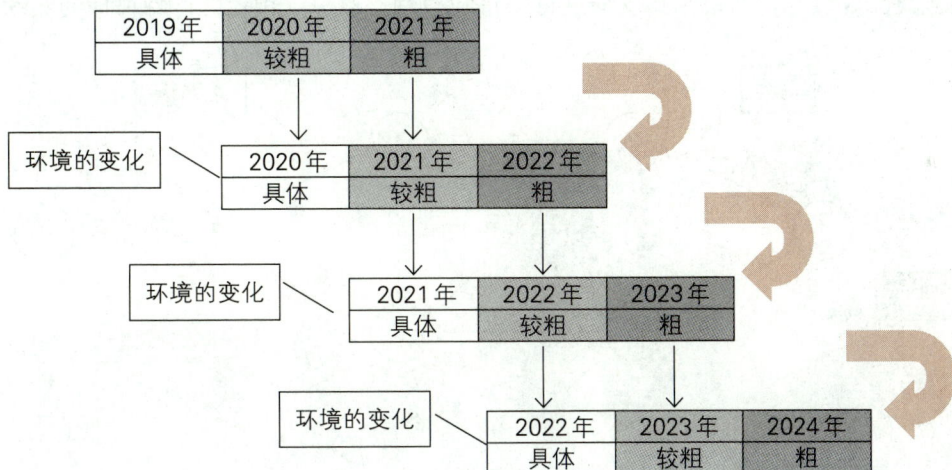

图6-2　滚动计划法

滚动计划法适用于任何类型的计划。其优点是：

● 使计划更加切合实际，由于滚动计划相对缩短了计划时期，加大了对未来估计的准确性，从而提高了近期计划的质量。

● 使长期计划、中期计划和短期计划相互衔接，保证能根据环境的变化及时地进行调节，并使各期计划基本保持一致。

● 大大增强了计划的弹性，从而提高了组织的应变能力。

滚动计划法的缺点主要是刚开始时的编制工作量较大，要同时编制若干期计划。

二、网络计划技术

现代化生产是由众多劳动者使用各种复杂的技术装备来完成的，复杂的生产过程、精细的劳动分工要求有科学的组织和严密的计划，以保证生产的连续进行和充分有效地利用现有的人力、物力、财力，取得最好的经济效益。但在日常生产中，常常发生各个生产环节之间不协调，如前紧后松、停工待料等现象，拖长了生产周期，造成了人力、物力、财力上的浪费，并进而影响了整个生产任务的完成。为了适应现代化生产发展的需要，20世纪50年代以来，许多发达国家进行了大量的调查研究，先后发明了一些新的科学管理方法，网络计划技术就是其中的一种。

网络计划技术包括以网络为基础制订计划的各种方法，如关键路线法（CPM）、计划评审技术（PERT）、组合网络法（CNT）等。在我国，也有人将网络计划技术译为"计划协调技术""计划评审技术""统筹法"等。

网络计划技术的**基本原理**是：把一项工作或项目分解成各种作业，然后根据作业的先后顺序进行排列，通过网络的形式对整个工作进行统筹规划和控制，从而以较少的资源、最短的工期完成工作。

具体运用步骤如下：运用网络图形式表达一项计划中各种工作（任务、活动、过程、工序）之间的先后顺序和相互关系，如图6-3所示；在此基础上进行网络分析，计算网络时间，确定关键工序和关键路线；接着，利用时差，不断地改善网络计划，求得工期、资源与成本的优化方案，付诸实施；在计划的执行过程中，通过信息反馈进行监督和控制，以保证预定的计划目标的实现。

扩展阅读：网络图的绘制与运用

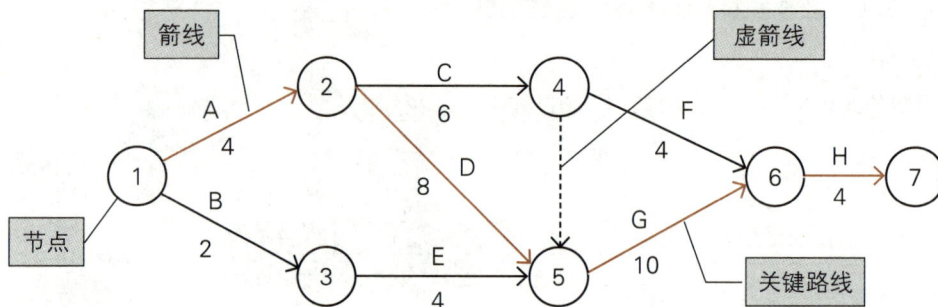

图6-3　网络图

注：网络图由箭线、节点、虚箭线和路线组成。

●箭线（arrow）：网络图中一端带箭头的实线，代表一项活动、工作、作业。箭尾表示活动的开始，箭头表示活动的结束。

●节点（node）：用圆圈表示，代表某项活动的开始或结束。

●虚箭线（dummy arrow）：用带箭头的虚线表示，表示一种作业时间为零的实际上并不存在的作业或工序。

●路线（path）：是指网络图中从始点开始，沿着箭头方向到达网络图终点为止，中间由一系列首尾相连的结点和箭线所组成的一条通道。其中，在路线上的各项作业时间之和为最大的路线，称为关键路线。

网络计划技术适用于各行各业，特别是包含较多项作业、需要多家单位配合完成的大型工程项目。网络计划技术具有以下几个**特点：**

- **系统性**。通过箭线关系，能把整个计划中的各项工作之间的内在联系和制约关系清晰地表示出来，使管理者对他们各自在计划中所处的地位和作用一目了然，易于对一项复杂的任务有条不紊地进行全面考虑与安排，并可促进相关人员之间的相互了解、协调和配合，有利于发挥各自的作用，处理好局部和整体之间的关系，从而实现系统整体效益的最优化。

- **动态性**。利用网络计划技术编制的计划是一种灵活性很强的弹性计划，它把计划执行过程看成是一个动态过程，可不断根据计划实际执行情况的信息反馈，通过调动非关键路线上的人力、物力与财力加强关键作业，确保预定目标的最终实现。通过对工程的时间进度与资源利用进行优化，既可节省资源，又能加快工程进度。

- **可控性**。便于组织和控制，特别对于复杂的大项目，可分成许多子系统来分别控制。由于网络图提供了明确的活动分工以及相应的期限要求，这就为管理人员提供了现实的控制标准；通过对每一道工序或作业的计算与分析，给管理人员指明了计划中的关键工序、关键路线以及控制的重点，并为管理人员采取适当的控制措施指明了方向，有助于提高控制效果。管理人员可事先评价达成目标的可能性，指出实施中可能发生的困难点和这些困难点对整个任务产生的影响，以便准备好相应的措施，以减少完不成任务的风险。

- **易掌握**。网络计划技术把图示和数学方法结合起来，计算简便，直观性强，容易掌握运用，有利于普及推广。进一步地，由于网络图可以通过计算机进行运算，所以采用网络计划技术还有利于实行计算机管理，从而提高管理效率。

？思考题 网络计划技术要发挥其作用，必须具备什么前提条件？

虽然通过网络图可以了解计划全貌、各项活动之间的依存制约关系，进而掌握关键路线并进行有效的计划和控制，但网络计划技术也不是万能的。它推动了计划工作，但它并不是计划工作；它建立了一种正确理解和使用合理控制原则的工作环境，但它不会使控制自动进行。如果计划本身模糊不清，并对时间进度做出不合情理的"瞎估计"，那么网络计划技术也许毫无用处。所以，网络计划技术的有效性取决于对该项技术的正确运用。

三、情景计划法

情景计划法也是在动荡环境中管理者最常用的计划方法之一。

情景计划又称权变计划，是管理者对未来的情况进行多重预测并分析如何有效应对各种可能出现的情况，从而得到的一系列如何应对不同情形的行动方案。

计划的目的是能够对未来可能出现的机遇和威胁早做准备。然而，未来的不确定性是客观存在的，那么，管理者进行有效计划的合理方法就是首先要对未来可能出现的状况进行各种假设，并在此基础上形成一组"多样未来"情景（例如未来的石油价格可能出现的情景：石油被其他能源取代，长期低于30美元，高于100美元，在30~100美元上下波动），然后针对各种情景制订出相应的计划，详细描述一旦假设的任何一种未来情景果真出现时，企业应该怎么做。

扩展阅读：情景规划及其实例

情景计划的**优点**不仅在于能够形成有用的计划，还能够促使各级管理者清醒地认识到组织所处环境的动态特征和复杂性，以及可供组织采用的战略的多样性。也就是说，情景计划法不仅能够对充满不确定性的未来可能出现的挑战进行预测，还能够激励管理者从战略的角度对未来进行思考。情景计划法的**缺点**是难以确定应该对哪几种未来情景制订计划。

思考题 管理者是否应熟练掌握这些计划方法？

第四节 时间管理：个人计划实践

对于管理者而言，时间也许是最为宝贵的一种稀缺资源。这从中国成长性企业总裁每天的日程表和许多组织中的问题受制于高层管理者的关注中可见一斑。

时间是一种不可再生资源，正因为如此，每个人都要珍惜时间，合理地运用每一秒钟。时间不像其他资源，有的人多，有的人少。时间对于每一个人都是公平的，每一个人每天都拥有24小时，只不过有的人利用得好，有的人利用得差。通过对时间进行计划，有助于管理者有效地利用有限的时间资源。

思考题 为什么有些管理者并不注重对时间的有效利用？

一、响应时间和自由时间

作为一个组织的管理者，他的时间并不都是可控的。他们常常会被要求去处理各种各样的意外事故。一般地，管理者的时间可分为两部分：一部分为**响应时间**，用于响应其他人提出的各种请求、要求和问题，这部分时间具有难以控制性，管理者一天中的大部分时间属于响应时间；另一部分是管理者可以自行控制的，叫**自由时间**。正因为自由时间是可控的，所以通常**时间管理的重点也就在如何用好自由时间上。**

不幸的是，对于大多数管理者而言，特别是中下层管理者，自由时间只占其工作时间的四分之一左右，而且是以分散的形式存在的：这里五分钟，那里五分钟。因此，**要有效地运用时间，就必须首先管理好响应时间，**并了解自己对时间的运用情况。

思考题 为什么有的人整天所忙的常常是不那么紧要的事？

为了管理好响应时间，首先要对响应时间做出规划，如规定一周中哪几个时间段为对外响应时间（类似于"接待日"），以集中处理某些事务性响应工作；其次要对他人请求响应的事情在了解情况的基础上，根据组织价值取向和目标定位确定是否需要响应，根据组织内的角色定位和职责分工确定是否需要自己响应，尽量减少可做可不做或做他人职责范围之内的事，以集中精力做必须做和能体现自己最大价值的事。同时，在响应过程中，也要考虑好响应的方式方法，尽量减少无谓的会议和不断的反复。**只有首先管理好响应时间，管理者才有可能拥有更多的自由时间来履行自己的职责。**

为了了解你是如何运用每天的时间的，可通过对一个短时期内每天活动的记录和对这些资料的分析评价而获得。为了获得你平时时间运用的信息，需要做两周左右的记录。在这两周里，你要每过15分钟就记一次。为了便于分析，可将相关的活动事先分类，记录时在相应条目下做上记号即可。要注意记录必须诚实，你要记录的是你实际运用时间的情况而不是你的希望。

当你完成了两周的记录以后，你有了详尽的时间和活动日志，据此你就可以来分析你运用时间的状况：将你在过去的两周内所做的每一件事按照表6-4中的标准注出其重要性和紧迫性，如果所做的大多数事情都属于C类或D类，那么就说明你的时间运用有问题。

表6-4 重要性和紧迫性程度区分标准

类 别	区分标准	
	重要性	紧迫性
A类	非常重要：必须做	非常紧迫：必须马上做
B类	重要：应该做	紧迫：应该马上做
C类	不那么重要：有用但不必须	不那么紧迫：可以稍候再做
D类	不重要：无关紧要	时间上没有限制

二、时间管理的方法

时间管理的目的是有效地利用时间。这就要求管理者明确在一定的时期内所要达到的目标、所需进行的活动和每一项活动的重要性和紧迫性。时间管理一般包括以下几个**步骤**：

扩展阅读：如何掌握自己的时间与生活？

● 列出目标清单。即列出你或你所管理的部门在未来一段时间内所要实现的目标，假如你运用了目标管理方法，那么这些目标应该是清楚的。

● 将这些目标按其重要程度排序。不会所有的目标都是同等重要的，既然每一个人所拥有的时间是有限的，我们首先要做的应该是重要的事情。

● 列出实现目标所需进行的活动。即明确为了实现上述目标，应开展哪些活动。假如运用了目标管理方法，那么这些活动也应该是清楚的。

● 对实现每一个目标所需进行的活动排出优先顺序。排序时按每一项活动的重要性和紧迫性程度排列。可将所有活动按其重要性和紧迫性程度分成四类：必须马上做的、有时间就应该做的、可授权给他人做的和没有必要做的。必须马上做的是非常重要的或重要且非常紧迫的事，有时间就应该做的是重要的事，而不重要的事则可授权他人来做。在重要与紧迫之间，管理学主张"要事优先"。

● 按所给出的优先顺序制订每日工作时间表或备忘录。在前一天晚上，将第二天所要做的事情按其重要性和紧迫性程度列出清单，并制订相应的时间表。要注意的是，所列事情不要超过5件。

?思考题 为什么所列的事情不能太多？

● 按工作时间表开展工作。在工作中，要严格按时间表进行，每做完一件事都要看一看下面一件事是什么，可以有多少时间来处理这件事。尽可能地按时完成，若不能按时完成或临时出现了新事情，则要重新评价其重要性和紧迫性，并据此确定将此事推后或修改工作时间表。

- 每天结束工作时，要回顾一下当天的时间运用情况，并安排第二天的活动。通过不断地总结经验，管理者就会不断地提高工作效率。

？思考题 按此程序做就一定能提高时间利用率吗？若能，你会照此做吗？

小卡片 | **德鲁克谈善用时间**

管理者永远都在为时间不够用的问题寻找神奇的灵丹妙药：上速读课、规定员工呈交上来的报告不能超过一页、机械化地限定面谈时间一律不能超过15分钟。这些办法根本没有用，最后只是浪费时间罢了。不过管理者却有可能聪明地分配时间。

懂得善用时间的管理者通过良好的规划，达成绩效。他们愿意先思考，再行动，花很多时间彻底思考应该设定目标的领域，花更多时间有系统地思考如何解决一再出现的老问题。

资料来源：彼得·德鲁克. 管理的实践［M］. 齐若兰，译. 那国毅，审订. 北京：机械工业出版社，2006：288.

三、时间管理中应注意的问题

你了解你的生 **Q** 物钟吗？

在时间管理中，管理者应注意以下几个问题：

- **掌握生物钟**。每一个人在一天的不同时间里，其工作效率是不同的。管理者应掌握自己的效率周期，并以此制订自己每天的工作计划，把最重要的事情放在自己效率最高的时候做，而把日常事务和不重要的事安排在生物钟处于低潮的时候做。一般而言，这样安排将大大提高工作效率。

- **牢记帕金森定律**。帕金森定律指出，只要还有时间，工作就会不断地扩展，直至用完所有的时间。据此，在时间管理中，我们不要给一项工作安排太多的时间。如果你给一项工作分配了较多的时间，很可能你就会慢慢来，直至用完所分配的所有时间。

？思考题 给一项工作安排比较紧的时间，结果会怎样？

- **把不太重要的事集中在一起处理**。在每天的日程中安排一段固定的时间用于处理信函、接待下属、回答问题等。一般而言，这段时间应安排在生物钟处于低潮时。

- **尽可能减少干扰**。为了充分利用时间，可把生物钟处于高潮时的时间固定为自由时间。在这段时间里，要排除干扰，关起门来静心考虑问题，不接电话、不接待下属，把这些事情放在另外一段时间里。能拥有的自由时间的多少主要取决于你在组织中的地位，一般地，高层管理者的自由时间多，而基层管理者的自由时间少。

- **提高会议效率**。开会在管理者的时间表中占有较大的份额。因此，提高开会效率是有效利用时间的一个重要方面。当举行一个会议时，应事先规定好会议议程和会议时间，并严格执行。

？思考题 为什么在现实生活中常有效率不高的"马拉松"会议？

● **复习题**

1. 计划管理者的基本职责是什么？
2. 一项完整的计划应包括哪些内容？
3. 计划有哪几种分类方法？
4. 管理者为什么要事先进行计划？
5. 计划工作中常见的错误有哪些？
6. 怎样进行计划的审定？
7. 各种现代计划方法的优缺点是什么？分别适用于什么场合？
8. 怎样进行时间管理？

要点参考

● **讨论题**

计划的作用探讨

参与日常计划制订情况调查；

列举平时不做计划的理由，讨论这些理由是否成立。

● **案例分析**

怎样赢得竞争优势？

三联电竞是一家从事手游产品开发、运维的企业。在前几年，这家企业由于抢占了市场先机，获得了迅速的发展。但现在，这家企业强烈地意识到了来自国内外同行的竞争。这家公司的总经理认识到，在这个行业里，取得成功的关键之一是企业要能适时地推出高质量的新游戏，而这不仅涉及创意策划，而且也需要有强大的开发能力和运营能力。为此，他聘请了某高校的一位管理学教授，来分析该企业能成为一家成功的手游企业的内部适应性。

该教授经过调查，提出了以下看法：企业的目标大多数是为期一年的，而且主要是一些经济指标；对于一些暂时看不到效果的项目，通常不会给予重视；奖金是根据各项目季度或年度目标实现情况而定的；一般地，各主管人员是好的"消防战士"，但他们只注重"救火"，而不太注意事先防止问题的发生；每一个主管人员都集中精力于自己的任务，而不太注重相互间的交流和协同；主管人员大多致力于内部产品的开发，而不关心外界的环境变化。

总经理认真地听取了这位教授的报告。实际上，他也看到了这些情况，教授的调查只不过加深了他对这个组织的印象，重要的问题是：现在应该怎么办才能解决这些问题，从而增强企业的竞争能力？

请问：

当总经理征求你的意见时，你将如何回答？为什么？

推荐书目

1. ［美］保罗·蒂法尼、史蒂文·彼得森著，陈静梅译，贺卫华译审:《如何制订企业经营计划》，企业管理出版社2000年版。这是一本比较实用的有关企业经营计划制订的著作。

2. ［美］史蒂文·凯斯著，张维迎译:《抢在时间前面的七条捷径》，中国青年出版社2003年版。管理者的时间是稀缺的，抢在时间前面是成功的关键之一。阅读这本由美国时间管理专家撰写的有关时间管理的书只需50分钟。

3. ［美］林恩·莱夫利著，唐艳华等译:《不再拖拉——教你立即采取行动的7个步骤》，中信出版社2002年版。每个人都会拖拉，都想克服拖拉。该书将告诉你如何运用适合自己的方式，改掉拖拉的习惯，从而实现自己的目标。

第七章 决策及其过程

第七章

学习要求

　　掌握科学决策理论的基本观点；明确决策在管理工作中的地位；了解各种决策类型；清楚理性决策的基本过程；了解各种决策方法及其适用范围；掌握提高决策正确率的基本技巧。

　　管理者在从事组织管理工作时，会遇到各种各样的问题：今年的目标如何确定？如何调动某类人员的积极性？如何保证某项重要工作的顺利进行？等等。这些问题有的大，有的小；有的简单，有的复杂，但它们都需要解决，都需要管理者做出决策，而且其决策的正确与否都会在一定程度上影响组织的正常运转。

　　决策是管理者从事管理工作的基础。在本章中，将着重讨论以下内容：

- 决策及其类型。
- 理性决策过程。
- 几种常用的决策方法。
- 提高决策正确性的技巧。

第一节　决策及其类型

一、决策的定义

　　科学决策理论认为，**决策是为了达到某一特定的目的而从若干个可行方案中选择一个满意方案的分析判断过程**。这一定义告诉我们：

　　1. 决策的前提：要有明确的目的

　　决策或是为了解决某个问题，或是为了实现一定的目标。**没有目标就无从决策，没有问题则无须决策**。因此，在决策前，要解决的问题必须十分明确，要达到的目标必须具体清楚。

　　2. 决策的条件：有若干个可行方案可供选择

　　一个方案无从比较其优劣，也无选择的余地，**"多方案抉择"是科学决策的重要原则**；决策要以可行方案为依据，决策时不仅要有若干个方案来相互比较，而且各方案必须是可行的。

？思考题　有比较的决策与无比较的决策对决策实施有何影响？

3. 决策的重点：方案的分析比较

每个可行方案既有其可取之处，也有其不利的一面，因此必须对每个备择方案进行综合的分析与评价，确定每一个方案对目标的贡献程度和可能带来的潜在问题，以明确每一个方案的利弊。而通过对各个方案之间的相互比较，可明晰各方案之间的优劣，为方案选择奠定基础。

?思考题 分析与比较要做到怎样的程度才能满足方案选择的需要？

4. 决策的结果：选择一个满意方案

赫伯特·西蒙（Herbert Simon）认为，现实世界中的管理者不可能获得进行决策所需要的全部信息（**不完全信息假设**），许多管理者也缺乏吸收和正确评估这些信息的智能和心理能力（**有限理性假设**）。在有限理性的约束下，面对未来的不确定性、难以估量的风险以及相当程度上的模糊性，再加上时间的限制和昂贵的信息成本，管理者根本不会试图去寻找所有可能的方案。在这种情况下，管理者会遵循"满意原则"，即决策者在筛选决策方案时，会选择第一个能够满足最低决策准则的方案。所谓的"满意方案"，是指在诸多方案中，在现实条件下，能够使主要目标得以实现、其他次要目标也足够好的可行方案。

> **小卡片**
>
> ## 追求最优方案为什么不可行？
>
> - 决策既非"白"，亦非"黑"，而是介于两者之间，即是"灰"的。
> - 组织所处的内外部环境总在不断地发生变化，使得决策依据变幻莫测。
> - 不充分的信息影响着方案的数量和质量，所以并不能确定和分析所有的可能方案。
> - 由于人的预见能力有限，今天的理想选择不等于是明天的理想选择。
> - 随着目标和资源的变化，"最优"可能不再"最优"。
> - 由于决策是基于不完全信息，因此过程中的调整和协调不可避免。
> - 决策过程受限于"满意感"和"有条件的合理性"的限制。
> - 管理者经常没有充裕的时间去收集或寻找最佳方案。
>
> 资料来源：M. K. 巴达维. 开发科技人员的管理才能——从专家到管理者［M］. 金碧辉，等译. 北京：经济管理出版社，1987：237.

?思考题 这是否就意味着在现实中最优方案并不存在？

5. 决策的实质：主观判断过程

决策有一定的程序和规则，但它又受价值观念和决策者经验的影响。在分析判断时，参与决策人员的价值准则、经验会影响决策目标的确定、备选方案的提出、方案优劣的判断及满意方案的抉择。因此，**决策从本质上而言是管理者基于客观事实的主观判断过程**。

正因为决策是一个主观判断过程，所以对于同一个问题，**不同的人有不同的决策选择结果，这是正常现象**。也正因为如此，在现实生活中，我们不能以己度人，将自己的决策选择结果强加于人；在管理实践中，则要求管理者能够在听取各方面不同意见的基础上根据自己的判断做出正确的选择。

思考题 决策是一个主观分析判断过程，这是否就意味着决策没有科学性？

二、决策的类型

决策根据它所要解决的问题的性质和内容，可分成许多不同的类型。管理者在进行决策之前，首先要了解所要解决的问题的特征，以便按不同的决策类型，采取不同的决策方法。一般而言，决策可以分为以下几种类型。

1. 按照决策的重要程度，可分为战略决策、管理决策和业务决策

战略决策，是指直接关系到组织的生存发展的全局性、长远性问题的决策。如企业的经营目标、方针、产品更新等的决策。这种决策对于组织的发展具有重要意义，一般涉及的时间较长、范围较宽。由于所要解决的问题大多内容比较抽象、复杂且常常是以前没有遇到过的，因此管理者常常要借助于自己的经验、直觉和创造力进行判断。战略决策一般由高层管理者做出。

管理决策，是指属于执行战略决策过程中的基本战术决策。如企业生产计划和销售计划的确定、新产品设计方案的选择、新产品的定价等，均属此类决策。管理决策是为了保证战略决策的实现所做的决策，所面临的大多是实施方案的选择、资源的分配、实际业绩的评估等方面的问题，比较具体，带有局部性且灵活性较大。这些问题大多可以定量化，可以进行系统分析。但当组织处于动态环境中时，由于预测困难，有时也较多地依赖于管理者的经验判断。这类决策大多由中层管理者做出。

业务决策，是指在日常业务活动中为了提高效率所做的决策。如生产任务的日常安排，工作定额的制定等，一般由基层管理者做出。这类决策所要解决的问题常常是明确的，决策者知道要求达到的目标、可以利用的资源，知道有哪些途径，也知道可能的结果，一般可以采用分析工具来帮助抉择。

2. 按照决策是否具有重复性，可分为常规决策和非常规决策

常规决策，是指经常发生的能按规定的程序和标准进行的决策，多指对例行公事所做的决策。由于这类问题经常重复出现，因而可以把决策过程标准化、程序化，可通过惯例、标准工作程序和业务常规予以解决。如请假的批准、退货的处理、库存减少到一定程度时的重新订货等，均属于此类决策。

非常规决策，它所要解决的是不易确定、错综复杂且前所未有的新问题。由于是新问题，因而不能依据业务常规来解决，而需要管理者进行专门的处理。如新产品的研究开发、多样化经营、技术改造等，均属于此类决策。

思考题 为什么要进行常规决策与非常规决策的分类？

3. 按照决策的性质，可分为确定型决策、风险型决策和不确定型决策

确定型决策，是指可供选择的方案只有一种自然状态时的决策，即各备择方案所需的条件是已知的并能预先准确了解各方案的必然后果的决策。这种决策，由于各方案的条件、后果已知，所以只要比较一下各方案，就可做出最佳决策。例如，某企业要贷款，可从三家银行获得，利率分别为8%、7%和9%，在其他条件相同的情况下，当然是从利率为7%的银行贷款。

风险型决策，是指可供选择的方案中存在着两种以上的自然状态，哪种状态可能发生是不确定的，但可估计其发生的客观概率的决策。在风险型决策中，决策者知道

各备选方案所需具备的条件，但对每一个方案的执行可能会出现的几种不同的后果只有有限的了解，决策时需要冒一定的风险。股票投资决策就属此类决策。此类决策一般通过比较各方案的损益期望值来进行决策。

不确定型决策，是指各备择方案可能出现的后果是未知的，或只能靠主观概率判断时的决策。例如，某企业拟将一种新产品投放市场，有大批量、中批量和小批量三种生产方案，由于缺乏历史资料，对于产品投放市场后的销路会怎样并不清楚，或只有销路好、一般和差的大致估计，此时的决策即为不确定型决策。处理这类问题无规律可循，一般依靠决策者的经验和直觉来进行决策。

扩展阅读：决策模式分类

除了以上几种分类外，决策还可根据所涉及的时间长短，分为中长期决策和短期决策；按决策的模式不同，分为最优决策、理性决策和政治决策等。

三、决策的意义与作用

决策是管理者从事管理工作的基础，在管理活动中具有重要的地位与作用。决策在管理中的重要性主要体现在以下几方面。

1. 决策贯穿于管理过程始终

管理者在管理过程中要履行计划、组织、领导、控制等职能。这些工作，一旦展开，就具有相对的稳定性。决策则不同，它是管理者经常要进行的工作，管理者的主要意图均需通过决策来实现，它贯穿于组织的各项管理活动中。如表7-1所示，从目标的确定、资源的分配、组织机构的建立、人员的招聘到对下属的奖惩、纠偏措施的实施等，都需要管理者做出决策。正是基于这一点，西蒙提出了"管理就是决策"的观点。

表7-1 决策贯穿于管理各职能

计划：	组织：
什么是组织的长远目标？	需要招聘多少人员？
采取什么策略来实现组织目标？	工作如何分配？
组织的短期目标应该是什么？	权力如何分配？
组织资源如何配置？	采用何种组织形式？
领导：	**控制：**
如何对待积极性不高的员工？	组织中哪些活动需要控制？
在一定环境中采用何种领导方式为好？	如何控制这些活动？
如何解决所出现的纷争？	偏差多大时才采取纠偏措施？
如何贯彻某项新措施？	出现重大失误时怎么办？

2. 决策正确与否直接关系到组织的生存与发展

决策是任何有目的的活动发生之前必不可少的一步。组织的兴衰存亡，常常取决于管理者特别是高层管理者的决策正确与否。

长期以来，决策是以个人的知识、智慧和经验判断为基础的，这对于一些情况简单、容易掌握和判断的问题尚可应付，即使失误了影响也不大，易于扭转。但在现代，管理者所面临的许多复杂问题，已远不是经验决策所能解决的。很多问题都涉及巨额的投资、各方面利益的平衡及众多关系的处理，需要运用多学科的知识审慎判断；而竞争的加剧又需要反应灵敏、及时决策，这就要求决策必须科学化，并努力提高决策的正确率。

3. 决策能力是衡量管理者水平高低的重要标志

要求决策正确，光有主观愿望是不够的。**决策是一项创造性的思维活动，体现了高度的科学性和艺术性。**有效的决策取决于三个方面：一是具有有关决策原理、概念和方法的坚实知识；二是具有收集、分析、评价信息和选择方案的娴熟技能；三是具备经受风险和承担决策中某些不确定因素的心理素质。由于管理者所面临的问题常常涉及众多的因素，错综复杂，因此需要管理者具有多方面的才能方可做出正确的决策，加上决策在管理中的重要作用，决策能力便成为衡量管理者水平高低的重要标志。

判断你的个人
决策风格 Q

？思考题 怎样才能提高自己的决策能力？

第二节　理性决策过程

决策过程是指从问题提出到方案确定所经历的过程。决策是一项复杂的活动，有其自身的工作规律性，需要遵循一定的科学程序。在现实工作中，导致决策失败的原因之一就是没有严格按照科学的程序进行决策，因此，了解和掌握科学的决策过程，是管理者提高决策正确率的一个重要方面。

一般来说，决策过程大致包括如图7-1所示的几个步骤。

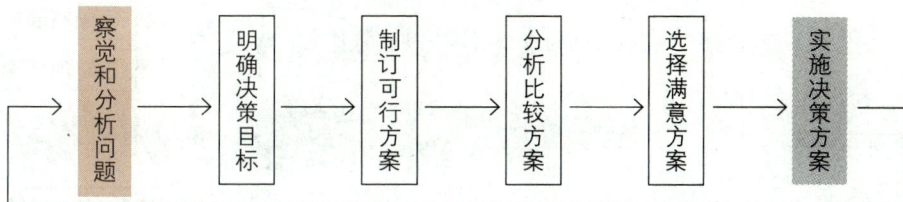

察觉和分析问题 → 明确决策目标 → 制订可行方案 → 分析比较方案 → 选择满意方案 → 实施决策方案

图7-1　理性决策过程示意

一、察觉和分析问题

决策是为了解决现实中提出的需要解决的问题或为了达到期望实现的目标。所谓**问题**，就是应有现象（或目标）和实际现象（或现实）之间所存在的差距。通过调查、收集和整理有关信息，发现差距，明确奋斗目标，是决策的起点。没有问题，不需要决策；问题不明，则难以做出正确的决策。

？思考题 是否一出现问题就需要考虑如何加以解决？

决策的正确与否首先取决于问题判断的准确程度，因此，**认识和分析问题是决策过程中最为重要也是最为困难的环节**。就管理者的工作而言，若能始终正确判断问题自然最好，但在实际工作中却常常事与愿违，要么不能正确地判断问题，要么就是触及不到问题的实质。

？思考题 现象与实质之间是怎样的关系？

怎样才能正确地判断问题呢？在实际工作中，真正的问题自然不会摆在面上，需要管理者花力气去找。利用如图7-2所示的思维方式，管理者对问题的观察和判断会更加细致和全面。

小卡片　　　　　　　　　　**两类不同性质的问题**

● "需改变"的问题：某种需要改变的情况。事情发生了不正常的情况，需要我们改变它。"需改变"的问题关注事情的现状，即要"改变"它，让问题离我们远去。

● "需实现"的目标：需要改变事情的现状，使它符合我们的预期或更加令人满意。"需实现"的目标关注事情未来的状况，即要"实现"它，让我们朝那个方面努力。

"需实现"的目标可以转换成为"需改变"的问题：如何改变现状与目标之间的差距？

资料来源：史蒂夫·尼兰. 条理性思维——对管理者解决问题和决策的系统指导［M］. 何玮鹏，陈燕，译. 北京：机械工业出版社，2001：12-15.

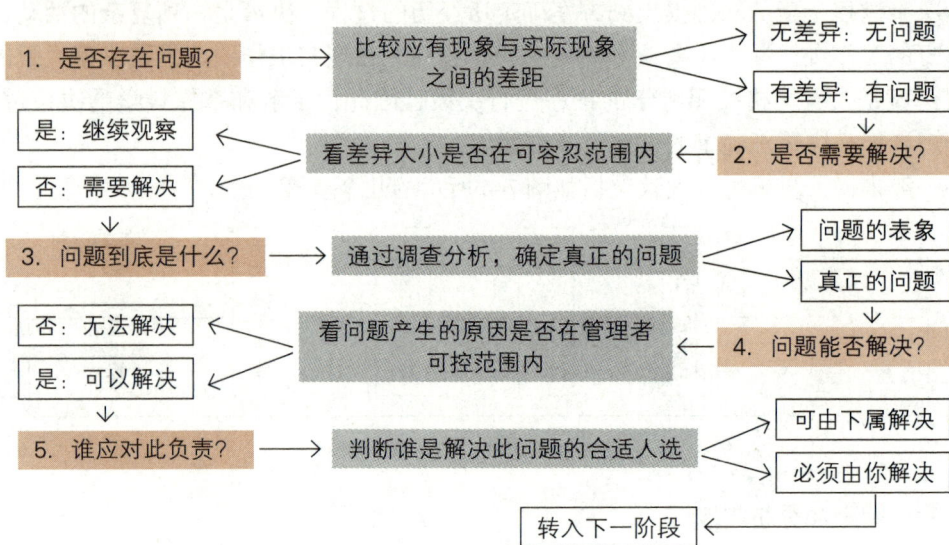

图7-2　问题判断思路

● 确定**是否存在问题**。发现现有的或潜在的问题是敏锐的洞察力、预见性和高度的敏感性的综合体现。确定是否存在问题的有效方法是将现状与理想（或期望目标）加以比较，若两者之间存在差异，管理者就可断定他面临着问题。

● 确定**问题是否需要解决**。在现实生活中，并不是碰到任何问题都要采取相应措施加以解决。由于资源的有限性，对于大多数问题都可以采取听之任之的态度，而将精力和资源集中于处理那些对于我们而言是重要的问题。因此，**决策的前提是：存在着某个需要解决的问题**。判断问题是否需要解决的方法是看差异的大小是否在管理者的容忍范围之内，若在可容忍范围之内，则继续观察，不采取任何措施；若已超出了可容忍范围，就说明问题严重需要解决。

● 确定**问题出在何处**，即明确真正的问题及其可能的原因。除非问题产生的原因已昭然若揭，否则管理者就要通过收集与问题有关的信息，透过问题的表面现象，找出妨碍目标实现的阻力或出现差异的原因。**只有找到了真正的问题及其原因，才能提出有效的解决方法，为正确决策奠定基础。**

- **确定问题是否能够解决**。决策是为了解决问题，在所要解决的问题明确以后，还要确定这个问题能不能解决。有时由于客观条件的限制，管理者尽管知道存在某些需要解决的问题，也无能为力，只能暂时先将问题"挂起来"，待条件具备后再"提上议事日程"。如果问题产生的原因在管理者的有效控制范围之内，则问题是能够加以解决的。

- **确定应由谁来负责**。组织中出现任何问题，管理者都负有不可推卸的责任。管理者有责任解决需要解决的问题，但这并不意味着所有需要解决的问题都必须由管理者亲自来解决。应根据对真正的问题及其原因的分析来确定合适的人选，使问题能被合适的人在恰当的时间予以解决。但不管是由你自己解决还是由下属来解决，管理者都必须推动并监督问题的解决，并对此承担责任。

？思考题 假如你是教学管理人员，请按照上述思路找到导致学生缺课的真正原因。

二、明确决策目标

在所要解决的问题及其责任人明确以后，则要确定应当解决到什么程度，明确预期的结果是什么，也就是要明确决策目标。所谓**决策目标**，是指在一定的环境和条件下，根据预测，对这一问题所希望得到的解决结果。

目标的确定十分重要，同样的问题，由于**目标不同，可采用的决策方案也会大不相同**。目标的确定，要经过调查和研究，掌握系统准确的统计数据和事实，然后进行由表及里、去伪存真的整理分析，根据对组织总目标及各种目标的综合平衡，再结合组织的价值准则和决策者愿意为此付出的努力程度进行确定，如图7-3所示。

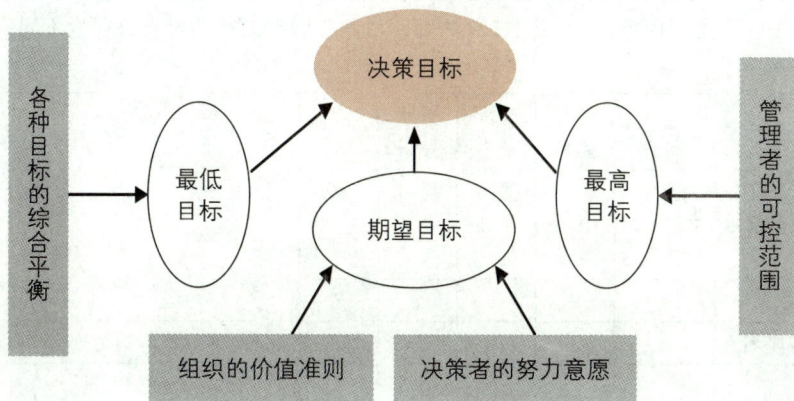

图7-3 决策目标的确定

？思考题 在图7-3中，期望目标与决策目标有何异同？

三、制订可行方案

决策亦可定义为对解决问题的种种行动方案进行选择的过程。为解决问题，必须寻找切实可行的各种行动方案。解决问题的方案通常不会太明显，因为如果问题解决的方案显而易见，那么人们可能早已解决这一问题。因此，在通常情况下，管理者所面临的问题的解决需要其付出更大的努力。

拟订的行动方案要紧紧围绕所要解决的问题和决策目标，根据已经具备和经过努力可以具备的各种条件，并充分发挥创造性和丰富的想象力。不要拘泥于经验和实际，也不要忘记**不采取任何行动也是备择方案之一**。

？思考题 我们是否要找出所有的可行方案？

四、分析比较方案

决策过程的第四步是对行动方案进行评价。为此，首先，建立一套有助于指导和检验判断正确性的决策准则。**决策准则**表明了决策者主要关心哪几个方面，一般包括目标达成度、成本（代价）、可行程度等。其次，根据决策准则衡量每一个方案，并据此列出各方案满足决策准则的程度和限制因素，即确定每一个方案对于解决问题或实现目标所能达到的程度和所需的代价，以及采用这些方案后可能带来的后果。再次，分析每一个方案的利弊，比较各方案之间的优劣，对各方案做到"心中有数"。最后，根据决策者对各决策目标的重视程度和对各种代价的可承受程度进行综合评价，结合分析比较结果，提出推荐方案。

在第三步和第四步中，如果可能，我们也可以运用大数据分析或使用计算机辅助决策系统帮助提出可行方案和进行方案的分析比较。

小卡片 **方案的分析比较——如何做到"心中有数"**

为了选择合适的应聘者，决策者首先讨论确定了决策准则，即下表中所示的5个方面。根据这5个方面各自的重要性程度或获得的难易程度，赋予各个方面以不同的权重V。按照这5个方面，对各应聘者进行评价打分得到不同的分值。

决策标准	学历	学习能力	交际能力	行业知识	态度	分析	综合评价
衡量标准	大专 1 本科 2 研究生 3	弱 1 中 2 强 3	弱 1 中 2 强 3	弱 1 中 2 强 3	一般 1 中 2 好 3		
权重V	1	2	2	1	3		
应聘者A	3	2	1	2	2	学历理想，交际能力弱	17
应聘者B	3	1	2	3	2	学历和行业知识都理想，学习能力弱	18
应聘者C	2	3	1	2	3	学习能力和态度很好，交际能力弱	21
比较	AB C	C B	B AC	B AC	C AB	应聘者C	

根据打分结果，可对每一个方案进行分析，明确其利弊，比较各方案优劣，最后结合权重进行综合评价，获得各方案的综合评价分。由综合评价分列出推荐方案C。

通过这样一种定量分析，我们可以对各方案的利弊优劣做到"心中有数"。

五、选择满意方案

在对各个方案进行理性分析比较的基础上，决策者最后要从中选择一个满意方案并付诸实施。

？思考题 选择时是不是就选经过分析比较最好的那个推荐方案，为什么？

在抉择时要注意：

● **任何方案均有风险**。即使在决策过程中绞尽脑汁，选定了一个似乎是最佳的方案，它也必定具有一定程度的风险。这是因为，人的理性是有限的，对问题的认识有限、所能想到的方案有限、分析评价能力有限，因此，因素的不确定性只能减少到最低限度而不可能完全消除，在决策时要将预感、直觉、机遇与事实、逻辑、系统分析结合起来进行抉择。

● **不要一味追求最佳方案**。最佳方案可遇而不可求。由于环境的不断变化和决策者预测能力的局限性，以及备选方案的数量和质量受到不充分信息的影响，决策者可能期望的结果只能是做出一个相对令人满意的决策。

● **在最终选择时应允许不做任何选择**。有时，与其乱来，不如不采取任何行动，以免冒不必要的风险。而有时，合并现有方案可能是更好的方案。

六、实施决策方案

一旦做出决策，就要予以实施。实施决策，应当首先制订一个实施方案，包括宣布决策、解释决策、分配实施决策所涉及的资源和任务等。要特别注意争取他人对决策的理解和支持，这是任何决策得以顺利实施的关键。

通常的决策过程并不包括这一步骤，但由于决策的正确与否要以实施的结果来判别，而决策实施过程中的控制与评价又对决策的成败起着重要的甚至是决定性的作用，因此，我们就把监督、控制和评价决策结果也列入了决策过程。要求在决策实施过程中建立信息反馈渠道，及时检查决策实施情况，发现差异，查明原因，对已有的决策进行不断的修正和完善，直至解决问题、实现目标或做出新的决策为止。

？思考题 按此程序做出的决策是否就是正确的决策？

【实例】

决策分析过程

王华是一位五年还没有得到晋升的中层管理者。最近，另一个比他晚几年进入该公司的中层管理者得到了提拔。这件事使他很不安，他开始搜集公司有关晋升政策的信息。他发现这个组织中管理者晋升的平均时间为三年。既然自己五年还未得到晋升，这表明确实存在问题。他进一步搜集信息，归纳出自己得不到晋升的可能原因有：

● 人际关系没搞好，群众对自己意见较多。

● 直接上司对自己无好感。

● 这家公司中已没有适合于提拔他去担任的职位。

参照所掌握的情况，他最后确认，同直接上司的关系没搞好是问题的原因所在，可以肯定，这位上司一定提出过反对他晋升的意见。怎么办？他提出了解决问题的各种可行方案：

- 马上辞职，到其他地方谋职。
- 在找到另一份工作前继续留在该公司。
- 同直接上司及上层管理者好好讨论一下自己的问题。
- 告知直接上司和上层管理者，如近期内仍得不到晋升，他就辞职。

对各方案进行分析后，王华排除了第四个方案，因为进行这种威胁可能会使上司更倾向于解雇他；马上辞职风险太大，现在找工作也比较困难，万一在其他地方找不到工作，就会陷入很为难的境地。最终王华决定采取与上司交换意见的方式。为此，王华进行了一番计划，确定了谈话的时间、方式等，并据此与领导进行了交谈。

经谈话，王华得知，他未能找到问题的原因，事实上他根本不要指望在这里能得到重用。

根据反馈，王华制订了一个权变计划：着手在其他地方找工作，在没有找到工作前仍留在原单位继续工作。

第三节 决策方法

决策的科学性主要体现在决策过程的理性化和决策方法的科学化上，管理者应为进行正确决策而学会一整套的专门方法。

从总体上来说，决策方法可归纳为三大类，如表7-2所示。

表7-2 决策方法分类

决策方法	含 义
主观决策方法	决策者根据已知的情况和现有资料，直接利用个人的知识、经验和组织规章进行决策。这一类决策方法中包括程序化决策方法、适应性决策方法、创造性决策方法和直觉决策等。主观决策方法简单易行、经济方便，日常生活中大量的决策采用的是主观决策方法
定量决策方法	定量决策方法的核心是把同决策有关的变量与变量之间、变量与目标之间的关系，通过建立数学模型，并计算求得答案，以此供决策者决策参考。其中包括线性规划、决策树法、期望值法和大数据分析等。定量决策方法在条件具备时一般较客观、准确性高，便于采用计算机辅助计算，并可进行多方案选优
定性与定量相结合的决策方法	由于大多数管理问题难以完全定量化，因此随着科学技术的发展，出现了许多定性与定量相结合的决策方法，如系统动力学、层次分析法、指标评价法等

各种决策方法各有优缺点，在实际决策中要根据各种决策问题灵活运用。限于篇幅，这里只介绍部分常见的具体的决策方法。

一、程序化决策方法

程序化决策方法多用于处理反复出现的日常问题，如公文传递、设备使用等方面问题。对于这些问题，我们可依据政策、规章制度、程序进行决策。

- **政策**。政策是处理各种组织活动（从项目投资到工作计划）的普遍适用的原则。政策为决策限定了范围。例如，一个商店可能有允许顾客无条件退货的承诺，那么在一般情况下，当顾客要求退货时，其回答应是肯定的。

- **规章制度**。组织的规章制度规定了在某种情况下必须遵守的一系列行为准则。如工作时间是上午8点到下午5点，员工就必须按时上下班。由于规定是专门的，因此员工剩下的决策就是是否遵守它。

- **程序**。政策或规章制度规定必须干什么，程序则是指执行某项任务时如何一步步做。例如，商店的退货政策可能要求按以下程序操作：先检查购货发票，再审查货物情况，然后做出接受退货或拒绝退货要求的决定。

程序化决策方法可帮助管理者更快地处理日常事务，节省时间和精力以处理其他问题。例如，为创造和保持组织的良好形象，组织常常要进行大量的公关活动和对外宣传活动，组织每天要接待各种来访、考察，接受检查，还要外出参加一些社会活动。对于各种来访由何人接待、如何接待等，如果都由主要管理者临时做出决策，他就无法集中精力考虑组织发展的重大问题。制定出一套公关接待的程序和办法，由下属按程序办，规定只有程序中没有指明的情况才能汇报请示，这样，主要管理者就不会常常顾此失彼。但程序化决策方法也可能会减少发现处理组织问题更好的方法的机会。政策、规章制度、程序一旦建立，即使存在更好的解决方法或明知照此并不能达到目的，人们也常常习惯性地依此决策。为避免这种情况，管理者应定期检查组织政策、规章制度和程序的有效性。

二、适应性决策方法

当管理问题复杂且模糊、多变时，管理者就难以依靠程序化决策方法进行决策，而要采用适应性决策方法。所谓**适应性决策方法**，是指先朝着某一方向跨出一步，然后根据上一步行动的结果来决定下一步的行动，从而一步步地向目标逼近的方法。适应性决策方法有两种基本方式。

1. 渐近式决策方法

当决策者面临复杂、不确定的问题时，可在众多的途径中先选择一条走一步，慢慢地向希望目标逼近。在这里，最终目标比较模糊，每一步骤在实施前后都要进行评价，假如所采取的行动有助于目标的实现，那么重复这一行动或采取下一步行动；如相反，则对这一行动进行调整。例如，在我国刚开始进行改革时，由于没有前人的经验可循，所以在改革前几年，我们采用的是"摸着石头过河"的方式，先进行各种各样的试点，不成功的改进，成功的便推广，从而打开了改革的局面。**渐近式决策方法是处理复杂多变环境中不确定性问题的有效方法，**它减少了犯大错误的风险，尽管缺乏力度和直接性，但它为组织最终解决问题指明了方向。

2. 经验式决策方法

当管理者采用适应性决策方法时，常常会借助于一系列的经验总结来指导其决策。经验式决策方法并不提供任何专门的解决途径，但它为管理者在复杂多变的环境中寻找解决问题的方案提供了有用的指导原则。例如，"形势危急时，将球踢出场"就是对足球运动员有用的一个决策指导原则。管理者也可依据经验总结来指导其决策。例如，"要像你要求别人那样要求自己""把员工当作成熟的人来看待"等。事实上，本书中的许多观点都可看作是经验总结。**经验式决策方法能将一个复杂的问题变为可管理的问题，**且有助于管理者避免重大错误。但采用这种决策方法正确的前提条件是现在与过去一样，对于处理复杂问题有过于简单化的倾向。

？思考题 凭经验决策的局限性有哪些？

三、创造性决策方法

创造性决策方法是指发现新的、富有想象力的解决问题的方案的方法，主要用于战略设计、商业模式创新、流程再造等需要创造性解决方案的场合，其中包括头脑风暴法、发散思维法等。

行动指南：头脑风暴法实施步骤

● **头脑风暴法**。这是最常用的创造性决策方法，它是一群人通过相互启发以尽可能地形成多种方案的一种方法。小组一般由5~9人组成，在讨论过程中，鼓励参加者提出各种建议，并禁止对他人想法进行批评，以便各种创新方案不断地被提出。在本书第十五章中有对此方法的进一步介绍。

● **发散思维法**。这是促使人们通过发散思维方式从全新的角度来提出解决问题的方案的方法。在传统的方法中，人们按照一标准化的步骤来解决问题：先判断问题，再明确目标，然后提出方案……而发散思维法则鼓励人们摆脱传统的思维方式，从不同的角度去看待问题，提出解决问题的方案。

？思考题 妨碍人们获得创造性方案的障碍主要有哪些？

小卡片

激发他人创造力的5个办法

成功管理者的特征之一就是有能力促使他人进行创造性思维以解决问题。

● **提问题**。一个问题可以使人们不得不考虑他们正在做什么。提问题是激发多角度思维最有效的途径，它可以让人们从另一角度看问题。

● **倾听答案**。听别人说，不要插嘴。集中注意力来理解，并对别人所说的表示欣赏，或说些鼓励性的话让他人把思路扩展和深化下去。

● **推迟判断**。保持思维的开放，不带偏见，能看到一个想法中的优点。即使想法不切实际，也要表扬他人提出这个想法，看其中是否有什么可以借鉴。

● **不纠缠于细节**。当别人提出一个想法时，不要总挑剔其中的细节问题。要把注意力集中在想法或建议的实质上，细节问题回头再处理。

● **表现出热情**。表现出对一个想法的热情，可使对方放松，而且更重要的是，可以激发对方的热情，让他不断产生灵感。

资料来源：史蒂夫·尼兰. 条理性思维——对管理者解决问题和决策的系统指导［M］. 何玮鹏，陈燕，译. 北京：机械工业出版社，2001：122-123.

四、期望值法

期望值法多用于风险型决策。当管理者面临的各备择方案中存在着两种以上的可能结果，且管理者可估计每一种结果发生的客观概率时，就可用期望值法进行决策，即依据各方案的期望值大小来选择行动方案。

例如，某企业计划生产某新产品投放市场，其生产成本为40元，在定价时，人们提出了三种方案：每台50元、60元和70元。由于价格不同，其销售量将会有所不同，相应地其预期收益也不同。表7-3表明了在不同的价格水平下可能的销量，要求据此对定价方案做出抉择。

?思考题 在本例中，怎样才能获得不同状态下发生的客观概率？

首先，根据销售量、生产成本及定价，可计算出各方案在不同销路下可能获得的收益大小。预期收益＝销售量×（售价－成本），各方案在不同销路下的预期收益如表7-3括号中的数值。然后，计算出各方案的收益期望值：

$$期望值 = \sum_{i=1}^{n}（策略方案在 i 状态下的预期收益）×（策略方案 i 状态发生的概率）$$

在本例中，三种方案的期望值如表7-3所示，其期望值分别为750万元、740万元和665万元。

表7-3 不同方案的销路及概率

方 案	不同状态下的销量（万台）及概率			期望值（万元）
	畅销（0.25）	一般（0.50）	差（0.25）	
高价（70元）	30（900）	25（750）	20（600）	900×0.25+750×0.5+600×0.25
平价（60元）	48（960）	36（720）	28（560）	960×0.25+720×0.5+560×0.25
低价（50元）	100（1000）	60（600）	46（460）	1000×0.25+600×0.5+460×0.25

其次，根据各方案期望值的大小，决定定价方案。由于高价策略所能获得的预期收益为最高，因此，人们一般将选取高价策略，定价70元。

在上述问题中，若各种状态发生的客观概率不知道，则此决策问题变成了不确定型决策。这时应选取哪一种定价方案，在很大程度上取决于决策者的风险价值观。一般地，根据对待风险的态度和看法，决策者可分成三种类型，相应地就有三种不同的选择标准，如表7-4所示。

表7-4 不确定型决策

备选方案	高 价		平 价		低 价	
	损益值	后悔值	损益值	后悔值	损益值	后悔值
销路好	900	1000-900＝100	960	1000-960＝40	1000	0
销路一般	750	750-750＝0	720	750-720＝30	600	750-600＝150
销路差	600	600-600＝0	560	600-560＝40	460	600-460＝140
最小损益值	600		560		460	
最大损益值	900		960		1000	
最大后悔值		100		40		150

1. 保守型

保守型决策者对于利益的反应比较迟钝，而对损失的反应比较敏感，不求大利，唯求无险；不求有功，但求无过。这类决策者在进行不确定型决策时，往往依据**极大极小损益原则**（悲观原则），即在计算出各方案的期望值后，先找出各方案的最小损益值，再从这些最小损益值中选择损益值最大的方案为决策方案。

在上例中，高价方案的最小损益值为600万元，平价和低价方案的最小损益值分别为560万元和460万元。根据极大极小损益原则，取这三个最小损益值中最大的，即600万元所对应的方案——高价策略为决策方案。

据此做出的决策比较悲观且比较保守，其总体精神是：由于前途未卜，一切以谨慎为上，确保即使在最坏的情况下也能取得最好的结果。在上例中，由于采用高价策略，即使在销路差的情况下，也能获得600万元的利润，比其他方案好；如销路一般或销路好，则能取得更大收益。这种决策准则的缺陷在于，在销路一般或销路好时，可能由于采用高价策略，而使本来可以到手的高额利润失去（例如，在销路好时若采取低价策略，本来可以获得1000万元而非900万元）。

2. 进取型

进取型决策者对于损失的反应比较迟钝，而对利益的反应比较敏感，他们往往谋求大利、不怕风险、敢于进取、以求突破。在进行不确定型决策时，他们依据的常常是**极大极大损益原则**（乐观原则）。乐观原则与悲观原则相反，其总体精神是大胆进取，敢于冒险，力求获得最大的收益。它的决策过程是：先找出各方案在不同情况下的最大损益值，如本例中的900万元、960万元、1000万元，再在这些损益值中选择损益值最大的方案为决策方案，在本例中即为低价方案（最大损益值为1000万元）。

依据这种决策原则，在销路好时，能确保获得最大收益；但当销路不理想时，其收益就大为减少，甚至可能出现亏损，所以要冒较大的风险。

3. 稳妥型

稳妥型决策者既不愿冒大风险，也不愿循规蹈矩，在决策时，往往依据最小后悔值原则。**最小后悔值原则**以各个方案的机会损失大小作为判别方案优劣的依据。机会损失也称后悔值，是以由于没有采取与以后实际状态相符的决策方案所造成的收益差额来衡量的。

例如，我们原来认为销路会好，所以选取了低价方案，但后来发现销路不怎么样，只能获得460万元的收益，而若采用高价方案，在此情况下本来是可获得600万元利润的，也就是说，由于决策失误，使本来可以获得的140万利润失去了，其后悔值即为140万元。为了把可能出现的决策方案与实际之间的收益差距尽可能地减到最小，在决策时先计算各个方案的后悔值，找出各个方案的最大后悔值，如本例中的100万元、40万元、150万元，再从中选取后悔值最小的方案为决策方案，即平价策略。采用平价策略，在销路好、差或一般时，机会损失都不大。

上述三类决策者由于各自的价值观不同，对同一个问题，在决策时依据不同的原则选取了不同的决策方案。

思考题 上述三类决策者，哪一类比较好？为什么？

第四节 决策技巧：如何提高决策的正确性

决策既是一门科学，又是一项艺术。从前面的论述中，我们可以看到，影响决策的因素众多，其中主要的影响决策的因素包括如下方面（见图7-4）。

- **问题的类型**。是"需改变"的问题还是"需实现"的问题，是"结构良好"的问题还是"结构不良"的问题，是"经常性"的问题还是非常规的"例外"问题，问

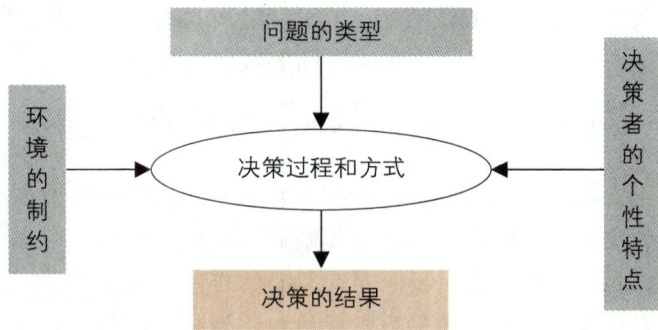

图7-4 影响决策的主要因素

题不同，决策的方式方法就不同。

● **环境的制约**。特别是信息的可得性和组织文化的影响，信息的数量和质量直接影响决策的正确性，而组织文化则会影响决策者对问题的认识、所采用的决策准则和所可能采取的决策方式。

● **决策者的个性特点**。决策是决策者基于客观事实所做的主观判断，必然受到决策者的价值观念、经验、能力等的影响，其中，决策者的价值取向、风险倾向、决策风格是更为直接的决策影响因素。

我们虽然无法排除不确定因素和各种风险的干扰，但完全可以通过学习增强识别它们的能力。决策能力可通过两条相关的途径得到提高：一是通过对科学决策理论和方法的学习；二是学以致用，通过反复实践以提高决策技能。

在进行重大问题的决策时，**遵循理性决策过程有助于提高决策的正确率**。尽管按照理性的决策过程进行决策，并不能够保证最终的决策一定正确，但如果决策出现失误，必然是因为没有遵循理性决策过程，在其中的一个环节或几个环节出现了失误。在实际决策时，要特别注意以下问题。

一、准确地收集和利用信息

信息是决策的基础。**决策的正确性在很大程度上取决于决策时所依据的信息量大小**。如果可以获得完全信息，就可以做出最优决策。为了理解问题、找出真正的问题，需要准确地收集和分析与问题有关的各种信息。

为了扩大决策时所依据的信息量，使决策建立在群体信息基础之上，从而提高决策的正确率，我们一方面要认识到个人能力和知识、经验的局限性，愿意听取别人的意见；另一方面要注重方式方法，善于征求他人的意见。

？思考题 怎样才能较好地获得组织内外部人士的意见？

如何从"独裁"走向"总裁"

另外，在收集、利用信息时，管理者要避免因疏忽而误入"陷阱"。

● 不要轻信别有用心或与该决策有根本利害关系的人提供的信息，偏见会导致信息的扭曲。要从各方面听取意见，并注重分析比较。

● 要注意平均水平与实际情况的差异。平均水平往往掩盖了实际存在的特殊情况。如果50%以上的实际情况与平均水平相比，要相差25%以上；或25%以上的实际情况与平均水平相比相差50%以上，则马上可认为这种平均水平很值得怀疑。

● 不要轻易放弃相互矛盾或截然相反的意见。既然有不同意见，就必然存在着一些问题，要注意深入调查，在搞清事实的基础上做出决策。

? 思考题 这是否意味着只有当大家意见都一致时才能决策？为什么？

● 对专家意见要避免盲从。同样的一组事实或信息，可做出种种不同的解释，专家的解释和建议为决策者以同样的方式去理解信息提供了便利，但不可盲从专家的意见。无论何时，只要有可能，就应当根据专家提供的有关建议得出自己的结论。

● 要注意信息的时间性和获取信息的代价，不要指望在收集到所有的信息后再做决策。"信息"本身并不能告诉我们解决问题的方案，而且情况随时在变，收集有关问题的每一点信息都需要付出相应的代价。

二、正确运用直觉

在决策过程中依靠直觉是有一定的时间、地点和角色限制的。人们在思考问题时，本能上具有偏重左脑思维或右脑思维的倾向。**左脑思维**是线性的、逻辑的和分析性的思维方式；**右脑思维**是整体的、相关的和非线性的思维模式。左脑思维和右脑思维在决策中分别表现为理性决策和直觉决策。尽管严格区分这两种思维方式非常困难，但通常倾向于这两种思维模式的人各占一半（见图7-5）。

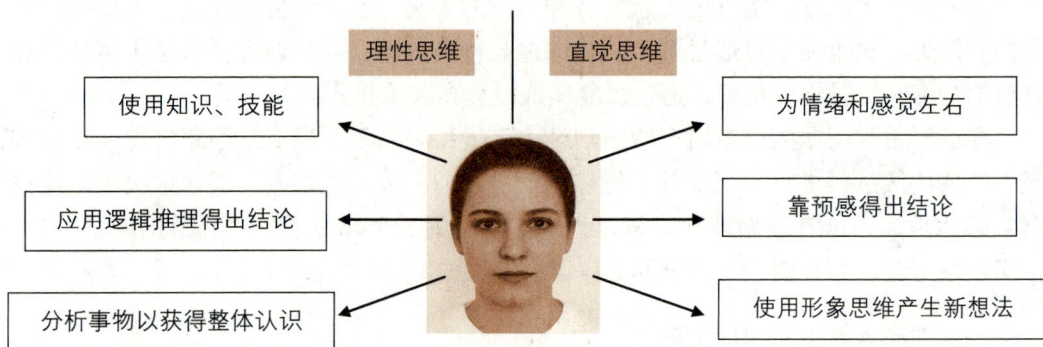

理性思维		直觉思维
使用知识、技能		为情绪和感觉左右
应用逻辑推理得出结论		靠预感得出结论
分析事物以获得整体认识		使用形象思维产生新想法

图7-5 理性思维和直觉思维

一个优秀的管理者应努力学会正确运用自己的直觉，在普通管理者尚未发觉之前就能感知到问题的存在，在最终决策时能够运用直觉对理性分析的结果进行检查，从而协助其做出正确的抉择。

直觉不是理性的反义词，更不是随意的猜测过程。相反，它建立在分析问题和解决问题的广泛的实践经验基础之上，只要这些实践经验是有根据的，是合乎逻辑的，那么直觉也会是合乎逻辑的。当我们面临一个新问题时，我们的思维就开始在我们长期记忆的分类信息中搜索，一旦发现存在类似或相关的情况，我们的脑海中就会闪出一个念头，这就是直觉。

其实，**我们每个人每天都在利用我们的直觉进行日常问题的决策。**例如，大多数人在挑选一件衣服时就常依赖于自己的直觉：在穿衣镜前审视自己穿上衣服后的整体效果，通过视觉观察产生一个整体感觉，并最终确定合不合适。

Q 你的直觉能力如何？

在以下情况下，直觉在决策时常发挥着重要的作用：

- 客观事实很少且不相干，但仍要求做出决策时。
- 事实摆在面前，但并不能指明方向，我们看不出应当怎么做时。
- 时间很紧，广泛收集信息进行分析已不太可能时。
- 有数种可行的解决方案，在逻辑上都说得通，但需要做最后评判时。

应当明确，直觉不是对严密的理性分析的替代，而是对理性分析的补充，两者相辅相成。一般地，**在理性分析的基础上再依据直觉做出的决策，从理论上而言，其正确的概率比单纯地依赖理性分析或直接依靠直觉做出的决策更高**，因为前者决策时所依赖的信息比后两者更宽广。

？思考题 直觉从何而来？

小卡片

直觉与决策

"在我从事经营的许多时候，我都不得不做出一些重大决定。尤其是在刚开始时，我经常会做出一些错误决定。但我后来发现，这些早期的错误，还有那些正确的决定，对我后来都大有裨益。我在伦敦所遇到的问题，大多数都与我早先所遇见的问题有这样或那样的类似。很多情况下，我立即就能知道答案。我并不能很科学地解释原因，但我完全相信，这么多年来，我的大脑像电脑一样，存储了大量问题的细节、做出的决策，以及所取得的结果，每一件事都被仔细地分类保存，以供将来之用。当新问题出现时，我会仔细考虑。如果答案不是当时就很明显的话，我会暂时先放下。然后，就好像这些问题都躲在脑细胞里等待复出的指令一样。到第二天早晨，当我再次审视这些问题的时候，通常解决方案就会立刻闪现出来。这些判断似乎都是从潜意识里冒出来的，而且我确信，在整个过程中，我不是在有意识地思考问题，是我的潜意识在判断这个问题，然后将其与我的记忆连接起来，用我在过去多年积累的经验加以对照，那么解决难题的办法就非常明显了。"

资料来源：摘自汤姆森的自传《年过六旬》。

三、明智地把握决策时机和确定决策者

应该懂得，**在不适当的时候做出正确的回答仍是一项低劣的决策**。轻率浮夸是工作的大敌，过早做出决策或在时机尚未成熟的情况下草率做出决策，很可能得不到应有的效果；而拖延决策，可能会进一步扩大矛盾，带来不可收拾的后果。因此，在工作中要明确各类问题的核心和关键，分清轻重缓急，以准确把握决策时机。

正确的判断是决策的关键。决策不仅仅表现为在适当的时机果断决策，还表现为在适当的情况下改变决策。把一个决策当作是最终的决策，是决策实施阶段常犯的错误。我们生活在一个多变的时代，没有任何东西可长期保持不变。一个决策在上周看还很好，而在这周就可能变得不切实际。优柔寡断是错误的，墨守成规也是错误的。因此，我们必须认识到**决策是一个开放的不断反复的过程**，在决策实施过程中密切关注事态的发展，一旦原有的决策方案不再能够达到原有的决策目标，就要准备重新开始决策。

另外，作为管理者而言，还要认识到：并不是所有问题都必须由你来解决。作为管理者，与其说是个问题解决者还不如说是个问题发现者。对于现实中发生的很多问题，并不需要管理者亲自去解决。在面对问题时，管理者更多的时候不是直接决策，而是问一些简单的问题：在这个组织中，谁最适合来解决这个问题？我可不可以只作适当的指示，然后把整个问题的解决都交给下属？在管理实践中，决定由谁来决策有多种选择，如表7-5所示。

表7-5 决策方式的选择

决策方式	特 点	优 点	缺 点	适用场合
个人决策	由个人评估问题，根据自己的判断做出决定	决策速度快	依赖于个人经验和知识	时间紧迫或危机问题；秘密性质的问题；情况较清楚，实施仅涉及决策者个人，即使失误损失也不大的问题
协商决策	在与他人协商和听取他人意见的基础上由决策者做出最终决定	基于群体信息	需要较多时间；易受他人影响	时间允许且其他人对此问题有相关经验时；需要他人参与实施的决策；决策者对此问题有较多疑问时；所需解决的问题有较强专业性时
集体决策	将问题交由团队分析，通过相互交流，最终由团队按少数服从多数的方式确定决策方案	群体信息和智慧；相互交流和启发，可产生更具创造性的方案	效率低下；不一致时需要妥协；有被个别人操纵的可能	问题重大，需要考虑多方面因素或需要创新性方案时；涉及面广，实施需要各方面配合或涉及多方利益时

四、克服决策过程中的心理障碍

在面临决策问题时，有些管理者会表现出以下三种典型的心理：

- **优柔寡断**。有些管理者在实践中惯于采用"回避决策的战术"，包括决策前过于强调信息的不足；决策时希望问题会自生自灭，拖延决策；让他人代为决策或不到万不得已不做出决策等。他们考虑最多的常常是如何避免风险、明哲保身，如何把个人承担风险的可能性降至最低，而不是考虑如何解决问题，因此面临决策时总是犹犹豫豫、唯恐出错。

- **急于求成**。与优柔寡断者相反，有些管理者不愿意忍受问题的煎熬，希望问题能迅速得到解决。因此在决策时，他们几乎从不考虑问题的根源，而只是穷于应付。他们常常采用应急管理方法，处理问题时仅凭条件反射，在考虑还不周到的情况下就贸然决策，强行采取行动。这些管理者实际上常常只是在同问题的表面现象打交道。"欲速则不达"，当我们发现存在某个问题时，最好是把它当作一种症状来处理，然后通过各种方法找出真正的问题，就事论事只会导致同一问题的一再发生。

- **求全求美**。有的管理者面临问题时，总是希望找到一个十全十美的方案，这会导致问题迟迟不能得到解决。如果我们要开发出完美的产品才把它推向市场，那么我们能够实施决策的机会会非常少。我们寻求的是能解决问题的方案，它们不一定要非常完美，只要这些方案可行、能解决问题、易于管理并能满足目标要求就可以了。

五、学会处理错误的决策

世无完人，决策者在决策时，或因为知识面窄，处理某些问题感到力不从心，或由于决策能力的限制，或由于只凭经验看待问题，难免会出现决策差错。通过自我反省认识错误，并采取适当方法予以弥补，可提高我们的决策能力。因此，一旦发生决策错误，应当采取以下积极的行动：

● **承认**。要有勇气承认客观事实，错误已经发生，就应当承认过失，以集中精力分析原因，及时加以弥补，而不要忙于追究责任或推卸责任。

● **检查**。由于决策过程中包含了很多步骤，因此要追溯决策的全过程，逐一检查，以找出在哪一步上犯了错误。此外，还要分析决策的时间、方式和方法。通过检查反思，可使你学到一些决策的技巧，并避免重蹈覆辙。

● **调整**。若一个决策总的来看是可行的，而只是在贯彻执行上发生了问题，则可通过发现薄弱环节予以调整，使这一决策趋于完善。

● **改正**。若一项决策经过检查和调整仍无法修正，则要针对原因拟订一个修正计划，以改正决策错误，减少由于决策失误而可能造成的损失。

小卡片　　　　**德鲁克：有效决策的五个要素**

1. 要确实了解问题的性质，如果问题是经常性的，那就只能通过一项建立规则或原则的决策才能解决。

2. 要确实找出解决问题时必须满足的界限，换言之，应找出问题的"边界条件"。

3. 仔细思考解决问题的正确方案是什么，以及这些方案必须满足哪些条件，然后再考虑必要的妥协、适应及让步事项，以期该决策能被接受。

4. 决策方案要同时兼顾执行措施，让决策变成可以被贯彻的行动。

5. 在执行的过程中重视反馈，以印证决策的正确性及有效性。

资料来源：彼得·德鲁克.卓有成效的管理者［M］.许是祥，译.那国毅，审订.北京：机械工业出版社，2005：124.

●复习题

1. 科学决策的基本观点是什么？

2. 有哪些常见的决策类型？

3. 为什么说"管理就是决策"？

4. 理性决策过程由哪几个步骤组成？

5. 怎样才能抓住问题的实质？

6. 程序化决策方法、适应性决策方法和创造性决策方法各适用于什么场合？

7. 如何才能提高决策的正确率？

8. 假定你有20000元钱可投资股市或存入银行，银行年利率为10%，而股市收益取决于经济状况，若情况好，每年可赚5000元；正常情况下

要点参考

可得3000元；情况不好时则可能损失1000元。试问：按照乐观原则、悲观原则和最小后悔值原则各选取哪个方案？

● 讨论题

日常决策中常见的错误

请列举人们在日常决策中最容易忽视书中所描述的理性决策过程中的哪些步骤，以及最容易犯怎样的错误。

● 案例分析

该由谁骑这头骡？

一位农民和他年轻的儿子到离村12里地的城镇去赶集。开始时老农骑着骡，儿子跟在骡后面走。没走多远，就碰到一位年轻的母亲，她指责农夫虐待他的儿子。农夫不好意思地下了骡，让给儿子骑。走了1里地，他们遇到一位老和尚，老和尚见年轻人骑着骡，而让老者走路，就骂年轻人不孝顺。儿子马上跳下骡，看着他父亲。两人决定谁也不骑。两人又走了4里地，碰到一学者，学者见两人放着骡不骑，走得气喘吁吁，就笑话他们放着骡不骑，自找苦吃。农夫听学者这么说，就把儿子托上骡，自己也翻身上骡。两人一起骑着骡又走了3里地，碰到了一位外国人，这位外国人见他们两人合骑一头骡，就指责他们虐待牲口！

请问：

你若是那位老农，你会怎么做？

推荐书目

1. ［美］詹姆斯·G.马奇著，王元歌、章爱民译：《决策是如何产生的》，机械工业出版社2007年版。马奇是斯坦福大学的管理学教授，被公认为是20世纪在组织决策研究领域最有贡献的学者之一。该书运用社会学和行为学的理论，对各种情境下的决策的产生过程进行了深入剖析，并提出了一些非常实用的有关如何做出理性决策的观点。

2. ［美］赫伯特·A.西蒙著，詹正茂译：《管理行为》（原书第4版），机械工业出版社2004年版。作为决策理论学派的代表人，西蒙最重要的作品便是这部《管理行为》。该书共11章，主要包含两方面的内容："有限理性"和"满意解"。西蒙在此方面的研究具有开创性，并因此获得诺贝尔经济学奖。

3. ［美］史蒂夫·尼兰著，何玮鹏、陈燕译：《条理性思维——对管理者解决问题和决策的系统指导》，机械工业出版社2001年版。该书以杰出管理者的经验为依据，系统介绍了如何进行有条理的思维——一种达到有效解决商业问题的途径。最突出之处在于为管理者引进了一种行之有效的处理问题和进行决策的方法，这种方法可以让管理者在面对复杂的问题时仍能有条理地进行决策。该书使用了大量案例，给出了具体的指导，内容系统而有创造性。作者认为，通过阅读该书，你一定能更加有效地解决问题，成为一个高效的问题解决者。

组织篇

ORGANIZING

组织的目标、计划确定后，一个重要的问题就是如何使它们变为现实。这就要求管理者按照组织目标和计划所提出的要求，设计出合理的、高效的、能保证计划顺利实施的组织分工协作体系，合理安排和调配各种资源以保证计划和组织目标的顺利达成。也就是说，要做好组织工作。

组织由一群人所组成，这群人为了实现共同的目标而团结在一起，为了发挥组织的功能，就必须考虑劳动分工和协作问题。在任何组织活动中，人们需要知道他们应做的工作以及协调这些工作的手段。所以，**组织工作**就是根据一个组织的目标，将实现组织目标所必须进行的各项活动和工作加以分类和归并，设计出合理的组织结构、配备相应人员、分工授权并进行协调的过程。它包含三项主要**内容**：

- **组织结构的设计和变革**。组织通过分工协作来发挥群体的力量，实现靠个人的力量无法实现或难以有效实现的目标。因此，为了实现组织的目标，组织内部就必然要进行分工与合作。如何合理地设计和调整组织结构，建立分工合理、协作关系明确的组织模式，并使得组织的分工协作体系能够始终适应组织的发展，是保证不同时期的组织目标能够得以实现的基础。

- **人员的合理配置和使用**。建立组织结构的目的是使组织成员协调地开展工作，共同为组织目标的实现而奋斗。组织结构的建立是实现目标的一种手段，只有在明确分工协作的基础上，通过人员的合理配置和使用，充分发挥组织中每一个成员的才能，获得专业化的优越性，才能最大限度地发挥群体的力量，更好地实现组织目标。因此，人员的合理配置和使用也是组织工作的一项重要内容。

- **权力的分配和关系的协调**。分工以后，为了使组织成员能履行其职责，就要赋予其完成该项工作所必需的权力；同时，为了保证各部门之间、各项工作之间的协调，就要对各项工作的责任和相互之间的权力关系进行协调。只有这样，才能保证各项工作的顺利进行，最终保证组织目标的实现。因此，组织工作也包括权力的分配和权力关系的协调。

组织管理的任务是通过设计和维持组织内部的结构和相互之间的关系，使组织中的各个部门和每一位成员为实现组织目标而协调一致地工作。本篇包括第八章、第九章和第十章，分别就组织工作中的组织结构设计、人员的配备和权力的配置进行了探讨。

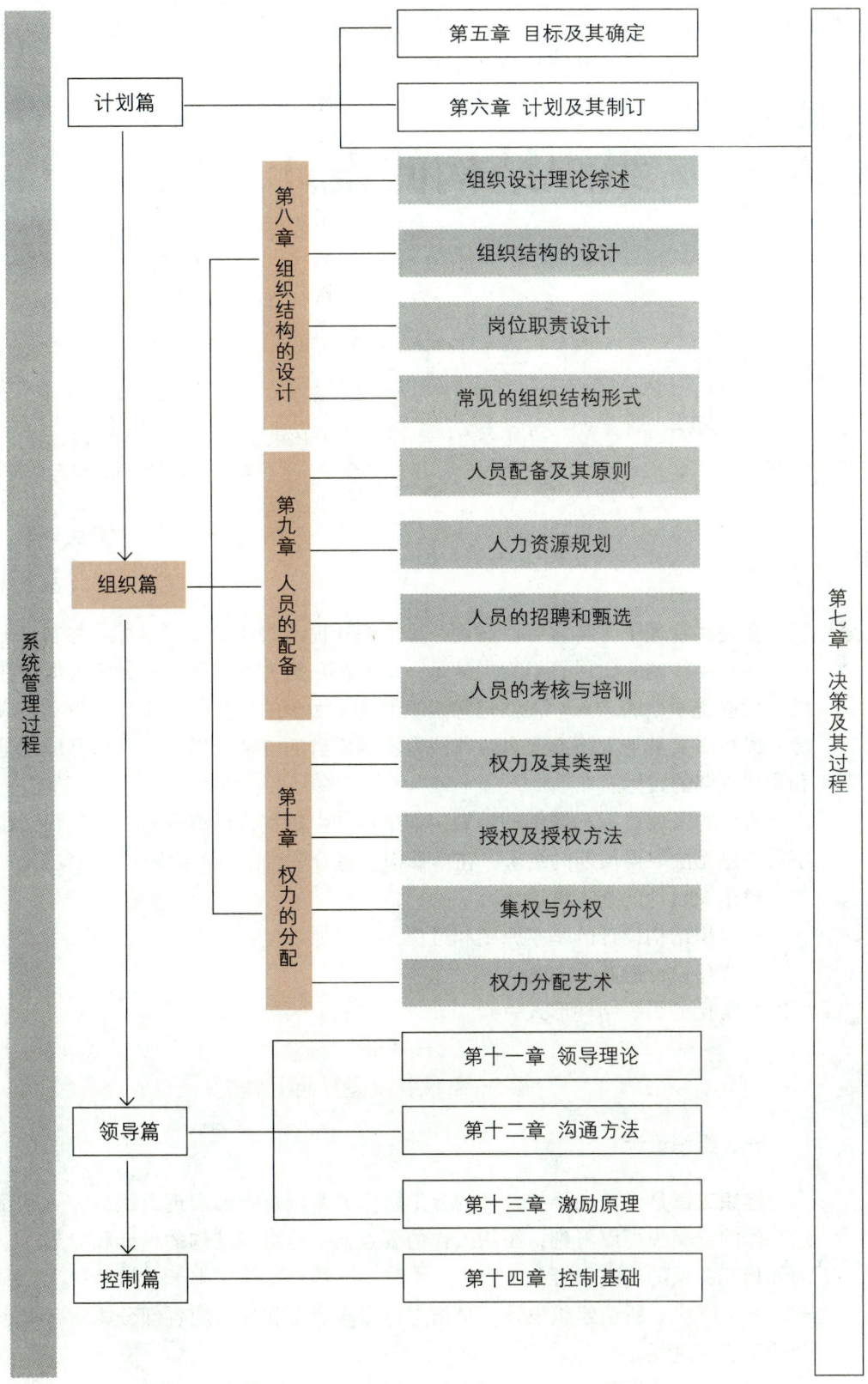

```
                                    ┌─────────────────────────┐
                                    │   第五章  目标及其确定     │
                                    └─────────────────────────┘
           ┌─────────┐              ┌─────────────────────────┐
计划篇 ──── │  计划篇  │ ──────────── │   第六章  计划及其制订     │
           └─────────┘              └─────────────────────────┘

                          ┌───────┐  ┌─────────────────────────┐
                          │ 第八章 │  │      组织设计理论综述      │
                          │ 组织   │  └─────────────────────────┘
                          │ 结构   │  ┌─────────────────────────┐
                          │ 的     │  │      组织结构的设计        │
                          │ 设计   │  └─────────────────────────┘
                          │       │  ┌─────────────────────────┐
                          │       │  │      岗位职责设计          │
                          │       │  └─────────────────────────┘
                          │       │  ┌─────────────────────────┐
                          │       │  │      常见的组织结构形式     │
                          └───────┘  └─────────────────────────┘
                          ┌───────┐  ┌─────────────────────────┐
                          │ 第九章 │  │      人员配备及其原则      │
           ┌─────────┐    │ 人员   │  └─────────────────────────┘
           │         │    │ 的     │  ┌─────────────────────────┐
系统       │  组织篇  │    │ 配备   │  │      人力资源规划          │
管理       │         │    │       │  └─────────────────────────┘
过程       └─────────┘    │       │  ┌─────────────────────────┐   第
                          │       │  │      人员的招聘和甄选      │   七
                          │       │  └─────────────────────────┘   章
                          │       │  ┌─────────────────────────┐
                          └───────┘  │      人员的考核与培训      │   决
                          ┌───────┐  └─────────────────────────┘   策
                          │ 第十章 │  ┌─────────────────────────┐   及
                          │ 权力   │  │      权力及其类型          │   其
                          │ 的     │  └─────────────────────────┘   过
                          │ 分配   │  ┌─────────────────────────┐   程
                          │       │  │      授权及授权方法        │
                          │       │  └─────────────────────────┘
                          │       │  ┌─────────────────────────┐
                          │       │  │      集权与分权            │
                          │       │  └─────────────────────────┘
                          │       │  ┌─────────────────────────┐
                          └───────┘  │      权力分配艺术          │
                                     └─────────────────────────┘

                                     ┌─────────────────────────┐
                                     │   第十一章  领导理论       │
           ┌─────────┐               └─────────────────────────┘
           │         │               ┌─────────────────────────┐
           │  领导篇  │ ───────────── │   第十二章  沟通方法       │
           │         │               └─────────────────────────┘
           └─────────┘               ┌─────────────────────────┐
                                     │   第十三章  激励原理       │
                                     └─────────────────────────┘
           ┌─────────┐               ┌─────────────────────────┐
           │  控制篇  │ ───────────── │   第十四章  控制基础       │
           └─────────┘               └─────────────────────────┘
```

第八章　组织结构的设计

学习要求

　　了解不同的组织设计理论的基本观点和特点，掌握各种环境因素对组织结构设计的影响；清楚组织结构与组织成员之间的关系；掌握组织结构设计的基本原则和基本过程；知道岗位特性描述方法，清楚岗位设计的基本方法；熟悉各种常见的组织结构形式及其优缺点和适用场合。

　　在现实管理中，常常可以看到一个组织在提出宏伟的发展目标，并制订出各方面详尽的行动计划后，尽管组织中的每一个人都在努力地工作，却并没有能够在计划期结束后取得预期的结果。人们抱怨组织下达了太多的任务，在工作中得不到应有的资源，或在需要其他人协助配合时往往得不到应有的支持，以至于无法完成既定的计划和实现预期的目标。

　　宏伟的发展目标和详细的计划，如果不加以落实，最终只是一纸蓝图；如果组织不力，也无法取得预期的结果。在本章中，将着重讨论以下内容：

- 组织设计的基本理论。
- 组织结构设计的基本原则和过程。
- 岗位设计的基本方法。
- 常见的组织结构形式。

第一节　组织设计理论综述

一、组织设计

　　组织工作是设计和维护合理的分工协作关系以有效地实现组织目标的过程。从组织工作的定义中可以看到，**组织工作的要点**，一是组织结构的设计和变革，二是组织内部相互关系的确定和维护。一定的组织结构和一定的组织关系相结合，就构成了一定的组织模式。所谓**组织设计**，是指进行专业分工和建立使各部分相互有机地协调配合的系统的过程。

　　组织设计的任务具体地说就是建立组织结构和明确组织内部的相互关系，提供组织结构图和部门职能说明书、岗位结构图和岗位职责说明书。

　　1. 组织结构图和部门职能说明书

　　组织结构是组织设计的结果之一，它是指组织内部的结构框架。它由工作内容、责权关系、沟通渠道所构成，**可以通过组织的复杂化程度、规范化程度和集权化程度来描述**[①]，也可用结构图来明确表明组织中的部门设置情况和层次结构，直观反映组织内部的分工和各部门上下隶属关系，如图8-1所示。

扩展阅读：组织结构描述方式

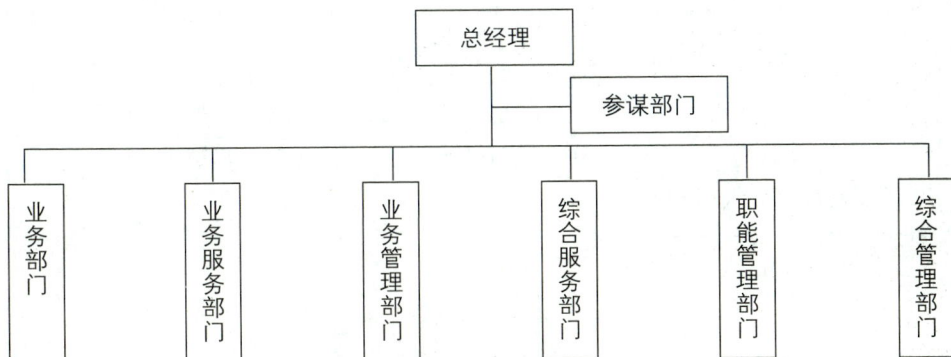

图8-1

```
                    总经理
                      │
                  参谋部门
    ┌────┬────┬────┬────┬────┬────┐
  业务  业务  业务  综合  职能  综合
  部门  服务  管理  服务  管理  管理
        部门  部门  部门  部门  部门
```

图8-1　一般企业组织结构示意

思考题　你能清楚地描绘出你所了解的某企业的组织结构图吗？

　　部门是指具有独立职能的工作单元的组合。与组织结构图相对应的是部门职能说明书。**部门职能说明书**一般包括部门名称、上下级隶属关系、协作部门、部门本职、部门宗旨、主要职能、主要责任、部门权力、岗位设置等内容。通过部门职能说明书，可清楚了解该组织中各部门之间的职能分工情况。

示例：部门职能说明书

思考题　部门职能说明书为什么要包含上述各方面内容？可以缺省哪一部分？为什么？

　　2. 岗位结构图和岗位职责说明书

　　为了聚集群体力量以有效地完成实现组织目标所必须开展的各项工作，在明确了部门职能以后，还要进一步明确部门内部的职责分工，形成相应的岗位结构图和岗位职责说明书，以便将各项工作落实到人。

　　岗位是由一组有限的工作集合而成的。由于每一个人的能力都是有限的，不可能完成大量的不同性质的工作，因此需要对各种工作进行合理组合，形成相应的岗位，使工作分工与组织成员的能力相匹配，从而切实保障各项工作能够得以落实。

　　部门内部的分工情况可用岗位结构图表示，如图8-2所示。**岗位结构图**表明了组织中的各种岗位及其岗位之间的权力关系，各岗位的具体职责和上岗人员素质要求则可在岗位职责说明书中表明。**岗位职责说明书**一般包括岗位名称、上下级关系、岗位本职、主要工作、直接责任、岗位权力、岗位素质要求等内容。

示例：岗位职责说明书

　　3. 组织结构和组织成员之间的关系

　　组织结构反映了组织内部的分工协作情况。组织结构的功能是维持组织存在，若无一定形式的结构，组织本身也就不复存在。但仅有结构而不拥有具有共同目标的人

[①] 斯蒂芬·P. 罗宾斯. 管理学［M］. 4版. 黄卫伟，孙健敏，等译. 北京：中国人民大学出版社，2002：229.

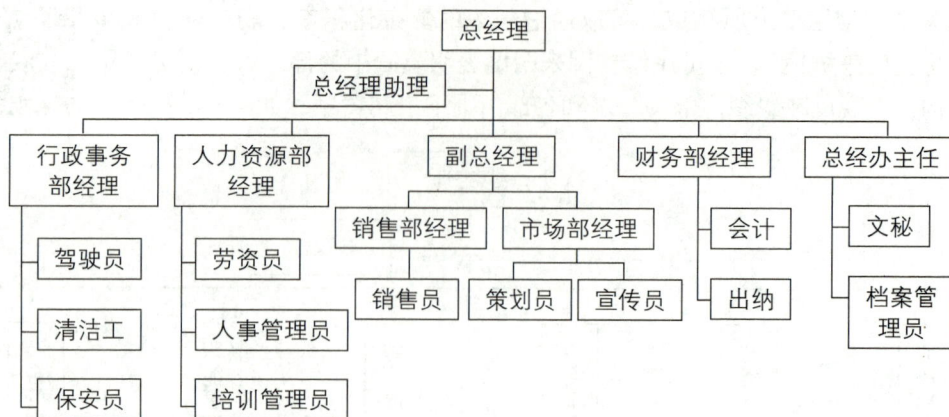

图8-2 岗位结构图示例

也构不成完整的组织。就所有的组织而言，结构是基础，人们为了达到目标，完成一个人无法承担的大量而复杂的工作，就只有进行分工协作。但建立组织结构的目的是使组织成员协调地开展工作，共同为组织目标的实现而奋斗，因此，组织结构的建立是实现目标的一种手段。**倘若把组织结构视为是神圣不可侵犯的，那就意味着把人当作了工具而把组织结构错当成了目标。**组织机构之所以经常全面膨胀，就是因为人人都强调自己的部门如何如何重要，以至于机构的改组成了敏感的问题，难以精简。而且，由于人们过分重视组织机构的作用，常常遇到一项新工作，就立即想到要建立一个新的机构来专门负责，以至于机构日益膨胀。管理者必须明白，组织的灵魂是人，不考虑人的组织结构是毫无用处的。

？思考题 组织结构与组织、组织成员之间有怎样的关系？

二、组织设计理论

所谓**组织设计理论**，是指有关组织结构和组织关系的系统设想。在组织工作中，有许多需要考虑的问题，例如如何进行活动的分类、如何协调处理组织内部各种关系等。对这些问题的不同认识，形成了历史上各种不同的组织理论。

古典组织理论是德国社会学家韦伯在20世纪初提出的，它着重于组织结构的设计，强调以工作为中心，依靠权力来维系组织内部相互之间的关系。直到20世纪中叶，以古典组织理论为基础设计的"官僚组织"模式仍是组织设计的主要参考模式，它被认为适用于任何组织。

行为科学家通过对群体和个体行为的研究，提出了第二种模式，即"参与式"组织模式。**利克特（R. Likert）**等人认为组织是由人组成的，有效的组织模式应注重组织中的人际关系，给予组织成员较多的行动自由和发挥潜在能力的机会。这是一种与传统的组织模式相对立的模式，在20世纪70年代以前，组织模式设计基本上是在参与式和传统模式之间做一选择。

随着组织理论研究的进一步深入，人们认识到无论是参与式组织模式还是权力式组织模式都不一定是适用于任何组织的最佳模式。组织是一个系统，要根据组织所处的内外部环境进行系统设计，这就是所谓的系统组织理论。

这几种组织理论在组织设计时所考虑的着重点如表8-1所示。

表8-1　各种组织理论的着重点

古典组织理论	行为组织理论	系统组织理论
结构因素	行为因素	环境因素
主要秩序	相互之间的关系	组织的生命周期
因素稳定性	群体参与	组织战略、规模
组织目标	非正式的人际交往	技术
标准化	激励	外部环境
规章制度	其他	其他

1. 古典组织理论

古典组织理论的代表人物是韦伯，他对组织理论的贡献在于他的权力结构理论。这一理论使他得以根据组织内部的权力关系，揭示出不同组织所具有的特性。

权力结构理论对组织问题的研究，是从"个人为什么会服从命令、组织成员为什么会按他们被告知的那样去行事"这一基本问题开始的。为了阐述这一问题，韦伯对权力与权威做了区分，并根据两者的基础不同，描述了三种完全不同的组织形态，即"神秘化的组织""传统的组织""合理化—法律化的组织"，每一种组织形态都意味着不同的管理体制。

"神秘化的组织"行使权力的方式是基于领导者个人的人格（超凡魅力），典型例子是宗教组织。"传统的组织"的权力基础是先例和惯例（习惯），典型的例子是"世袭制"和"封建制"组织，组织根据从前是否是这样做的来判断现在这样做是否正确。第三种组织以官僚组织形式出现，韦伯认为它是现代社会中占主导地位的权力制度。称之为合理化，是因为它被专门用来作为实现某些既定目标的手段；称之为法律化，是因为在这类组织中有着一系列的规则和程序，每一个成员都必须依据相应的规则和程序去行使他的权力。韦伯认为，**从纯技术的角度看，官僚制度是效率最高的组织形式**。"精确性、工作的速度、任务的明确性、对文件的熟悉程度、活动的连续性、权限的划分、指挥的统一、严格的上下级关系、人员摩擦的控制以及在物质和人员方面的成本的减少，这一切在严格的官僚机构中将达到最佳的状态。"[①]在官僚组织中，领导的权威是建立在职位基础上的。官僚组织的特点见第四章科学管理思想部分。

古典组织理论的特征是从静态的角度出发，以效率为目标来研究组织内部结构与管理的合理化，只考虑组织内部因素，而不考虑外部环境的影响。

2. 行为组织理论

古典组织理论主要关心的是"正式系统"——一种为达到某种结局而设置的机械结构，行为组织理论则认为组织是一种"自然系统"——一种其进程需要凭借自身的资格去考察的生物体。行为组织理论认为，任何一个组织，其成员的行为都会影响该组织的结构和功能，并影响该组织所适用的管理原则，组织成员不仅为组织工作，而且他们本身就是组织。

古典组织理论和行为组织理论的最大区别在于它们对于组织中的人的地位的不同

---

① Max Weber. The Theory of Social and Economic Organization[M]. New York: The Free Press, 1947.

看法。古典组织理论认为，组织设计最重要的是要建立一个分工明确、非人格化的组织结构。在这样的组织结构中，由于职责明确，因此只要有符合岗位要求的人来履行职责就可以了。行为组织理论则认为，人是组织中的灵魂，组织结构的建立只是为了创造一个良好的环境，使这个组织中的人能比较顺利地实现他们的共同目标。因此组织结构的设计必须考虑人的因素，考虑人的共同目标、人与人之间的关系、人的成长和能力的发挥；而且，如果一个组织中的人改变了，那么即使这个组织的名称未变，这个组织也已不再是原来的那个组织，因为不同的人，有不同的追求、不同的关系、不同的能力。

行为组织理论从动态的角度出发，以建立良好的人际关系为目标，寻求建立一个符合人际关系原则的组织。在行为组织理论中，以美国著名的行为学家利克特的"第四类系统组织"（即参与型组织）的设计最为有名。韦伯提出的官僚型组织与利克特提出的参与型组织的异同点如表8-2所示。

表8-2　官僚型组织与参与型组织的比较

比较项目	第一类系统组织（官僚型）	第四类系统组织（参与型）
决策过程	实行集权制，权力集中于上层	相对分权，各级管理者对本部门的问题都有决策权
目标制定	由最高层领导制定，不采用集体制定目标的方法	各级目标由各级管理者集体制定
领导方面	上下级之间缺乏信任；下属无权参与讨论；领导不愿听取下属意见	上下级之间相互信任；上级欢迎下属参与讨论；上级虚心听取下属意见
激励方面	用严格的控制和惩罚，结合金钱刺激来控制员工的行为	采用经济激励、自我激励、精神激励等全方位激励方法
沟通程序	自上而下逐级传递，员工认为这样的信息是不可信的	上下左右畅通无阻，大家认为这种信息是准确可靠的
人际关系	严禁个人交往，下属对本组织的目标、活动等无发言权	鼓励人际交往，上下级对于各项工作均有充分的发言权
控制方式	采用集权式控制方式，强调对失职者追究责任和处罚	进行分权控制，强调自我控制和自我解决问题
效果	员工士气低落，工作被动，管理者不爱惜人力资源、不注意对人的培训	员工士气高昂，管理者充分理解人力资源的重要性、注意员工的培训和发展

?思考题　当组织成员要求学习进修时，在这两种理论指导下的管理者分别会采取什么态度？为什么？

3. 系统组织理论

系统组织理论的主要代表人物是巴纳德，他认为任何组织都是一个协作系统，社会各级组织都是由相互协作的个人组成的系统，可以称之为正式组织。任何协作系统，都包含三个基本要素：协作的意愿、共同的目标和信息的联系。

系统组织理论认为，**组织是一个开放的系统，它由若干个子系统所组成，并且受到组织内外部各种环境因素的影响**。由于内外部环境因素的变化，不存在某种一成不变的组织模式，每个组织都必须根据自己的具体情况来对组织结构加以调整。

三、影响组织设计的主要因素

根据系统组织理论，影响组织设计的因素主要包括以下几方面。

1. 组织发展战略

战略决定结构。战略是组织对于未来发展的方向、目标、途径和行动方案等的总体谋划。一个组织，由于其经营理念、所拥有的资源、所处的发展阶段不同，会在不同时期提出不同的发展战略。组织工作的目的是使实现组织目标必须开展的各项工作能够得到切实的落实，因此，我们在设计组织结构、配置人力资源时，应保持组织结构设计、人力资源配置与企业发展战略重点的一致。**组织结构的设计必须以战略为出发点，围绕着战略重点配置人力资源。**

不同的战略要求采用不同的组织结构，如表8-3所示。战略通常从两个方面影响组织结构设计：一是从结构形式上，不同的战略要求开展不同的活动，有不同的组织方式，战略决定了组织整体结构形式；二是在力量配备上，不同的战略决定了组织不同的工作重点，从而决定了各部门在组织中的重要程度和各部门所应配备的岗位数量。

表8-3　组织结构与战略的关系

战略类型		组织结构特征
经营定位	专业化	倾向于集权型组织结构，强调内部效率和纵向控制
	多元化	倾向于分权型组织结构，强调内部自主性和结构灵活性
竞争态度	保守型	以集权的刚性结构为主，强调规范化和严密的控制
	稳健型	集权分权相结合，强调纵向的职能控制和横向的项目协调
	冒险型	以柔性的分权结构为主，注重创新和部门相互间的协调
竞争方式	成本领先	以职能制结构为主，注重规范化、内部效率和稳定性
	差异化	以弹性结构为主，注重横向的合作和纵向的专业化

在企业战略转型时，其发展的重点会与以前有所不同，其人力资源的配置重点也应做相应调整。为此，当企业进行战略转型时，为保证将企业战略转型所带来的工作重点转移落到实处，也必须同步进行组织结构的调整。

2. 组织规模

规模也是影响组织结构设计的一个重要因素。伴随着组织的发展，组织活动日趋复杂，规模也会越来越大，组织的结构也就需要随之进行调整。一个组织的规模状况通常可以套用行业中对于大型、中型、小型企业界定的标准，也可以通过对员工数量、销售规模、产品或服务数量等来大致判断。通常而言，随着组织规模的扩大，组织活动日趋复杂，在组织中会出现很多以前没有的新工作，这些新工作需要有相应的岗位来履行；而与此同时，随着组织规模的扩大，对不同岗位和部门间协调和监控的要求将逐渐提高，从而也使组织越来越倾向于规范化、分权化和专业化。

一是**规范化**。规范化是指以规章、程序和书面文件来规定各部门和岗位的权利与义务，并依据组织规章实现工作的标准化和对各部门、岗位的规范协调与控制的程度。通常而言，组织规模的扩大会对组织的规范化程度提出更高的要求，越来越多地倾向于依赖组织的规范而不是员工个人的自觉、依赖集体的智慧而不是个人的才能来实现组织的可持续发展。

二是**分权化**。分权化是指组织中各种问题的决策由下级组织做出的程度。当组织规模较小时，组织中的绝大多数问题的决策权通常都掌握在高层管理者手中；而随着组织规模的扩大，高层管理者越来越难以事必躬亲，从而不得不越来越多地将决策权下放给下级组织，从而使组织的分权化程度不断提高。

三是**专业化**。专业化是指由专业的人员来履行专门的职责的程度。专业化是与规范化、分权化相配套的。随着组织规模的扩大，许多大的部门会被进一步细分为几个独立的部门，与此同时，也需要建立新的管理部门来解决组织规模发展所带来的众多新问题。部门的不断分化、决策权力的下放，又要求组织加强专业监控力量，专职管理或专门化的管理部门也会随着组织规模的扩大而增加。

扩展阅读：组织结构演化规律探索

❓思考题 为什么随着组织规模的扩大，组织的规范化要求会提高？

3. 组织所处的发展阶段

当一个人从幼儿发育为少年、成长为青年时，随着体重的增长，其骨架也要随之扩张，否则就会导致佝偻病，影响人体的正常发育。企业的组织架构犹如人体的骨架，**当企业从创业期逐渐向成长期发展时，企业的组织架构也要随着企业的发展及时调整，否则同样也会影响企业的正常发展。**

美国学者**坎农**（J. Thomas Cannon）认为，组织的发展过程要经历"创业""职能发展""分权""参谋激增"和"再集权"阶段，在不同的发展阶段，要求有与之相适应的组织结构形式。

- **创业阶段**：新的组织面临许多未知的挑战，一般采用灵活的非正规化的组织形式，决策主要由高层管理者个人做出，结构比较简单，信息沟通网络也不复杂，主要建立在非正式沟通基础之上。

- **职能发展阶段**：当组织取得经验和自信后，随着业务的增多，组织内部开始形成权力线，决策越来越多地由其他管理者做出，组织结构越来越多地建立在职能专业化基础之上。

- **分权阶段**：组织采用分权的方法来解决职能专业化引起的各种问题，此时，事业部制变得很有吸引力，通过在组织内部划小经营单位，使各部门按创业阶段的特点来管理。

- **参谋激增阶段**：划小经营单位使各部门成了组织内部的不同利益集团，本位主义严重，高层管理者对各部门有"失控"之感。为了加强对各部门的控制，组织内部增设了许多参谋和高级助手。

- **再集权阶段**：参谋激增又导致了直线与参谋之间的矛盾，为了解决分权和高度职能化所带来的问题，诱使高层管理者再度高度集中决策权力。

4. 业务特点

不同的组织由于其所经营的业务不同，呈现出了不同的业务特点。一个组织的业务特点可以按其所采用的技术的复杂化程度来描述。

　　这里的技术是指组织为了将投入转化为产出而使用的知识、工具、技巧和流程。根据查尔斯·佩罗（Charles Perrow）的研究[①]，**技术是常规的还是复杂的首先取决于任务的多样性和任务的可分析性**。**任务多样性**是指部门或岗位在履行职责时遇到的新问题或突发状况的数量，**任务可分析性**是指部门或岗位在解决所遇到的问题时可采用程序化解决方法的程度。根据这两个维度，可以将组织技术分为如图8-3所示的四类技术。其中，复杂技术具有高任务多样性和低任务可分析性特征，这意味着运用复杂技术的组织中会出现各种各样的问题，而解决这些问题需要大量的非程序化决策。相反，常规或简单技术具有低任务多样性和高任务可分析性特征，在运用常规技术的组织中，遇到的问题差别不大，而且比较容易通过程序化决策得到解决，如在大批量生产的组织中或快餐店等服务性组织中，所采用的技术大多是常规性的。

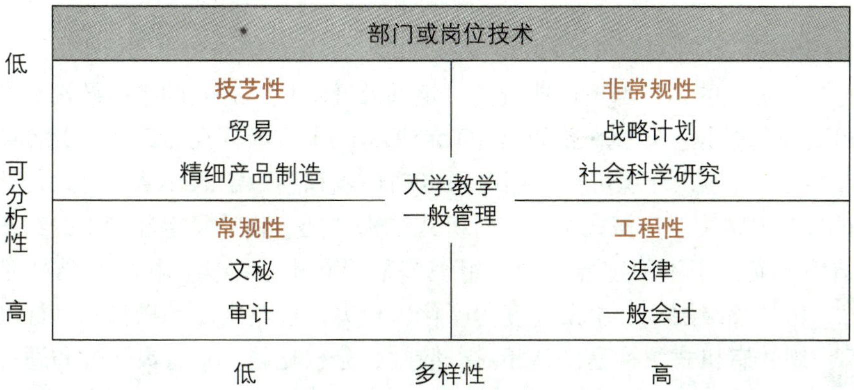

部门或岗位技术	
技艺性 贸易 精细产品制造	**非常规性** 战略计划 社会科学研究
常规性 文秘 审计	**工程性** 法律 一般会计

（左侧纵轴：可分析性 低→高；中间：大学教学 一般管理；底部横轴：多样性 低→高）

图8-3　组织技术类型划分

　　确定所采用的技术是常规的还是复杂的另一个因素是组织在制造或服务过程中对人力的依赖程度。组织制造或服务过程中所使用的技术越依赖于人的技能、知识和能力，越不依赖于按设定程序运行的自动化机器，则技术越复杂。

　　伍德沃德认为："不同的技术对组织和个人有不同的要求，这些要求必须通过合适的组织结构来满足。"[②]通常而言，**组织所采用的技术越是复杂，就越需要一种弹性组织结构**，以提高管理者应对突发状况的能力。相反，**所采用的技术越常规，就越适合采用规范的结构**。例如，咨询公司为客户提供的通常是个性化服务，工作成效在很大程度上依赖于咨询顾问的技能、知识和能力，其业务具有高任务多样性和低任务可分析性特征，因此，适合采用灵活的组织结构形式（多以项目小组形式），注重决策权的分散化、非正式沟通和共享信息资源。当然，当该咨询公司将其产品和服务加以标准化时，集权的职能制组织结构形式就可能比灵活的组织结构形式更有效率。表8-4描述了组织结构与技术之间的关系。

[①] Charles Perrow. A Framework for the Comparative Analysis of Organizations[J]. American Sociological Review, 1967, 32(2).

[②] Woodward. Industial Organizations: Theory and Practice[M]. London: Oxford University Press, 1965.

表8-4　组织结构与技术之间的关系[①]

技　术	组织结构	组织结构特点
常规性	机械式结构	高规范化，高集权化，较少培训，宽管理幅度，以纵向、书面沟通为主
工程性	偏机械式结构	中等规范化，中等集权化，有正式培训，中等管理幅度，以书面和口头沟通为主
技艺性	偏有机式结构	中等规范化，中等集权化，注重工作经验，中到广的管理幅度，以横向沟通为主
非常规性	有机式结构	低规范化，低集权化，注重培训和经验，中到窄的管理幅度，以横向沟通和会议沟通为主

?思考题　信息技术的广泛运用会对组织结构的设计带来什么影响？

5．外部环境因素

你适合在怎样的组织中工作？

Q

　　任何一个组织的运作都不可能脱离一定的外部环境，有效的组织结构是那些与外部环境相适应的结构。**汤姆·伯恩斯（Tom Burns）**和**斯托克（G. M. Stalker）**经过研究发现[②]：一般地，环境可分为相对稳定的环境和不稳定的环境。与此相适应，有两种不同的组织结构：机械式结构和有机式结构。处于相对稳定环境中的组织宜采用机械式结构，而处于不稳定环境中的组织多采用有机式结构。**机械式结构**是设有严格的等级层次、决策高度程序化、权力高度集中化和操作高度标准化的组织，**有机式结构**是一种相对分散的、分权化的、具有灵活性和适应性的组织。这两种结构的不同特点如表8-5所示。

表8-5　机械式结构与有机式结构的特点比较

比较项目	机械式结构	有机式结构
适用环境	外部环境稳定、简单、确定	外部环境变动、复杂、不确定
专业化程度	工作高度专业化	工作专业化水平较低
职权集中程度	集中于高层管理者	集中于每一层中有能力的人
如何解决冲突	由领导来解决	由相互作用来解决
信息沟通	通过上下垂直的信息通道	通过劝告、协商和互通信息增加平行的横向沟通
对什么忠诚	对组织制度最忠诚	对任务和群体最忠诚
影响力的基础	建立在职权基础上	建立在个人的能力基础上
规章制度的数量	多	少

----

① 根据理查德·L. 达夫特．组织理论与设计精要［M］．2版．李维安，等译．北京：机械工业出版社，2002：93中的图5-6改编。

② Tom Burns, G. M. Stalker, The Management of Innovation[M]. London: Tavistock, 1961.

外部环境对组织结构设计的影响也主要表现在两个方面：

一是对组织整体结构特征的影响。环境稳定，组织结构可以采用稳固的形式以提高运作效率，使组织结构严密、界限分明、关系固定、流程规范；而多变的环境则要求组织结构相对比较灵活以保证做正确的事，各部门的权责关系和工作内容需要经常做适应性调整，同时会比较强调分权和横向沟通协作。

二是对部门和岗位设计的影响。任何一个组织都是社会经济大系统中的一个组成部分，社会化分工程度和市场化发展情况，决定了组织可以职能外部化的程度，从而会影响到组织所需要独立开展的工作内容、所需要设立的部门和岗位。例如，当社会上有大量的保安公司或保洁公司时，企业就可以将这一部分职能社会化，企业内部就没有必要再设立保安和清洁工岗位；当企业面临的市场竞争日趋激烈时，就有必要设立专门的市场部以加强市场研究和分析工作。

6. 人力资源的可得性

影响组织结构设计的最后一个重要因素是组织中现有的人力资源特征和组织在市场中可获得的人力资源状况。**组织结构的设计一方面要考虑到如何合理使用现有的人力资源，另一方面，也要考虑到从市场上可以获得的人力资源状况。**

一个组织现有的和可获得的人力资源状况，可以通过对现有的人力资源统计数据的分析、对现有组织中存在问题的分析、对现有人员的访谈了解以及对当地人才市场的分析得知。一般地，人员素质对组织结构设计的影响主要体现在部门与岗位设置、管理幅度的确定、责权分配等几个方面，如表8-6所示。

表8-6　人员素质对组织结构设计的影响

人员素质	部门设置	岗位设置	管理幅度	责权分配
高	可实现大部门制并减少管理层次	设置综合性岗位因人设岗	宽	分权，职责描述可相对粗略
低	增设和细分部门	分解复杂工作设置专业性岗位按岗定人	窄	更加集权，尽可能详细规定责任归属

通常而言，组织所拥有的人力资源素质越高，越需要采用一种弹性的分权型的有机式组织结构。具有高技能水平的员工，或者是具有职业价值观的员工，往往比较渴望自由和自治，不喜欢受到严密的监控。对于这类员工，以分权和自治为特征的弹性结构能够较好地适应员工的需要。而当现有的人力资源素质较低时，采用容易控制的机械式组织结构能更好地满足组织需要。

第二节　组织结构的设计

一、组织结构设计的目的

设计一个好的组织结构十分重要。一个好的组织结构可以产生以下效果：

● 通过岗位的明确，使每一位员工从事一组有限的专门化工作，有助于员工专业技能的开发和利用，从而提高工作效率；同时，明确每一个部门和岗位的任务和职责，也有助于对部门和员工进行客观的考核和公平的奖惩，调动组织成员的工作积极性。

- 由于每一个人都归属于一个特定的工作部门，有助于提高员工的组织归属感，满足员工群体归属需求，培养员工对组织的忠诚，也有助于对员工进行有针对性的培养和管理。

- 由于组织结构规定了各个部门之间的权责关系，每一个成员都知道各项工作由谁负责和应该向谁汇报，有助于相互之间的协调配合和信息沟通，也有助于员工与其他成员建立稳定的工作关系。

- 通过组织结构，可以清楚地了解组织资源配置是否与组织发展战略相匹配，从而找到落实组织发展战略的薄弱环节并加以改进，使组织的分工协作体系与战略要求相一致。

总体而言，组织结构的规范化，是一个组织科学管理的起点和基础。

二、组织结构设计的基本过程

一般地，组织设计包括以下三个步骤：

- 明确完成组织目标所需进行的活动。
- 将这些活动按某种模式进行归类落实。
- 建立能使各部分活动相互之间协调的体系。

其中，组织结构设计主要是指第二步工作。

尽管每一个组织的目标不同，组织结构形式也不同，但组织结构的基本设计过程是相同的。

组织结构的设计一般包括以下几个步骤。

1. 岗位设计：工作的专门化

组织结构设计的第一步是将实现组织目标必须进行的活动划分成最小的有机关联的部分，以形成相应的工作岗位。

活动划分的基本要点是工作的专门化，通过工作的专门化，使得每一个组织成员或若干个成员能执行有限的一组工作。具体的岗位设计方法参见本章第三节。

在进行工作专门化划分后，通过估算每一项工作所需的时间，就可计算出完成组织目标所需的操作者人数。操作者人数等于完成各项工作所需时间之和除以每一个操作者一年的有效工作时间。

2. 部门化：工作的归类

一旦将组织的任务分解成了具体的可执行的工作，第二步就是将这些工作按某种逻辑合并成一些组织单元，如任务组、部门、处室等，这就是部门化过程。将整个组织通过部门化划分为若干个管理单元的目的是据此明确责任和权力，并有利于不同的部门根据其工作性质的不同采取不同的政策和加强每个部门内部的沟通与交流。

一个组织的各项工作可按不同原则进行归并，常见的部门化方法有职能部门化、产品部门化、地区部门化、顾客部门化和综合部门化。

- 职能部门化。即按工作的相同或类似性进行归类，如企业里把从事相同工作的岗位进行归并，形成生产线、销售线、财务线、人事线等。由于职能部门化与工作专门化有密切的联系，因此许多组织都采用职能部门化的方式。职能部门化的优点是：有利于对专业人员进行归口管理；便于监督和指导；可提高工作效率。缺点是：容易出现部门主义；整体管理较弱。

- **产品部门化**。由于不同的产品在生产、技术、市场、销售等方面可能很不相同，就出现了根据不同的产品种类来划分部门的需要。在这种情况下，各产品部门的负责人对某一产品或产品系列，在各方面都拥有一定的职权。产品部门化的优点是：便于在本部门内进行更好的协作；可提高决策的效率；易于保证产品质量和进行核算。缺点是：易出现部门化倾向；整个组织行政管理人员过多，管理费用增加。

- **地区部门化**。即按地理区域设立部门，这种形式不像职能和产品部门化那样普遍，但许多全国性或国际性的大组织常采用此种方式。地区部门化的优点是：能根据本地区的特点开展工作，并对本地区环境的变化做出迅速的反应。缺点是：和总部之间的管理职责划分较困难。

- **顾客部门化**。即根据顾客的需要和顾客群设立相应的部门。不同类型的顾客，在产品品种、质量、服务、价格等方面会有不同的要求。顾客部门化的优点是：可更加有针对性地按需生产、按需促销。缺点是：只有当顾客群达到一定的规模时，按顾客群设立部门才比较经济。

- **流程部门化**。即依据工作或服务顾客的流程来对活动进行分类并设立部门。如到车辆管理所办理执照，可能就需要按流程流经不同的部门。

- **综合部门化**。即在同一个组织中，既有按职能划分的部门，也有按其他方面划分的部门以适应各种不同的需要。

?思考题 各种部门化方法分别适用于什么场合？请各举一例。

3. 确定组织层次

部门化解决了各项工作如何进行归类以实现统一领导的问题，接下来需要解决的是组织层次问题，即确定组织中每一个部门的职位等级数。

组织层次的多少与管理幅度的大小有直接关系。所谓**管理幅度**，是指某一特定的管理者可有效管辖的直接下属人员数。在一个部门的操作人员数一定的情况下，一个管理者能直接管理的下属数越多，那么该部门内的组织层次也就越少，所需要的行政管理者也越少；反之，一个管理者能直接管辖的员工数越少，所需的管理者就越多，相应地组织层次也越多，如图8-4所示。

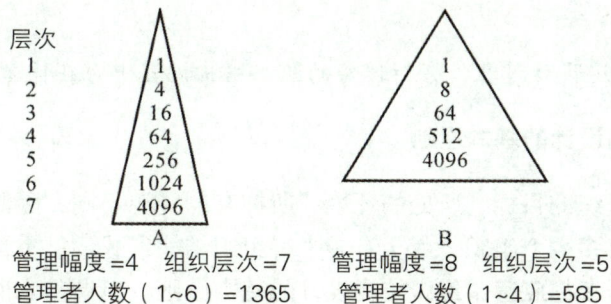

```
层次
 1        1              1
 2        4              8
 3       16             64
 4       64            512
 5      256           4096
 6     1024
 7     4096
         A              B
管理幅度=4  组织层次=7   管理幅度=8  组织层次=5
管理者人数（1~6）=1365  管理者人数（1~4）=585
```

图8-4 组织层次与管理幅度

由此可见，管理幅度的大小，在很大程度上决定了组织层次的多少。古典组织学家主张狭窄的幅度，以实现有效的控制。但这样一来，就要设置较多的层次，导致决策的缓慢。现代组织学家认为下级憎恨影响人们道德和动机的严密的管理，因此他们主张管理的宽幅度，以减少组织层次，加速组织中信息的传递。

小卡片　　管理幅度的确定

在某一特定的情况下，管理幅度的大小主要取决于以下几个因素：

● 管理者的能力。管理者的综合能力强，就可以迅速地把握问题的关键，就下属的请示给出恰当的指导，并使下属明确理解，从而缩短与每一位下属接触所需的时间，管理幅度就可以大一些，反之则小。

● 下属的成熟程度。下级具有符合岗位要求的能力，训练有素，则无须管理者事事指点，从而减少向上司请示的频率，管理者的管理幅度就可加大，反之则小。

● 工作的标准化程度。若下属的工作基本类同，指导就方便，管理幅度较大；若下属的工作性质差异很大，就需要个别指导，管理幅度就小。

● 工作条件。如助手的配备情况、信息手段的配备情况等都会影响到管理者从事管理工作所需的时间，若配备有助手，信息手段先进，则管理幅度可大些。

● 工作环境。组织环境稳定与否会影响组织活动内容和政策的调整频率与幅度。环境变化越快，变化程度越大，组织中遇到的新问题就越多，下属向上级的请示就越有必要、越经常，而上级能用于指导下属的时间与精力却越少，因为他要花时间去关注环境的变化，考虑应变的措施。因此，环境越不稳定，管理人员的管理幅度就越小。

一般地，人们把管理幅度较大、组织层次较少的组织称为**扁平型结构**；把管理幅度较小、组织层次较多的组织称为**锥型结构**。

？思考题 为什么现代组织越来越趋向于扁平型结构？

在管理幅度确定的情况下，我们可以根据操作人员数的多少和各级管理者管理幅度的大小，计算出所需的管理者数和相应的组织层次。

根据以上几步，即可明确岗位、部门、组织层次等，形成相应的组织结构，并绘出组织结构图。

？思考题 根据上述设计过程，分析现实的组织结构设置中存在什么问题。

三、组织结构设计的基本原则

由于每一个组织的目标、所处的环境、所拥有的资源不同，因此其组织结构也必然会有所区别。有多少个组织，就会有多少种组织结构形式。但**不管最终决定采用何种结构形式，管理者都应遵循组织结构设计的基本原则**。所谓**基本原则**，就是对各种结构形式的组织设计普遍适用的要求。它也是评价组织结构合理与否的一般性评价标准。组织结构设计原则一般有以下几个。

1. 目标原则

任何组织都有其特定的目标，组织及其每一部分，都应当与其特定的任务目标相联系，**组织的调整都应以其是否对实现目标有利为衡量标准**。组织的建立是为一定的目标服务的，因此必须根据组织目标来考虑组织结构的总体框架。在进行组织结构设计时，首先要明确该组织的发展方向、经营战略、目标要求等，这是组织设计的前提。另外，要认真分析，为了保证组织目标的实现，必须做什么事，怎样才能做好等，然后以事为中心，设计职务，建立机构，配备人员。

2. 分工与协作原则

为了发挥群体力量，组织内部要进行分工协作。**组织设计中坚持分工协作原则，就是要做到分工合理，协作关系明确，** 对于每个部门和每个岗位的工作内容、工作范围、相互接口和协作方法等，做出明确的规定。根据这一原则，首先要搞好分工，解决各人干什么的问题。分工时，应注意分工的粗细要适当。一般地，分工越细，专业化水平越高，责任越明确，效率也越高，但也越容易出现机构增多、协作困难、协调工作量增加等问题。分工太粗，则机构可减少，易于培养多面手，但专业化水平低，且容易产生推诿责任的现象。组织设计时，要根据需要和可能合理确定分工与协作关系。

3. 责权对等原则

为了保障分工与协作关系的落实，在明确分工与协作关系的同时，要明确每一个部门和岗位的职责，并赋予其相应的职权。**职责**是指组织对某部门或岗位的功能要求，或某部门和岗位应该完成的工作、应该达到的工作要求和应该承担的责任；**职权**是组织成员为了履行岗位职责所拥有的开展活动或指挥他人的权利。拥有一定的职权是保障职责履行的条件之一，在组织设计过程中，要做到责任与权力对等。

？思考题 组织设计成果是如何来体现上述三条原则的？

4. 有利于人才成长和合理使用原则

人是组织中的灵魂，组织结构的建立只是为组织目标的实现创造了一定的条件，但若没有组织成员的加入，组织结构就显得毫无生气；进一步地，如果没有组织成员的努力工作，光有组织结构也是不可能实现组织目标的。因此，**组织结构的建立要充分考虑人员的可得性和人事匹配性，** 要有利于人员在工作中得到培养、提高与成长，有利于吸引人才，发挥员工的积极性和创造性。

5. 逐步发展和经济原则

组织是人们为了实现共同目标而采用的一种手段，因此，**组织结构要在保持一定稳定性的同时根据变化了的情况及时进行调整。** 刚开始时，要随着环境、业务、目标的改变逐步、稳妥地发展，以免人浮于事、效率低下；当组织发展迅速时，要加快结构调整步伐，以免调整太慢，管理跟不上。另外，由于组织所拥有的资源是有限的，所以组织结构的设计也要讲求经济效益。机构要精简，要减少不必要的管理层次，但又要为组织将来的发展做好人员储备并有利于各种资源的有效利用。

如何进行组织结构变革？

第三节　岗位职责设计

在组织结构的设计过程中，一项重要的工作是岗位设计。**岗位设计**也称职务设计或工作设计，是指用一定的方法将各项任务结合起来，形成一组有限的工作，以构成一个完整的岗位的过程。

任何一个组织都是由一个个岗位所组成的。由于不同的岗位对上岗员工的要求各有不同，而不同的人也喜欢从事不同类型的岗位工作，因此，如何合理地设计岗位工作内容，使之不仅能够寻找到合适的人员来担任，而且能够充分发挥上岗员工的潜力、提高其工作满意度，便成为组织设计人员在进行岗位设计时必须考虑的重要问题。

?思考题　可以从哪些方面来区分一个岗位与另一个岗位？

一、岗位特征模型

我们都知道教师的岗位与消防员或程序员的岗位存在本质的区别。那么，是什么因素使得这些岗位如此不同呢？**哈克曼（J. R. Hackman，1976）**提出的岗位特征模型（job characteristics model，JCM）为我们提供了答案。如图8-5所示，根据岗位特征模型，任何岗位都可以从以下五个维度描述其主要的特征：

- **技能多样化**。要求员工使用多种技能从事各种不同的行为的程度。
- **任务的特性**。要求完成的全部工作具有同一性的程度。
- **任务重要性**。一个岗位对其他人的工作和生活具有实质性影响的程度。
- **工作自主性**。一个岗位给予任职者在安排工作进度和决定工作方法方面提供的实质性自由、独立和自主的程度。
- **信息的反馈**。任职者从事该岗位工作时所能获得的有关其绩效信息的直接程度和清晰程度。

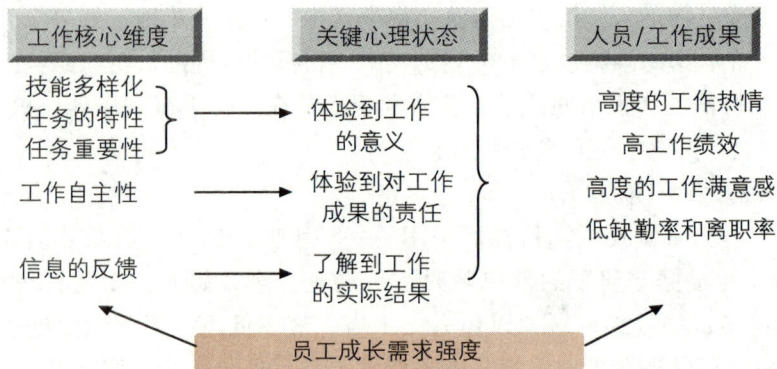

工作核心维度	关键心理状态	人员/工作成果
技能多样化 任务的特性 任务重要性	体验到工作的意义	高度的工作热情
工作自主性	体验到对工作成果的责任	高工作绩效 高度的工作满意感
信息的反馈	了解到工作的实际结果	低缺勤率和离职率

员工成长需求强度

图8-5　岗位特征模型[①]

表8-7是对不同的工作核心维度的评价实例。

岗位特征模型指出，**技能多样化、任务的特征和任务重要性共同创造了有意义的工作**，也就是说，当一个岗位具有以上三种特征时，可以预计任职者将会把他的岗位

[①] J. R. Hackman. Work Design. in: J. R. Hackman, J. L. Suttle (Eds.). Improving Life at Work [M]. Glenview, IL: Scott Foresman, 1977: 129.

看作是重要的、有价值的和值得做的。另外，具有工作自主性的岗位会给任职者带来一种对工作结果的个人责任感，而如果该岗位能获得工作绩效反馈，则员工可以知道他所进行的工作效果。

? 思考题 如何设计岗位以提高上述五个方面工作的核心维度？

表8-7 不同的工作核心维度的评价实例[①]

工作核心维度	高	低
技能多样化	一家汽车修理店的维修人员的工作是电器修理、修理车身和为客户提供咨询服务	一个车辆修理厂的油漆工一天的工作就是给需要修复车面的汽车喷漆
任务的特性	一个橱柜制造者设计一件家具，挑选木材，制造家具并把它完成得尽善尽美	一家家具厂的车工只负责操作车床制作桌面
任务重要性	看护医院中加护病房的病人	擦医院的地板
工作自主性	刑警自主安排自己的工作，与人接触不受监督，并自行决定侦破方法	110接线员必须根据一个非常具体的程序接听电话
信息的反馈	一个电器工厂的工人组装一个调制解调器，然后通过测试看它是否能够正常运行	一个电器工厂的工人组装一个调制解调器，然后送交质检员，由质检员检测它是否能够正常运行

从激励的角度，岗位特征模型指出，**当员工能够了解到工作绩效，并认为自己从事的是有意义的工作，自己应该对工作结果负责时，他就会获得一种内在的激励。**这种内在的激励将提高员工的工作动机、工作绩效和工作满意度，并降低旷工和辞职的可能性。进一步地，该模型还指出，工作核心维度与这些结果度量之间的关系，受到个人成长需求强度（员工对自尊和自我实现的需要强度）的中和与调节。也就是说，具有高成长需求的员工，面对核心维度特征高的岗位，在心理状态上要比那些只有低成长需求的员工有更高程度的体验；而当这种心理存在时，高成长需求的员工也比低成长需求的员工能做出更为积极的反应。

将各工作核心维度综合成一个单一的指标，可得到以下岗位激励潜力计算公式：

岗位激励潜力得分

$$= \left(\frac{技能多样性 + 任务的特性 + 任务重要性}{3} \right) \times 工作自主性 \times 信息的反馈$$

二、岗位设计方法

岗位特征模型为管理者从事岗位设计提供了具体的指导。为了减少工作的枯燥并提高员工生产力，在管理实践中人们总结出了以下几种岗位设计方法。

1. 职责专门化

一直以来，人们在岗位设计时都注重工作的**专门化**，即将岗位设计得尽可能简单，将工作划分得更细小和更专业化。根据亚当·斯密的劳动分工理论和泰勒的科学

---

① G. Johns. Organizational Behavior: Understanding and Managing Life at Work [M]. 4th Edition. New York: Harper/Collins, 1996: 204.

管理原理，**职责专门化有助于提高员工工作熟练程度，从而取得更高的效率和更好的业绩。**

根据职责专门化方法，人们将生产线上的工人分为各种操作工、装配工、质检员、包装工等，将会计工作划分为成本会计、核算会计、管理会计等。

尽管职责的专门化确实可以在短期内提高工作效率，但过于专门化的工作同样会导致员工的不满。由于每天重复地从事狭窄的专业化活动，容易让人感到厌烦和沮丧。随着组织中知识性员工的日益增加，这种根据职责专门化方法设计的岗位越来越受到挑战。

？思考题 工作职责专门化为什么会导致员工的不满？

2. 职责扩大化

避免职责专门化及其缺陷的一种早期努力是职责扩大化。**职责扩大化**是通过增加一个岗位所包含的不同任务的数目从横向扩展岗位工作内容，从而减少该岗位中同一任务被重复执行的频率。

如图8-6所示，通过职责扩大化，增加了该岗位不同性质的任务的数量，从而提高了工作的多样化程度。例如，原来秘书岗位的职责就是文案工作，通过增加另外的任务如接待来访的客户、购买办公用品、分发邮件等可扩大其工作职责。**管理者通过将原来划分过细的任务重新组合形成一个内容广泛的新岗位，从而使该岗位的工作技能多样性和任务的特性得到提高。在员工的能力没有被充分利用而且员工渴望更多的挑战和责任时，根据职责扩大化方法设计岗位往往能使员工对岗位工作更满意。**

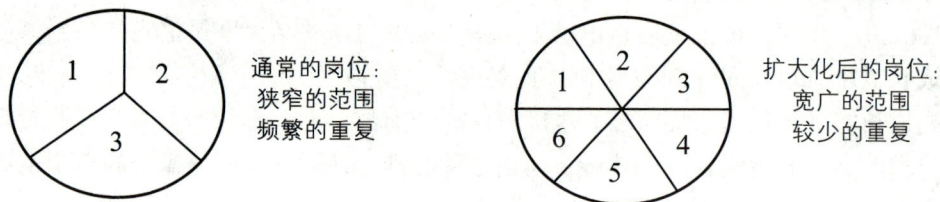

图8-6 职责扩大化

职责扩大化的确可以克服过于专门化的工作缺乏多样性的缺点，但它并不一定能够给员工提供多少挑战性和获得工作意义。有的员工可能会这样评论工作职责扩大化："以前我只有一项烦人的工作。现在，通过工作职责扩大化，我有了三项烦人的工作。"

？思考题 不同的人对职责扩大化的感受为何不相同？

3. 职责丰富化

为了克服职责扩大化的缺陷，人们进一步提出了职责丰富化方法。所谓**职责丰富化**，是指通过增加工作深度，如增加策划和评估职责，使员工得以对他们的工作实行更大的控制，从而将更多的工作意义和挑战增加到工作之中。例如，银行对柜台工作进行重新整合，由一名员工直接与顾客接触，从头到尾负责一项完整的交易，这样不仅可以改善工作质量，而且能提高员工的责任心和积极性。

Q 内容丰富化的职务对你合适吗？

职责丰富化意味着员工将被获准做一些通常由主管人员才能完成的任

务，如计划和评价自身的工作。**丰富化后的岗位应当允许任职者以更大的自主权、独立性和责任感去从事一项完整的活动。**当一个岗位被职责丰富化时，任职者有责任计划并完成自身工作，并对自身表现做出评估和纠正。

?思考题 除了职责扩大化和丰富化方法外，还有什么方法能够克服工作的单调化？

岗位设计不仅包括岗位职责的明确，而且还包括工作时间的安排。在这方面，除了传统的按固定时刻表上下班外，已经出现了弹性工作制、钟点工以及让员工通过网络在家工作、自行决定工作时间等多种形式。

第四节 常见的组织结构形式

尽管组织结构形式多种多样，但各种组织结构的基本构成形式会有很大的相似性。本节介绍的就是几种常见的组织结构形式。

一、直线—职能制

直线—职能制是以往各类组织最常采用的一种组织形式，其结构如图8-7所示。

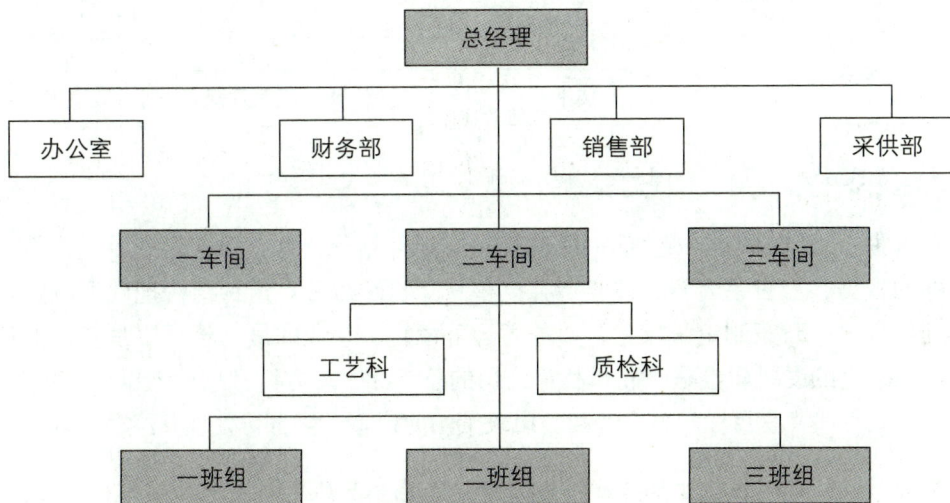

图8-7 直线—职能制组织结构形式示意

直线—职能制是建立在直线制和职能制基础上的。这种组织结构形式的**特点**是：以直线为基础，在各级行政领导之下设置相应的职能部门如财务部、质检科，从事专业管理。在这种组织模式中，直线部门担负着实现组织目标的直接责任，并拥有对下属的指挥权；职能部门只是上级直线管理者的参谋与助手，主要负责提供建议、信息，对下级机构进行业务指导，但不能对下级直线管理者发号施令，除非上级直线管理者授予他们某种职能权力。

扩展阅读：直线制和职能制简介

直线—职能制的**优点**是：既保持了直线制集中统一指挥的优点，又吸取了职能制发挥专业管理职能作用的长处。具体地说，这种结构指挥权集中，决策迅速，容易贯彻到底；分工细密，职责分明；由于各职能部门仅对自己应做的工作负有责任，既可减轻直线管理者的负担，又可充分发挥专家的特长；容易维持组织纪律，确保组织秩序，在外部环境变化不大的情况下，易于发挥组织的群体效率。

直线—职能制的**缺点**是：不同的直线部门和职能部门之间的目标不易统一，相互之间容易产生不协调或矛盾，从而增加高层管理者的协调工作量；由于职能组织促使职能管理者只重视与其有关的专业领域，因而不利于从组织内部培养熟悉全面情况的管理人才；由于分工细，规章多，因而反应较慢，不易迅速适应新情况。

二、事业部制

事业部制是对内部具有独立的产品和市场、独立的责任和利益的部门实行分权管理的一种组织形式。它是美国、日本等国大企业采用的典型组织形式，其结构如图8-8所示。

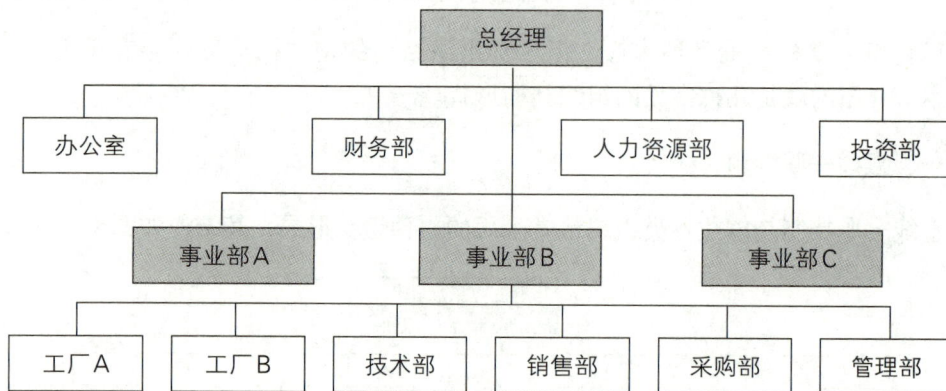

图8-8 事业部制组织结构形式示意

在这种组织结构中，事业部一般按产品或地区划分，具有独立的产品或市场，拥有足够的权力，能自主经营，并实行独立核算、自负盈亏。这种结构把政策制定与行政管理相分离，政策制定集权化，业务营运分权化。企业的最高管理层是企业的最高决策机构，它的主要职责是研究和制定公司的总目标、总方针、总计划以及各项政策。各事业部在不违背总目标、总方针和公司政策的前提下，可自行处理其经营活动。

？思考题 为保证总公司对各事业部的控制，最高管理层应保持什么权力？

事业部制的**优点**是：既保持了公司管理的灵活性和适应性，又发挥了各事业部的主动性和积极性；可使总公司和最高管理层从繁重的日常事务中解放出来，得以从事重大问题的研究和决策；各事业部相当于公司内部独立的组织，不论在公司内外，彼此都可以开展竞争，比较成绩优劣，从而克服组织的僵化和官僚化；它也有助于培养高层管理者。

事业部制的**缺点**是：各事业部往往只重视眼前利益，本位主义严重，调度和反应都不够灵活，不能有效地利用公司的全部资源；管理部门重叠设置，管理费用增加；由于各事业部相当于一个独立的企业，因此对事业部一级管理人员的素质要求较高；集权与分权关系敏感，一旦处理不当，会削弱整个组织的协调一致性。

当事业部的数量较多时，为了克服事业部制存在的问题，使集权与分权更好地结合进来，可在公司最高首脑与各事业部之间增设一个管理层次，形成超事业部制（亦称执行部制）。**执行部制**（相当于分公司）的特点是，在统辖和协调所属若干事业部活动时，使管理体制在分权的基础上又适当地再度集权，从而通过协调各个事业部间的活动，克服本位主义与分散主义，更有效地利用公司的资源，并进一步减轻最高层领导的日常事务工作。

事业部制和执行部制都只有在组织规模很大且业务范围广或市场区域大时才比较适宜。

对于一些如连续生产的化工、原材料等工业企业和银行、医药等服务行业，由于产品品种或生产服务过程所限，无法分解成几个独立的事业部门的大企业，则可以采用与事业部制相类似的模拟分权制，如图8-9所示。通过按生产区域或生产阶段把企业分为许多"组织单元"，这些"组织单元"拥有较大的自主权，有自己的管理机构，各个"组织单元"之间按内部的转移价格进行产品交换并计算利润，进行模拟性的独立核算，从而促进各"组织单元"改善经营管理。

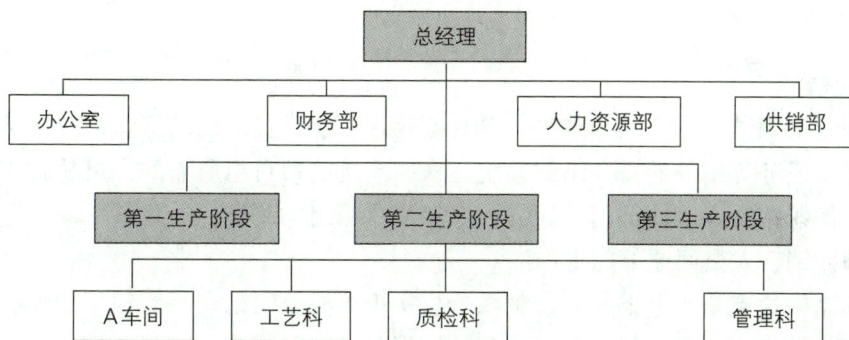

图8-9 模拟分权制组织结构形式示意

三、项目组

项目组是指为了完成某个特定的任务，而把一群不同背景、不同技能和来自不同部门的人组织在一起的一种组织形式，是现代组织和未来组织中最常见的组织结构形式。例如，电影制片厂的摄制组，企业中的技术革新小组，高校里的课题组等。

项目组的**特点**是根据任务的需要，把各种人才集合起来进行攻关，任务完成了，小组就解散。项目组的人员也不固定，需要谁，谁就来，当他的任务完成后，他就可以离开，所以，一个人可以同时参加几个项目组。

项目组的**优点**是：适应性强，机动灵活，容易接受新观念、新方法；各个成员像一个球队的运动员一样，都了解整个组的任务和问题，目的明确，责任感强。其**缺点**是：缺乏稳定性；在规模上有很大的局限性。

项目组形式适用于需要各种不同专长的人在一起才能完成的工作，以及具有许多事先不确定的复杂因素的工作。随着网络技术的发展，进一步出现了不在同一地点工作的虚拟项目组形式。

四、矩阵制

如果一个组织中同时存在着几个常设的项目组，那么就变成了一种新的组织形式，即矩阵制。**矩阵制**是为了适应在一个组织内同时有几个项目需要完成，每一个项目又需要具有不同专长的人在一起工作才能完成这一特殊需求而形成的。矩阵制的具体结构如图8-10所示。

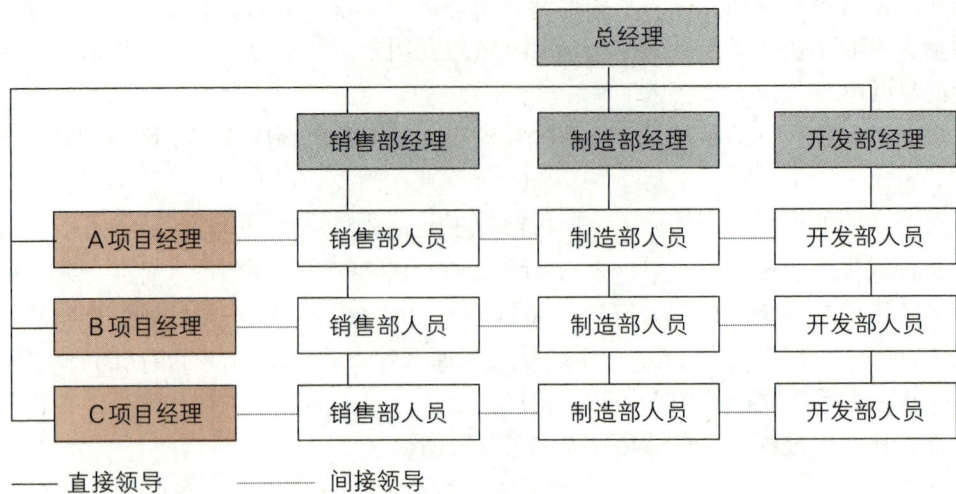

图8-10 矩阵制组织结构形式示意

矩阵制组织结构形式的**特点**是：既有按管理职能设置的纵向组织系统，又有按产品、项目、任务等划分的横向组织系统。横向系统的项目组所需的人员从各职能部门抽调，他们既接受本职能部门的领导，又接受项目组的领导，一旦某一项目完成，该项目组即撤销，人员回原部门工作。

矩阵制的**优点**是：上下左右、集权分权实现了有效的结合，有利于加强各部门间的配合和信息交流；便于集中各种专门的知识和技能，加速完成某一特定项目；可避免各部门的重复劳动，加强组织的整体性；可随项目的开始和结束而组成和撤销项目组，增加了组织的机动性和灵活性。

矩阵制的**缺点**是：由于各成员隶属于不同的部门，仅仅是临时参加某项目组，项目负责人对他们的工作好坏没有足够的奖励与惩罚手段，项目负责人的责任大于权力；由于项目负责人和原部门负责人对于参加项目的人员都有指挥权，因此这种结构只有当双方管理者能密切配合时，才能顺利地开展工作。

矩阵制一般适用于创新性任务较多、生产经营复杂多变的组织。在现代组织中，也常通过常设部门培养人员、完成常规性职能工作，通过组建跨部门项目组完成某一特定的新任务。

五、委员会

委员会也是一种常见的组织形式。委员会由一群人所组成，**委员会**中各个委员的权力是平等的，并依据少数服从多数的原则处理问题。它的**特点**是集体决策、集体行动。

委员会可以有多种形式。按时间长短分，可分为常设委员会和临时委员会，前者是为了促进协调、沟通和合作，行使制定和执行重大决策的职能，如董事会；后者多是为了某一特定的目的而组成的，达到特定的目的即解散，如项目鉴定委员会。按职权分，可分为直线式的委员会和参谋式的委员会，直线式的委员会如董事会，它的决策下级必须执行；参谋式的委员会主要是为直线人员提供咨询和建议。委员会还有正式和非正式之分，凡是属于组织结构的一个组成部分并授予特定责权的委员会都是正式的，反之，就是非正式的委员会。

委员会作为组织管理的一种手段，其**设立的目的**主要是：

- 集思广益，产生解决问题的更好方案。
- 利用集体决策，防止个别人或部门权限过大，滥用权力。
- 加强沟通，了解和听取不同利益集团的要求，协调计划和执行的矛盾。
- 通过鼓励参与，激发决策执行者的积极性。

委员会的**优点**是：可以充分发挥集体的智慧，避免个别领导人的判断失误；少数服从多数，可防止个人滥用权力；地位平等，有利于从多个层次、多种角度考虑问题，并反映各方面人员的利益，有助于沟通和协调；可在一定程度上满足下属的参与感，有助于激发组织成员的积极性和主动性。

委员会的**缺点**是：做出决定往往需要较长时间；集体负责，个人责任不清；有委曲求全、折中调和的危险；有可能为某一特殊成员所把持，形同虚设。

委员会组织对于处理权限争议问题和确定组织目标等是比较好的一种形式。

思考题 怎样才能使委员会有效地发挥作用？

总体上而言，现在的组织更倾向于依靠灵活的工作安排、项目工作团队、开放的沟通系统、无边界的社会合作。

●复习题

1. 组织工作是否就是组织设计？
2. 有哪些组织设计理论？它们之间有什么异同？
3. 组织结构的设计受哪些因素的影响？
4. 组织结构的设计包括哪几个步骤？
5. 管理幅度与组织层次有什么关系？管理幅度的大小受哪些因素的影响？
6. 如何描述一个岗位的特性？如何提高一个岗位对员工的吸引力？
7. 怎样评价一个组织结构的好坏？
8. 有哪些常见的组织结构形式？它们各自的优缺点是什么？

要点参考 ●

●讨论题

信息技术的发展对组织结构设计的影响

随着移动互联网和智能技术的发展，万物可以互联互通，在这种情况下，组织结构的设计会产生哪些变化？为什么？

●案例分析

如何实现新业务的突破？

一家从事纺织机械研发、生产、销售的企业，经过多年的市场开拓，企业在业界有了一定的品牌知名度，加上企业推出的产品能够较好地满足市场的需求，因此企业的销售收入逐年稳定上升，员工队伍也较稳定。去年，企业推出了一款具有较大市场潜力和较高技术水平的新产品，希望借此获得迅速的发展，一举成为行业领袖。

为此，企业希望销售部进一步增加人手，加大营销力度。企业招聘了一些新员工，安排在老员工手下当助手，并提出了相应的新产品销售激励政策，加大了新产品销售奖励措施。但一年下来，新产品的销售并没有多大的起色，新招聘的员工一年后也基本上走光了。

为什么会这样呢？企业经过调研后发现，销售部的老员工由于是分区域营销，在销售老机器时其在分管区域内与不少用户建立了一定的联系，加上企业在业界的知名度，他即使不出去跑，每年也有一定的销售收入和相应的销售提成，加上对新产品心存疑虑，因此安于现状、不思进取。让其带新员工，基本上也不予指导，使新员工既学不到东西又做不出业绩，所以只好走人。

面对这种情况，总经理曾经考虑换掉老员工，由新员工取代老员工，这样就可以由企业按新的方法要求新员工来加强新产品的营销，有助于企业将来的发展。但由于新员工的成长需要一定的时间，马上换人会极大地影响企业当前的业绩；而不换人，仍靠老员工继续做，企业又会由于老员工不思进取而难以获得进一步发展，使企业的发展受制于老员工。

请问：

企业应该怎样来设计组织结构和安排人员，才能既发挥老员工的作用，使企业保持稳定的发展，又能够培养出新人，给企业带来勃勃生机？

推荐书目

1. ［加］亨利·明茨伯格著，魏青江译：《卓有成效的组织》，中国人民大学出版社2007年版。这是明茨伯格的得意之作，它汇集了各种组织结构研究成果，围绕着"如何设计一个有效的组织"这一主题进行了综合论述，提出了组织的5个组成部分、5种协调机制、9个设计参数、5种基本结构，是一本组织设计的实用指导书。

2. ［美］理查德·L.达夫特著，李维安等译：《组织理论与设计精要》，机械工业出版社2003年版。达夫特是美国范德比尔特大学欧文管理研究院的管理学教授，致力于组织理论和领导学的研究，由于在组织理论领域所著的教科书在美国极为畅销而声名远扬。该书是其撰写的有关组织理论的教材之一。该书共分组织导论、组织的目标和结构设计、开放系统设计因素、内部设计要素以及管理动态过程等五部分，阐述了经典的思想和概念，构建了关于组织理论与设计的简洁而坚实的基础。

3. 邢以群、张大亮著：《组织结构设计——规范分工协作体系》，机械工业出版社2007年版。邢以群和张大亮均为浙江大学管理学院教授。该书针对中国企业在组织结构设计方面存在的问题，从理论上对如何建立规范的分工协作体系进行了系统论述，从实践上对如何构建能够适应企业可持续发展的组织结构体系、如何明确各部门之间的分工协作关系、如何明确员工的责任、如何克服组织结构调整的阻力等问题提出了具体的解决方法与措施，以期帮助企业形成一个与企业发展战略相匹配的职权体系。这是一本理论与实践相结合的有关组织结构设计方面的专著。

人员的配备

清楚人员配备的目的，掌握人员配备的工作内容和基本原则；知道获得人员的基本途径和选聘人员的基本方法；清楚员工考核的目的，知道业绩考核的常用方法，了解绩效考核的基本过程；明白培训的重要性，了解员工培训的常用方法。

一个组织的能力大小，在很大程度上取决于组织所聘用与保有的人员的素质，**得到并保有合适的员工，是一个组织能够得以成功的关键之一**。组织结构的设计为贯彻落实组织目标所必须开展的工作奠定了基础，但若不能根据各岗位的要求选配到合适的人员，则再好的组织结构也无法有效地发挥作用。因此，在设计合理的组织结构的同时，还需为所设计的各岗位选配合适的人员。

人员配备是组织设计的逻辑延续，这项工作的主要内容和任务是：通过对工作要求与人员素质的分析，谋求人员素质与工作要求的最佳组合，从而实现员工的不断成长和组织的持续发展。在本章中，将着重讨论以下内容。

- 人员的配备：基本要求与原则。
- 人员的选聘：如何获得胜任工作的人。
- 人员的考核：如何评价员工是否适岗。
- 人员的培训：如何使员工适应组织发展。

第一节　人员配备及其原则

人员配备是指组织通过对工作要求和人员素质的分析，为每一个岗位配备合适的人员以完成实现组织目标所需开展的各项工作的过程。为了做好人员配备工作，必须首先明确人员配备的基本要求、基本过程和原则。

一、人员配备的基本要求

人员配备的目的是谋求人与事的最佳组合，因此，人员配备要求既能满足组织的需要，又能考虑到组织成员的需要。

1. 人员配备应能满足组织的需要

从组织的需要出发，人员配备应满足以下三方面要求：

- **使组织系统得以运转**。要使组织系统有效运转，必须使组织中的每一个岗位都配备有符合相应岗位素质要求的人，从而使实现组织目标必须开展的各项工作都有相应的适岗的人去完成。这是人员配备的基本任务。

- **为留住人才创造条件**。人们总是力图获得最能发挥自己才能并能给自己带来最大利益的工作，而常用的方式就是通过流动和尝试不同的工作。流动对于组织成员个人而言也许是重要的，但对于一个组织而言，人员的不稳定，特别是优秀人才的外流，往往会导致组织出现知识真空，从而影响组织的正常运转和持续发展。因此，在人员配备过程中，要注意通过轮岗、转岗或岗位的重新设计，为员工才能的充分发挥和实现个人的发展目标创造良好的条件，从而维持员工对组织的忠诚。

？思考题 建立竞争上岗制度，是否有利于留住人才？为什么？

- **适应组织发展需要**。组织是一个动态的系统，每一个组织都处于一个不断变化发展着的社会经济环境之中，组织的目标、战略需要根据环境的变化和组织的发展做出适当的调整，因此由目标和战略决定的组织结构不仅会发生质的改变，而且在部门和岗位的设置数量上也会出现相应的增减。因此，在根据当前的组织结构设置配备相应人员时，也要考虑到组织结构和岗位设置将来可能发生的变化，通过建立客观的考核体系和制度化的培养体系，来适应组织未来发展的需要。

？思考题 很多成长型的企业为什么常常在内部找不到适合新岗位素质要求的人员？

2. 人员配备应考虑到组织成员的需要

要做到人与事的最佳组合，**人员配备必须能够充分发挥员工的才能，并使其自觉积极地履行好岗位职责**，为实现组织目标而努力工作。为此，在人员配备过程中，要考虑到组织成员个人的才能特点、兴趣爱好和需要，做好以下两个方面的工作：

- **使每个人的知识和才能得到公正评价和运用**。工作要求是否与自身能力相符，工作目标是否具有挑战性，工作内容是否符合兴趣爱好，是否"大材小用"使员工"怀才不遇"，或"小材大用"使员工"不堪重负"，这些都会在很大程度上影响人们在工作中的积极性、主动性，进而影响工作绩效。

小卡片 **工作行为与个人素质**

一个人的工作行为在很大程度上受其能力胜任程度、工作兴趣和工作报酬的影响。

能力胜任程度	工作兴趣	工作报酬	工作行为
胜任	无	无	不愿意做
胜任	无	有	得过且过
不能胜任	有	无	尽兴而为
不能胜任	有	有	尽力而为
胜任	有	有	乐于工作

- **使每个人的知识和能力得以不断发展和提高**。知识与技能的提高，不仅可以满足人们较高层次的心理需要，而且也是组织成员得以不断晋升发展的基础。因此，在人员配备过程中，应使每个组织成员能看到这种机会和希望，从而稳定人心、提高工

作绩效和适应组织发展的需要。

？思考题 怎样才能在人员配备过程中使组织成员得到提高能力的机会？

二、人员配备的工作内容

为了达到上述要求，在人员配备过程中，一般要进行以下几项工作。

1. 人力资源规划：确定人员需要的种类和数量

在人员配备的过程中，首先需要知道组织需要何种人员、各需要多少。为此，组织需要明确组织结构中的岗位设置情况。人员配备是在组织设计的基础上进行的，人员需要量的确定是以组织设计中的岗位类型和岗位定编数为依据的。岗位类型说明了需要什么样的人，岗位定编数说明了每种岗位各需要多少人。

由于组织是发展着的，所需要设置的岗位和各岗位编制数也会随之发生变化。**人力资源规划**就是管理者为了确保在适当的时候，组织能够为所需要的岗位配备相应的人员并使其能够有效地完成对应的岗位职责，而在事先所做的计划工作。

人力资源规划主要包括三项工作：通过人员盘点评价现有的人力资源配备情况；根据组织发展战略预估将来所需要的人力资源；制订满足未来人力资源需要的行动方案。通过人力资源规划，可以明确为了实现组织发展目标，在什么时候需要哪些人员、各需要多少，从而为人员的选配和培养奠定基础。

？思考题 人力资源规划和战略规划之间是什么关系？

2. 招聘与甄选：寻找和选配合适人员

岗位设计和分析指出组织中需要具备哪些素质的人，而为了获得符合岗位上岗素质要求的人，就必须对组织内外的候选人进行筛选，以做出合适的选择。为此就要进行招聘与甄选。

招聘是指组织按照一定的程序和方法招募具备岗位上岗素质要求的人来承担相应岗位工作的系列活动。适岗者可能存在于组织内部，也可能来自组织外部，不管适岗者在哪里，为了招聘到合适的人员，都需要建立相应的招聘渠道、制订相应的招聘方案，并依据相应的岗位要求对候选人进行素质评价和选择。**甄选**是指依据既定的用人标准和岗位要求，对候选人进行评价和选择，从而获得合格的上岗人员的活动。通过招聘与甄选，组织为相应的岗位配备合适人员。

？思考题 如果在一个重要岗位上安排了一个不合适的人，会产生什么后果？

3. 激励与沟通：人员的保留和才能发挥

获得了合适的人员，并不意味着就能够持续地拥有该员工和充分发挥该员工的才华。组织不仅要能招聘到合适的人员，还要能"留得住、用得好"，才能持续地保持和提高组织的人岗匹配度。

人员保留是指组织采取有效的措施以留住有价值的员工的活动。随着优秀人才对组织发展重要性的不断上升，组织间的人才竞争也愈演愈烈，"挖人""跳槽"现象频频发生，人才流动日益频繁，因此"留人"在组织管理中也越来越具有战略意义。为此，组织就必须营造良好的组织文化、确立明确的组织愿景和发展战略、建立公平和基于员工需求的报酬体系、加强管理者与员工间的良好沟通。

有关指导、激励和沟通的内容，我们将在"领导篇"中探讨，在本章中不再专门展开。

4. 培训与考核：使人员适应发展需要

培训是指组织为了实现组织自身和员工个人的发展目标，有计划地对员工进行辅导和训练，使之认同组织理念、获得相应知识和技能以适应岗位要求的活动。通过招聘与甄选获得的人员并不一定都完全符合岗位素质要求，对于其中一些基本符合岗位要求的人员，还需要在其上岗前或在岗位工作中给予相应的培训（如文化宣导、专门知识补缺、实际技能训练等），以进一步提高其岗位胜任力。进一步地，组织处于不断的发展过程中，对于组织在发展中所产生的人力资源需求，除了以招聘方式从外部吸引合适人员加以补充外，更主要的是通过开发组织现有的人力资源来加以满足。人的思想的统一、技能的提高需要一定的时间过程，组织明天发展所需要的人员和技能需要在今天就加以培训，**培训是组织开发现有的人力资源、提高员工的素质和同化外来人员、提高组织整体人岗匹配率的基本途径。**同时，为员工提供学习机会，使其看到在组织中的发展前途，是组织维持组织成员对组织忠诚的一个重要方面，因此培训的最终目的既是为了适应组织发展的需要，也是为了实现员工个人的进一步成长。

为了了解在岗的员工是否适应岗位要求，需要通过考核对组织现有的人力资源质量做出评估。所谓**考核**，亦称绩效评估或考评，即按照一定的方法及程序对现职人员在一段时间内的岗位职责履行情况做出评价。科学的考核有助于对现职人员的工作情况做出客观的评估，从而为员工改进工作提供指导，为培训、奖惩和人事晋升提供客观依据。

通过不断的培训和考核，不仅为组织获得合适的人员提供了保障，而且促使员工随着组织的发展不断成长，从而始终保持人与事的动态最佳组合，最终达到组织发展和员工成长的双重目的。

❓思考题 绩效考核与素质测评有何不同？

三、人员配备的基本原则

为了求得人与事的最佳组合，在人员配备过程中必须遵循一定的原则。

1. 因事择人、适应发展原则

组织中配备一定人员的目的在于希望其能够做好组织所分配的任务，从而为实现组织目标做出其应有的贡献。为此就要求在人员配备过程中，根据工作需要配备具备相应品德、知识和能力的人员，**因事择人是人员配备的首要原则。**

同时，为了适应组织发展的需要，在岗位设置和人员配备过程中，要留有一定的余地。不能仅根据组织目前的需要配备人员，以至于当组织发展需要员工履行更多的职责或需要进一步提高技能时，现有的员工难以胜任或提高，从而减缓组织的发展步伐。**在人员配备过程中，要做好人力资源储备，**配备一定的培养性人员，或在配备某些岗位的人员时给其留出一定的学习和培训的时间。

2. 量才使用、客观公正原则

量才使用就是要求在人员配备过程中，根据一个人的特长和兴趣爱好来分配不同的工作，以最大限度地发挥其才能和调动其积极性。不同的工作需要不同才能的人才可以胜任，而不同的人因为其具有不同的素质，能够从事不同的工作。所以，从人的角度考虑，只有根据不同人的特点来安排工作，才能使人的潜能得到最大程度的发挥，才能使人的工作热情得到最大限度的激发。因此，要根据不同的人的兴趣爱好和才能，分配其合适的工作岗位，在条件允许的情况下，尽可能地把一个人所从事的工作与其兴趣爱好、能力特长结合起来。

客观公正原则要求在人员配备过程中，明确表明组织的用人理念，为人们提供平等的就业、上岗和培训机会，对员工的素质和工作绩效进行客观的评价，给予员工公正的待遇以最大限度地获得员工的理解与支持以及社会的认可。

？思考题 怎样才能做到既符合因事择人原则又符合量才使用要求？

3. 合理匹配、动态平衡原则

合理匹配是指人员配备除了要根据各个岗位职责要求配备相应的符合岗位素质要求的人员以外，还要求合理配置同一部门中不同岗位和层次之间的人员，以保证同一部门中的人员能协调一致地开展工作，充分发挥群体的功能。

同一个部门中人员的合理配置，一是要考虑能级问题，二是要考虑互补问题。

"能级"是现代物理学中的概念：原子由原子核和环绕原子核运转的电子层中的电子组成，电子在各电子层上的分布取决于电子的能量大小，处在距原子核较远的电子层上的电子能量较大，较近的电子能量较小。这种电子之间能量大小的差别就叫"能级"。在一个组织中，由于组织成员的素质不同，也可划分成各种能级。为了保证组织具有高效率和高可靠性，不仅要合理划分组织中人员的能级，而且要使不同能级的人员有一个合理的组合。组合不当，就有可能降低组织的效率，而且弊端百出。

能级理论和管理实践证明，稳定的能级结构应是正立三角形：即较少的高级人员、较多的中级人员、更多的低级人员。一个组织中人员能级的分布如果不是正立三角形就会显得不稳定。

• 倒立的三角形：其特征是"官多兵少"，结果政出多门，上层决策混乱，下层执行不力。

• 菱形结构：两头小中间大。低级人员过少，迫使中级人员降级做低级人员的工作，使其能力无法发挥；高级人员相对过少，无人扛大旗，而众多的中级人员晋级无望。这种结构最终将导致中级人员外流。

• 梯形结构及"一"字形结构：同一能级的人员过多，工作不易安排且易在组织内部形成派系，常常会出现内部不团结现象。

能级问题是从纵向考虑人员配置，要求形成一个合理的等级。而互补问题是从横向考虑人员的配置，认为同一层次的人员相互之间应能力互补。若成员相互之间能力互补，各有所长，又有共同语言，就能较好地进行分工协作；若各成员虽各有所长，但无共同语言，则不易合作；若各成员之间能力相似，则容易相互争斗，形成内耗。

组织在不断地发展变化，工作中人的能力和知识的适应性以及组织对其成员素质的认识也在不断地发展变化，因此，人与事的配合也需要不断地调整。动态平衡原则要求组织根据组织和员工的变化，对人与事的匹配进行动态调整。补充组织发展所需要的人员，辞退多余的或难以适应组织发展需要的人员；将能力提高并得到充分证实的员工提拔到更高层次、需要承担更多责任的岗位上去；将能力平平、不符合现在岗位要求的人通过轮岗或培训使其有机会从事力所能及的工作。通过人与工作的动态平衡，使绝大多数员工能够得到合理使用，实现组织目标所需要开展的工作都有合适的人来承担。

思考题 在一个组织中，人员配备工作由哪些人来负责？为什么？

第二节 人力资源规划

人力资源的合理配置首先依赖于科学的人力资源规划。科学的人力资源规划，使组织能够对未来的人力资源供求关系做出预测，有利于对现有的人力资源的充分利用和对未来的人力资源的合理配置。

一、人力资源规划过程

人力资源规划主要包括三项工作：评价现有的人力资源配备和胜任情况；根据组织发展战略评估未来的人力资源需求；制订满足现在和未来人力资源需要的规划。

1. 评价现有的人力资源配备和胜任情况

在进行人力资源规划之前，首先需要对现有的人力资源状况进行考察。对现有的人力资源的评价一般通过内部人员盘点的方式进行。在信息系统广泛运用和高度发达的现代，大多数组织都建有人力资源信息系统，因此要形成一份人力资源调查报告并不困难。

评价现有的人力资源配备和胜任情况，通常需要收集以下三方面的信息：

扩展阅读：人才盘点方法

● **人员统计信息。**反映现有的人力资源状况，主要由员工个人情况和组织人员整体结构情况两部分组成。员工个人情况包括员工的性别等自然状况以及受教育程度、技能水平、工作经历、受训情况、工作岗位和收入情况等，可通过员工自行填表登记或由人力资源管理部门查阅人事档案信息材料汇总而成。组织人员整体结构情况是在个人信息的基础上通过综合性统计分析形成的，包括反映组织现有人力资源结构形态的年龄结构、文化程度结构、专业技能结构、岗位等级结构等。

● **工作岗位信息。**人力资源规划就是在组织发展中把一定数量和质量的人力资源配置到特定工作岗位的筹划活动，因此进行人力资源规划必须了解组织内部工作岗位信息。工作岗位信息调查主要包括了解组织内岗位设置情况和在岗人员情况、岗位职责规范化程度、各岗位对于人员素质的要求、在岗人员的称职程度等。

● **组织发展信息。**人力资源规划必须考虑到组织的变动因素，组织发展信息调查主要包括两方面：一是组织以往的历史发展数据，如企业历年的人均营业收入、员工数量变化情况、员工晋升和受训情况等；二是组织未来的发展目标和发展战略。在人力资源规划过程中，这两方面信息对进行人力资源需求预测具有重要参考价值。

2. 评估未来的人力资源需求

未来的**人力资源需求评估**是指根据组织发展目标和战略，对未来一段时间内各类岗位人员需求情况所做的预测。评估未来的人力资源需求，首先应全面而综合地分析决定或影响未来人力资源需求变化的各个因素。一般地，影响未来人力资源需求的因素有：

- **组织的发展目标**。任何组织都会制定新的发展目标和规划，如扩大组织产品或服务数量和种类、提高劳动生产率、进入新的领域等，这些发展目标的确立，意味着未来人力资源需求将发生相应的变化。
- **员工的可能变动**。员工队伍总是处于不断变动之中，除了内部晋升、调动之外，还存在着由于退休、辞职、解雇而产生的员工减少。当这种正常的员工减少累积到一定程度时，即使不考虑组织的发展，单纯为维持组织运作现状也需要补充新员工。
- **其他方面的因素**。除上述两方面因素外，其他如劳动力成本的高低、部门的增减、管理现代化程度、生产自动化程度的提高等，也会不同程度地影响人力资源需求的变化。

在进行人力资源需求预测时，应综合考虑上述各方面因素的变动情况及其对岗位设置和人员数量和质量需求的影响。

？思考题 是否存在根据可得的人力资源状况决定未来发展目标的情况？

人力资源需求预测方法总体上有两种：一种是从整体到局部的方法，即先预测整个组织总的人力资源需求，然后再分别确定各类及各部门的人力资源需求；另一种是从局部到整体的方法，先分别预测各类及各部门的人力资源需求，在此基础上形成整个组织的人力资源需求。

？思考题 这两种方式各适用于什么场合？

3. 制订相应的人力资源规划

在对现有人力资源状况和未来人力资源需求做出相应评估后，就可以测算出人力资源现实和理想、现在和未来在数量和结构方面的差异，并指出组织中已经或将会出现超员配置的领域以及可能的短缺及其程度。将这些与对未来人力资源的可得性推测结合起来，就可以着手制订人力资源规划。

人力资源规划通常由组织中的人力资源管理部门或计划管理部门负责组织制订，但因人力资源规划涉及业务活动和财务问题，因此应有业务部门和相关部门人员参与制订。规划的期限长短一般与组织发展规划期限相同。

二、人力资源规划的内容

人力资源规划涉及组织内人力资源供求配置的诸多方面，人力资源总体规划一般包括以下几方面。

1. 人力资源补充计划

在组织发展过程中，由于退休、辞职、解雇等常规人事变动，会导致某些岗位出现空缺，同时，组织规模的扩大和事业的发展，往往会增设新岗位，或需要增加人力资源数量。**人力资源补充计划**就是以人力资源供求预测为基础，对未来一段时期内所需要补充的人力资源的类别、数量及补充渠道等做出预先安排的计划。

2. 人力资源调配计划

一方面，随着组织的发展和战略的调整，组织的重心会发生变化，相应的岗位设置情况会发生变化，可能需要对在岗人员进行重新调配；另一方面，由于在岗员工实际不一定能够胜任岗位，或为了弥补因员工退休、辞职等留下的空缺，也需要对现有在岗人员进行内部调配。

组织内部人力资源流动一般通过两种方式：一是垂直流动，即在不同职务层级之间的流动，通常表现为晋升或降级；另一种是水平流动，即在同一级的不同岗位之间的流动，通常称为轮岗或换岗。**人力资源调配计划**就是为了适应组织变化和发展的需要，根据对现有员工素质的评价，通过调整和调动的方式，对现有人力资源配置进行合理调整的计划。

3. 人力资源开发计划

人力资源是一种可再生的资源，通过对人力资源的开发，可以使之产生新的技能或获得更高的技能。人力资源开发的主要途径是培训，组织通过有计划、有步骤地对现有的人员进行分门别类的培训，培养出组织发展所需要的合格人才和新人才。**人力资源开发计划**就是根据组织发展的需要，就培训目的、培训对象、培训目标、培训内容、培训方式和时间等进行事先设计，以期通过培训获得组织发展所需要的各类人员的计划。

4. 员工职业发展规划

员工职业发展规划是指组织对员工的职业生涯所做的计划安排。为了保有组织发展所需要的各类人员，组织应该表明随着组织的发展和员工的成长，各类员工可在组织中获得怎样的职业发展空间。为此，就需要根据组织发展战略和目标明确各类岗位员工的职业发展规划。

如图9-1所示，上述各人力资源规划子计划之间是相互关联的。例如，组织所需要的人力资源除从外部招聘外，还可通过内部的调配来填补空缺，尤其是上层岗位的空缺，往往是由下层人员晋升填补；而在员工晋升或换岗前，往往需要根据新岗位的要求对其进行相应的上岗培训；进一步地，对怎样的人进行怎样的事先培训，以及在有岗位空缺时，调配什么样岗位上的人，又往往根据员工职业发展规划来确定。因此，**在人力资源规划的过程中，各方面计划之间应相互协调，以形成一个相互支持和补充的有机整体。**

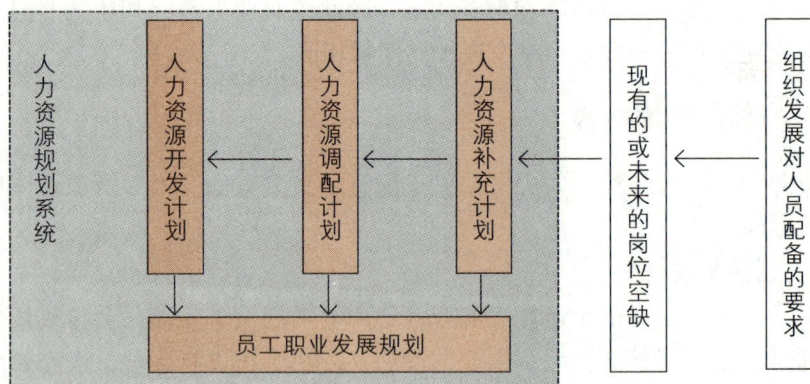

图9-1 人力资源规划系统构成示意

186

第三节 人员的招聘与甄选

人是一切活动的行为主体，组织能否根据组织发展的需要和岗位任职要求招聘到所需数量的合格人才，直接决定了一个组织人力资源的整体质量，并因而影响组织发展战略目标的实现程度。特别是在现代，在发展战略确定以后，能否寻找到合适的人员来开展战略规划中的各项工作，几乎已成为管理者落实战略最重要的工作之一。

人员招聘过程由若干个先后衔接的环节所组成，如图9-2所示。我们可以把招聘过程所涉及的诸环节归结为三个阶段加以叙述。

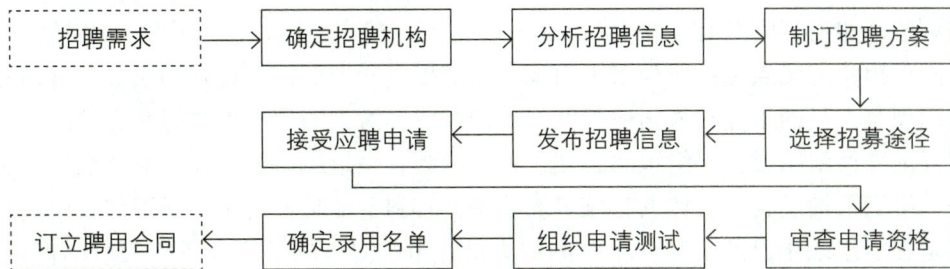

招聘需求 → 确定招聘机构 → 分析招聘信息 → 制订招聘方案

接受应聘申请 ← 发布招聘信息 ← 选择招募途径

订立聘用合同 ← 确定录用名单 ← 组织申请测试 ← 审查申请资格

图9-2　人员招聘一般过程

一、招聘计划的制订

招聘过程从制订计划开始。招聘计划主要包括做好三项准备性工作。

1. 确定招聘机构

明确招聘需求以后，首先要确定负责筹划并实施招聘活动的责任机构。对于小型组织而言，由于所需招聘的人员数量少、工作量小，招聘任务一般由人事部门或负责人事工作的人员负责，不需要另设专门机构。对于大型组织来说，由于每次招聘的人员数量都比较多，而且类别各异，招聘过程较为复杂，常常涉及若干个部门，因此，往往需要成立临时性的专门招聘小组负责招聘工作。招聘小组通常由分管人事工作的领导、人事部门专门负责招聘工作的人员以及人员需求部门代表组成。

？思考题 了解小企业和著名企业到大学招聘的过程，分析两者之间的区别。

2. 分析招聘信息

招聘责任部门或人员明确以后，招聘人员就要着手根据组织人力资源补充计划，了解组织现有的人力资源状况和外部劳动力市场供求状况，分析组织所需要的人员能否从组织内部调配、可以从外部通过什么渠道在哪里获取、各类人员在市场上的稀缺程度等，同时要了解本次招聘所需要的成本开支，包括招聘人员的工作日、宣传广告费、场租费或猎头费等，为以后制订招聘方案、明确招聘途径和招聘宣传重点奠定基础。

3. 制订招聘方案

在信息分析的基础上，着手制订招聘方案。一般而言，招聘方案应包括以下各项内容：需要招聘的岗位、数量，各岗位人员的录用条件，招募的区域范围和招聘起止时间，招聘的程序安排及各阶段的时间安排，招募促进措施，招聘测试方法及内容，各项工作的责任人，招聘的费用开支预算等。对于特殊人才，还需要明确双方谈判内容（如设立该岗位的目的、岗位工作条件、可能面临的挑战、试用期要求、薪资待遇、绩效考核方法等）。招聘方案是指导各实施阶段和环节的依据，因此需精心设计。

二、招募途径的选择

如何找到合适的上岗人员？

在实际招募时，既可从组织内部招聘，也可从组织外部招聘。

1. 内部招聘

组织内部招聘的方式是"布告"招聘，即在本单位的布告栏或公共信息交流平台中张贴、发布招聘启事，动员符合条件的本单位人员应聘。从广义上讲，组织内部人员的调整，如把某些人员晋升或调任到另一些空缺的岗位上，也可看作是内部招聘。

内部招聘的**优点**是：能为组织内现有人员提供变换工作或晋升的机会，有助于提高组织现有人员的士气和人岗适配度，促使有发展潜力的员工更积极自觉地工作，从而更好地维持组织成员对组织的忠诚；由于应聘者是组织内部人员，对本组织的文化理念、组织结构及其运行特点有较多的了解，有利于被聘者迅速开展工作；加上候选人都是在本组织中已经工作若干时间的人员，组织对其的了解和考察相对比较容易，从而有助于降低招聘成本和提高选聘的正确性。

内部招聘也存在一些**不足**，主要表现在：在若干个内部候选人中提升一个，可能会使落选者产生不满情绪，从而不利于被选拔者开展工作；从内部选择可能造成"近亲繁殖"的现象，不利于开拓创新；内部可选择面较小，且不会增加组织在职人员的总人数，招聘后的空缺岗位仍需要补充。

因此，内部招聘一般适用于招聘少量空缺岗位人员且组织中存在较多的冗员或组织成员希望获得换岗机会时采用。在进行内部招聘时，为了防止不公，可采取事先公开申请资格、事中公平公开竞争、事后公示征求意见的方式。

?思考题 企业实行内部晋升制度是否就不利于吸引外部人才？

2. 外部招聘

组织外部招聘是常规性的人力资源补充途径。外部招聘的途径多种多样，大致可归结为表9-1所列的几种。

相对于内部招聘，组织外部招聘的最大好处是能为组织带来新鲜"血液"和新的管理方法或专业技能。外来人员由于新加入组织，没有太多的框框，没有与其他人员之间复杂的个人恩怨关系，而且急于表现自己的价值，容易发现问题，提出创新建议和推动组织内新的工作的开展。缺点是组织对应聘者的情况难以通过有限的几次面试或测试深入了解，有可能选错人；外来人员不熟悉组织内部情况，也缺乏一定的人事基础，因此需要一段时间的适应才能有效开展工作；层次较高的岗位若聘用外来人员，可能会对内部员工的士气造成一定的影响。

正是由于外部招聘的这些局限性，所以许多组织往往先内部招聘，在内部招聘不能获得合适人员的情况下，再从组织外部招聘。

表9-1　常见的外部招聘途径

招聘途径	界定说明	优　点	缺　点	适用招募岗位
广告招聘	通过在网络等各种媒体上刊登招聘启事的方式招聘人员	辐射面广，也可有目的地针对某一特定群体	信息难以充分展示，常有许多不合格的应聘者应聘	各类通用性岗位人员
校园招聘	由组织派人到学校招聘毕业生中的求职者	可面对大量的不同层次和专业的人员	应聘者大多缺乏实际工作经验	专业技术岗位、技术工人和初级行政管理等岗位
劳动力市场	一种由人力服务机构组织的有众多用人单位参加的大型招聘活动	面广，费用少	人杂，双向选择困难	操作性岗位人员和大众化岗位人员
职业介绍所（包括人才网、"猎头"公司）	以付费方式委托外部职业介绍机构物色组织所需人员	针对性强、牵涉精力少、有可能获得短期的担保	费用相对较高，并需要花费时间筛选代理机构	市场上稀缺的专业技术人员或中高级管理人员或特殊人才
员工推荐	由本企业员工推荐和介绍合适的人选	可通过现有员工进行初步筛选，招聘成本低并可能获得高适岗的候选人	可能会导致今后员工之间复杂的人际关系	适合各类岗位的招聘
直接申请	外部求职者以发送求职信或登门求职的方式谋求工作	成本低、求职者对组织比较认同	被动，不一定适合要求，需专人处理	通常发生在形象好、知名度高、待遇较好的组织中
其他途径	如通过参加各类培训班、行业协会等结识和招聘人员，通过劳务输出和人才租赁机构招聘短期雇用人员等			

三、甄选方法与程序

甄选就是依据岗位上岗素质要求对应聘者进行评价和选择，从中选出能够胜任该岗位的人员。所以**从本质上而言，甄选是一种预测行为**，它要求设法预见到聘用哪一位申请者能够胜任该岗位。如果我们用日后应聘者的工作绩效表现来评价目前的人员甄选决策，就会得到如图9-3所示的四种可能结果。**甄选活动的着眼点在于：减少做出错误拒绝和错误录用的可能性，提高做出正确决策的概率。**

人员甄选决策

日后的工作表现		录用	淘汰
	好	正确的决策	错误的拒绝
	差	错误的录用	正确的决策

图9-3　甄选决策结果评价

1. 甄选手段与方法

管理者可采用各种甄选手段来减少错误决策的发生。常用的手段与方法包括应聘者申请表分析、资格审查、测试与面试、体格检查等。

● **申请表分析**。通过对申请表中与经历相关的、客观可证实的资料的加权评分，评价应聘者符合上岗要求的程度。在具体操作时，首先确定岗位任职资格条件，如工作经历、文化程度、知识结构、能力水平、思想品质等方面要求；然后分析各项要求与实际工作绩效的相关度，由此确定每一项因素及其子因素的权重，形成相应的评分表，如学历占20%，其中高中以下为0分、高中（中专）为20分、大专为40分、大学本科为60分、硕士为80分、博士为100分；最后制定出包含各项任职要求的申请书，由应聘者填写完毕并交回后，招聘单位即可根据评分标准计算出每一位申请者的总分数，以此作为评判应聘者优劣的依据。

- **资格审查**（履历调查）。通过对申请资料中所填写的"事实"的分析和核实，为录用决策提供依据。在进行资格审查时，主要是从两方面对应聘者做出判断：一是判断应聘者是否符合所招聘岗位的基本任职条件，如年龄、学历、专业经验要求等；二是通过分析和调查，确定应聘者在申请资料中所提供的个人信息是否真实，如通过上网查询或向其毕业学校调查确定其文凭的真实性等。

- **测试与面试**。借助各种技术手段，通过回答书面问题、情景模拟或案例分析、面对面接触、问答式交谈等方式评价应聘者的智力水平、知识面、能力结构、个性特征、兴趣爱好、志向等。常用的测试方法有笔试、面谈、角色模拟、无领导群体讨论等。由于笔试时应聘者面对的是同样的题目，相对而言评价较为客观；面试则是一种主观性评价方法，其有效性在很大程度上取决于主试者的经验及技巧。

- **体格检查**。对应聘者的健康状况做常规性检查，以确定应聘者是否具备相应的身体条件。体格检查有助于组织事先了解应聘者的健康状况，减少录用不能胜任者的失误，并有助于有效控制健康保险支出。但出于成本考虑不可能全面检查，有时由于难以证明某些缺陷与工作绩效之间的关系，根据体检结果不录用可能会导致法律纠纷。

? 思考题　通过上述各种甄选手段，是否就能选到合适的人员？

无论采用何种甄选手段和方法，都必须事先对所采用的甄选手段与方法做效度与信度评价。所谓**效度**，是指测试内容与岗位工作绩效之间的相关程度，测试成绩的高低应能反映被测试者的实际能力水平高低，测试得分与应聘者以后的工作绩效呈正相关关系。所谓**信度**，是指该种手段对同一事物能够做出稳定的持续一致的测量的程度。如果你在一台磅秤上测量你的体重，每次测量结果都不一样，就说明磅秤本身缺乏信度，在这种情况下，测量结果也就说明不了什么。因此，要使甄选手段有效，它就必须能够保持一定的一致性。

2. 甄选程序

不论是内部招聘还是外部招聘，为了保证上岗人员符合岗位要求，组织往往会规范甄选程序，并在这一过程中把竞争机制引入到人员配备工作之中，通过竞争，筛选出最合适的上岗人员。

人员甄选一般包括以下几个步骤：

- **初选**。在获得应聘者的申请资料以后，招聘小组一般要先进行初步筛选。应聘者的数量可能较多，出于成本等方面的考虑，组织不可能对每一个应聘者进行详细的研究和认识，或者应聘者比较盲目，应聘了其根本不符合要求的岗位。不论是何种情况，都需要招聘小组进行初步筛选。初步筛选一般采用申请表分析和资格审查方法，必要时也可通过与应聘者的简短会面、交谈，淘汰那些不能达到岗位任职基本条件的应聘者。

- **笔试**。在初选的基础上，对相对有限的应聘者进行书面测试。包括智力与知识测试，个性和兴趣测试、成就动机测试等。智力测试是通过应聘者对某些问题的回答来测试其思维能力、记忆能力、观察复杂事物的能力、思维灵活性和分析归纳能力等，是评价个人基本行为能力的常用方法。知识测验通过应聘者用书面文字解答卷面试题的方法来考察其掌握知识的程度，侧重于了解应聘者掌握应聘岗位所需的基本知识和专业知识的程度、知识广博程度及深度。一个人的个性特征与其工作表现有关，不同个性的人适合从事不同类型的工作（参见表11-1），个性测试主要通过各种量表，测试一个人的心理和行为特征、兴趣方向及兴趣顺序、对工作及特征的价值取向等。成就动机测试主要了解应聘者的进取性、成就需求和权力欲望等。通过对应聘者上述各方面的测评，可对应聘者适合岗位要求的程度作进一步的客观评价。

● **面试**。通过面对面的接触进一步了解应聘者各方面情况。面试按提问的技术方法不同可分为结构化面试、非结构化面试和混合式面试；按参加面试人数多少可分为个别面试和集体面试。在结构化面试过程中，提问的系列问题及问题序列预先以问题提纲或口头问卷的形式具体设定，循序渐进地进行，由于提问的一致性，因而在比较性评价应聘者时效度较高；非结构化面试主要由应聘者在一定议题范围内自由谈论，主试者随机提问，也可围绕一个中心问题逐步深化，非结构化面试效度较差，但能较深入地了解应聘者在某一方面的知识或个人背景；混合式面试即前两种面试的结合，既预先设定面试的系列问题，又在面试过程中根据需要变换问题，由于这种方式兼有前两种的优点，所以在实际面试中被广泛运用。面试中也常采用竞聘演讲与答辩、案例分析等方式。

● **体检**。根据以上几方面的评价结果，由用人部门、人力资源管理部门、分管领导一起确定最符合招聘岗位上岗素质要求者为初步录用人员。对于初步录用人员，发出体检通知书，组织体检；对于未录用者，也应以书面形式告知结果，并对应聘者表示谢意。

● **试用**。根据体检结果最终确定录用人员名单，并与录用人员签订聘用合同。在聘用合同中一般应规定一个试用期，以便在试用期内对录用者是否符合录用条件和能否胜任岗位做出实际鉴定，同时也有利于组织对录用者进行文化理念与工作方法上的指导，使其尽快熟悉工作。试用期满，若录用者在试用期中的表现不符合录用条件，聘用单位仍可解除聘用合同，辞退录用者。对于合格者，则予以转正，正式上岗。

？思考题 经过以上筛选过程，组织就能获得完全符合岗位要求的人吗？

第四节　人员的考核与培训

通过招聘时层层筛选后所获得的人员并不一定符合岗位工作要求，在实际工作中也不一定能获得令人满意的工作绩效。有些人员在选聘时所表现出来的能力并不一定能够在实际的工作中得到充分证实；同时，组织的要求和员工的能力都在不断的变化之中，当员工能力的变化与其所在岗位的要求不相适应时，组织就需要通过岗位调整或培训使两者保持平衡。因此，在人员上岗以后，如何对其工作表现进行客观考核，如何对员工进行持续的培训以适应组织发展的需要，是保持人与事最佳组合所必须进行的工作。

一、人员的考核

所谓**考核**（也称评估），是指相关部门或人员（考核主体）按照一定的方法和程序（考核方法和程序），对组织中各部门、各岗位（考核对象）在一定时期内（考核期）表现出来的工作绩效或能力素质（考核内容）所做的评价。

根据考核内容的不同，人员考核可分为绩效考核和素质评价两大类。**绩效考核**注重于评价考核对象在考核期内履行岗位职责的情况，**素质评价**则侧重于评价考核对象在考核期内所表现出来的符合岗位要求的程度和进一步发展的潜力。两者之间既有交叉又有区别，在素质评价中，对考核对象素质的评价依据之一就是考核对象在工作中所表现出来的工作绩效，但素质评价也不仅仅包括绩效评价，还包括态度、各方面能力的评价，注重的是绩效的前提；而绩效考核尽管也能通过对考核对象工作绩效的衡量，在一定程度上了解考核对象的品质和能力在工作中的发挥程度，但它注重的是结果。

在实际工作中，我们往往是在上岗前或换岗前进行素质评价，以确定考核对象是否具备岗位条件，在上岗后则主要通过绩效考核来了解其符合岗位要求的程度。在本节中，我们所说的考核一般是指绩效考核。

1. 考核的目的和作用

在实际工作中，人们常常把绩效考核仅仅作为奖惩或人事安排的依据。事实上，绩效考核是组织管理中的一项重要工作，具有重要的意义和作用。

？思考题 在管理实践中，为什么要进行绩效考核？

在一个组织中，进行绩效考核的**目的和作用**主要表现在以下几个方面：

- **保证组织目标的实现**。通过绩效考核，可分解落实实现目标必须开展的各项工作，并及时了解各项工作的进展情况，从而明确责任、促进组织内部之间的沟通、及时发现工作中存在的问题，以便理顺工作关系、适时采取纠偏措施，确保计划和目标的最终实现。这应该是绩效考核的首要目的。

- **促进员工的成长**。通过实行绩效考核，可使员工事先明确工作要求，以充分发挥自己的才能；通过绩效考核，可及时了解员工的实际工作情况，发现其长处，指导其改进不足，从而帮助员工在工作中不断成长与进步；通过绩效考核结果的反馈，可使员工清楚自己的进步和贡献，从而享受到工作的乐趣。所以，绩效考核也是促进员工成长和使员工乐于工作的重要手段。

- **为人事晋升和公平奖惩提供客观的依据**。通过科学的绩效考核，可对员工的工作绩效、胜任工作岗位的程度做出客观的评价，从而有助于给予员工以公平的报酬和奖惩；为人事调整提供客观的依据，从而有助于保持人事配备的动态平衡和员工队伍的优化；通过绩效考核，可了解员工在工作中存在的普遍不足，从而为培训工作的开展提供依据。

进一步地，对于管理者而言，通过绩效考核可落实各下属的职责，借整合各岗位的工作来达成本部门的各项目标；同时，绩效考核也提供了管理者与下属一起检查工作行为的机会，通过考核，可指点并激励下属把工作做得更好。对于被管理者而言，通过绩效考核可明确自己的任务及要求，从而明了工作的意义；通过考核可了解自己的弱势和长处，从而有意识地改进和完善自我，并不断明确个人的职业生涯；同时，通过考核结果，可看到自己的价值并享受成就感。

在现代社会中，没有一个组织愿意看到对自己的薪资付出没有回报控制的状态，也没有一个员工愿意看到自己的付出不能得到相应的公平回报的状况。因此，**对各项工作进行检查考核是一个组织管理规范化和员工追求自身价值实现的必然趋势**，我们对待绩效考核的正确态度应该是支持而不是反对。应正确面对考核工作，积极参与考核内容和考核方法的讨论，在考核中逐步明确自己的工作职责与工作要求，以正确开展工作，对各项考核内容按考核要求积极开展工作，以充分体现自己的价值。

2．考核的基本原则

为了使考核达到上述目的，充分发挥其应有的作用，在绩效考核过程中，必须遵循以下若干基本原则：

- **考核内容的目标导向原则**。目标导向原则要求考核内容紧紧围绕着被考核者应该完成的组织所分配的各项工作。**考核的首要目的是保证组织目标的实现**，因此，在考核时应着重于考核被考核者岗位职责履行情况和工作计划完成情况，并且把那些对组织目标实现有重大影响的工作或容易出现问题的薄弱环节作为重点考核内容。

- **考核过程的客观公正原则**。**客观公正是考核发挥作用的基础**，考核的客观公正原则要求在整个考核过程中保证公正公开，使考核结果能够客观反映被考核者的实际工作绩效。为此，要事先明确考核内容、工作要求和奖惩方法，明确考核规则；事中由责任权力部门或岗位按事先确定的规则进行客观评价；并在事后公开反馈，允许申诉。客观公正的考核，可使考核得到被考核者的认可，从而发挥其相应的作用；反之，就会挫伤被考核者的工作积极性，并使考核本身失去意义。因此，客观公正是考核的基本要求之一。

- **考核方式的适用有效原则**。**考核方式的适用与否，直接关系到员工对考核的接受程度和最终考核结果的有效性**，考核方式的适用有效原则要求所采取的考核方式必须与本组织的发展阶段、发展水平、管理基础、成本承受能力和企业文化理念相适应，并能客观、全面地反映被考核者的实际绩效。

- **考核结果的挂钩使用原则**。考核的目的是保证组织目标的实现和促进员工的成长，并为人事决策提供客观依据，考核结果的挂钩使用原则是指考核的结果应与偏差的纠正、问题的解决、员工的培训指导以及激励奖惩相挂钩；根据考核结果来确定需要重点解决的问题，决定对员工的培训，决定员工的工资报酬和奖惩、晋升或降职。**如果考核结果不与这些环节相挂钩，那么不管考核是多么的客观公正、科学规范，都不能起到其应有的作用**，考核最终就会变成一件毫无意义的事情。

❓**思考题** 考核结果是否必须反馈？

3．考核的方法

如何进行有效的考核，国内外组织在实践中逐步形成了多种考核方法，其中最常见的考核方法有关键绩效指标考评法、360度考评法和平衡记分卡。

- **关键绩效指标考评法（Key Performance Indicator，KPI）**。关键绩效指标考评法是通过对工作绩效特征的分析，提炼出最能代表绩效的若干关键指标，以此作为基础进行绩效考核的模式。它的主要设计思想来自管理控制中的重点控制原则，即通过重点控制的方法达到全面控制的效果。**关键绩效指标考核是建立在"你不能度量它，就不能管理它"的假设基础之上的，**所以，关键绩效指标必须是那些能有效量化或客观评价、能够衡量组织战略实施效果的关键指标。关键绩效指标考评法的目的是建立一种机制，将组织战略转化为组织的内部过程和活动，以不断增强组织的核心竞争力和持续地取得高效益。关键绩效指标考评法的**优点**是考核重点突出，将注意力集中于与组织目标的实现密切关联的关键指标，有助于保证战略的实施和目标的实现；强调抓住组织运营中能够有效量化的指标进行考核，提高了绩效考核的可操作性与客观性。**缺点**是关键指标的选取和衡量受到组织原有管理基础的很大制约，若组织的管理基础薄弱或管理者缺乏全局把握能力，就很难量化关键指标、取得客观评价所需要的基础资料或找准关键指标，从而影响关键绩效指标的考核与评价。

- 360度考评法（360° Feedback）。360度考评法也称为全方位反馈评价或多源反馈评价。它是一种从不同层面的人员中收集评价信息，从多个视角对员工进行综合反馈的评价方法。它基于"贡献在外部"的理论，通过征询被考核人的上级、同级、下级和服务的客户等各方面的意见来对他的工作进行全方位评价，根据评价结果的反馈，使被考核者清楚自己做得好的方面和存在的问题，从而达到指导员工改进工作和提高素质的目的。360度考评法可以结合被考评者的述职报告进行，其**优点**是克服了单一角度和维度评价的局限，可以获得全面的评价。**缺点**是容易受到评价者主观因素的影响和组织中人际关系的干扰。360度考评法看似简单，其实是操作难度较大的一种考核方法，对组织环境、评价人、考核组织者都有较高的要求。360度考评结果通常不宜与员工的奖惩挂钩，而更适用于对员工岗位胜任力评价和工作反馈，指导员工素质提升。

- 平衡记分卡（Balanced Scorecard）。平衡记分卡是由哈佛大学的罗伯特·卡普兰（Robert Kaplan）教授和来自波士顿的顾问大卫·诺顿（David Norton）在1990年共同开发的一种绩效评价方法。曾被《哈佛商业评论》列为20世纪最有影响力的75个理念之一。平衡记分卡将企业绩效评价有序地分为财务、顾客、企业内部流程和企业学习成长四个方面，使之成为一种超越财务或会计的财务指标与非财务指标相融合的战略绩效评价方法。平衡记分卡以信息为基础，通过分析哪些是完成企业使命和目标的关键成功因素和评价这些关键成功因素的项目，并不断检查审核这一过程，以把握绩效评价，促使目标实现。其**优点**是建立了一个系统的过程来实施战略和获得相关反馈，从企业战略出发，不仅考核现在，还考核未来；不仅考核结果，还考核过程，适应了企业战略与长远发展的要求，便于阐明企业战略和传播企业战略，同时将个人、部门间和组织的计划加以衔接以实现共同目标。其**缺点**是事先必须具有明确的发展战略，并需要花费较多的精力于指标选择和层层分解上。这对于那些战略不明、管理基础薄弱、成本承受能力较弱的组织和初创公司而言，往往是可望而不可即的。

思考题 从成本角度分析，上述三种考核方法中哪一种成本相对较低？

其他考核方法还有目标管理法、述职评价法等。每一种考核方法都反映了一种具体的管理思想和原理，都具有一定的科学性和合理性，同时，**每一种考核方法都有自己的局限性与适用条件范围，管理者需要根据本组织的特点形成不同的考核方案。**

? 思考题 在考核方法的选择过程中应考虑到哪几方面的因素？

4. 考核的基本步骤

科学的考核要求遵循一定的程序，针对不同的考核对象，确定合适的考核内容，选择适当的考核者，依据客观的考核标准进行公正的考核，并根据考核结果采取相应的行动，以有效地发挥考核的作用。**一般地，考核包括考核准备阶段、考核实施阶段和考核结果处理阶段，每一个阶段中又包含若干基本步骤，**如图9-4所示。

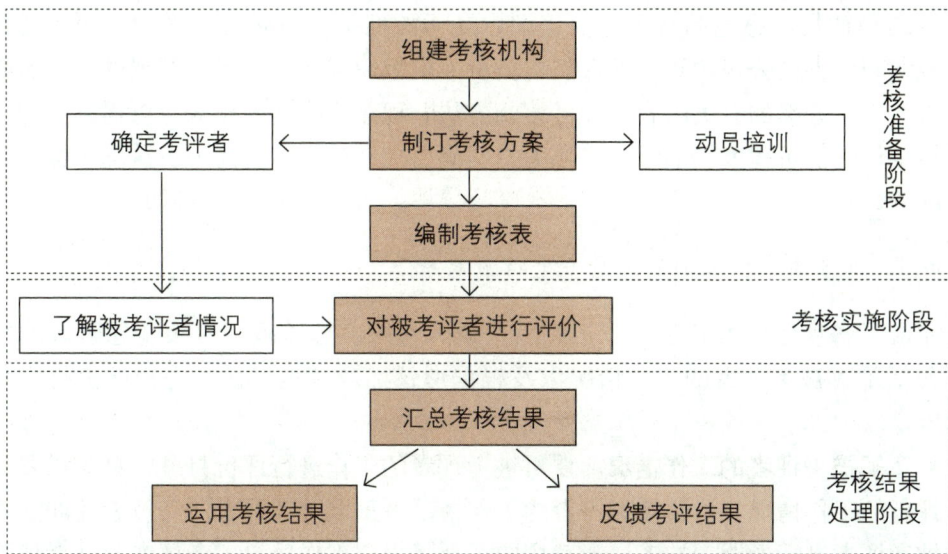

图 9-4　考核的基本步骤

考核准备阶段包括组建考核机构、制订考核方案、编制考核表、确定考评者、培训动员等预备性工作。

- **组建考核机构**。考核机构常称之为考核委员会或考核领导小组，由组织的领导成员、人力资源部门和其他相关部门负责人组成。考核机构主要负责组织落实考核各项工作如确定考核原则、审议考核方案、仲裁考核争议等。具体的考核方案的拟订、考核表的编制、考核面谈的组织、考核结果的处理一般由组织中的考核日常管理部门如人力资源部负责。

- **制订考核方案**。考核机构必须明确在本组织中采用何种考核方法，以及如何进行考核。在此基础上，由考核日常管理部门负责拟订考核方案。考核方案一般应规定考核对象范围，明确列入考核的人员层次和类别；确定考核表的基本形式、基本内容和考核期限；规定考核的方法、实施程序和时间安排；明确考核者和被考核者的职责，考核结果的运用；规定反馈和申诉程序、纷争解决方式等。经过审核通过后，以组织考核制度的形式颁布。

示例：考核管理制度

- **编制考核表**。为了实施考核，在进行考核前需要根据考核方案编制相应的考核表。考核表根据所采取的考核方法的不同和考核对象类别的不同而有不同的形式，但无论采用何种形式的考核表，都必须注意科学设计考核表的栏目并尽可能标准化，格式简便易行，便于考核者填写和计算机处理。

- **确定考评者**。**考评者**是指在考核中对被考核人实施评价的人员。根据考核方法的不同和考核对象的不同，考评者的选取也各不相同。在360度考评法中，考评者通常包括与被考评者发生工作关系的各方面人员：上级、下级、同级、顾客等。在关键绩效指标考评法中，部门的考评者一般由财务部、人力资源部、市场部等职能部门负责相应指标的核实。**不管采用何种考核方法，考评者应尽可能按责权对等原则确定，**即根据其对组织所负有的责任给予其对相关支持人员工作绩效的评价权力。

？思考题 赋予全体人员对其他人的绩效评价权有何利弊？

● **培训动员**。思想动员和考核培训也是考核准备阶段必不可少的一项工作。要在考核实施前，由公司领导或考核机构负责人向组织成员说明考核的目的意义、必要性，讲解考核方案的有关内容，如考核的方法、程序、时间安排等，以提高组织成员对考核工作的认可程度，消除思想顾虑，明确要求，使全体参与人员认真积极地参加考核活动。

？思考题 对于考核，人们最容易产生的顾虑是什么？

完成了各项考核准备工作以后，就可进入考核实施阶段。考核实施阶段的主要工作包括了解被考评者的工作情况以及根据考核标准对被考评者进行评价打分两部分内容。

● **了解被考评者的工作情况**。要对被考评者的工作进行评价打分，首先需要了解被考评者的工作情况。了解被考评者的工作情况可采取被考评者向考评者述职、考评者和被考评者进行面谈、被考评者直接向考评者提交工作成果、考评者对被考评者的各项工作进行检查等方式进行。

● **对被考评者进行评价打分**。在了解被考评者相应工作情况的基础上，由考评者根据事先确定的评价标准对被考评者的各项工作绩效做出相应评价。考核结果是否公正客观，在很大程度上取决于在这一环节考评者打分时是否有客观标准，是否公正。

考核结果处理阶段的主要工作是汇总考评结果、反馈考评结果和运用考核结果。

● **汇总考评结果**。考评人员通过量表等考核表格对被考评者做出评价后，考核管理部门就要组织人员对考评结果进行汇总。在这一过程中，统计人员按照考评结果，分别统计出每一位被考评者的最终得分。

● **反馈考评结果**。在获得考评结果后，为了促进工作和指导被考评者改进工作，同时检验考评者是否客观公正，考核者应向被考评者反馈考核结果。反馈可以采用面谈的方式，也可采用书面的形式，被考评者若对考评结果不服或有异议，可在规定的期限内向考核机构申诉，由考核机构进行调查核实并提出处理意见。

？思考题 不少组织规定只受理书面申诉，为什么？

● **运用考核结果**。当被考评者对结果无异议或考核机构对申诉意见做出最终裁决后，就要按考核方案中的规定，将考核结果与被考评者的报酬、岗位调整、奖惩、培训等挂起钩来，并将考核结果存入组织人事档案信息系统，以作为日后人事处理的依据之一。同时，要针对考核中发现的问题，提出相应的工作绩效改进方案，并将其列入下一期的考核内容中，通过考核推动问题的解决和预期目标的实现。

二、人员的培训

培训是组织开发现有人力资源和提高员工素质以适应组织发展要求的基本手段。组织发展中所产生的人力资源需求除以招聘方式从外部吸引人员加以补充外，更主要的是通过开发组织现有的人力资源来加以满足；基本符合岗位要求的员工能否创造出优秀的业绩，也与组织的培训密切相关。因此，培训是组织人力资源管理中的一项重要工作。

1. 培训的目的

培训是组织为了实现组织目标和员工个人的发展目标而有计划地对全体员工进行训练和辅导，使之提高与工作相关的知识、技能、态度等素质，以适应并胜任岗位工作的活动。

从培训定义中可以看出，**培训的最终目的是实现组织和员工的共同成长**。培训不仅要从工作出发，有助于组织目标的实现，而且要能满足员工成长发展和组织发展的需要。培训在组织发展和人力资源管理中具有以下几方面的作用和意义：

● **培训可促进员工知识与技能的提高，以适应岗位工作要求。**人既不是天生就会做很多事情，也不是天生就知道如何运用自己的潜能，要使员工发挥潜能、胜任岗位工作，就必须对其进行培训。同时，现代科学技术发展迅速，知识更新很快，在这种情况下，只有不断地对员工进行持续培训，更新其知识和技能，才能使他们不断适应岗位工作的新要求。只有提高员工的岗位胜任力，才能最终改进组织绩效并保证战略目标的实现。

● **培训有助于统一思想，强化组织成员对组织价值观的认同。**每个组织都有自己的文化、价值观念、行为准则，员工只有了解并接受本组织的文化理念，才能在其中有效地工作。为此，就需要对员工特别是对新进员工进行培训，以更新观念、转换态度，了解并接受组织价值观念，按组织的主张和行为要求开展工作，从而有助于提高组织的整体工作绩效。

? 思考题 通过培训就能使员工认同组织的价值观吗？

● **培训有助于实现员工的自我发展目标，从而有助于稳定员工队伍。**员工的自我发展目标是多种多样的，包括满足兴趣、增长知识、增长才干、晋升职位、高薪收入、实现自我价值等。培训是实现员工自我发展目标的一种基本途径，根据组织及员工个人的不同需求而设计的培训，能在一定程度上满足员工的职业志趣，增长其知识和才干，并为日后晋升发展和提高工资报酬奠定基础，进而有助于其在职业生涯中逐步实现自我价值。由于培训提供了个人发展的机会，增强了员工在职业方面的安全感，从而有助于维持员工对组织的忠诚，增强员工队伍的稳定性。

? 思考题 员工通过培训提高能力后可能离开原来的组织，管理者对此该怎么办？

● **培训有助于开发员工的潜能，使组织现有的人力资源得到充分的利用。**培训是开发组织现有人力资源的有效途径，通过对员工进行培训，有助于开发员工的潜在智能，提高员工的素质，并结合职位晋升和岗位调整，使每一位员工在适合自己特长的岗位上人尽其才，从而使组织现有的人力资源得到充分的利用。

2. 培训的种类

培训的种类可按不同标准进行划分。由于本章着重于人事匹配，所以在此主要介绍岗前培训、在岗培训、转岗培训和升职培训。

● **岗前培训**。岗前培训是指对新录用人员在正式上岗之前所进行的培训。岗前培训的内容主要包括：组织的历史、现状和发展目标，组织文化、职业道德和规章制度教育，岗位知识和技能。目的是使新进人员对组织有一个感性认识，了解组织文化，并初步掌握岗位知识和技能，以便能较快地融入组织并胜任岗位。岗前培训通常在组织内进行，培训时间根据岗位要求的难易程度而定，从几天到几个月不等。

● **在岗培训**。在岗培训是指为使现职人员适应工作要求而进行的培训。在岗培训的内容和目的主要包括：按照岗位职责和任职要求进行补充性知识和技能培训，使工作行为和自身素质不完全符合工作要求者能胜任工作；给员工补充新知识、新技能、新方法和新观念，以适应岗位工作的新要求；进行上一级相关岗位技能和知识培训，为员工今后的晋升发展奠定基础。在岗培训可采用多种方式，可定期或不定期、脱产或不脱产地进行，时间可长可短、可集中可分散，依据实际需求和可能而定。

● **转岗培训**。转岗培训是对需要转换岗位工种或职业的人员所进行的定向培训。转换工作是人力资源调配过程中产生的必然现象，在组织发展中，有一部分新的人力资源需要由组织内部现有人员来补充，这就需要对这部分人进行培训以适应新的工作岗位的要求。转岗培训的内容是以新的工作岗位所需要的知识和技能为主，目的是使员工能尽快适应新岗位的要求。培训可采用"跟岗培训"或脱产培训方式。

● **升职培训**。升职培训是指对计划晋升职务的人员所进行的专项培训。目的是使晋升者提高工作能力，开阔视野，转换角色，以适应新职务的要求。升职培训的内容根据其所晋升职务高低及所需素质分层次设计。培训方式可采取脱产集中学习或在所晋升的职务层级以助理等形式进行不脱产培训。

?**思考题** 如何确定培训项目？

3. 培训的方式

国内外企业在培训实践中形成了多种培训方式。常用的培训方式有学徒制培训、工作指导培训、工作轮换、挂职锻炼、自学、内训、脱产培训和出外考察等。通常按照受训人员在培训期间是否脱离工作，可把各种培训方式归并为不脱产的在职培训和脱产的离职培训两大类。

● **在职培训**。在职培训的特点是，培训在真实的工作环境和工作条件下进行，培训贯穿于实际工作之中，并可由经验丰富的训导者结合实际情况给予指导，因而能使受训者直接掌握工作技能并有效提高工作能力，培训的费用开支相对也较少，适用于各类人员的岗位技能培训。具体包括学徒制培训、工作指导培训、工作轮换、挂职锻炼、在线自学等方式。

● **离职培训**。所有暂时离开工作岗位而进行的集中培训都属于这一类。离职培训的特点是，培训时间集中，主要通过教学手段以及考察等方式进行强化学习，有助于较快地提高受训者的理论知识水平和扩大知识面。对专业技术人员和管理人员常采用此种培训方式。

选择培训方式时应综合考虑各方面的因素，如培训的目标和内容要求、组织的现有条件、受训人员的意愿、各种培训方式的特点和适用性等，从中选择合适的方式实施培训活动。

4. 培训效果评价

为了对培训投入的产出效益做出价值评估，在培训结束后要进行培训效果评价。**进行培训效果评价必须事先确立效度标准。**由于培训效果可从多种角度进行评价，因而评价效度标准也是多样的。常用的培训效果评价效度标准有以下三种：

- **受训者对培训的反映**。受训人员作为培训的参与者，在培训中或培训后会形成一些感想及意见，他们的这些反映可作为评价培训效果的依据。受训人员对培训的反映涉及培训的各个方面，如培训目标是否合理、内容是否实用、方式是否合适、教学方式是否得当、教员是否称职等。通过受训者对上述各方面感受的问卷调查反馈，可以对该次培训工作效果做相应的评价。

- **受训者的学习成果**。培训是一种学习知识和技能的活动，受训者通过培训所获得的知识水平或所掌握的技能程度，可以反映出培训的效果。受训者的知识或技能学习成果可通过考试来了解。如果受训者在培训结束后参加外部组织的统一资格考试，则受训者的考试成绩能更客观地反映培训的效果。

- **受训者的工作行为变化**。培训的目的之一是为了提高员工的工作能力或观念，改进绩效或更好地达到岗位目标要求，因此受训者能否将培训中获得的思维、知识和技能应用到实际工作中并产生相应的效果，是评价培训效果的重要标准之一。可以通过访谈和比较培训前后岗位绩效考核结果等形式了解受训者回到工作岗位一段时间以后的工作态度、操作技能、行为规范、问题解决、绩效改进等方面所发生的变化，判断培训导致受训者工作行为变化和绩效改善的程度，并由此确定培训的效果。

● 复习题

1. 人员配备的主要任务是什么？
2. 人员配备的基本原则是什么？
3. 人力资源规划主要包括哪几项工作？
4. 人力资源规划通常由哪几部分内容组成？
5. 人员招聘过程一般由哪几个环节构成？
6. 如何筛选应聘者？
7. 绩效考核的目的是什么？
8. 培训对于组织有什么作用？

要点参考 ❖

● 讨论题

如何衡量人力资源部的工作成效？

在一个组织中，专门负责"源源不断地提供组织发展所需要的人力资源"的通常是人力资源部。试根据人力资源部的这一定位，探讨人力资源部的工作目标应该是什么？可以用怎样的关键绩效指标来衡量人力资源部工作的好坏？

● 案例分析

如何满足组织不断发展所提出的人员需要？

众康是一家从事汽车零配件生产的民营企业，在企业成立的前五年中，企业主要是为一些汽车维修企业提供若干品种的汽车零配件产品。随着企业新品种的不断开发和产品质量的不断提高，业务对象也开始扩展到汽车组件厂，成为一些汽车组件厂的定点配套企业。随着企业业务量的不断增长，企业开始感受到现有人员素质的不适应和企业人手的不足。

在过去，为了降低产品成本和减少风险，企业对岗位编制的控制一直都比较紧，绝大多数新增工作都通过分配给现有员工的方式加以解决，所以企业中一人兼数岗的情况比较普遍，各人的岗位职责也不是很清楚，通常凡是某个员工可以做的工作就分配给这一员工，而不太在意他原来做的是何种性质的工作。这一人员控制策略在企业发展初期是与企业的低成本市场竞争战略相匹配的。只是近年来，随着业务量的急剧扩张，企业开始发现原有的员工也不像以前那么能干了，做事丢三落四，分配给他的任务常常不能及时完成；相互之间扯皮现象增多，做事情你推我我推你，出了问题相互推卸责任，常常是要等到老总亲自过问才能有所行动；许多事情常常是大会小会经常说，领导思想上很重视，却总是停留于口头，无法贯彻落实。

面对企业发展中出现的这些现象，企业老总找到了一位管理学教授进行咨询。管理学教授经过分析后认为，出现这些问题的根源在于企业没有预见到自身的迅速发展，以至于企业的组织结构设计和人员配备跟不上企业发展的需要，从而导致了老总所描述的种种现象。

企业经过内部讨论，认可了教授的分析，认为上述问题的出现在很大程度上确实与没有预见到企业会发展得这么快有关，并就改变组织结构和岗位设置、加大人员引进力度和聘请咨询公司协助做好组织结构设置与人员引进达成了共识。

请问：

如果你是企业聘请的协助解决这一问题的咨询顾问，你将如何解决下列问题：

（1）你会提出怎样的整体解决方案来解决该企业目前所面临的问题？请列出你所建议的整体解决方案的要点。

（2）当企业询问你应该怎样做，才能避免在今后的发展中再次出现人员供应跟不上企业的发展的需求时，你又会提出怎样的解决方案？

（3）如果在企业中出现不能适应企业发展所需要的某些人员，你会建议企业事先通过怎样的手段、建立怎样的人员管理制度来解决这一问题？

📖 **推荐书目**

1．［美］克里斯·阿吉里斯著，郭旭力、鲜红霞译：《个性与组织》，中国人民大学出版社2007年版。阿吉里斯是美国心理学家，组织心理学与行为科学的先驱，行为科学的创始人，组织学习理论的主要代表人物之一。该书共分8章，重点分析人在组织中的行为，主要讨论了组织管理与员工成长之间的关系，提出了"不成熟—成熟"理论。该书堪称组织行为学的奠基之作。

2.［美］罗宾斯著，解浩然译：《管人的真理》，当代中国出版社2008年版。斯蒂芬·罗宾斯这位杰出的管理教科书作者纵览管理文献，通过10篇内容，用简洁、平实的语言揭示了招聘、激励、领导、沟通、团队建设、冲突管理、工作设计、绩效评估等方面53条具有普适性和权威性的真理，帮助管理者洞察员工的内心世界。这本书纠正了在许多流行的管理书籍中未经证实的观点，非常值得一看。

3．侯光明主编：《人力资源管理》，高等教育出版社2009年版。侯光明是北京理工大学的教授。该书归纳并总结了人力资源管理的三层次结构体系：面向高层管理与决策者的人力资源战略设计；面向中层职能部门与管理者的人力资源各项职能及运作；面向基层员工的素质、能力开发和职业发展。其主要内容包括：人力资源管理概论，人力资源战略与规划，工作分析，招聘与配置，绩效管理，薪酬与福利管理，培训管理，劳动关系管理，员工素质管理，职业生涯规划等。是一本理论与实际结合较好、具有自己特色的人力资源管理入门教材。

第十章 权力的分配

学习要求

　　理解权力的含义，掌握不同性质权力的区分和它们之间的关系；知道授权的重要性，了解授权的过程，掌握授权的基本原则；知道集权与分权的含义及其相对性，了解影响集权与分权的主要因素以及集权与分权的优缺点；了解权力分配中常见的错误及其改进策略。

　　在管理实践中，我们常常看到不少组织通过制定部门职能说明书和岗位说明书，或通过上岗前的面谈明确各部门、各岗位的职责，使组织中的绝大多数成员都知道自己在组织中的主要职责。但在实际工作中，人们又常常需要就本职工作范围内的事情向上级请示汇报，很多事情也常常需要在上级的协调或干预下才得以进行，使得上级烦事缠身、下级难尽其责。

　　组织是通过分工协作来发挥其整体功能的。组织结构的设计和人员的配备仅仅是落实了组织中每一个人的职责分工，组织功能的发挥还需要通过权力的分配来明确各部门、各岗位在组织中的相互协作关系。在一个组织中，**权力的分布或委派是至关重要的，它是使每一个成员得以履行其职责的必要条件**。在本章中，将着重讨论以下内容：

- 存在于组织中的各种权力及其相互之间的关系。
- 上级对下级授权的必要性及其授权的方法。
- 上下级部门之间集权与分权关系的处理。
- 权力配置过程中常见的错误和授权的艺术。

第一节　权力及其类型

　　所谓**权力**，是指组织成员为了达到组织目标而拥有的开展活动或指挥他人行动的权利。当某人被任命为销售部经理时，他就应该被赋予自行决定有关销售方面的问题，并指挥本部门中其他成员开展相关销售活动的职务权力。本章中所指的权力是指存在于组织之中、与岗位职责相对应的职位权力（authority），而不是西方管理学教科书中所指的一般意义上的影响力（power）。

　　在一个组织中，**任何一个组织成员都拥有为实现组织目标而开展活动的权力——**岗位职权，但作为管理者，他们还拥有指挥他人行动的特殊权力——指挥权。那么，权力又是从哪里来的呢?

思考题 为什么教师有权叫你做作业,并确定你的课程成绩?

一、权力的来源

关于管理者权力的来源,有两种截然不同的观点。传统的观点认为,权力是授予的,某人有权力是因为有人给了他权力。按照这一理论,部门经理的权力来自于总经理的授予,总经理的权力来自于董事会的授予,董事会的权力则来自于股东的委托。

思考题 股东的权力来自于什么?

接受理论对权力是授予的观点提出了质疑,认为权力来自于下属接受指挥的意愿。管理者可以对下属发号施令,并对不服从命令的人施以惩罚,但当人们不为之所动时,管理者也就无可奈何。因此,权力的根本在于下属的接受,只有当下属接受其指挥时,管理者的权力才会形成。由于权力来自于下属的接受的观点,把权力与管理者影响其下属接受权力的能力即威信等同了起来,因此,人们更倾向于权力是授予的观点,在本书中我们把权力看作是组织正式赋予组织成员的权力。

思考题 组织为什么要正式授予每一位组织成员以一定的权力呢?

在一个组织中,之所以要授予每一个组织成员以一定的权力,是因为**拥有一定的职权是一个组织成员做好组织所分派的任务的必要条件之一**,任何一个组织成员都应该拥有与其在这一组织中的岗位职责相对应的岗位权力。例如,作为一名清洁工,有权要求组织提供必要的清扫工具以履行职责;如果要求清洁工保持地面无痰迹、无纸屑,则还必须赋予清洁工对乱丢纸屑或吐痰的人予以阻止或惩罚的权力。如果没有相应的权力,哪怕是一名清洁工,也无法履行其岗位职责或承担相应的岗位责任。

进一步地,通过组织结构的设计,我们明确了各部门和各岗位相应的分工和协作关系,但如果没有相应的权力保障和责任制约,那么分工和协作关系就无法在实际运行中得以落实。例如,在一个组织的分工协作体系中,我们明确了财务部负责公司预算编制的职责,明确了各业务部门应根据财务部的要求提供相应的业务数据以配合财务部的预算编制工作,但如果不赋予财务部考核各业务部门配合预算情况的权力,则各业务部门可能会以各种理由拖延配合工作或拒不提供配合。在这种情况下,财务部就可能会以业务部门不配合来推卸其没有按期按要求完成公司预算编制的责任,即使公司强行要求其承担相应的责任,财务部也无力尽责。因此,在一个组织中,**建立相应的权力和责任体系还是分工协作关系得以落实的保证**。

思考题 在一个组织中,通常有哪些权力?它们之间有何不同?

二、权力的类型

在一个组织中,除了每一个员工都拥有根据其岗位职责开展活动的岗位权力以外,还存在着三种不同性质的权力:直线权力、参谋权力和职能权力。

直线权力是组织中上级指挥下级工作的权力,表现为上下级之间的命令权力关系。**直线权力是管理者所拥有的特殊权力**,它与等级链相联系,在组织等级链上的管理者一般都拥有直线权力，他们一方面接受上级指挥，另一方面有指挥下级的权力。

参谋权力是组织成员所拥有的向其他组织成员提供咨询或建议的权力，属于参谋性质。**组织中的任何一位成员都拥有参谋权力**，他们可以就组织发展中存在的问题发表自己的意见，管理者当然也拥有这种权力。随着组织的日益扩大与日趋复杂，管理者可能越来越难以有足够的时间、精力与知识来有效地完成其职责，因此他们还会设立专门的参谋人员来协助自己，以减轻自己的负担。

思考题 参谋权力是否就是参谋部门或参谋人员所拥有的权力？

人们经常把直线权力、参谋权力直接与业务部门、职能部门相联系，认为直线权力就是业务部门的管理者所拥有的权力，是对组织目标实现具有直接的贡献、负有直接的责任的权力；而参谋权力则是辅助部门的管理者的权力，旨在协助直线权力有效地完成组织目标。据此，他们把企业中的生产和销售，有时也把财务划分为直线部门，而把采购、人事、质检等部门划分为参谋部门。这种概念所引起的混乱是显而易见的。直线部门中有上下级关系，难道在参谋部门中就没有上下级关系吗？参谋部门固然具有参谋权力，难道其他人员就不能向其上司或同事提供建议吗？采购工作是辅助性的，但采购工作不力，整个组织的效益还会好吗？质量失控，产品还卖得出去吗？**直线权力和参谋权力不应该按部门或其所从事的工作来划分，而应按权力关系来理解**。我们可以把某一主要从事参谋性质工作的部门称为参谋部门，但在这种部门内部仍有直线权力：部门主管对于其直接下属拥有直线指挥权。与此相反，负责生产的副总裁，领导着一个直线部门，但当他就整个公司的生产政策向总裁提出建议时，他使用的就是参谋权力。

思考题 在一个组织中，参谋人员是不是必需的？参谋权力呢？

职能权力则是某一岗位或部门根据高层管理者的授权而拥有的对其他部门或岗位直接指挥的权力。**职能权力是一种有限的权力**——只有在被授权的职能范围之内有效。以下是一些人员或部门行使职能权力的例子：

- 总部的人事部门要求下属单位的管理者执行总部统一的人事政策。
- 计划部门向生产部门下达生产计划，要求生产部门据此安排生产。

思考题 你在组织里见过哪些职能权力？试分析为什么要有这些职能权力。

职能权力产生的原因是多方面的。当一位总经理认为采购程序、质量控制标准、生产计划等专门事务不需要他本人处理时，他就会设立采购部门、质检部门、计划部门等，把有关此方面的直线权力授予相应的职能部门，由这些部门代为行使。当下属的管理者由于缺乏专业知识而难以行使某些直线权力时，当上级管理者缺乏监督过程的能力或精力时，组织都可能设立专门的部门或确定某一位专家、另一部门的管理者来行使此方面的权力。

不同的权力识别与运用

直线权力、参谋权力、职能权力都不限于特定类型的部门管理者。不过在通常情况下，参谋权力和职能权力大多由参谋部门和职能部门的人员行使，因为这两种部门通常由专业人员所组成，他们的专业知识正是行使参谋权力和职能权力的基础。

思考题 职能权力和直线权力、参谋权力有什么区别？

三、直线权力与参谋权力之间的关系

从定义中可以看到，直线权力是命令和指挥的权力，参谋权力是协助和建议的权力，参谋的职责是建议而不是指挥，只有当他们的建议被管理者所采纳并通过等级链向下发布指示时才会产生作用，由此可见**直线权力与参谋权力之间的关系是"参谋建议、直线指挥"的关系**。

"参谋建议、直线指挥"有两层含义：第一层含义是指直线人员（管理者）在进行重大决策之前要先征询组织成员或参谋人员的意见。管理者和操作者只是为了实现共同目标而进行的一种分工，操作者有权了解管理者的经营策略并对此发表自己的意见；而参谋人员的设立就是为了减轻管理者的负担，或弥补管理者的不足，以避免重大失误。因此，管理者在行使重大问题的决策权时要充分发挥参谋人员的智囊作用或尽可能广泛地征询组织成员的意见。第二层含义是指这两种权力性质的不同。参谋权力是咨询性的，行使参谋权力的人员可以向直线人员提出自己的意见和建议，但不能把自己的认识、想法等强加给直线人员，或直接发号施令；指挥的权力应由直线人员来行使，由直线人员来决定方案的取舍及发布指令，并承担最后的责任。这是保证组织命令的统一性和职权对等所必需的。

思考题 当一位管理者按照其下属的意见进行决策造成失误时，这位下属是否要为此承担责任，为什么？

在一个组织内部，直线权力和参谋权力之间经常会发生冲突。根据对实际情况的总结，直线人员对参谋人员的不满主要表现在以下几个方面：

- 直线人员往往用怀疑的眼光看待参谋人员，认为他们有潜在的削弱直线人员职权的危险。在没有参谋人员的情况下，直线人员可以自行决定为达到目标所要采取的措施；当有了参谋部门后，对直线人员就有了约束，组织规章可能要求直线人员遇事要和参谋人员商量，听取参谋人员的意见。直线人员常认为如此商量办事，是对直线人员权力的侵犯，是不必要的。

- 直线人员认为参谋人员不了解实际情况，提出的建议不是不切实际，就是片面偏激。参谋人员只知道站在自己专业的立场上观察分析问题，缺乏整体的全局的眼光，因而他们的建议常缺乏实际价值或全局观念。

- 参谋人员只负责提建议，而不承担责任，在工作顺利、有成果时就沾沾自喜，想获取所有的荣誉；在工作失败、决策失误时，又不承担任何责任。特别是有的参谋人员还越权干涉直线人员职权范围内的事务。

而参谋人员虽然理解参谋权力是协助性的，但他们总是想提高自身工作的地位和重要性。和直线人员相比，参谋人员通常都较为年轻，进取心强，受过高等教育，都以提出建议、方案作为其工作成果和履行职责的主要表现。他们对直线人员的不满主要表现在以下几个方面：

- 直线人员不了解参谋人员的作用，把参谋人员看得无足轻重，以致参谋人员总有怀才不遇、英雄无用武之地的感觉。

- 直线人员墨守成规，过于保守，排斥参谋人员的新思想、新观念。

● 直线人员对参谋人员的工作没有提供足够的条件，而要求又十分苛刻。要求参谋人员在很短的时间内提出建议方案，却又不理睬参谋人员要求提供必要的资料、经费等条件的呼吁；而当工作发生失误时，又往往指责是由于参谋人员所提建议不妥所致，以此推卸责任。

直线权力和参谋权力之间的关系若处理不好，会给组织带来灾难性的后果。为了协调好这两者之间的关系，以下几点是很重要的：

● 双方要明确两种权力之间的关系。要解决问题，先要确立标准。要通过规范化的文件，对直线权力和参谋权力之间"参谋建议、直线指挥"的关系做出明文规定，以便相应人员能各司其职，并形成规范有序的协作关系。

● 直线人员要注意倾听参谋人员的意见，并随时向参谋人员提供有关情况。直线人员若认为不需要参谋协助，就不要设立参谋人员；若由于各种原因设置了参谋人员，那么就应当倾听参谋人员的意见，并为参谋人员开展工作提供必要的条件和信息。

● 参谋人员要努力提高自己的工作水平。参谋人员只有努力提高自己的工作水平，才能向直线人员提供有效的帮助，从而体现出其存在的价值。

● 创造相互合作的良好气氛。组织中人与人之间友好的合作关系常在减少矛盾方面发挥重要的作用。直线权力和参谋权力的形成，都是为了实现组织目标，因此组织目标是双方友好合作的共同基础，应反复强调双方在实现组织目标中的相互依赖性，以形成彼此谅解、诚信合作的友好气氛。

四、直线权力与职能权力之间的关系

与参谋权力不同，职能权力是由直线权力派生的、限于特定职能范围内的直线权力。由于职能权力是高层管理者直接授予的特定权力，因此**直线权力和职能权力之间的关系应是"直线有大权、职能有特权"的关系**。

"直线有大权、职能有特权"是指在一个组织中，直线人员拥有除了其上层直线人员赋予职能部门的职能权力以外的大部分直线权力；职能部门的管理者则除了拥有对本部门下属的直线权力外，还拥有上层管理者所赋予的特定权力，可在其职能范围之内对其他部门及其下属部门发号施令。直线人员在组织规定的各职能范围内的事项要接受职能权力的指挥，如企业中各部门经费的使用要遵守财务部门的有关规定；职能权力则应限定在规定的职能范围之内，如采购部经理有权制定采购程序，但无权决定其他各部门要买什么和买多少等。

严格限制职能权力对于维护管理职位的完整性是十分重要的。由于各种原因，高层管理者把一些直线权力委任给了某些职能部门或岗位，使这些部门或岗位拥有了对同级或下级直线组织的指挥权力，当这样的职能权力扩展到相当大程度时，同级或下级管理者就可能失去对本部门计划、组织、人事、财务等方面的控制，从而无法开展工作。为了维护一定程度的统一指挥，组织应限定职能权力的作用、层次和范围。

? 思考题 职能权力的出现是否会违背组织内部命令统一性原则？

第二节　授权及授权方法

管理者通过指挥他人的工作来实现组织的目标，正像没有一个人能把实现组织目标所必须进行的全部任务都担当起来一样，由一个人来行使所有的决策权也是不可能的（如第八章所述，管理者能有效监督的下属人员数是有限的）。既然高层管理者不可能亲自指挥或监控一个组织中所有的活动，他们就要把一部分权力授予下层管理者。

所谓**授权**，就是指上级赋予下级一定的权力和责任，使下属在一定的监督之下，拥有相当的自主权而行动。授权者对被授权者有指挥、监督权，被授权者对授权者负有汇报情况及完成任务之责。

一、授权的益处

授权对于一个组织的发展来说是十分重要的。管理者进行授权的主要原因有：

● **可促使管理者专注而有效地达成目标。**授权可使管理者从日常事务中解脱出来，既能专心处理重大问题，又能控制全局；授权也可使管理者把一些自己不会或不精的工作委托给有相应专长的下属去做，通过充分发挥下属的专长，弥补授权者自身才能之不足；同时，授权能帮助管理者有效运用群体的力量，获得良好的群众基础，培养出合适的接班人，创造出更好的绩效，从而也有助于管理者自身的晋升发展。

小卡片

授权：有助于获取更大的权力

授权不仅可以使管理者在同样的时间内通过发挥他人的才能创造出更好更多的业绩，而且有利于识别人才、培养接班人，从而有助于自己的晋升发展。而事事亲力亲为不授权，不仅业绩受限于本人的时间和精力，而且会导致下属的无望和无能，从而影响组织整体的工作绩效和管理者自己的前途。

晋升所注重的方面	授权	不授权
才能——以往业绩	群体的力量	个人的力量
群众基础——民主评议	民主、相信群众	独裁、不相信群众
接班人——候选人数	一批接班人	一批马屁精
领导意见——满意程度	较满意	不一定
衡量结果	**有望晋升**	**危及现职**

● **可促使员工愉快而高效地完成工作。**授权通常意味着信任、尊重和认同，这能提振下属的工作情绪，增强其责任心；授权也有利于改善上下级关系，使下属从听令行事的被动状态转变为主动担责的积极状态，使上下级关系转变为合作共事、相互支持的关系；由于授权使下属拥有了一定的权力和自由，从而也可调动其工作积极性、主动性和创造性，并提高其工作效率。

● **有助于组织培养人才和提升效益。**授权可锻炼下属能力并提升管理者的领导水平，有利于人才梯队的建设和管理者的培养。通过授权，使下属有机会独立处理问题，从实践中提高专业能力和管理的能力；管理者能更有效地使用时间，将精力集中于下属的成长、工作的协调和总体的把握，从而提高其用人水平和决策能力。这能为组织未来的发展打下良好的队伍基础。由于授权可使得全体组织成员人尽其才，更为高效地做好各自的工作，因而也有助于增进组织效率和提升组织效益。

思考题 管理者是否应该只分派自己干不了的事？

二、授权的基本过程

授权的过程包括：分派任务，授予权力，明确责任，确立监控权。

1. 任务的分派

权力的分配和委任来自于实现组织目标的客观需要。因此，授权首先要明确受权人所应承担的任务或职责。所谓**任务**，是指授权者希望受权人去做的工作，它可能是要求受权人写一个报告或计划，也可能是要求其担任某一职务承担一系列职责。不管是单一的任务还是某一固定的职务，授权时所分派的任务都是由组织目标分解出来的工作或一系列工作的集合。一旦需要授权的任务明确了，管理者也就相对比较容易找到和确定合适的受权者。

2. 权力的授予

在明确了任务和受权人之后，就要授予其相应的权力，即给予受权者相应的开展活动或指挥他人行动的权力，如有权调阅所需的情报资料，有权调配有关人员等。**给予一定的权力是使受权者得以完成所分派任务的基本保证**。

上述两项工作通常通过岗位说明书或授权书来加以书面明确，通过面对面交流加以进一步明确和解释。

3. 责任的明确

当受权人接受了任务并拥有了所必需的权力后，就有义务去完成所分派的工作并正确运用权力。受权人的责任主要表现为向授权者承诺保证完成所分派的任务，保证不滥用权力，并根据任务完成情况和权力使用情况接受授权者的奖励或惩处。要注意的是，受权者所负的只是工作责任，而不是最终责任。授权者可以分派工作责任，并且受权者还可以把工作责任进一步地分派下去，但对组织的责任是不能分派的。受权者只是协助授权者来完成任务，**对于组织来说，授权者对于受权者的行为负有最终的责任**，即授权者对组织的责任是绝对的，在失误面前，授权者应首先承担责任。

4. 监控权的确立

正因为授权者对组织负有最终的责任，因此，**授权不同于弃权，授权者授予受权者的只是代理权，而不是所有权**。为此，在授权过程中，要明确授权者与受权者之间的权力关系。一般地，授权者对受权者拥有监控权，即有权对受权者的工作进行情况和权力使用情况进行监督检查，并根据检查结果，调整所授权力或收回权力。

三、授权应遵循的基本原则

授权看起来似乎很简单，但许多研究表明，管理者由于授权不当所引起的失败要比其他原因引起的失败多得多。因此，每一个管理者都要注意研究授权的方法和技巧。怎样才能做到正确授权呢？根据总结，正确授权大体上要注意以下几条原则。

1. 明确授权的目的

授权可以是口头的也可以是书面的，但不管采用何种形式，**授权者都必须向受权**

者明确所授事项的任务目标及权责范围，使其能十分清楚地工作。没有明确目的的授权，会使受权人在工作中摸不着边际，无所适从。具体的书面授权，对于接受和授予双方都很有益处，因此在组织设计中，对于各项职务的工作内容、权责范围应尽可能用书面的形式予以明确，这样不仅能使授权者更容易看到各职务之间的矛盾或重叠，同时也能更好地确定其下属能够而且应该负起责任的事项。

2. 职、权、责、利相当

为了保证受权者能够完成所分派的任务，并承担起相应的责任，授权者必须授予其充分的权力并许以相应的利益。只有职责而没有职权，就会使受权者无法顺利地开展工作并承担起应有的责任；只有职权而无职责，就会造成滥用权力、瞎指挥和官僚主义。因此，授权必须是有职有权，有权有责且有责有利。

不仅如此，**授权还要做到职、权、责、利相当**，即所授予的权力应能保证受权者履行相应职责、完成所授任务，做什么事给什么权；而受权者对授权者应负的责任大小与授权者所授予的权力大小相当，有多大的权力就应该承担多大的责任；给予受权者的利益必须与其所承担的责任大小相当，有多大的责任就应承诺给予多大的利益。权力太小是受权者无法尽责的普遍原因；权力过多常常会造成对他人职权范围内事务的干涉；缺乏利益驱动则是受权者不愿过多承担责任的主要原因。

正确处理职、权、责、利关系

？思考题 若让不同素质的人来做同一项工作，是否应该授予相同的权力？

3. 保持命令的统一性

从理论上来说，一个下级同时接受两名以上上级的授权并承担相应的责任是可能的，但在实际工作中存在着较大的困难。因此，通常要求**一个下级只接受一个上级的授权，并仅对一个上级负责**，这就是**命令统一性原则**。

保持命令的统一性原则，要求：

● 全局性的问题集中统一，由高层直接决策，不授权于下级。

● 各部门之间分工明确，不交叉授权。每一主管都有其一定的管辖范围，不可将不属于自己权力范围之内的权力授给下级，以避免交叉指挥，打乱正常的上下级关系和管理秩序，造成管理混乱和效率降低。

● 不越级授权。授权者如发现下属职权范围内的事务有问题，可以向下属询问、建议、指示，甚至在必要时命令下属、撤换下属，但不要越过下级去干涉下级职权范围内的事务，即不要越级授权，这样会使直接下级失去对其职权范围内事务的有效控制，从而难尽其责。

？思考题 一个下级要对两个上级负责在实际工作中会产生什么问题？

4. 正确选择受权者

由于授权者对分派的职责负有最终的责任，因此慎重选择受权者是十分重要的。**在选择受权者时，应遵循"因事择人、视能授权"和"职以能授、爵以功授"的原则。**即根据所要分派的任务，来选择具备完成任务所需条件的受权者，以避免出现不胜任或不愿受权等情况。应根据所选受权者的实际能力和品德，授予相应的权力和对等的责任：对既能干又肯干的，要充分授权；对适合干但能力有所欠缺或能力强但有可能滥用权力的，要适当保留决策权。为了正确选择受权者，在授权前，除对受权者进行严格考察外，还可以"助理""代理"等名义先行试用，合格的再正式授权。

5. 加强培训和监督控制

在授权的同时，管理者需要对被授权者进行必要的培训，教会他们如何行使这些权力。如果下属不知道该如何用，那么把权力授予他们也根本没有用。同时，所有的授权都需要附带有效的监督机制。

下级如何处理好与上级的关系？

既然授权者要对受权者的行为负责，那么，授权者加强对受权者的监督控制就十分必要了。不愿授权和不信任下级的情况多半是因为担心失去控制。为此，授权者要建立反馈渠道，及时检查受权者的工作进展情况以及权力的使用情况。对于确属不适合此项工作的，要及时收回权力，更换受权人；对滥用权力的，要及时予以制止；对需要帮助的，要及时予以指点，从而保证既定目标的实现。另外，要注意**控制不是去干预受权者的日常行动，**否则就会使授权失去意义；**监督也不是为了保证不出任何差错，**因为人人都会犯错误，只有允许人们犯错误，才能使人们愿意接受授权，并在实践中培养出合格的管理人员。

思考题 在一个对下属的任何工作差错都严加训斥的管理者手下，员工会接受授权吗？为什么？

第三节 集权与分权

当权力的分配是在上下级组织之间进行时，授权就变成了分权。**分权**是授权的一种形式，是一个组织向其下属各级组织进行系统授权的过程。**分权是形成任何组织内部各组织单元之间权力关系的基本手段。**

一、集权与分权的相对性

作为一个组织，为了充分发挥集体的力量，有效地实现共同目标，必然要在内部进行分工，这就要求在组织内部进行分权，由组织经营决策层把部分决策权授予下级组织和部门的管理者，由他们行使这些权力，自主地解决某些问题，从而完成分配给他们的工作。因此，分权对于任何组织来说都是必要的。没有分权，也就没有了上下级组织结构，什么事都要由高层管理者来决定和直接指挥，也就无法发挥组织分工协作的优越性。

分权的对立面是集权。**集权**是指组织将决策权集中于最高层管理者或某一上级部门，下级部门只能依据上级决定和指示执行决策。任何组织为了保证共同目标的实现，必然要求保持组织行动的统一性，因此，一定程度上的集权对于任何组织来说也是必要的。一个组织如果一味地分权，把所有的决策权都授予下属各部门，一切问题都由下属各部门自行决定，那么，可以代表组织整体并用以支配组织整体活动的权力将不复存在，这样就势必造成组织的解体。

由此可见，**集权和分权对于一个组织来说都是必要的，**如图10-1所示。没有绝对的集权，也没有绝对的分权。该由下级获得的权力过于集中，是上级"擅权"；该由上级掌握的权力过于分散，是上级"失职"。集权与分权是相对的，在组织设计过程中，要考虑的不是分权好还是集权好的问题，而是如何合理地确定集权与分权的程度，以及哪些应集权、哪些该分权之类的问题。我们在日常生活中把有的组织称为集权型组织或分权型组织，实际上是指这个组织大多数权力集中于上层（以集权为主）或上级只保留少量权力（以分权为主）的状况。

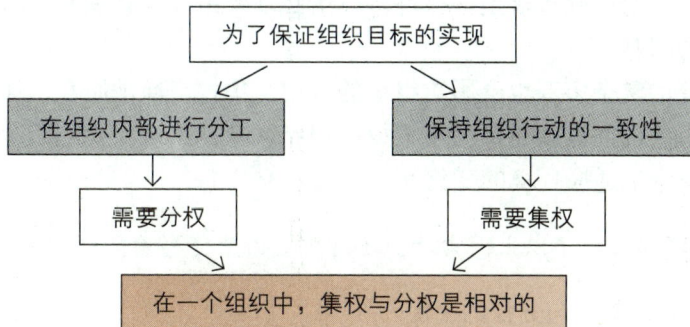

为了保证组织目标的实现

在组织内部进行分工　　　　保持组织行动的一致性

需要分权　　　　　　　　　需要集权

在一个组织中，集权与分权是相对的

图10-1　集权与分权是相对的

？思考题　请举例说明集权型组织和分权型组织的异同。

二、影响集权与分权的主要因素

许多管理者都相信，组织中的职权要尽量下授，但在实施中却经常会遇到不知如何是好的情况。例如，我们常可以看到一个公司总经理的办公桌上堆满了待处理的文件，但他却在审核一些并不重要的员工费用开支。在设计组织的过程中，为了确定一个组织集权与分权的程度和范围，就必须研究影响集权与分权的因素。

影响集权与分权的因素可能来自主观方面，也可能来自客观方面。 从主观方面来说，组织首脑的个人性格、爱好、能力等都会影响职权分散的程度。有的人喜欢职权多分散点，以减轻自己的负担，也相信别人会做好工作；有的人喜欢独断专行，事必躬亲，集权程度就会高一点。但一般而言，客观因素比主观因素起着更为决定性的作用。这些客观因素包括：

● **组织的规模**。组织的规模越大，要解决的问题就越多。由于高层管理者的时间和所拥有的信息有限，为了防止组织反应迟钝、决策缓慢，他们必然会把更多的决策权授予下级组织管理者。

● **工作或决策的重要性**。所涉及的工作或决策越重要（可以以成本和对组织未来发展的影响大小来衡量），与此相关的权力就越可能集中在上层。例如，巨额的采购项目、基本建设投资以及需要全体人员贯彻执行的统一政策的制定等，一般以集权为好。

● **下级管理人员的素质**。分权需要一大批素质良好的中下层管理人员来受权，如果组织中缺少合格的管理人员，高层管理者就很可能倾向于集权，依靠少数高素质的人来管理组织。

● **控制技术的发展程度**。分权的目的是促进组织目标的实现，如果分权危及组织的生存与目标的实现，那么分权将被禁止。为了避免组织的瓦解，必须在分权的同时加强控制。防止在一些重大问题上失控，常常是进行集权的理由或借口。控制技术的改进，一般有助于权力的分散化。但另一方面，随着控制技术的发展，组织将更容易实现集权控制，也有可能会加强集权化倾向。因此，总体上而言，控制技术的提高将会加强组织原有的权力分配倾向，集权的更集权，分权的更分权。

● **外部环境的影响**。以上所讨论的影响分权程度的因素大部分是组织内部的因素。然而，影响集权与分权程度的还有一些外部因素，其中最重要的是政府对各类组织的控制程度。政府的众多规定使得许多事情必须要由高层管理者直接处理，从而使分权受到一定的限制。

同时，环境的复杂多变也会影响组织的分权与集权。通常而言，环境越是趋向动荡，组织对于重要的问题就越倾向于集权以控制风险，而对次要的问题，则更倾向于分权，以更快更准地适应环境的变化。

扩展阅读：影响集权与分权的主要因素

?思考题 除了以上因素外，还有哪些因素会影响集权与分权的程度？

三、集权与分权的平衡

集权的优点是可以加强统一指挥、统一协调和直接控制；缺点是会使高层管理者负担过重，经常陷于日常事务之中，无暇考虑大政方针，并且事事请示汇报限制了各级人员的积极性，不利于管理者的培养，难以适应迅速变化着的环境。分权的优点是可以减轻高层管理者的负担，增强各级管理者的责任心、积极性和自主性，增强组织的应变能力；缺点是可能会造成各自为政、各行其是的现象，增加各部门之间协调的复杂性，并且受到规模经济性、有无合格的管理人员等的限制。如何在集权和分权之间恰当地权衡得失，取得良好的平衡，**做到"放得开又管得住"、组织"活而不失控"，是处理好集权与分权关系的核心**。

?思考题 母子公司之间应该如何定位？权力如何分配？取决于什么因素？

在这方面，**艾尔弗雷德·斯隆（Alfred P. Sloan）**为我们提供了正确处理集权与分权关系的典范。在任美国通用汽车公司董事长、总经理时，斯隆提出了"政策制定与行政管理相分离""分散经营和协调控制相结合"的组织管理体制。这种体制的总体精神是：**集中保证整个公司的巩固和成功所必需的重大政策和规划的决策权，在此前提下，实行最大限度的职权分散化**。这一体制的主要内容包括以下方面。

1. 确立两级职责

公司经营的方针、政策，由公司集中决策和控制，方针、政策的执行和运用则分散到各个部门。公司的各个经营部门，是公司的基层执行部门，是利润中心，具有较强的独立性；整个公司的生产经营活动，实际上是靠各经营部门的分工协作在分散的情况下完成的。

2. 加强协调支援

各经营部门分散的经营活动，又是在公司总管理处、总裁、部门主管及各职能部门的协调控制和支援帮助下进行的。正是这些协调和相互支援，使各分散的经营部门能按整个公司的总目标，积极地去完成任务。

3. 维护整体控制

始终把那些维护整个公司的成功与发展所必需的重大政策和方针的决策权保持在公司的最高领导层。经营和协调均要在公司董事会及其各个委员会所制定的方针、政策的指导下统一进行，任何偏离大方向的行为，都将及时地被纠正。

这一体制的实施，给通用汽车公司带来了很多好处：

- 各经营部门根据专业化协作原则分工并分散经营，有利于组织大批量集中生产，能更好地利用各种资源以提高工作效率，并且增进了各部门工作的积极性和灵活性。

- 各部门分散的经营活动是在高层管理部门所制定的政策和制度下进行的，保证了各部门分散努力的步调一致，维护了大方向的一致性。

- 公司总管理处出面对各经营部门进行协调控制和支援帮助，可使分散经营的各部门的分散努力在相互支援下发挥出最大效力。

- 由于各经营部门拥有了必需的权力，就可以及时地评价各级人员的贡献，有利于人才的培养；而领导部门则摆脱了日常行政管理事务的纠缠，真正成为一个强有力的决策机构，能集中精力来考虑大政方针。

?思考题 这种体制对于集团公司的组织结构设计有何借鉴价值？

由于这种体制适应现代化大公司的需要并在实践中显露出了卓越成效，因而受到了许多公司、企业的欢迎和管理学家的肯定，不少大公司都采用了这一管理体制。当然，随着经济的全球一体化、信息技术的不断发展、市场竞争的加剧，组织的结构也越来越复杂，管理集中化和职权分散化也面临着越来越多的难题，需要我们不断地进行新的探索。

示例：母子公司
管理条例

第四节　权力分配艺术

一、权力分配中常见的错误

在权力配置过程中，人们常会出现这样或那样的错误。了解并努力在工作中避免这些错误，是提高管理者组织工作能力的一条重要途径。在组织权力配置过程中经常发生的错误有：

- **职权不清**。一个组织中相互之间的职权不清，是引起摩擦及效率低下的最主要原因。缺乏对职权与责任的明确了解，就意味着组织成员对自己在组织中应起的作用不清楚，这样形成的组织不过是一群推卸责任、争权夺利的乌合之众而已。

- **有责无权**。下属人员通常的抱怨是，上级要他们对工作承担责任，但却不授予其完成任务所必需的权力。由于决策渠道的阻塞，许多不重要的问题也都被提交给上级来处理，使高层管理者埋头于细枝末节或连续不断的"救火"之中。在职责不明确或含混不清的情况下，这种问题经常会发生。在本应授权的范围内不授权或只明确责任不授予权力，显然是一个错误。

- **将权力系统与信息系统相混淆**。广开信息渠道可减少各层次组织及各部门的问题，除非是机密的信息，否则没有理由要求信息系统遵循权力系统。信息的传递应与决策分开，只有决策才需要有管理职权。有不少组织往往迫使信息系统遵循权力系统，要求下级按正规的权力链传递信息，从而常常造成信息渠道的阻塞。

- **误用职能权力**。现代组织的复杂化经常需要授予某居于支配地位的参谋部门以职权，以支配本组织其他部门的活动。但若对职能权力的授予未做规定或不加限制，就会加剧直线部门和职能部门之间的矛盾。

- **多头指挥**。职能权力过多会破坏指挥的统一。由于在一个组织中有众多的职能部门，他们对本组织中的其他部门都有一定程度的直线权力，若不加以很好地协调，下级部门或业务部门的管理者就会发现他除了受主管上级的领导外，还要受众多的具有职能权力的人员的指挥。毫无疑问，当管理者处于如此众多的"婆婆"之中时，必然会感到灰心丧气。

- **不能均衡地授权**。过多地将决策权在组织中下放也会造成组织失败。高层管理者必须保持某些职权，特别是影响到整个组织的决策权。

?思考题 以上这些问题产生的原因是什么？

运用本章中前几节所叙述的知识，将有助于我们克服以上这些经常出现的错误。

二、授权的艺术

实际授权中出现的问题，大多并不是管理者不了解授权的性质和原则，而是因为他们没能或不愿应用这些原则。导致管理者没能或不愿授权的主要原因有：

- **管理者自身计划组织能力差**。管理者不知道给下级授什么权以及如何进行授权。这一类管理者平时工作也没什么计划，眉毛胡子一把抓，而且往往对小事投入较多的关注，而对有些大事由于没有切肤之痛而忽视。在授权时，往往是随意而为，结果授权不是职大于权，就是权大于职。

你愿意在多大程
Q 度上放弃控制？

- **对他人的不信任**。这种不信任可能是对下级能力的不信任，怕下级没有能力来完成所要做的工作，认为要把某件事做好就必须由他自己去做，因而拒绝把这些工作放手给别人；也可能是对下级动机的不信任，怕下级"要职要权"，或者担心别人比自己干得更好，从而影响自己现有的地位和未来的晋升，因此不愿授权，或只授权给那些唯唯诺诺不会威胁其地位的人。

- **职业偏好的影响**。一个人善于从事某项职业，往往与其所具有的某些个性特征有关，而通过专门的职业训练又会强化某些个性特征。例如，受过会计、医学、工程学长期训练的人，往往强调严格的程序、较高的精确性、仔细的观察和缜密的考虑，使他们养成了事无巨细亲自过问的习惯。一旦他们走上管理岗位，这种职业习惯就会影响他们进行授权：当他们授权给别人时，总感到不放心、不踏实，一旦有可能，他们就尽可能自己做。

- **管理者的权力偏好**。有些管理者则是因为本身对权力有特别的偏好，喜欢自己掌握权力，因而不愿意授权。他们喜欢通过干预下属的活动来体现自己的地位，因此一旦走上管理者的岗位，就喜欢对他人指手画脚，以显示自己在这个组织中"老大"的地位。这类管理者对于下属职责范围内的事情，只要他看到了，不管自己懂还是不懂，都喜欢发表评论或指示，同时也喜欢下属无论大小事情都向自己请示汇报。他最希望看到的一种景象就是组织中的人都围着自己转。正因为如此，他即使自己忙得要死也不愿意授权。

授权过程涉及授予和接受两方面，下级人员有时也有可能不愿接受上级的授权。下级不愿意接受上级授权的原因一般有：

- 担心因干不好而受到上级的训斥或惩罚，因而不愿接受过多的职权，上级说什么，就干什么。在一个管理者经常因下属干不好而予以训斥或惩罚的组织中，人们普遍地倾向于避免接受更多的职权：多做多错，不如不做。

● 害怕承担更多责任。可能是由于缺乏自信，或者是觉得相应的压力太大，因而不愿担风险，希望一切由上级决策。即使授予其一定的职权，他们也喜欢事事请示上级，形成"反授权"，以便少负责任。

● 有的人认为即使是多做工作也不会带来更多报酬，因而不愿多承担责任。当一个组织缺乏对于承担额外责任的奖励时，授权往往是困难的。

如何克服这些心理障碍呢？下面是管理者在实际工作中可以参考的一些建议：

● **建立一个良好的组织文化**。高层管理者要致力于建立相互信任和鼓励承担风险的组织文化。在这种文化中，管理者将会允许下属在改正错误的过程中不断提高，下属也会乐意承担更多的责任，因为他们相信只要他们尽心尽力干，就不会因为干不好而使自己受到伤害。

● **进行充分的交流**。当管理者分派任务时，应确保下属理解所授权力的大小、希望达成的预期结果和所要承担的责任。在授权后，要加强对工作进展的了解，当下属有困难时，管理者要及时予以指导和帮助。

● **对承担更多责任者予以额外的奖励**。当管理者对接受更多责任的下属予以可观的额外奖励时，下属将会愿意接受更多的授权。奖励可以是金钱、晋升，也可以是口头的表扬、优越的工作条件等。

● **提高管理者的素质**。要使管理者认识到授权的重要性，懂得有关正确授权的知识；同时要使管理者形成相信下级、愿意放手让人干和允许别人犯错误的心态。一个人的时间、精力、知识是有限的，不可能任何事都自己去做，而要授权，就必须信任下属并允许下属犯些错误。

● **建立一定的制度强迫管理者授权**。为了防止管理者由于各种个人的原因而不愿授权，组织可采取一些政策，迫使其授权。例如，加大管理者的管理幅度，同时对他们的工作提出一个较高的标准，这时，管理者为了确保任务的完成，除了授权，别无他法。也可以规定管理者只有当他们有了能够接替他们的下级人员时才予以提升，使管理者注重培养下属。

● **复习题**

1．什么是权力？在一个组织中，谁拥有权力？

2．在一个组织中，有哪几种权力类型？它们之间是什么关系？

3．授权有什么好处？

4．应该怎样进行授权？

5．为什么说集权与分权都是必要的？

6．集权与分权的优缺点是什么？

7．影响集权与分权的主要因素有哪些？

8．人们不愿授权或不愿接受授权的原因是什么？

要点参考

● 讨论题

如何才能"放得开又控得住"？

如果你是某一组织的管理者，你会分权或授权吗？陈述你的理由。你怎样才能保证在授权或分权的同时不会导致失控？

● 案例分析

如何进行有效的授权？

刘民和王东分别是同一个公司中两个不同部门的经理，在某一天同车上班的路上，他们彼此讨论着自己的管理工作。在交谈中发现，刘民特别为两个助手伤脑筋。他抱怨说："这两个人在刚提拔为副经理时，我一直耐心地告诉他们，在刚开始工作时，凡是涉及报销和订货的事都要事先与我商量一下，并叮嘱他们，在未了解情况之前，不要对下属人员指手画脚。但是，到现在都快一年了，他们还是什么事情都来问我。例如，王大同上星期又拿一笔不到1000元的报账单来问我，这完全是他可以自行处理的嘛！两周前，我交给孙文国一项较大的任务，为了赶时间，我叫他召集一些下属人员一起搞，而他却一个人闷头搞，根本不叫下属人员来帮忙。他们到现在都还是像一个办事员一样，真没办法。"

几乎与此同时，刘民的两位助手也在谈论着自己的工作。王大同说："上周，我找刘民，要他签发一张报账单。他说不用找他，我自己有权决定。但在一个月前，我因找不到他曾自己签发过一张报账单，结果被财务部退了回来，原因是我的签字没有被授权认可。为此，我上个月还专门写了一个关于在一定范围内授权我签字的报告，但他一直没有批下来，我敢说我给他的报告他恐怕还锁在抽屉里没看呢！"孙文国接着说："你说他的工作毫无章法，我也有同感。两周前，他交给我一项任务，并要我尽快做好。为此，我想得到一些人的帮助，去找了一些人，但他们却不肯帮忙。他们说除非得到刘民的同意，否则他们不会来帮我。今天是完成任务的最后日期，我却还没有完成。他又要抓我的'辫子'，把责任推给我了。我认为，刘民是存心这样的，他怕我们搞得太好抢他的位子……"

请问：

从案例资料看，刘民在授权中可能存在哪些问题？你认为刘民应如何改进与两位助手之间的关系？

📖 推荐书目

1. ［英］伯特兰·罗素著，吴友三译：《权力论——新社会分析》，商务印书馆1991年版。罗素是一位百科全书式的伟大思想家，这本书是权力学研究史上的一本里程碑式著作。在该书中，罗素系统地研究了权力产生的根源、权力的形态和类型、权力在组织内部行使的情况（组织管理、政治）、权力在组织外部行使的情况（国际关系）、权力的道德准则、权力伦理学以及对权力的节制等诸多问题，建立起了一个相当完善的权力学研究框架。译者水平也很高，句子简明流畅，言简意赅。

2. ［美］约翰·科特著，李亚等译：《权力与影响力》，机械工业出版社2008年版。科特曾就读于麻省理工学院和哈佛大学，33岁时即荣任哈佛商学院终身教授，是全球公认的领导和变革第一权威，哈佛商学院三大巨头之一。该书共分四篇11章，第一篇介绍了管理和专业工作的新变化，指出在新情况下需要运用好权力和影响力；第二篇深入探讨了如何处理好工作中的三大关系：与下属、与上司、与外部人员的关系；第三篇分析了一位典型的企业领导者在其职业生涯的不同阶段遇到的领导力难题及其解决方案；第四篇就如何提高个人工作成效和培养领导者提出了总结性建议。该书既有很高的学术价值，也非常实用。

3.［美］威廉·安肯三世著，陈美岑译：《别让猴子跳回背上——为什么主管没时间，部属没事做》，机械工业出版社2003年版。威廉·安肯三世在企业经营与管理领域的相关课题上有着持续卓越而杰出的表现，其影响力遍及全球。该书共分9章，就管理者如何有效分配工作和授权进行了深入的探讨，可以帮助身陷焦虑和工作过度的管理者处理办公桌上堆积如山的文件、爆满的电子邮件信箱。

第四篇 领导篇

LEADING

人们是为了实现各自的个人目标而加入组织的，尽管管理者在组织中拥有指挥下属行动的特权，但下属并不会自动地服从命令。在现代社会中，员工不仅希望在组织中能够通过自己对组织的贡献，获得个人需求的满足，而且希望在工作的过程中，能够得到尊重和公平的对待。因此，要使组织正常运作，并充分调动组织成员的积极性，管理者就必须掌握如何有效地进行领导这一基本技能。

所谓**领导**，是指领导者带领和指导群众实现共同确定的目标的各种活动的总和过程。就本质而言，管理是建立在合法的职务权力基础上对下属的行为进行指挥的过程，领导则更多的是通过其个人的魅力与专长来影响追随者的行为，领导是一种影响力或者说是对下属施加影响的过程，这种影响力或通过这个影响过程，可以使下属自觉地为实现组织目标而努力。因此，领导者不一定是管理者，但管理者应该成为领导者。虽然以往管理者通过周密的计划、严密的组织、严格的控制，也能取得一定的成效，但若管理者在他们的工作中加入有效领导的成分，则收效会更大。特别是随着个人能力的提升，在个人对组织的依赖度不断下降的今天，管理者只有提升自己的领导力，才能凝聚成员、有效实现目标。

在带领和指导群众为实现共同目标而努力的过程中，领导者主要要发挥指导、协调和激励的作用：

● **指导作用**。在集体活动中，需要有头脑清晰、胸怀全局、高瞻远瞩的领导者来帮助人们认清所处的环境、明确活动的目标和实现目标的途径。因此，领导者有责任指导组织开展各项活动。包括明确大方向、指导下属制定具体的目标；开展调查研究，了解组织和环境正在发生和可能或将要发生的变化，并引导组织成员认识和适应这种变化。

● **协调作用**。在集体活动中，即使有了明确的目标，由于每一位成员的能力、态度、性格、地位等不同，加上各种外部因素的干扰，人们在思想上发生各种分歧、行动上出现偏离目标的情况也是不可避免的，因此，需要有威信的领导者来促进相互之间的沟通，协调人们之间的关系，把大家团结起来，朝着共同的目标前进。

● **激励作用**。在实现目标的过程中，难免会碰到各种困难、遇到各种挫折。当一个人工作、学习、生活遇到困难、挫折或不幸，某种物质的或精神的需求得不到满足时，就必然会影响其工作热情。这就需要有通情达理、关心群众的领导者来为他们排忧解难，以高超的领导艺术诱发下属的兴趣、事业心和献身精神，充实和加强他们积极进取的动力。

领导者的作用是帮助下属尽其所能以达成目标。领导者不是在群众的后面推动或鞭策，而是在群众的前面引导和鼓励以实现共同的目标，在一个组织的管理中，领导工作的着重点是调动员工的积极性和把握好大方向。因此，在领导篇中，着重介绍了领导理论（第十一章）、沟通方法（第十二章）和激励原理（第十三章）。

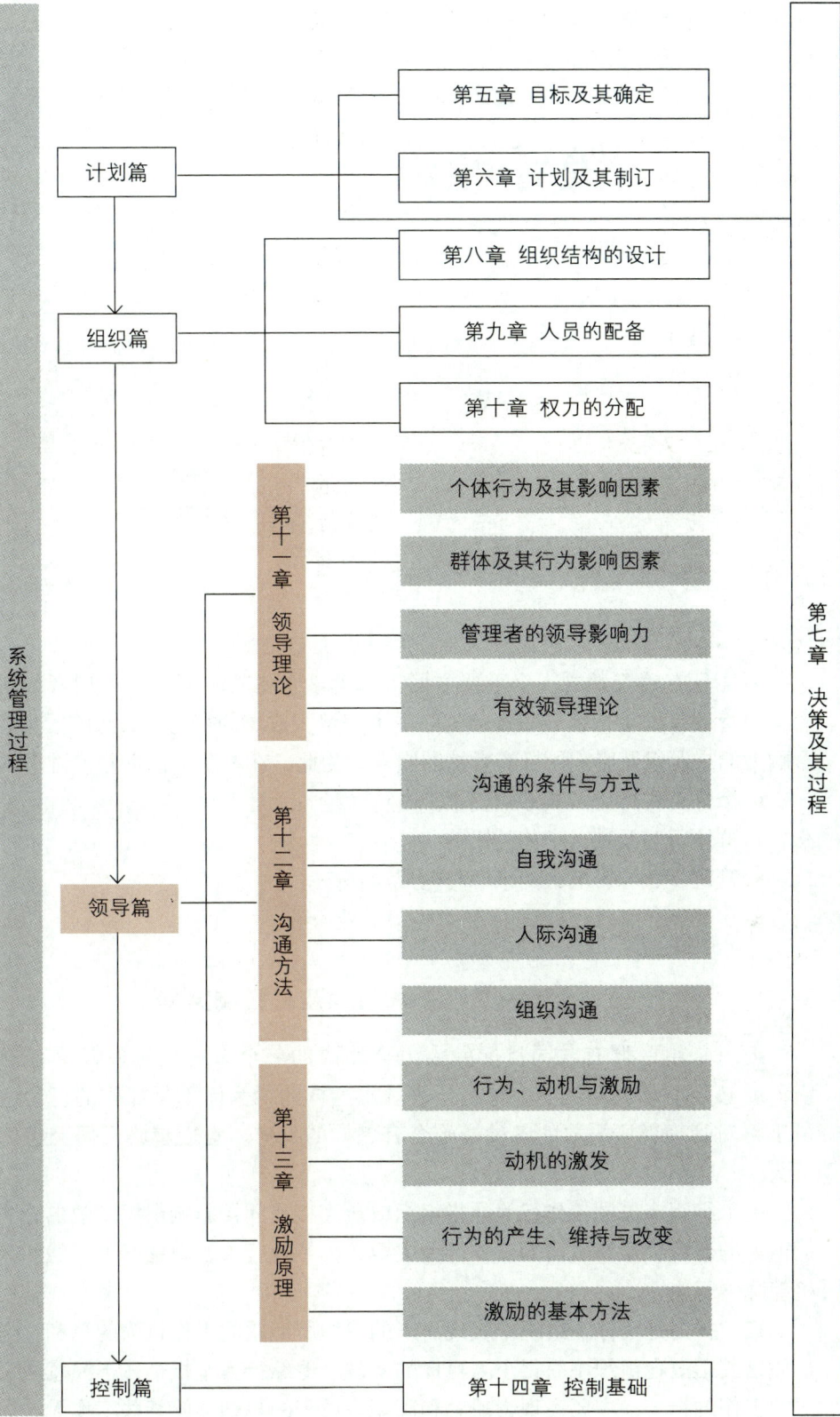

```mermaid
flowchart
```

系统管理过程

计划篇 ── 第五章 目标及其确定
      └─ 第六章 计划及其制订

组织篇 ── 第八章 组织结构的设计
      ├─ 第九章 人员的配备
      └─ 第十章 权力的分配

领导篇

第十一章 领导理论
- 个体行为及其影响因素
- 群体及其行为影响因素
- 管理者的领导影响力
- 有效领导理论

第十二章 沟通方法
- 沟通的条件与方式
- 自我沟通
- 人际沟通
- 组织沟通

第十三章 激励原理
- 行为、动机与激励
- 动机的激发
- 行为的产生、维持与改变
- 激励的基本方法

控制篇 ── 第十四章 控制基础

第七章 决策及其过程

第十一章 领导理论

学习要求

　　陈述影响个体行为的主要因素，了解群体行为特征，清楚群体对个体行为的影响；知道领导影响力的来源及其构成，了解威信的组成因素和发挥领导影响力的基本方法，清楚领导者与管理者的区别；知道领导品质理论、领导行为理论和领导权变理论之间的区别，了解各种具体的领导理论的基本观点，掌握一些典型的领导理论并能运用于实际问题分析。

　　领导是有效管理的一个重要方面，管理学主要着眼于探讨管理者如何成为领导者。而管理者要履行领导职责，就必须了解组织成员的行为及其影响因素，清楚领导影响力的来源以及影响领导有效性的因素。为此，在本章中，将着重讨论以下内容：

- 个体工作行为及其影响因素。
- 群体行为及其对个体的影响。
- 管理者领导影响力的来源与构成。
- 有关领导有效性的理论。

第一节　个体行为及其影响因素

　　组织是由一群有共同目标的人集合而成的一个系统。管理者要有效地管理组织，就必须能够解释员工为什么会表现出这样的行为而不是那样的行为，并能预测员工将对管理者所采取的各种措施会有怎样的反应。**管理者必须研究组织中个体的行为。**

　　一个组织成员的**工作行为**是指组织成员直接或间接影响组织绩效的行为模式。根据前人的研究，**组织成员的工作行为主要包括绩效行为、退缩行为、组织公民行为和机能障碍行为。**

　　绩效行为是个体在组织中表现出来的组织所期望的工作行为的总和，通常组织成员凭借其绩效在组织中获得个人目标的实现。**退缩行为**是指个体不愿意从事组织所期望的工作的行为，主要表现为缺勤和离职。员工的缺勤会使某些工作无法完成或需要另请他人来做，离职则不仅会影响工作的正常开展，还增加了组织的运行成本。**组织公民行为**是员工在履行好自己的工作职责的同时，能够对组织做出额外贡献的行为。**机能障碍行为**是个体对组织造成减损而不是贡献的行为，除了缺勤和离职外，还包括盗窃和破坏造成的直接经济损失、挑拨离间所带来的直接和间接损失等。

根据心理学家的研究，一个人作为个体，其行为主要受其态度、个性、知觉、情绪、能力和学习的综合影响。

一、态 度

管理者在组织中经常可以看到：有些员工工作主动积极，有些员工则消极怠工；有些员工在遇到困难时能与他人协作共进，而有些人碰到困难就退缩。这些不同的行为部分地反映了不同员工对待工作和困难的态度上的差异。

态度是一个人对不同的人或事所持有的一种持久而一致的心理和行为倾向，表现为一个人关于不同的人或事的评价性陈述。当一位员工说"我真的很喜欢我的工作"时，他所表达的是他对工作的态度。

每个人都会有由其价值观、信念、立场和偏好等构成的对某一特定人员或事物的某种特定倾向。这种倾向会影响一个人对他所接触到的人或事物所采取的态度，从而影响他对该人或该事所可能采取的行为。例如，当一个员工对其工作感到不满时，他对工作就不会全身心地投入；当他不认同某一组织的价值观时，他就不太可能加入这一组织。态度不仅影响一个人的行为，而且影响他解释社会现实的方式。

? 思考题 为什么广告商常常邀请名人来宣传他们的产品？

行为科学家认为态度由三部分组成：认知成分、情感成分和行为成分。**认知成分**由一个人对客观对象所拥有的信仰、观点、知识和信息组成，**情感成分**是一个人对客观对象的情绪或感受，**行为成分**是人对客观对象以某种确定的方式做出行为反应的意向。认知是一种有意识的思考，但会从属于个体的情绪；认知和情绪与行为成分相连，并转而影响员工的行为。

? 思考题 在什么情况下，广告能够改变你的态度？

研究表明，人们总是倾向于消除自己态度的三种成分之间、态度与态度之间、态度与行为之间的不一致。例如，在学校学习时，有的课你比较感兴趣，有的课你根本不喜欢；对感兴趣的课，你一般会注意听讲，而对于不喜欢的课，上课时你可能会心不在焉。人们通过努力协调不同的态度并使态度和行为保持一致，来使自己看起来是理性的和言行一致的。当出现不一致时，人们就会通过改变态度或行为或为不一致寻求合理化解释来改变这种不一致。例如，对于某门你认为不重要也不感兴趣的课，你仍然保持了认真听讲的行为，你对此的解释可能是：因为只有每门课都取得优良的成绩，才能获得自己比较看重的奖学金，因此，为了保证不会因这门课而影响自己的奖学金，只好认真地听讲这门实际上并不重要也无味的课。

列昂·费斯汀格（Leon Festinger）提出的**认知失调**（Cognitive Dissonance）理论认为（认知失调指个体所能感受到的两种或更多态度间的不一致）：任何形式的不一致都是令人不舒服的，个体会努力减少这种不一致和不舒服，以寻求最小失调的稳定状态。当然，没有人能够完全避免失调。费斯汀格认为，一个人减少失调的愿望由以下三个因素决定：造成失调的因素的重要性；个体认为他对于这些因素的影响程度；失调可能隐含的后果。如果产生不一致的问题并不重要，或者个体感到这种不一致是外部强加的并且是自身无法控制的，或者这种不一致伴随有十分诱人的奖赏时，个体就不会有减少这种不一致的太大压力。

管理者应该懂得：一个人的态度会在很大的程度上影响他的行为。通过定期调查等方式了解员工对工作和组织的态度，通过宣传、沟通等方式影响员工对工作和组织的态度，对于提高员工的工作效率和对组织的忠诚度都是十分有益的。**管理者可以通过改变员工态度的任意一个组成部分来改变员工的态度**。而当管理者要求员工从事与他们的态度不一致的活动或工作时，根据认知失调理论，管理者应该让员工感受到这一活动或工作的不可推卸或结果奖惩的力度巨大。

二、个　性

每个人都有不同的个性特点。有些人比较内向，有些人比较外向；有些人刻板，有些人灵活。**个性**是我们用来区别一个人的那些相对稳定的心理特征的集合，它是由多种成分构成的一个有机的整体。**理解人的个性有助于管理者预见员工在某个特定的环境中可能采取的行为**，从而更有效地管理员工的行为。

心理学家开发了多种个性描述分析模型。其中使用比较多的是"大五"模型和迈尔斯—布瑞格斯模型。

Q 你的个性类型

"大五"模型通过外向性、亲和性、自觉性、稳定性和开放性这五个方面来描述一个人的个性特征。这五个因素是从20世纪60年代所进行的特质项目类群的统计分析中得出的。各指标的定义如下：

- **外向性**。一个人在处理人际关系时表现出社会化、健谈、自信和自如的程度。外向性程度高的人往往有热情开朗、好交际、感情丰富等特征。

- **亲和性**。一个人脾气好、愿意合作，能谅解、理解和信任别人，能够与他人融洽相处的程度。亲和性高的人一般比较受人欢迎。亲和性弱的人则不太相信他人，缺乏同情心和合作精神。

- **自觉性**。一个人以一种负责、严谨、持之以恒、成就导向的方式专注于有限几个目标的程度。自觉性高的人一般比较自律，做事很有条理。

- **稳定性**。一个人冷静、坚韧、安全，而不是紧张、不安、喜怒无常的程度。

- **开放性**。一个人有广泛兴趣，好奇，富有幻想和创造力，愿意接受新观念和新事物的程度。开放性高的人往往具有冒险倾向和创新精神。

迈尔斯—布瑞格斯模型（Myers–Briggs Type Indicator，MBTI）是基于心理学家卡尔·荣格（Carl Jung）的研究建立的。荣格认为，**人们通过情感或直觉来收集信息，通过思考或感觉来评估信息，并可根据该人收集和评估信息的方式的不同来区分不同人员的决策风格**。在此基础上，迈尔斯—布瑞格斯将人的个性分成四个维度进行描述。

- **外向型和内向型**。人们与外界接触的方式有一定的倾向，外向型的人着重于外部世界，通过与人相处获得能量，内向型的人厌倦与人相处，着重于他们的内心世界。外向型的人对外部世界感兴趣，他们总是关注周围的环境，渴望影响别人，有强烈的表现自己的愿望，行动快捷、善于交际，不喜欢复杂的程序，对长期性的工作没有耐心。内向型的人反省并且注重个人的思想和反应，怯于与外人打交道，任性、不信任别人，喜欢安静，对细节很认真，在行动之前喜欢多思考，喜欢自己解决问题。

- **感觉型和直觉型**。感觉型的人喜欢具体的事物，而直觉型的人喜欢抽象的概念。感觉型的人的特点是工作踏实，喜欢事情有规有矩、十分精确，很少相信自己的灵感。直觉型的人倾向于感知未来的事物，喜欢解决新问题，经常很快地下结论，对复杂的情况不耐烦，不喜欢精确地使用时间。

● **思考型和情感型**。思考型的人根据逻辑和理性进行决策，而情感型的人更多地基于感觉和情感决策。思考型的人不容易情绪化，他们喜欢分析事情并用逻辑理论来分析，不太注重感情，常在不经意间伤害他人的感情。情感型的人注重个人的价值观，好坏和喜欢与否是基于自己的主观判断。

● **判断型和感受型**。判断型的人喜欢完成或结束，感受型的人喜欢过程和结果的不确定。判断型的人注重迅速做出决策和解决问题，感觉型的人注重收集信息和获得尽可能多的数据。

MBTI通过近100个问题的测试，利用以上个性的四个维度分出了16种不同的个性类型，如表11-1所示。

表11-1 MBTI类型的例子①

维　度		感知（S）		直觉（N）	
		理性（T）	感性（F）	感性（F）	理性（T）
内向（I）	判断（J）	ISTJ 安静、严肃、可靠、实际、注重事实；注重传统和忠诚	ISFJ 安静、友好、负责、细心、周到、努力创造秩序和协调	INFJ 追求思想的意义和联系；具有坚定的价值观；执行计划时有条理而且果断	INTJ 有自己的想法，并且为其实现而努力奋斗；疑心、独立；对于自己及他人的能力有着很高的标准
	理解（P）	ISTP 宽容、灵活；对原因和结果感兴趣；注重效率	ISFP 安静、友好、敏感；喜欢自己的空间；不喜欢争执和冲突	INFP 理想主义，忠于自己的价值观；理解他人并且帮助他们发挥潜力	INTP 寻求逻辑解释；在社会交往方面偏向于理论和抽象；疑心，有时是批判性的；善于分析
外向（E）	理解（P）	ESTP 灵活、宽容；注重当时当地的感受；喜欢物质享受；通过实践学得最好	ESFP 开朗、友好，喜欢与他人共事，冲动；通过和他人尝试新的技能能学得最好	ENFP热情、富于想象；希望得到肯定；能说会道，临时抱佛脚	ENTP快捷、聪明、使人振奋；善于提出可行的概念，并从战略上进行分析；厌倦常规
	判断（J）	ESTJ 能干、现实、实事求是、果断；注重有效的结果；执行计划时强而有力	ESFJ 热心、合作；希望自己的为人和贡献能被人欣赏	ENFJ 热情、易受影响、负责；好交际、乐于助人，能成为鼓舞人心的领导	ENTJ 坦诚、果断、承担领导责任；喜欢设立长远的计划和目标，用于坦陈思想

---

① 注：更多信息请访问www.cpp.com，你可以找到有关个性类型的完整介绍，以扩展MBIT类型的相关知识和应用。摘自：lsabel Briggs Myers. Introduction to Type［M］.6th Edition. Mountain View, CA94303: Publisher, CPP. Inc.

个性的形成有其生理基础，但社会、文化、家庭等各方面的因素对个性的形成也有很大的影响。

每一个人的个性各不相同，不同的工作对上岗人员的个性要求也有所不同。因此，我们应努力寻求员工个性和所分配给他的工作之间的匹配。心理学家约翰·霍兰德（John Holland）的**个性—工作适应理论**指出：员工对工作的满意度和离职的倾向性，取决于个体的个性与职业环境的匹配程度。霍兰德将人的个性划分成六种基本类型（见表11-2），并列出了与各种个性相匹配的职业范例。

表11-2　霍兰德的个性类型与职业范例[①]

类　型	偏　好	个性特点	职业范例
现实型 realistic	需要技能、力量、协调性的体力活动	害羞、真诚、持久、稳定、顺从、实际	机械师、钻井操作工、装配线工人、农场主
研究型 investigative	需要思考、组织和理解的活动	分析、创造、好奇、独立	生物学家、经济学家、数学家、新闻记者
社会型 social	能够帮助和提升别人的活动	社会、友好、合作、理解	社会工作者、教师、议员、临床心理学家
传统型 conventional	规范、有序、清楚、明确的活动	顺从、高效、实际、缺乏想象力和灵活性	会计、业务经理、银行出纳、档案管理员
企业型 enterprising	能够影响他人和获得权力的活动	自信、进取、精力充沛、盛气凌人	法官、房地产经纪人、公共关系专家、小企业主
艺术型 artistic	需要创造性表达的模糊且无规则可循的活动	富于想象力、无序、杂乱、理想、情绪化、不实际	画家、音乐家、作家、室内装饰家

个性—工作适应理论告诉我们：个体之间在个性方面存在着本质的差异，工作具有不同的类型，当工作环境与个性类型协调一致时，会有更高的工作满意度和更低的离职率。

三、知　觉

知觉是指个体为了表明他对周围环境的认识而组织和表达其感觉、印象的过程。知觉是人脑对直接作用于感觉器官的客观事物的各个部分和属性的整体的反映，是个体意识和解释环境信息的一组过程。同样的事物，不同的人有不同的看法，表明了不同的人的知觉过程是不同的。例如，一个员工"工作之前常常需要较长的时间来考虑好怎么做才开始行动"这一事实，有的管理者可能会认为其胆小、行动缓慢、执行力差；而有的管理者则可能解释为该下属工作认真负责、善于有效开展工作、有脑子。同一事实，前者评估消极，后者评估积极，**每一个人都是根据自己的知觉对所看到的东西做出解释和反应。**

扩展阅读：感觉与知觉

为什么对于同一事实会有不同的知觉？那是因为有许多因素影响着知觉的形成。影响一个人知觉结果的因素既包括观察者的个体主观因素，如态度、性格、兴趣爱

[①] 斯蒂芬·P. 罗宾斯. 管理学［M］. 4版. 黄卫伟，孙健敏，译. 北京：中国人民大学出版社，2002：356.

好、过去的经验和期望等，也包括被观察目标的特征，如在群体中比较活跃的人比安静的人更容易引起注意，感知时所处的环境和感知的方式，如背景也会影响感知。

研究表明，对人的知觉不同于对无生命的物体的知觉。心理学中将对社会性信息所形成的知觉称为**社会知觉**。**社会知觉**是指个人在社会环境中对他人（个体或群体）的心理状态、行为动机和意向（社会特征和社会现象）做出推测与判断的过程。社会知觉包括三个方面的内容：对人的知觉（包括对他人和自我的知觉）；对社会事件因果关系的知觉；对人际关系的知觉。与对物的知觉相比，社会知觉有以下一些独特性：

扩展阅读：知觉影响因素

- **认知对象的独特性**。人能体验其内部世界，而物不能。社会知觉的对象是有意识的人、复杂的社会环境和人际关系，而人们对这些对象的知觉又是通过一些特殊的介质进行的。例如，通过他人的言行、表情、态度等来认识、判断。但是，无论是知觉的主体，还是知觉的对象，都会掩饰自己的内在动机，所以，人们的社会知觉判断经常可能是不准确的。

- **对他人行为的期望会影响社会知觉过程**。社会知觉的主客体能够理解彼此间的行为对对方的利害关系，于是知觉者和被知觉者都可以有意识地操纵和利用彼此。当个体能够预测他人可能做出的行动时，他便可以预先计划自己的行动。因此，相互间的期望会影响彼此的知觉。

- **社会知觉加工过程的特殊性**。进行社会知觉也需要对知觉对象的各种信息加以组织和分类，但社会知觉往往根据他人的外表和行为进行概括和判断，而且在加工过程中，对信息的处理也更容易采用以点代面的策略，所以，个人的经验会严重影响社会知觉的过程。另外，人总是在不断变化的，人与人之间的差异很大。因此，获得对人的知觉要比获得对物的知觉更为困难。

进一步地，人们在对人进行观察时，总是试图解释他人为什么以某种方式行动的原因。**归因理论**认为，我们对个体行为的判断取决于我们对该行为是何种原因造成的所做出的解释。归因理论将导致个体某种行为的原因归结为内因或外因，**内因行为**是指那些能够为个体自己所控制的行为，**外因行为**是指个体因为情境因素而被迫进行的行为。如图11-1所示，归因理论认为，区别一个人的行为是内因行为还是外因行为取决于以下三个因素：

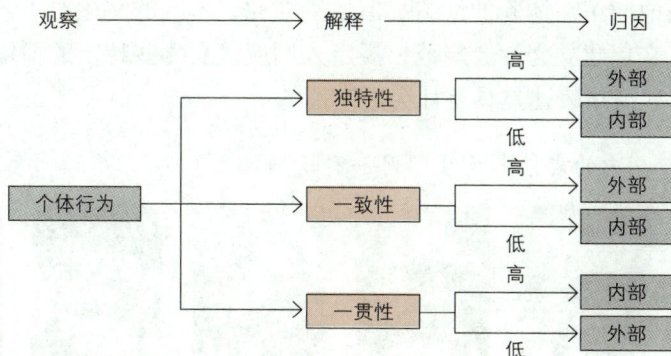

图11-1 归因理论[1]

[1] 斯蒂芬·P. 罗宾斯. 管理学［M］. 4版. 黄卫伟，孙健敏，译. 北京：中国人民大学出版社，2002：360.

- **独特性**。独特性是指个体是在众多场合下都表现出这种行为还是仅在某种特定情境下表现出这一行为。若某种行为具有独特性，则可解释为是外因行为；若具有普遍性，则可认为是内因行为。

- **一致性**。一致性是指每个人面对相似情境是否都有相同的反应。若是，则可解释为是外因行为；若不是，则是内因行为。

- **一贯性**。一贯性是指某个人的这种行为是否稳定而持久，无论何时都有同样的行为。行为的一贯性越高，观察者越倾向于对其作内部归因。

在归因理论的研究中，人们还发现归因失真现象的普遍存在。例如，我们在评价他人行为时，总是倾向于低估外部因素的影响而高估内部或个人因素的影响；个体总是倾向于把成功归因于内部因素，如自己的能力或努力，而把失败归因于外部的因素，如任务难度或运气。

根据对知觉的认识，管理者应该认识到，**员工是根据知觉而不是客观现实做出反应**。即使管理者对员工的评估是客观公正的、组织给员工提供的报酬在同行中事实上是最高的，如果员工的知觉是"管理者评估存在偏见"或"薪资并不高"，则他们仍然会按他们的知觉，而不是按客观事实采取行动或做出相应的反应。因此，管理者应密切注意员工对他们工作和管理者的知觉，并通过各种手段影响员工的知觉，在做好各项管理工作的同时，使员工形成对工作和组织的正确或良好知觉。

四、情　绪

情绪不仅仅是一种感觉——"我感到快乐"或"我觉得悲伤"，当代心理学家将**情绪**定义为一种躯体和精神上的复杂的变化模式，包括生理唤醒、感觉、认知过程以及行为反应，**是对个人知觉到的独特处境的反应**。例如，当一个个体处于一个感到特别快乐的场景时，生理唤醒可能是平稳的心跳，感觉是积极的，个体外显的行为反应是表情上的微笑，这些整合在一起，反映出来的就是这一个体在这一特定场景中的情绪。

查理·达尔文（Charles Robert Darwin）认为，情绪是一种遗传得来的、对世界上一定程度的复杂情况做出反应的特定心理状态。埃克曼（Paul Ekman）的研究也证实，**全世界的人们，不论文化、种族、性别或教育差异，都会以相同的方式表达七种基本情绪**（包括：高兴、惊奇、生气、厌恶、害怕、悲伤、轻蔑），同时可以根据他人的面部表情来推断他们正在体验的情绪。但尽管如此，不同的文化对于情绪的掌控仍存在不同的标准。文化建立起社会规范，规定人们应该有哪些特定的情绪反应，以及特定群体成员的哪些情绪表达是具有社会适应性的。

？思考题　图 11-2 中的表情各反映了哪一种情绪？

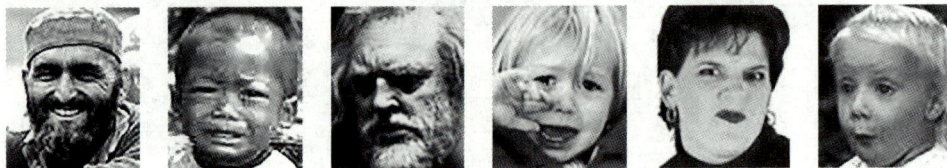

图11-2　表情和情绪①

————————

① 图片来源：http://face-and-emotion.com/dataface/emotion/expression.jsp.

情绪对个体行为的影响，首先表现在**情绪会激发人的行为**，促使个体向重要的目标迈进。例如，当一个人为第一次穿上新毛衣就发现肩缝处开线而生气时，他会迅速地做出退货的决定并采取相应的退货行为。在这一过程中，情绪成为行为的原动力。情绪通过唤醒个体对于正在经历或想象中事件的行动来完成它的动机功能，并引导和维持个体的行为直到达到特定的目标。

在群体活动中，**情绪会影响个体与他人之间的关系**。愤怒使人感到害怕而远离，微笑使人愉悦而接近。同时，当一个人情绪较好或为自己的过失感到内疚时，他们会更愿意做出各种助人行为。

理解并控制自己的以及他人的心境和情绪的能力称为**情绪智力（简称情商）**，情绪智力高的人通常能够更好地理解自己是如何感觉的以及为什么会有这种感觉，从而能够更有效地控制自己的情感和理解他人的感受。

测测你的情商有多高？ Q

五、能　力

能力反映了个体在某一工作中完成各种任务的可能性。这是对个体能够做什么的一种现时的评估。

一个人的总体能力可以分为两大类：心理能力和体质能力。心理能力即个体从事心理活动所需要的能力。智商测验就是用于确定个人总体的心理能力的。此外，大学入学考试也属于这种类型的测验。一般认为，**心理能力包括七个维度**，即：算术、言语理解、知觉速度、归纳推理、演绎推理、空间视知觉以及记忆力（见表11-3）。

表11-3　心理能力维度

维　度	描　述	工作范例
算术	快速而准确进行运算的能力	会计：计算营业税
言语理解	理解读到和听到的内容，以及词汇之间的关系的能力	管理者：推行企业制度
知觉速度	迅速而准确辨认视觉上异同的能力	火灾调查员：鉴别纵火责任的证据和线索
归纳推理	鉴定一个问题的逻辑后果以及解决这一问题的能力	市场调查员：对未来一段时间内某一产品的市场需求量进行预测
演绎推理	运用逻辑评估一项争论价值的能力	主管：在员工提供的两份不同的建议中做出选择
空间视知觉	当物体的空间变化时，能想象出物体形状的能力	室内装饰师：对办公室进行重新装饰
记忆力	保持和回忆过去经历的能力	销售人员：回忆顾客的姓名

在要求信息加工的复杂工作中，心理能力起着重要的作用。而对于那些技能要求较少而规范程度较高的工作而言，**体质能力**对于取得工作绩效更重要。体质能力通常包括：动态力量、躯干力量、静态力量、爆发力、广度灵活性、动态灵活性、躯体协调性、平衡性、耐力。

高工作绩效对具体的心理能力和体质能力方面的要求，取决于该工作本身对能力的要求。比如，飞行员需要有很强的空间视知觉能力；海上救生员需要有很强的空间视知觉能力和身体协调能力；高楼建筑工人需要有很强的平衡能力；一个缺乏推理能力的记者很难达到最低的工作绩效标准。

每个人在能力方面都有自己的强项和弱项，这使得一个人在从事某一工作或活动时，相比其他人来说，既有有利的一面又有不利的一面。从管理的角度来看，问题并不在于了解人们在能力方面是否存在差异，因为这是不言而喻的，**问题在于了解人们的能力具有哪些方面的不同，并运用这一知识尽可能使员工更好地从事合适的工作。**

？思考题 能力能否改变？

六、学 习

学习是个体基于经验而导致行为或行为潜能发生相对一致的变化的过程。你无法直接观察学习本身，但当你能够做得比过去更好时，比如你能够比以前更好地鉴赏现代艺术时，可以显示出你经历了学习；**学习只有通过体验才能发生**，所以学习是基于经验的过程；而一旦学会了某种行为，行为或行为潜能的变化就会在不同场合表现出相对一致性，就像你一旦学会了骑车，就终身不忘一样。

研究学习之所以重要，是因为一个人的所有复杂行为几乎都是通过学习得来的，如果我们想解释和预测行为，就需要了解人们是如何学习的。

如图11-3所示，大卫·A.库伯（David A. Kolb）将学习描绘为一个由四阶段组成的循环[1]：个体遭遇具体的经历；个体根据这种经历进行思考和深入观察；抽象出某个概念，进而推动积极的实践；最后利用这个概念来指导新的实践。循环往复，以至无穷。

由于学习过程受个人需求和目标的引导，不同的人在学习时会注重学习过程中的某一阶段，从而形成了每个人不同的学习风格。

图11-3 学习过程模型

个体不仅通过直接经验进行学习，还通过观察或听取发生在他人身上的事情进行学习。这种认为我们可以通过观察和直接经验两种途径进行学习的观点称为**社会学习理论**。社会学习理论认为行为是结果的函数，但它同时还承认观察学习的存在以及学习中知觉的重要性。

观察学习是指一个人（学习者）通过观察另一个人（即学习榜样）的行为而受到激励，也积极实施并强化这种行为。通过观察榜样，人们学到了很多东西——既包括亲社会行为，也包括反社会行为。观察学习证实人类有能力通过知觉，借助替代奖赏和替代惩罚来改变行为。

？思考题 如果经常与一群优秀的人在一起，是否会促进自身素质的提高？

第二节 群体及其行为影响因素

组织中的成员并不是以独立的个体发挥作用的，而是以集体中的一员的身份在组织中开展工作的。由于个体在群体中的行为不同于其作为单独个体时的行为，因此，

---

[1] D. A. Kolb. On Management and Learning Process[J]. California Management Review. 1973, 18(3): 21-31.

管理者要对组织中的个体行为有更全面的了解，就需要进一步研究群体及群体行为的影响因素。

一、群体及其发展

群体是指两个或两个以上相互作用以实现特定目标或满足特定需要的个体所形成的集合体。根据形成的原则与方式的不同，群体分为正式群体与非正式群体。

正式群体也就是组织，是由两个或两个以上的人为了实现共同目标而形成的系统集合。在正式群体中，有明文规定的规章制度、明确的角色分工和共同的奋斗目标。在正式群体中，为完成某一特定的任务或履行特定的职责而建立的工作群体，我们称之为**团队**。**非正式群体**是指两个或两个以上的人为实现自己的某些目的或满足自己的某些需要而形成的集合体。非正式群体没有正式的规章制度，成员之间的结合大多带有感情色彩。非正式群体根据其成员加入群体的目的的不同可进一步分为感情型群体、兴趣型群体、利益型群体等。

任何正式群体中都存在非正式群体，两者常常相促而生、相伴而存。例如，在正式群体成立之前，往往要经过非正式群体的酝酿；而正式群体的成立，又为非正式群体的形成创造了良好的条件。**任何组织中的管理者都不可忽视非正式群体的作用。**

? 思考题　你加入了多少个微信群？试分析你加入各个微信群的目的。

人们出于各种目的加入群体。他们加入组织、接受职位，是为了从事自己所喜欢的职业或为了谋生等。而人们加入非正式群体的目的则比较复杂，其中主要有以下几方面目的：

- **人际吸引**。非正式群体形成的原因之一是人们相互间的吸引。这种人际吸引由多种因素促成，如长时间的共同相处，如果人们有共同的态度、个性或经济地位，相互间的吸引力就会增加。
- **群体活动**。个体可能因为群体的活动而受到吸引。登山、桥牌、高尔夫球、网络游戏等都会吸引喜欢的人形成群体。而有些活动本来就是群体活动项目，如足球等。
- **群体目标**。群体的目标也会激励个体加入，如环境保护、慈善事业等。在这种情况下，个体加入群体不是受到群体内其他成员的吸引，而是为了献身于群体的目标。
- **需要满足**。满足亲和需要是个体加入群体的原因之一。一个单身人士可能选择加入单身汉俱乐部，以认识更多的人或找到更多的与人相处的机会。
- **工具性利益**。个体加入群体的最后一个原因是作为群体成员的经历可以为个体提供工具性利益。例如，某人加入团购群体，是为了获得价格折扣；某经理人加入高尔夫俱乐部，可能不是因为喜欢其中的成员，也不是因为喜欢高尔夫运动，也不是为了锻炼身体，而是为了能够通过加入这个俱乐部获得重要的和有用的业务接触，高尔夫俱乐部会员资格是建立这种接触的工具。

群体的形成和发展需要一定的时间，尽管每个群体的发展过程不尽相同，不过研究人员认为，多数群体的发展大致可分为以下五个阶段：

- **形成阶段**。在这一阶段，成员间设法相互了解，并对群体想要实现的目标和群体成员应该如何行动进行探讨。
- **动荡阶段**。在这一阶段，由于某些成员不愿意听从其他成员的要求，群体之间会出现冲突和争执，某些成员也会因此而退出群体。

- **规范阶段**。在这一阶段，群体之间的关系密切了，相互之间有了友谊和情谊，对于该致力达成的群体目标以及群体成员间应该如何相处都达成了共识。
- **执行阶段**。群体的实质性工作在这一阶段得以完成。
- **终止阶段**。这一阶段只适用于最终解散了的群体。

二、群体行为特征

所有群体都需要对其成员的行为加以控制，以确保群体高效运行并实现目标。影响和控制群体成员行为的途径有两条，一是给每位成员分派角色，二是形成和执行群体规范。相应地，作为群体，其行为表现也就有不同于个体的特征，除了规模因素外，其中主要的有以下四个方面。

1. 角色

一个人在特定情景或群体中发挥作用时，人们期待其做出的一套特定的行为模式，我们称之为**角色**。

每一个人在不同的社会情境、不同的群体中充当着不同的角色。当你在家时，你可能扮演着"儿子"或"女儿"的角色，当你身处教室时，你是"学生"的角色，还有的时候，你可能是一位"最好的朋友"。**角色期望**通常以外显的方式（如明确告诉子女要尊敬长者，在教室中设立禁止吸烟的标志等）或内隐的方式（在寝室里看碟片时声音能放多响，对教师是否可直呼其名等）存在。

当一个人不知道自己在群体中应该充当什么角色时，我们称之为**角色模糊**，如果一个人在群体中角色模糊，他就可能在群体中不知所措。当一个人的实际角色与群体对他的期望角色不一致甚至相互排斥时，我们称之为**角色冲突**。角色冲突会导致员工紧张、绩效下降和离职率提高。当群体对个体的角色期待超过了个体的能力时，就会发生**角色过载**现象。

2. 规范

规范是指群体成员都要共同遵守的行为依据和准则。群体规范通常会涉及很多行为，如遵守工作时间，群体成员间信息共享，群体成员应该如何着装等。规范决定了群体成员的什么行为是可接受的，什么行为是不可接受的。群体中的规范一旦形成，它们自身就倾向于永久存在下去。

群体规范调节着群体情景下人们所期望的行为。群体成员之所以遵从规范，通常是因为以下三方面原因：希望得到奖励避免受到惩罚；意欲效仿所爱戴和敬重的群体成员；相信这一规范是正确而恰当的。

当一位群体成员违背群体规范时，就产生了背离。**背离**表明群体不能有效控制某位群体成员的行为。在这种情况下，群体可能会采取以下措施：首先，群体可能增加同违反规范的个体的沟通，试图纠正他的背离行为；如果不行，群体开始将他排除在活动之外，或者是群体改变规范以适应该员工的行为。

？思考题 *群体是否应该严格控制背离行为的发生？*

通常情况下群体成员不会去想为什么要遵循某一规范，背离行为可在适当的时候引发群体成员的反省，并改变某些已经不合理的规范。正因为如此，**群体需要保持遵**

从与背离的适度平衡（见图11-4）。群体要有一定的遵从才能确保其对成员行为的控制，从而引导群体成员朝着高绩效和实现群体目标的方向努力；群体也需要一定的背离，这样才能确保对有问题的旧规范的摈弃，代之以能起作用的新规范。

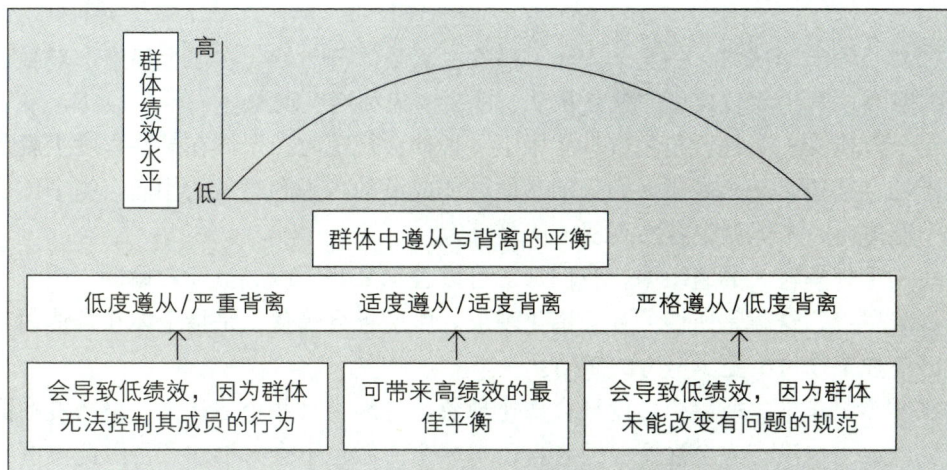

图11-4　群体中遵从与背离的平衡①

3. 地位

地位是指别人对群体或群体成员的位置或层次的一种社会性的界定。地位可以是群体正式给予的，也就是说，组织通过给予个体某种头衔或某类令人愉快的东西，而使个体获得某种正式地位。在非正式群体中，地位可以通过教育、年龄、性别、技能、经验等特征而非正式地获得。**任何东西只要被其他群体成员看作是与地位有关的，它就具有地位价值。**

？思考题　在学校里，哪些东西可以体现一个人的地位？

与群体其他成员相比，**一个地位较高的群体成员具有较大的偏离群体规范的自由。**在理解个体行为时，地位是一个重要的因素，因为它是一个重要的激励因素，如果个体认识到自己地位的认知与别人对自己地位的认知不一致，就会对个体的行为反应产生巨大影响。

4. 内聚力

内聚力是成员忠诚和群体承诺的程度与群体内相互吸引的程度。**群体内聚力主要表现在三个方面：**群体成员对群体活动的参与程度、群体成员对群体规范的遵从程度以及对实现群体目标的强调。在高度内聚的群体中，成员们共同工作、相互支持和信任，通常能够有效地实现所选择的目标。相反，缺乏内聚力的群体通常不好协调，成员间互不支持，很难实现目标。

你所在的群体是一个有凝聚力的群体吗？Q

建立某种形式的群体间竞争、为群体配备相互吸引的成员、提供对群体整体有利的评估或成功的机会、设立所有成员都可能接受的目标，以及创造成员间能够充分互动的机会，都将有助于提高群体的内聚力。而群体规模的扩大、成员对群体目标的看

① 加雷思·琼斯，珍妮弗·乔治. 管理学基础［M］. 黄煜平，译. 北京：人民邮电出版社，2004：246.

法不一、群体内成员间的竞争、群体的失败都会降低群体内聚力。

?思考题 以上四个方面对群体中的个体行为有何影响?

三、群体内行为

社会心理学家认为,**一旦个体加入群体,其个体行为就会在很大程度上受到群体行为的影响**。其中比较典型的就是从众、社会惰化和冲突现象。

当个体接受一个社会角色或者屈服于一种社会规范时,个体在某种程度上就是在从众于社会期望。**从众**是指人们采纳其他群体成员的行为和意见的倾向。当个体从属于一个群体时,个体就很容易表现出从众行为。

在一个规模较大的组织中,我们常常可以看到某些组织成员经常偷懒,或总是不那么尽职尽责,这就是所谓的社会惰化现象。所谓**社会惰化**,是指个体在群体内工作比自己单独工作付出更少努力的倾向。

在群体工作中之所以会出现社会惰化现象,是因为某些个体认为:自己混在群体中,少出点力也没有人会注意;或者自己竭尽全力做也不会有谁注意,因此没有必要那么卖力;或者自己的工作对群体绩效没有多大影响,他们的努力是不重要或不必要的。

社会惰化会导致较低的群体绩效,甚至可能阻碍群体实现其目标。因此,管理者要采取以下措施来加以克服:在分派工作时,依据每个成员可能为组织提供的贡献分配具体工作,并要求每一个成员对自己的工作负责;与群体成员沟通,让他们知道为什么每个人对群体的贡献都是有价值的;通过确认个体对群体的贡献,使群体成员意识到自己的努力程度会受到注意,个人的贡献会得到评价;根据完成群体目标和高绩效运行所必需的成员数量来保持适度的群体规模,使每一个人能够得到关注和便于确认各人的贡献。

?思考题 进行拔河比赛时,每一边的人是不是越多越好?

人们在同一个组织中工作时,还会发生一些矛盾和纠纷。冲突是组织人际关系中不可避免的一部分。**冲突**是两个或更多个体与群体间的分歧。**冲突在组织内部可分为人际冲突和群体间冲突**。由于群体成员间在态度、个性、知觉等方面存在差异,会导致个体间的互不信任、不能相处或对工作某些方面的不同看法,加上个体间可能存在的过度竞争,就使得成员间的人际冲突不可避免。群体间的冲突则更多的是出于组织的原因而非个人的原因,如不同的部门目标、对稀缺资源的竞争等都有可能导致群体间的冲突。

Q 你具有团队合作精神吗?

绝大多数人认为冲突应当避免,因为冲突意味着对抗、敌意、不快和争执。但事实上,**如果冲突的形式是诚恳或建设性的,那它在组织中也可以带来正面的效果**。图11-5描绘了群体或组织中冲突与绩效的关系。从

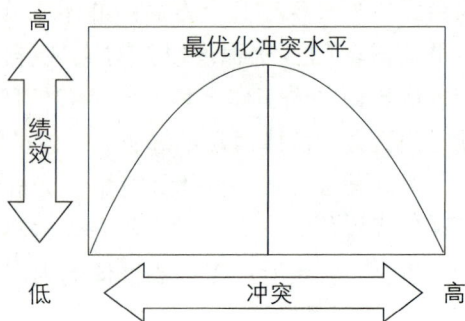

图11-5 冲突与绩效的关系

中可以看到，如果群体内完全没有冲突，其成员将陷于自满或冷漠，从而损害组织的绩效与创新；中等程度的冲突可以激发创造性和主动性，从而提高绩效；但过多的冲突则可能导致敌意或缺乏合作，从而降低绩效。对于管理者来说，关键在于找出和保持能够鼓励绩效的适当的冲突水平。

扩展阅读：冲突管理策略

小卡片　管理冲突的方法

激发冲突：
- 提高个体和团队之间的竞争
- 请外来者帮助打开局面
- 改变现有的程序

控制冲突：
- 扩大资源的基础
- 加强依据的协调
- 建立高远的目标
- 个性与员工工作习惯的匹配

解决和消除冲突：
- 避开冲突
- 说服冲突各方妥协
- 召集冲突各方对冲突进行谈判

第三节　管理者的领导影响力

毫无疑问，**所有的群体都需要领导**。**领导**是个体对他人施加影响，带领和指导他人活动以实现群体或者组织目标的过程。施加这种影响的个体就是**领导者**。在一个群体中，由于群体成员之间认知水平不一、各人个性不一、对各类事物的态度不一，要使群体能够发挥作用、防止社会惰化现象和平衡冲突以实现共同目标，就必须要有领导者来领导大家建立群体规范，落实角色分工，统一群体成员思想认识，增强内聚力，将大家团结在一起，共同为实现群体目标而努力。**有效的领导是高绩效群体的关键因素之一。**

示例：柳传志谈怎样当一个好总裁

在一个组织中，管理者通过履行领导职能，在特定环境下对组织成员和组织行为施加影响和进行引导，以有效地达成组织目标。管理者的领导影响力有两个基本来源：一是管理者的地位权力，即伴随管理岗位的正常权力，我们称之为职权或正式的权力；二是下属服从的意愿，我们称之为威信或非正式的权力。**职权与威信是管理者之所以能够实施领导的基础**，管理者正是以自己所拥有的职权和威信来指挥和影响别人，从而体现其在组织成员中的影响力的。

来源于工作岗位的管理者职权的构成及其影响职权影响力大小的因素，我们已经在第三章中做了详细的介绍，在本节中，我们主要介绍影响一个人威信高低的因素，归纳管理者施加影响力的常用方法。

一、威信及其组成因素

威信是指由管理者的能力、知识、品德、作风等个人因素所产生的影响力，这种影响力是与特定的个人相联系的，与其在组织中的职位没有必然的联系。由于这种影响力是建立在下属认可的基础之上的，因此能发挥比正式职权更大的作用。

威信包括两方面内容，即专长的和品质的。**专长方面的威信**是指由于领导者具有各种专门的知识和特殊的技能或学识渊博而获得同事及下属的尊重和佩服，从而在工作中显示出的在其专长方面一言九鼎的影响力。这种威信主要是基于领导者帮助下属明确方向、排除障碍的能力，其影响面通常是比较狭窄的，被单一地限定在其专长范围之内。**品质方面的威信**是指由于领导者优良的领导作风、思想水平、品德修养，而在组织成员中树立的德高望重的影响力。这种威信是建立在下属对领导者人品认可的基础之上的，它通常与具有超凡魅力或名声卓著的领导者相联系。

影响一个人威信高低的主要因素有以下几方面。

1. 品格

主要包括领导者的道德、品行、人格等。优良的品格会给领导者带来巨大的影响力。因为品格是一个人的本质表现，好的品格能使人产生尊敬感，使人模仿。如果管理者能够在工作中公正廉洁、讲求信誉、追求事业、不断进取，则往往会被群众所尊敬，从而产生较高的威望。

2. 才能

领导者的才干是其影响力大小的主要影响因素之一，才能通过实践来体现，领导者的才干主要反映在其以往的工作业绩上。一个有才干的领导者，会给事业带来成功，从而会使他人对其产生敬佩感，吸引人们自觉地接受其影响。组织中的某一成员如果具有较强的业务能力，或者曾经取得过辉煌的成就，那么，他在走上管理岗位后往往具有较大的号召力。

3. 知识

一个人的才干是与知识紧密联系在一起的。知识水平的高低主要表现为对自身和客观世界的认识程度。知识本身就是一种力量，知识丰富的领导者，容易取得人们的信任，并由此产生信赖和依赖。

4. 感情

感情是人的一种心理现象，它是人们对客观事物好恶倾向的内在反映。人与人之间建立了良好的感情关系，便能产生亲切感，相互的吸引力越大，彼此的影响力也就越大。因此，一个领导者平时待人和蔼可亲，关心体贴下属，与群众的关系融洽，知道群众的疾苦，他的影响力往往就较大。

由品格、才能、知识、感情等因素构成的影响力是由领导者自身的素质与行为造就的。在领导者从事管理工作时，它能增强领导者的影响力，在其不担任管理职务时，这些因素仍会对人们产生较大的影响。

?思考题 职权的影响力与威信的影响力有何异同？

二、管理者施加影响的方法

作为一名管理者，应如何对下属的行为施加影响呢？管理理论家**加里·尤哈鲁**（Gary A. Yukl）在他1981年出版的《组织中的领导》一书中对这个问题进行了专门论述，提出了管理者对下属施加影响的许多方法。

1. 通过合法的请求方式

由于管理者拥有组织赋予他的一定的支配权，所以他在自己的职权范围之内，对属于下属人员工作范围之内的事情，可以通过合法的请求方式请求下属去做某一工作。尽管管理者也可以用强制或命令的方式进行，但合法的请求方式比命令或强制的效果要好得多，因为它给了下属以尊重。一般而言，对于日常性的工作分配，管理者通过合法的请求方式来行使自己的支配权最为有效。

2. 通过奖励等辅助方式

如果要求下属做一些不属于其岗位职责范围内的工作，管理者可以根据自己拥有的决定报酬的权力，采用通过奖励等积极的强化激励的方式诱导下属的行为。管理者可以提供一定的奖励或通过给予表扬等方式请求下属人员去完成某一工作，使下属在能够满足自身需求的同时乐意干管理者分配给他的额外工作，并努力把工作做好。

3. 通过惩罚性方式

管理者也可以采用批评、扣发工资或开除等惩罚性措施来强迫下属把自己工作范围内的事情做好。但一般来说，惩罚性方式的效果不是很好，并且其效果会随着惩罚次数的增多而减弱，管理者应尽量少用这种方式。

4. 通过恰当的说明方式

当下属不愿意或不太愿意接受管理者要他做的某一工作时，管理者可通过恰当而耐心的说服，使下属了解工作的全部内容、重要性和有关个人报酬、利益等方面的问题，从而使其在明确职权、责、利的前提下乐于接受管理者所分配的工作。

5. 通过本人的个性方式

作为管理者，如果发现自己的个性或爱好等能对下属产生影响，就应积极运用这些特点来影响下属。一个人的品质或专长方面的影响力是巨大的，管理者如果已在下属中树立起了威信，就要充分运用自己的威信来影响下属。

6. 通过鼓励号召的方式

在有的情况下，管理者可用理想和道德价值观来鼓励下属从事某一工作。例如，通过说明参军的意义来鼓动大家踊跃参军。如果一个管理者能结合自身的模范行为来进行鼓励和号召的话，效果会更好。

7. 通过对信息情报进行控制的方式

管理者也可通过对信息情报的控制，甚至通过歪曲或修改信息的方法来影响下属的行为，如通过制造危机感来促使组织成员实施变革。但运用这种方法有很大的危险性，因为歪曲或修改信息本身是不道德的行为，下属一旦发现自己受骗的话，就会对管理者失去基本的信任。

思考题 除尤哈鲁提到的上述方式外，你认为还有哪些影响下属的方法？

三、领导者和管理者的区别

从上述有关领导和领导者的描述中可以看到，领导和管理、领导者和管理者是有区别的。

从定义上看，管理是通过综合运用人力资源和其他资源以有效地实现目标的过程，领导是带领和指导群众以实现共同目标的过程；管理的对象不仅包括人力资源，而且还包括信息、技术、资金等其他资源，而领导的对象就是人；从本质上来说，管理是建立在合法的职务权力基础上对下属的行为进行指挥的过程，领导则更多的是通过其个人的魅力与专长来影响追随者的行为。

思考题 一个组织中的领导者是否就是该组织中的各级管理者？

组织的每一个层级都有管理者，管理者可以是领导者，但领导者不一定是管理者。**管理者和领导者是有区别的。**管理者是被正式授权来管理一个组织或部门的，管理者利用职权来解决问题、做出决策和实施行动，领导者则可能是在群体活动中自发形成的，他们的影响力可以与其在组织中的职位无关；管理者的对象是组织中的下属，领导者的对象则是群体中的追随者；管理者通过计划、组织、控制来提高效率，完成任务和达成目标，领导者通过指导、协调和激励使追随者自觉地朝着领导者所指引的方向前进（见图11-6）；管理者更多的是在群众后面鞭策，而领导者则更多的是在群众前面带领；管理者更多的关注于正确地做事，领导者则更多的关注于做正确的事。

你更喜欢管理还是领导？

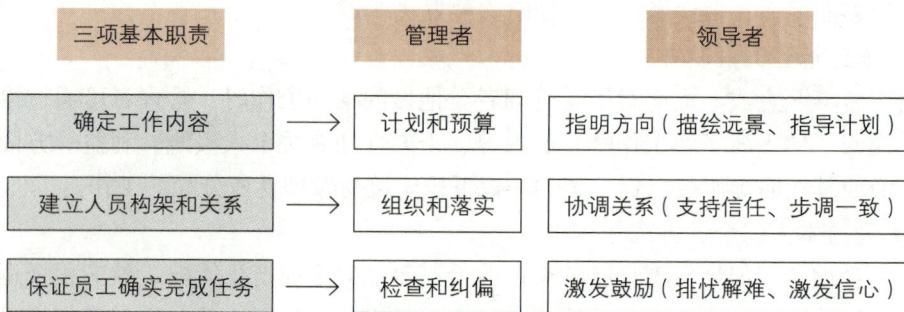

三项基本职责	管理者	领导者
确定工作内容 →	计划和预算	指明方向（描绘远景、指导计划）
建立人员构架和关系 →	组织和落实	协调关系（支持信任、步调一致）
保证员工确实完成任务 →	检查和纠偏	激发鼓励（排忧解难、激发信心）

图11-6　管理者和领导者的职责区别

行动指南：从管理者向领导者的五个转变

由于领导者能够有效地激发和调动群体积极性、增强群体内聚力，并使追随者自觉地听从指挥，因此，组织中的管理者应该成为领导者，以有效地提高管理的效率和效益。

第四节　有效领导理论

在管理思想发展史上，有很多关于领导的思考。所谓**领导理论**，就是关于领导有效性的理论。从历史上看，人们对领导有效性的研究主要从三个方面进行。相应地，领导理论也分为三大部分，即领导品质理论、领导行为理论和领导权变理论。

领导品质理论着重研究领导的品行、素质、修养，目的是要说明好的领导者应具备怎样的素质；**领导行为理论**则着重分析领导者的领导行为和领导风格对其组织成员的影响，目的是找出所谓最佳的领导行为和风格；**领导权变理论**则着重研究影响领导行为和领导有效性的环境因素，目的是要说明在什么情况下，哪一种领导方式才是最好的，如表11-4所示。

一、领导品质理论

领导品质理论着重于研究领导者的个人特性对领导有效性的影响。这种理论最初是由心理学家开始研究的。他们的出发点是，根据领导效果的好坏，找出好的领导者与差的领导者在个人品质或特性方面有哪些差异，由此确定优秀的领导者应具备的素质。研究者认为，只要找出成功领导者应具备的素质，再考察某个组织中的领导者是否具备这些素质，就能断定他是不是一个优秀的领导者。这种归纳分析法是领导品质理论研究的基本方法。

表11-4　不同领导理论之间的比较

领导理论	基本观点	研究的基本出发点	研究结果
领导品质理论	领导的有效性取决于领导者个人特性	好的领导者应具备怎样的素质	各种优秀领导者的图像
领导行为理论	领导的有效性取决于领导行为和风格	怎样的领导行为和风格是最好的	各种最佳的领导行为和风格
领导权变理论	领导的有效性取决于领导者、被领导者和环境的影响	在怎样的情况下，哪一种领导方式是最好的	各种领导行为权变模型

领导品质理论按其对领导特性来源所做的不同解释，可分为传统领导品质理论和现代领导品质理论。传统领导品质理论认为，领导者所具有的品质是天生的，是由遗传因素决定的。现代领导品质理论则认为领导者的品质和特性是在实践中形成的，是可以通过后天的教育训练培养的。

？思考题　领导者到底是天生的还是后天培养出来的？

传统领导品质理论认为领导者是天生的，只要是领导者就一定具备超人的素质。斯托格迪尔（Stogdill）考察了124项研究，查阅整理了5000多种有关领导者素质的书籍和文章后，把领导者的素质归纳为5项体质特征、16项个性特征、6项工作特征和9项社会性特征，包括精力、外貌、年龄、适应性、进取心、独立性等。在这里，斯托格迪尔确实发现了某些领导者都具备的一些共同特性，但和其他有关领导特性的研究一样，斯托格迪尔的研究结果存在的同样问题是这些共同特性总有许多例外。

现代领导品质理论认为先天的素质只是人的心理发展的生理条件，素质是可以在社会实践中得以培养与发展的。因此，他们主要是从满足实际工作需要和胜任领导工作所需的条件方面来研究领导者应具有的能力、修养和个性。**巴斯（Bass）**通过研究认为，有效领导者的特性是："在完成任务中具有强烈的责任心，能精力充沛地执着追求目标，在解决问题中具有冒险性和创造性，在社会环境中能运用首创精神，富于自信和特有的辨别力，愿意承受决策和行为结果，愿意承受人与人之间的压力，愿意忍受挫折和耽搁，具有影响其他人行为的能力。"

还有一些类似的研究，但总的来说，领导品质理论并未取得多大的成功，也有人认为，这不是一种研究领导有效性的好方法，因为各研究者所列的领导者特性包罗万象，说法不一且互有矛盾；这些研究大都是描述性的，并没有说明领导者应在多大程度上具有某种品质；进一步地，并非所有的领导者都具备所有的品质，而许多非领导者也可能具备大部分这样的品质。

尽管如此，这些理论并非一无用处，一些研究表明了个人品质与领导有效性之间确实存在着相互联系。如一些研究表明（见表11-5），内在驱动力、领导愿望、诚实与正直、自信、认知能力、业务能力，确实与领导的有效性有很大关系。此外，现代领导品质理论从领导者的职责出发，系统地分析了领导者应具备的条件，向领导者提出了要求和希望，这对于我们培养、选择和考核领导者也是有帮助的。

表11-5 领导者的特征[①]

领导者的特征	解释说明
内在驱动力（干劲）	喜欢挑战性的工作，渴望走在别人前面，精力充沛，能够充满热情地、长时间地工作，具有克服困难的毅力，能主动做出选择并采取行动激起变革
领导愿望（激发力）	有当领导者的强烈愿望，愿意承担责任，渴望影响、带动他人，对权力有强烈的渴望（渴望行使对组织发展有益的权力）
诚实与正直	真诚、讲信誉（言行一致），遵循道德准则，正直、让人信赖
自信	坚定而果断，情绪稳定，相信自己的行为并不回避错误，在危机面前能保持镇定、充满信心
认知能力	具有敏锐的头脑，能够高瞻远瞩，在决策和行动上具有良好的判断力和演绎归纳的推理能力
业务能力	具有丰富的行业和组织知识，具有专业技能以理解下属所关注的事情

进入21世纪以后，基于组织发展的需要，人们又进一步加强了对变革型领导、魅力型领导、愿景规划型领导、团队领导、伦理领导和跨文化领导特征的研究，并提供了一些有价值的研究结果。

二、领导行为理论

领导品质理论注重的是领导者的个性特点对领导有效性的影响，领导行为理论则把重点放在研究领导者的行为风格对领导有效性的影响上。在管理思想发展史上，比较典型的领导行为理论有以下几个。

1. 勒温理论

关于领导作风的研究最早是由心理学家**勒温**（P. Lewin）进行的，他以权力定位为基本变量，通过各种试验，把领导者在领导过程中表现出来的工作作风分为三种基本类型：专制作风、民主作风和放任自流作风。

专制的领导作风是指以力服人，靠权力和强制命令让人服从的领导作风，它把决策权力定位于领导者个人。专制领导作风的主要行为**特点**是：

- 独断专行，从不考虑别人的意见，所有的决策由领导者自己做出。领导者亲自设计工作计划，指定工作内容和进行人事安排，从不把任何消息告诉下属，下属没有参与决策的机会，而只能察言观色、奉命行事。
- 主要靠行政命令、纪律约束、训斥和惩罚来管理，只有偶尔的奖励。
- 领导者很少参加群体活动，与下属保持一定的心理距离，没有感情交流。

民主的领导作风是指以理服人、以身作则的领导作风，它把决策权力定位于群体。其主要的行为**特点**是：

- 所有的政策是在领导者的鼓励和引导下由群体讨论决定的。
- 分配工作时尽量照顾到个人的能力、兴趣，对下属的工作也不安排得那么具体，下属有较大的工作自由、较多的选择性和灵活性。

---

① S. A. Kirkpatrick, E. A. Locke. Leadership: Do Traits Matter?[J]. Academy of Management Executive, 1991(5): 48-60.

- 主要以非正式的权力和权威，而不是靠职位权力和命令使人服从，谈话时多使用商量、建议和请求的口气。
- 领导者积极参与团体活动，与下属无任何心理上的距离。

放任自流的领导作风是指工作事先无布置，事后无检查，权力定位于组织中的每一个成员，一切悉听尊便的领导作风，实行的是无政府管理。

勒温在试验中发现：在专制型领导的团体中，各成员之间攻击性言论显著；成员对领导服从但表现自我或引人注目的行为较多；成员多以"我"为中心；当受到挫折时，常彼此推卸责任或进行人身攻击；当领导不在场时，工作动机大为下降，也无人出来组织工作。而在民主型团体中，成员间彼此比较友好；很少使用"我"字而具有"我们"的感觉；遇到挫折时，人们团结一致以图解决问题；在领导不在场时，就像领导在场时一样继续工作；成员对团体活动有较高的满足感。

根据试验结果，勒温认为，**放任自流的领导作风工作效率最低**，只达到社交目标而完不成工作目标；专制的领导虽然通过严格的管理达到了工作目标，但群体成员没有责任感，情绪消极，士气低落，争吵较多；**民主型领导作风工作效率最高**，不但完成工作目标，而且群体成员之间关系融洽，工作积极主动，有创造性。因此最佳的领导行为风格是民主的领导作风。

？思考题 放任自流的领导作风是否一无是处？

2. 四分图理论

1945年，美国俄亥俄州立大学商业研究所发起了对领导行为研究的热潮。一开始，研究人员设计了一个领导行为描述调查表，列出了1000多种刻画领导行为的因素；后来霍尔平（Halpin）和维纳（Winer）将冗长的原始领导行为调查表减少到130个项目，并最终将领导行为的内容归结为两个方面，即以人为重和以工作为重。

以人为重，是指注重建立领导者与被领导者之间的友谊、尊重和信任的关系。包括尊重下属的意见，给下属以较多的工作自主权，体察他们的思想感情，注意满足下属的需要，平易近人，平等待人，关心群众，作风民主。

以工作为重，是指领导者注重规定他与工作群体的关系，建立明确的组织模式、意见交流渠道和工作程序，包括设计组织机构，明确职责、权力、相互关系和沟通办法，确定工作目标和要求，制定工作程序、工作方法和制度。

他们依照这两方面的内容设计了领导行为调查问卷，各列举了15个问题，发给企业，由下属来描述领导人的行为如何。调查结果表明，以人为重和以工作为重并不是一个连续带的两个端点，这两方面常常是同时存在的，领导者的行为可以是这两个方面的任意组合，即可以用两个坐标的平面组合来表示，如图11-7所示。由这两方面可形成四种类型的领导行为，这就是所谓的领导行为四分图。

以人为重		
高关系 低工作	高关系 高工作
低关系 低工作	低关系 高工作

以工作为重

图11-7 领导行为四分图

研究者认为，**以人为重和以工作为重的领导方式是相互联系的**。一个领导者只有把两者相互结合起来，才能进行有效的领导，即最佳的领导行为是既要以人为重，又要以工作为重。

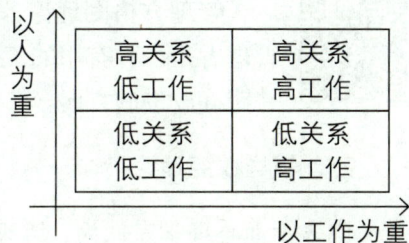

扩展阅读：管理者
领导行为调查问卷

?思考题 为什么说只有把以人为重和以工作为重结合起来才能实施有效的领导?

3. 管理方格图理论

在四分图理论基础上,美国心理学家**布莱克**(R. Blake)和莫顿(S. Mouton)提出了管理方格图理论。他们将四分图中以人为重改为对人的关心度,将以工作为重改为对生产的关心度,将关心度各划分为九个等分,形成81个方格,从而将领导者的领导行为划分成许多不同的类型,如图11-8所示。在评价管理者的领导行为时,就按他们这两方面的行为寻找交叉点,这个交叉点就是其领导行为类型。纵轴上的积分越高,表示他越重视人的因素;横轴上的积分越高,就表示他越重视生产。

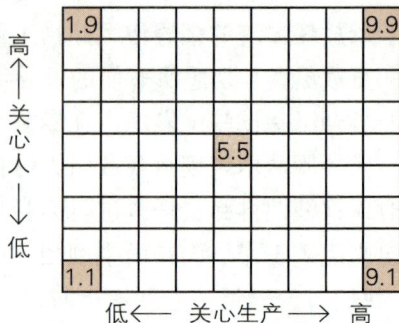

图11-8 管理方格图

布莱克和莫顿在管理方格图中列出了五种典型的领导行为:

(1.1)为**贫乏管理,**采取这种领导方式的管理者希望以最低限度的努力来完成组织的目标,对员工和生产均不关心,这是一种不称职的管理。

(1.9)为**俱乐部式管理,**管理者只注重搞好人际关系,以创造一个舒适、友好的组织气氛和工作环境,而不太注重工作效率,这是一种轻松的领导方式。

(9.1)为**任务式管理,**管理者全神贯注于任务的完成,很少关心下属的成长和士气。在安排工作时,尽量把人的因素的干扰减少到最低限度,以求得高效率。只关心生产不关心人。

(9.9)为**团队式管理,**管理者既重视人的因素,又十分关心生产,努力协调各项活动,使它们一体化,从而提高士气,促进生产。这是一种协调配合的管理方式。

(5.5)为**中间式管理,**管理者对人和生产都有适度的关心,保持完成任务和满足人们需要之间的平衡,既有正常的效率完成工作任务,又保持一定的士气,都过得去但又不突出,实行的是中间式管理。

到底哪一种领导方式最好呢?布莱克和莫顿组织了很多研讨会。绝大多数参加者认为(9.9)型最佳,也有不少人认为(9.1)型好,其次是(5.5)型。

?思考题 你认为上述领导方式,哪一种最好?为什么?

扩展阅读:布莱克和莫顿提出的培训方法

管理方格图理论,提供了一种衡量管理者领导形态的模型,对于培养管理者是一种有用的工具,它可使管理者较清楚地认识到自己的领导行为,并明确改进的方向。布莱克和莫顿曾据此提出一套培训管理人员的方法。

三、领导权变理论

许多管理心理学家认为,管理者的领导行为不仅取决于他的品质、才能,也取决于他所处的具体环境,如被领导者的素质、工作性质等。事实上,领导品质和领导行为能否促进领导的有效性,受环境因素的影响很大。**有效的领导行为应当随着被领导者的特点和环境的变化而变化,**即:

$$E = f\left(L \cdot F \cdot S \right)$$

式中：E代表领导的有效性，L代表领导者，F代表被领导者，S代表环境。

这种认为领导行为应随环境因素的变化而变化的理论就是领导权变理论。这类领导理论，从时间上来说，比领导品质理论和领导行为理论晚，从内容上来说，是在前两类理论的基础上发展起来的。它所关注的是领导者与被领导者及环境之间的相互影响。这方面比较具代表性的理论有以下几个。

1. 费特勒模型[①]

伊利诺大学的**费特勒**（Fred E. Fiedler）从1951年开始，首先从组织绩效和领导态度之间的关系着手进行研究，经过长达15年的调查试验，提出了"有效领导的权变模式"，简称费特勒模型。他认为**任何领导形态均可能有效，其有效性完全取决于是否与所处的环境相适应。**

费特勒以一种"你最不喜欢的同事"（least-preferred co-worker questionnaire, LPC）量表来反映和测定领导者的领导风格。他把领导方式假设为两大类：以人为主和以工作为主。一个领导如果对其最不喜欢的同事都能给予好的评价，就被认为对人宽容、体谅，注重人际关系和个人的声望，是以人为主的领导；如果领导者对其不喜欢的同事批评得体无完肤，则被认为惯于命令和控制，是只关心工作的领导者。与此同时，费特勒经过试验，把影响领导有效性的环境因素归结为以下方面：

扩展阅读：LPC量表

● **领导者与下属之间的相互关系**。指领导者得到被领导者拥护和支持的程度，即领导者是否受下属的喜爱，是否能吸引并使下属愿意追随他。领导者与下属之间相互信任、相互喜欢的程度越高，领导者的权力和影响力就越大；反之，其影响力就越小。用好或差评价。

● **职位权力**。指组织正式赋予领导者的岗位权力。职权是否明确、充分，在上级和整个组织中所得到的支持是否有力，直接影响领导的有效性。一个领导者对其下属的雇用、工作分配、报酬、提升等的直接决定权越大，其对下属的影响力也就越大。用强或弱评价。

● **任务结构**。指下属所从事工作或任务的规范化程度。如果所领导的群体要完成的任务是清楚的，组织纪律明确，成员有章可循，则工作质量比较容易控制，领导也可有的放矢；反之，工作规定不明确，成员不知道如何去做，领导者就会处于被动地位。用高或低评价。

费特勒将这三个环境变数任意组合成八种群体工作情境，对1200个团体进行了观察，收集了把领导风格与工作环境关联起来的数据，得出了在各种不同情况下使领导有效的领导方式，其结果如图11-9所示。

费特勒的研究结果表明：**根据群体工作情境，采取适当的领导方式可以把群体绩效提高到最大限度。**当情境非常有利或非常不利时，采取工作导向型领导方式是合适的；但在各方面因素交织在一起且情境有利程度适中时，以人为主的领导方式更为有效。

？思考题 应怎样理解和解释费特勒的研究结果？

---

① F. E. Fiedler, M.M. Chemers, L. Mahar. The Leadership Match Concept[M]. New York: Wiley, 1978.

序号 领导 风格及工作环境		1	2	3	4	5	6	7	8
领导风格	以人为主 高 LPC ↑ 低 工作为主								
工作环境	上下级关系	好	好	好	好	差	差	差	差
	任务结构	明确	明确	不明确	不明确	明确	明确	不明确	不明确
	职位权力	强	弱	强	弱	强	弱	强	弱
	情境有利性	有利	有利	有利	适中	适中	适中	适中	不利

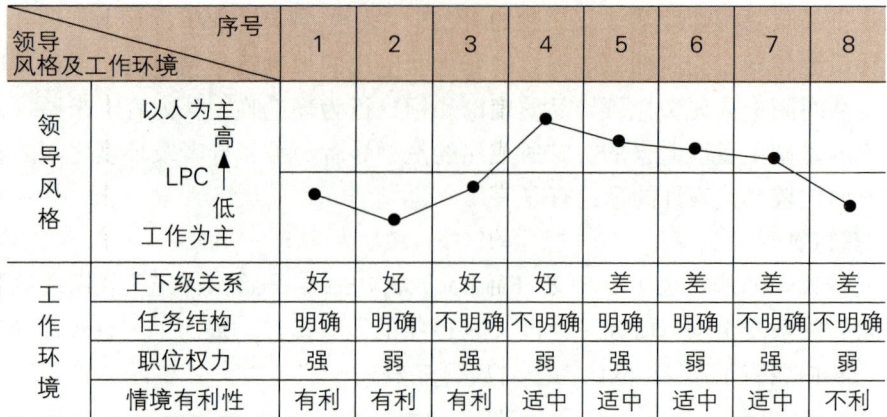

图11-9　费特勒模型

2. 不成熟—成熟理论[①]

不成熟—成熟理论是由美国学者**克里斯·阿吉里斯（Chris Argyris）**提出的，其目的在于探索领导方式对个人行为和下属在环境中成长的影响。阿吉里斯认为，一个人由不成熟转变为成熟，主要表现在以下七个方面：

- 由被动转为主动；
- 由依赖转为独立；
- 由少量的行为转为多种行为；
- 由错误而浅薄的兴趣转为较深和较强的兴趣；
- 由只知眼前到能总结过去、展望未来；
- 由附属地位转为同等或优越的地位；
- 由不明白自我到能明白自我、控制自我。

阿吉里斯认为，每个人随着年龄的增长，会逐步从不成熟走向成熟，但成熟的进程不尽相同。**领导方式是否得当对人的成熟进程有很大影响。**如果总是指定下属从事具体的、过分简单或重复性的劳动，使其无法发挥也不必发挥创造性、主动性，就会束缚下属对环境的控制能力，从而阻碍下属的成熟进程；反之，如能针对下属不同的成熟程度采取不同的领导方式，对不成熟的人适当指点，促其成熟，对较成熟的人创造条件，增加其责任，给予更多的机会，则能激励其更快地成熟。

思考题　若把不成熟的人当作成熟的人来对待，会出现什么问题？

3. 应变领导模式理论[①]

由**保罗·何塞（Paul Hersey）**和**肯尼斯·布兰查德（Kenneth Blanchard）**提出的应变领导模式理论把注意力放在对下属的研究上，认为**成功的领导者要根据下属的成熟程度选择合适的领导方式。**

在领导有效性研究中注重下属，反映了下属决定接受或拒绝领导者这一事实。不

---

① 克里斯·阿吉里斯. 个性与组织［M］. 郭旭力，鲜红霞，译. 北京：中国人民大学出版社，2007.

① P. Hersey, K. H. Blanchard. Management of Organizational Behavior: Utilizing Human Resources［M］. 5th Edition. Englewood Cliffs, NJ: Prentice-Hall, 1988.

管领导者做什么，有效性取决于下属的行为，但在很多领导理论中都没有注意到这一因素的重要性。

何塞和布兰查德认为，所谓**成熟度**，是指人们对自己的行为承担责任的能力和愿望的大小。它取决于两个方面：任务成熟度和心理成熟度。**任务成熟度**是相对于一个人的知识和技能而言的，若一个人具有无须别人的指点就能完成其工作的知识、能力和经验，那么他的工作成熟度就是高的；反之则低。**心理成熟度**则与做事的愿望或动机有关，如果一个人能自觉地去做，而无须外部的激励，就认为他有较高的心理成熟度；反之则低。

应变领导模式理论是建立在管理方格图理论和不成熟—成熟理论基础之上的。如图11-10所示，他们也画出一个方格图，横坐标为任务行为，纵坐标为关系行为，在下方再加上一个成熟度坐标，从而把原来由布莱克和莫顿提出的由以人为主和以工作为主构成的两维领导理论，发展成由关系行为、任务行为和成熟度组成的三维领导理论。在这里，**任务行为**是指领导者和下属为完成任务而形成的交往形式，**关系行为**是指领导者给下属以帮助和支持的程度。由这两者，何塞和布兰查德提出了四种领导方式：命令式、说服式、参与式和授权式。

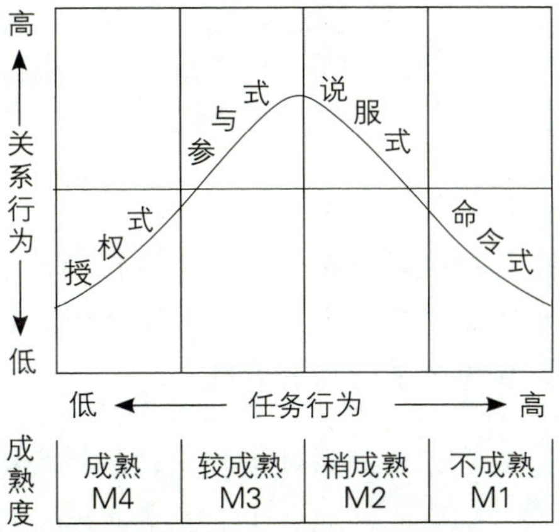

图11-10 应变领导模式理论

- **命令式**（高工作—低关系）：领导者对下属进行分工并具体指点下属应当干什么、如何干、何时干等，它强调直接指挥；

- **说服式**（高工作—高关系）：领导者既给下属以一定的指导，又注意保护和鼓励下属的积极性；

- **参与式**（低工作—高关系）：领导者与下属共同参与决策，领导者着重给下属以支持及其内部的协调沟通；

- **授权式**（低工作—低关系）：领导者几乎不加指点，由下属自己独立地开展工作、完成任务。

同时，何塞和布兰查德把成熟度分成四个等级，即不成熟、稍成熟、较成熟、成熟，分别用M1、M2、M3、M4来表示。

M1：下属缺乏接受和承担任务的能力和愿望，既不能胜任又缺乏自觉。

M2：下属愿意承担任务但缺乏足够能力，有积极性但没有完成任务所需的技能。

M3：下属具有完成领导者所交给任务的能力，但没有足够的积极性。

M4：下属能够而且愿意去做领导者要他们做的事。

根据下属的成熟度和组织所处的环境，何塞和布兰查德提出了应变领导模式理论，认为**随着下属从不成熟走向成熟，领导者不仅要减少对活动的控制，而且也要减少对下属的帮助**。当下属成熟度为M1时，领导者要给予明确而细致的指导和严格的控制，采用命令式领导方式；当下属成熟度为M2时，领导者既要保护下属的积极性，交给其一定的任务，又要及时加以具体的指点以帮助其较好地完成任务；当下属成熟度处于M3时，领导者主要是解决其动机问题，可通过及时的肯定和表扬以及一定的帮助和鼓励树立下属的信心，因此以采用低工作—高关系的参与式为佳；当下属成熟度为M4时，由于下属既有能力又有积极性，因此领导者可采用授权式，只给下属明确目标和工作要求，由下属自我控制和完成。

小卡片　**因人而异的领导方法**

下级类型	下级成熟度	领导方式
既不愿做又不会做	不成熟	命令式（高工作—低关系）
愿做但不会做	稍成熟	说服式（高工作—高关系）
会做但不愿做	较成熟	参与式（低工作—高关系）
会做又愿意做	成熟	授权式（低工作—低关系）

应变领导模式理论告诉我们，**领导的有效性在于把组织内的工作行为、关系行为和下属的成熟程度结合起来考虑，**随着被领导者从不成熟走向成熟，领导行为也要随之调整才能保持有效性。

？思考题　在实际工作中，怎样才能保持领导行为和下属成熟度间的匹配？

4. 途径—目标理论[①]

加拿大多伦多大学教授**罗伯特·豪斯**（R. J. House）把激发动机的期望理论和领导行为理论结合起来，提出了途径—目标理论。该理论认为，领导者可以而且应该根据不同的环境因素来调整自己的领导方式和作风。领导方式是由环境因素决定的，环境因素包括两个方面：一是下属的特点，包括下属受教育的程度，下属对于参与管理、承担责任的态度，对本身独立自主性的要求程度等，领导者对于改变下属的特点一般是无能为力的，但可通过改变工作环境来充分发挥下属的特长；二是工作环境特点，主要是指工作本身的性质、组织性质等。

途径—目标理论认为，对于一个领导者来说，没有什么固定不变的领导方式，要根据不同的环境选用适当的领导方式。领导方式可分为四种：

● **指令型领导方式**。给下属明确任务目标，明确职责，严密监督，通过奖惩控制下属的行为。当工作任务模糊不清、变化大或下属对工作不熟悉，没有把握，感到无所适从时，这种方式是合适的。

● **支持型领导方式**。对下属友好，平等对待，关心下属的生活福利。这种领导方式特别适用于工作高度程序化，让人感到枯燥乏味的情境。既然工作本身缺乏吸引力，下属就希望上司能成为满意的源泉。

● **参与型领导方式**。鼓励下属参与任务目标决策和解决具体问题。当任务相当复杂需要组织成员间高度的相互协作时，或当下属拥有完成任务的足够能力并希望得到尊重和自我控制时，采用这种方式是合适的。

● **目标导向型领导方式**。这是参与型领导方式的一种特殊类型，它主要强调目标设置的重要性，领导者通过为下属设置富有挑战性的目标和鼓励下属完成这些任务来

---

① R. J. House. A Path-Goal Theory of Leader Effectiveness[J]. Administrative Science Quarterly, 1971 (16).

管理下属。只要下属能完成目标，他们就有权自主决定怎么做。

？思考题　途径—目标理论与应变领导模式理论有何异同？

途径—目标理论强调领导的有效性取决于领导行为、下属、任务之间的协调配合，如表11–6所示。其基本观点是：**领导者的职责在于帮助其下属实现个人目标并确保这些个人目标与组织目标或群体目标相一致。**所谓**途径—目标**，是指有效的领导者要支持组织成员为实现组织目标所做的种种努力，为其完成任务提供各种必要的条件。

表11–6　领导方式和环境

领导方式	领导行为	环　境
指令型	确定群体任务目标 明确各自职责 严格管理员工 用正式的权力管理	群体的任务是非程序化的 员工期望得到指点
支持型	友好、平易近人 明白下属的兴趣 用奖励支持下属	任务缺乏刺激性 员工希望得到领导的支持和鼓励
参与型	让下属参与决策 分担职责 鼓励协调一致 用非正式权力领导	任务复杂、需要团体协调 员工希望参与 员工有工作所需技能
目标导向型	鼓励下属设置高目标 让下属充分发挥创造性 实行目标管理	员工希望自我控制 员工能自我激励 员工有所需工作技能

●**复习题**

1．影响个体行为的因素有哪些？它们是如何影响个体行为的？

2．群体行为有何特征？群体内的个体行为与单纯的个体行为有何不同？

3．管理和领导有何不同？领导者的职责是什么？领导者实施领导的基础是什么？

4．威信是在什么基础上形成的？主要的影响因素有哪些？

5．领导理论包括哪几方面内容？它们之间有什么区别？

6．勒温理论的基本观点是什么？

7．费特勒模型的主要内容是什么？

8．怎样根据下属的成熟度，选择合适的领导方式？

要点参考 ◉

●**讨论题**

开发和提高领导能力的途径与方法

根据本章所述的领导有效性理论，我们应该怎么做，才能开发和提高个体的领导能力？请列举可能的行动或措施，并说明理由。

● 案例分析

领导方式的确定

根据调令，李文被公司任命为销售服务总监，分管为销售一线提供后台服务的四个部门。李文上任时，听到不少人反映其中的广告制作部、仓储物流部劳动纪律差，工作效率低。虽然经过多次批评教育，成效不大。为了做好领导工作，李文对这两个部门进行了调查分析，情况如下：

● 文化水平及素质。广告制作部的员工全是大专以上文化程度，平时工作认真，有较强的创新意识和成就动机，有任务时经常加班加点，但平时比较散漫；仓储物流部的员工文化程度普遍较低，由于工作环境分散，工作单调，员工积极性不高。

● 工作性质。广告制作是创造性工作，工作具有独立性，好坏的伸缩性较大，难以定量考核工作量；仓储物流是程序化工作，内容固定且必须严格按规章制度执行，工作量可以定量考核。

● 工作时间。广告制作工作有较强的连续性，同时有时间要求，有时完成一项广告制作光靠上班8小时是不够的；而仓储物流8小时内的工作是关键，要求上下班准时、工作时间不能脱岗，否则会影响正常的货物收发，有时还会直接影响到车间的正常生产。

请问：

根据以上情况，你认为李文对这两个部门应如何实施有效领导？

■ 推荐书目

1．[美]雷莫·W. 纽尔密，约翰·R. 达林著，周林生译：《国际管理与领导》，机械工业出版社2000年版。雷莫·W. 纽尔密博士是芬兰土尔库经济与管理学院企业管理学教授，发表过许多有关管理、领导、组织和跨文化问题方面的文章。全书共七章，从管理到领导不断上移的层次上纵览管理问题，如管理的形成、发展和未来变化；从管理与领导的区别这一角度切入，逐步铺开管理理论。其中有关于管理与领导的精辟叙述。

2．[美]沃伦·本尼斯、伯特·纳努斯著，方海萍译，《领导者》（第三版），中国人民大学出版社2008年版。本尼斯是组织发展理论的先驱，他使领导学成为一门学科，为领导学建立了学术规则。该书是其成名之作，能让你真正获悉领导者是怎样的人。

3．[美]汉斯·芬泽尔著，栗原译：《领导者的十大缺陷》，中国青年出版社1999年版。该书向我们展示了一些领导者身上常见的不良习惯，并就如何克服这些坏习惯，建立一种更为有效的领导风格，提出了一些行之有效的方法。对于各组织的领导者而言，这是一本发人深省的好书。

第十二章　沟通方法

学习要求

清楚有效沟通的条件，理解沟通在管理中的重要性；了解信息沟通的基本方式；知道自我沟通的目的和方法；清楚个体行为对沟通的影响，知道人际沟通中的主要障碍，掌握改善人际沟通的方法；了解组织沟通的类型和形式，知道构成组织信息网络的五种基本结构；清楚组织沟通中所特有的障碍及其对沟通的影响。

没有信息交流，就不可能有领导行为。领导者指导、协调和激励职责的履行都是建立在与他人良好沟通基础之上的。即使在日常工作和生活中，我们每一个人也都要花很多的时间在与他人沟通上：打电话、发短信、发邮件，参加会议、找人谈话、与人协商、和人谈判等。从某种意义上来说，组织就是由沟通所构成的。**没有沟通，组织就无法形成，也无法协作和持续发展；没有沟通，个人就无法融入社会。**

沟通是指信息从发送者到接收者的传递过程。沟通在管理的各个方面得到了广泛的运用。良好的沟通就是思想和信息的交换，它使双方得以相互了解和信任；通过信息传递，可以把组织抽象的目标和计划，转化成能够激发员工行动的语言，使员工明白应该做什么和怎么做才有利于组织目标与个人目标的实现；通过沟通，可以使一个组织紧密团结，朝着共同的目标前进。**沟通是管理者开展各项工作所必须掌握的基本技能之一。**在本章中，将着重讨论以下内容：

- 沟通的条件与方式。
- 自我沟通及其方法。
- 人际沟通的主要障碍和改善方法。
- 组织沟通的形式和主要障碍。

第一节　沟通的条件与方式

一、沟通在管理中的重要性

管理者每天的工作都离不开沟通。人际间的相互交往，与上司、下属和周围的人之间的协调，决策、计划、组织、领导和控制的开展都离不开信息的沟通。尽管将沟通作为研究的主题是20世纪90年代以来的事，但并不是说前人就不了解沟通的重要性，而是由于"人人都知道它的重要性"，所以不特别提出而已。沟通在组织管理中的重要性主要体现在三个方面。

- 沟通把组织与外部环境联系起来，从而使组织得以与时俱进。如企业管理者通过信息交流了解客户的需要、供应商的供应能力、股东的要求、政府的法规条例及社会团体关心的事项等。**一个组织只有通过信息沟通才能成为一个与其外部环境发生相互作用的开放系统。**外部环境始终处于变化之中，这就要求组织与外界保持持久的沟通，以把握变化所带来的机会，避免变化可能产生的风险。

- 对组织内部来说，**沟通是使组织成员团结一致、共同努力来达成组织目标的重要手段。**组织是由众多人组成，只有通过沟通，才能形成共同目标，才能把抽象的组织目标转变成为组织中每一个成员的具体行动。同时，一个组织中每天的活动都由许多具体的工作构成，没有良好的沟通，群体的协作就无法进行，既不可能实现相互协调配合，也不可能做出必要而及时的调整响应。

- **沟通也是领导者履行领导职责的基本方式。**一个领导者不管他有多高的领导艺术，有多高的威信，都必须通过沟通将自己的意图和要求告诉下属，通过沟通了解下属的想法，从而进行有效的指导、协调和激励。

人们进行沟通的目的是取得他人的理解和支持。在组织管理中，通过有效的沟通，可以使组织内部分工合作更为协调一致，保证整个组织体系的统一指挥、统一行动，实现高效率的管理；也可从使组织更好地适应外部环境，增强应变能力，保证组织的生存和发展。因此，沟通是管理者开展工作的重要手段，良好的沟通是组织内外部协调一致的重要基础，是组织贯彻、落实、完成其目标的必要条件。

？思考题 若一名管理者不善于沟通，会发生什么情况？

二、沟通的条件

沟通必须具备一定的条件。假设有一条船在海上遇难，留下三位幸存者。这三位幸存者分别游到三个相隔很远的孤岛上。第一个人没有手机，他只有高声呼救，但在他周围一千米以内都没有人；第二个人有手机但已受潮，他的家人虽接到了他的电话，却无法听清他的声音，发短信时又发现已无法使用手机；第三个人有一部完好的手机，所处的地方也有手机信号，他通过手机向外报告自己受难的情况和所处的方位，救援飞机收到其他部门转过来的呼救信号后迅速前往救他。

在上述事例中，虽然三个人都在呼救，都在向外联系，但由于各自联络的条件不同，效果截然不同。上面三个人中，第一个人未能联络上接收者，第二个人虽进行了联络，但发出的信息不清，对方无法辨认，只有第三个人实现了沟通。由此可以看出，**要进行沟通，就必须具备三个基本条件：**有信息发送者和信息接收者；有信息内容；有能够传递信息的渠道或方法。

而要通过沟通取得他人的理解与支持，则还要求满足以下条件：

- 发送者发出的信息应完整、准确；
- 接收者能接收到完整信息并能够正确理解这一信息；
- 接收者愿意以恰当的形式按传递过来的信息采取行动。

？思考题 那么信息是通过怎样的方式从发送者传递到接收者的呢？

三、沟通的模式

一般来说，一个完整的信息沟通过程如图12-1所示，其基本步骤如下所述。

步骤1：信息发送者明确要进行沟通的信息内容。信息发送者发出信息是出于某种原因希望接收者了解某些事，因此首先要明确所要传递的信息内容。

步骤2：信息发送者把信息转换成一种双方都能够理解的符号，如语言、文字、手势等。要发送的信息只有转换成可理解的符号，才能使信息通过传递媒介得以传递。

步骤3：通过某种方式，如口头交谈、书面文件、身体语言等，将信息符号发送给接收者。在相互沟通中，信息的发送是以语言、文字为主要形式来展开的，存在着文件、会议、电子媒体、面谈等多种具体形式。

步骤4：接收者根据这些信息符号发送的方式，选择相对应的接收方式接收这些信息符号。例如，这些信息符号是通过口头发送的，接收者则要通过倾听来接收这些信息符号，否则信息就会丢失。

步骤5：接收者将这些符号转换成具有特定含义的信息，了解和研究所收到的信息内容与含义。这个翻译过程直接关系到接收者能否正确理解信息，搞得不好，信息就会被误解。

步骤6：接收者把所收到的或所理解的信息再反馈到发送者那里，供发送者核查。对同一个信息，不同的人会有不同的看法。为了查核和纠正可能发生的某些偏差，就要借助于反馈。

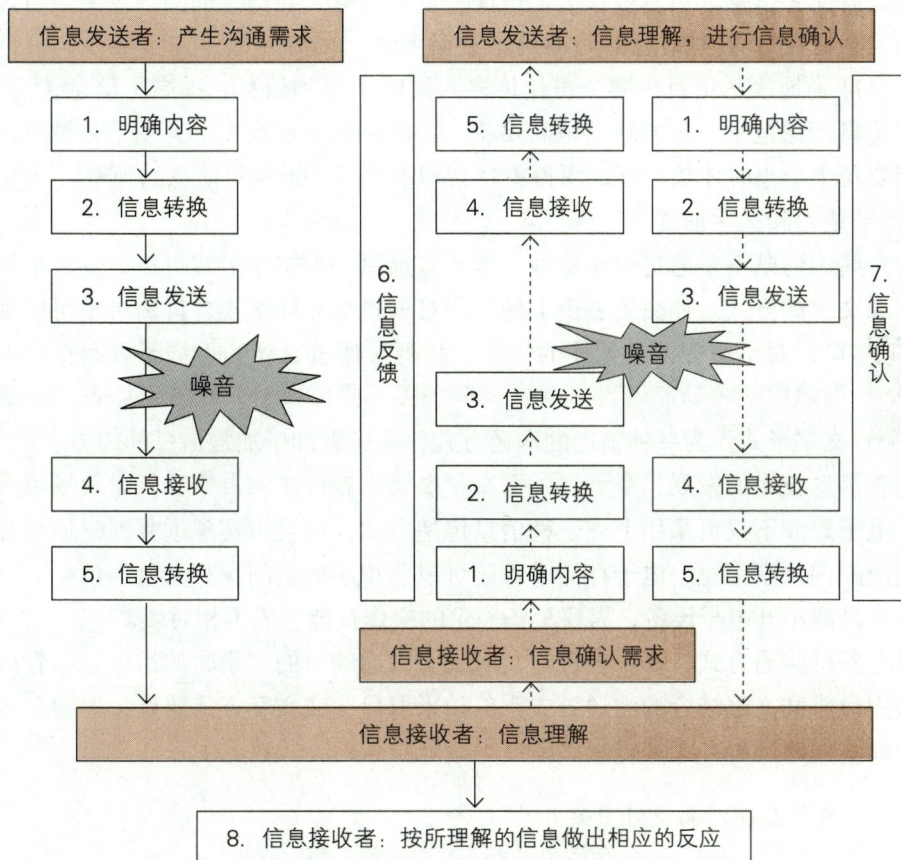

图12-1　沟通基本步骤

步骤7：发送者根据反馈回来的信息再发出信息，肯定原有的信息传递，或指出已发生的某些偏差并加以纠正。

步骤8：接收者按所接收到的信息采取行动，或做出自己的反应。信息传递的目的是发送者要看到接收者采取发送者所希望的正确行动，如果这个目的达不到，则说明信息不灵，沟通发生了问题。

步骤6和步骤7有时并不发生，有时可能会反复多次。

？思考题　在以上信息沟通过程中，有步骤6和步骤7与没有这两步有何区别？

四、沟通的方式

在沟通过程中，信息传递可以通过多种方式进行，其中最常见的有口头交谈、书面文书、非语言和文字形式等。

1. 口头交谈

人们最经常采用的信息传递方式就是口头交谈，包括视频开会、面谈、电话、讨论等形式。它的优点是用途广泛、交流迅速，有什么问题可直接得到反馈；缺点是事后无据，容易忘记，当一个信息要经过多人传递时，由于每一个人可能根据自己的理解传递信息，到最后，信息会发生歪曲。

2. 书面文书

以书面或电子邮件或手机短信等**文字形式沟通信息往往显得比较正规和严肃。**它的优点是有文字依据，信息可长久地被保存；若有有关此信息的问题发生，可以进行检查核实，这对于重要信息的沟通是十分必要的。另外，通过文字准备，可斟字酌句，以更准确地表达信息内容；可使许多人同时了解到信息，提高了信息传递速度，扩大了信息传递范围。它的缺点是需要花一定的时间来形成文字，用十分钟可讲完的事可能要花半个小时才能写好；写得不好会词不达意，影响对信息的理解。

3. 非语言和文字形式

有一些沟通既不是通过口头交谈，也不是通过书面文字形式进行，它们采取的是非语言和文字的方式。如交通要道上的红绿灯通过灯光的变换告诉你可不可以通过道口；对不遵守课堂纪律的学生，教师常通过目光和手势予以制止。**人们在沟通中常用的非语言文字形式有手势、面部表情和身体姿势等。**非语言和文字形式作为一种辅助的沟通方式，非常有助于加强信息的传递。

行动指南：身体 语言解读

随着信息技术的发展，**电子媒介在当今世界信息传递过程中充当着越来越重要的角色。**电子媒介不仅可采用上述三种信息传递方式，而且可实现远程即时通信和同时在很大范围内共享信息，电子存储设备还可以用很小的空间保存大量的信息。电子媒体的缺点是离不开电子设备，需要具备一定的操作技能，成本相对较高。

以上各种沟通方式，哪一种最好，取决于沟通的目的和当时的情境。尽管研究表明，采用口头和文字结合的沟通方式比单独采取口头或文字方式要好，但通常人们还是认为面对面的交流方式更好。

？思考题　为什么面对面交流更好？

第二节　自我沟通

根据信息接收者和信息发送者的不同，沟通在总体上可分为三个层面：**自我沟通**、人际沟通和组织沟通。**自我沟通**即信息发送者和信息接收者为同一个行为主体，自行发出、自行传递、自我接收和理解信息。**人际沟通**是指在两个或两个以上的人之间进行的信息传递过程。**组织沟通**则是指在不同的组织之间或组织内部各单元之间进行的信息传递，其信息的接收者和发送者是不同的组织单元。

一、自我沟通的目的

在所有沟通中，自我沟通是基础。**人们进行自我沟通的目的是认识"自我"。**

每个人都有多个自我。作为一个具体的人，有高、矮、胖、瘦等不同体形，这是物理的自我；作为有感情的人，有喜、怒、哀、乐，以及与此相对应的生理变化，如心跳加速、肌肉紧张等，这是情感的自我；作为有行为特征的人，不同的人会有一些不同的、会反复出现的行为习惯，如敲手、咬嘴唇等，这是个性的自我。这三种自我都比较容易了解清楚，不容易了解清楚的是更重要的第四种自我，即每个人作为社会人的自我。

？思考题　可分别通过什么方法获得对前述三种自我的正确认识？

作为社会人，每个人都会有其面对社会时公开的一面，也有其独处时私下的一面。根据每个人对自我的了解程度和愿意向社会公开自我的程度，可分成四种类型：第一种人不仅了解自己，也愿意向社会公开自己，表里如一，为人比较坦诚；第二种人了解自己，但不愿意向社会公开自己，他对很多事心里明白但绝不喜怒于色，在众人面前表现得比较"深沉"；第三种人虽然对他人似乎很了解，分析起来头头是道，但对自己却不甚了解，"知人不知己"；第四种人不仅不了解自己也不了解别人，却"自以为是"，自我感觉很好。

？思考题　以上这四种人在与人沟通时会出现怎样的情况？

上述分类的意义在于让我们明白：**只有增强对自我的了解，才能改进与他人的沟通状况。**一个人越是能够进入到第一种类型，就越能与他人进行有效的沟通。

人是很难认识的，要真正了解自我更是不容易。很多时候我们自认为的"自我"，只是我们的主观认识而已，这种认识准确与否，必须通过自我沟通来检验。

二、自我沟通的方法

在自我沟通过程中，人们通过实践发出信息，通过反思接收信息，通过不断的实践和反思，验证自己的价值观、兴趣爱好和能力结构。

1. 通过实践发出信息

想要知道自己"注重什么、反对什么""喜欢什么、不喜欢什么""能够做什么，不能够做什么"，光靠思考和分析是得不出真实的结论的，只有通过实践，获得真实的感受，再通过反思，才有可能获得对自我的准确认识。

例如，当我们要判断自己是否喜欢某一个人时，从主观上分析，我们可能认为自己非常喜欢这个人，甚至认为自己愿意为他做任何事。但当我们真的有机会与该人共处，并为其效力时，却可能发现自己并不兴奋，甚至不太愿意与其共事。当然，我们也有可能发现自己真的很高兴与其相处，也真的愿意为其做各种事。不管出现哪一种情况，都表明我们只有通过实践才能了解"真我"，真正确认我们对自我的假设是否成立。

2. 通过反思接收信息

光有思考没有实践的认识是主观臆断，光有行动没有反思的实践是碌碌无为。只有对通过实践获得的信息反馈进行反思，才能获得对真实自我的进一步认识。

为了收集通过实践获得的信息，可采用独自反省自己的实践经历、运用自我评估问卷进行系统反思和恳求他人对你的行为提出反馈意见等方法。

● **独自反省。**独处意味着远离人群、远离人间的喧闹，在放松自我的过程中，对自己过去一段时间内的所作所为以及自己做事前后的感受进行反思，从而了解自己的真实价值观、自己喜欢的事和物、自己擅长做的事。

？思考题 闭上眼睛，想一想，若你现在就遭遇不幸，你最遗憾的是什么？平时你注重这些方面吗？

● **运用自我评估问卷。**我们也可以通过完成自我评估问卷对自己过去的实践做系统的总结，从中了解自己的个性、能力和思维模式等。由于大多数的自我评估问卷是由专业人士设计并经过统计检验的，因此具有一定的系统性和科学性。由于问卷大多数都是选择性题型，因此简单易行。但由于每一个人在回答问卷时都难免受到主观因素的影响，并且个体之间存在差异，因此，自我评估问卷的分析结果往往只能作为参考，其准确性还需通过其他两种方法检验。

扩展阅读：德鲁克谈自我管理

● **征询他人的反馈意见。**为了真正了解自我，恳求他人对你的行为提出反馈意见是极为重要的。无论我们是否已进行独自反省或自我评估，为了获得真实的自我，我们还需要了解别人对我们的感觉。通过征询与自己来往较多、关系较好的人的意见，可进一步验证自己对自我认识的准确性。

自我沟通从某种意义上而言是每个人的本能，只不过不同的人在自我沟通技能上存在差别。自我沟通能力较强的人在日常生活中，无论是遇到生活上的挫折，还是工作中的困惑，都会通过自我沟通，说服自己接受现实，或者通过自己的努力去改变现实，从而使自己从不安、忧虑或困惑中解脱出来。

第三节　人际沟通

人际沟通是指两个或两个以上的人之间的信息沟通。**管理者在一个组织中充当着各种不同的角色，而这些角色都要求管理者掌握人际沟通的技能。**例如，作为下级，管理者要向其上司汇报情况、接受指示；作为上级，管理者要了解下属的工作情况并适时地提供其所需要的支持；作为领导，管理者要了解群众的疾苦，激励员工努力工作；作为一个组织或部门的主管，管理者要了解外界的情况，并沟通组织与外界的联系；作为同事，管理者要协调好与其他管理人员之间的关系；等等。

为了提高人际沟通技能，管理人员有必要深入地了解和研究影响人际沟通的各种障碍，从而探索和掌握克服各种障碍的有效沟通方法。

一、人际沟通中的主要障碍

？思考题 你认为在日常生活中与一些人关系搞不好的主要原因是什么？

在沟通过程中，由于受环境、发送者和接收者的沟通水平、发送者和接收者之间存在的客观差异等因素的影响，沟通中信息的失真、误解等现象是会经常出现的。根据对信息沟通模式和人们日常沟通行为的分析，人际沟通中的障碍主要来自于以下几个方面。

1. 语言问题

语言不通是人们相互之间难以沟通的原因之一。当双方都听不懂对方的语言时，尽管也可以通过手势或其他动作来表达信息，但其效果将大为削弱。即使语言一样，也会因一词多义而产生误解。

2. 理解问题

语义曲解是另一个问题。由于一个人的知觉过程受多种因素的影响，常使得人们对同一事物有不同的理解。例如，当上司信任你，分配你去从事一项富有挑战性的新工作时，你可能会误解为上司对你原有的工作业绩不满意而重新给你分配工作。我们常常认为别人也会像我们一样来理解这个世界，一旦对方的理解与自己不一样，我们就奇怪怎么会这样。事实上，当人们面对某一信息时，是按照自己的价值观、兴趣、爱好来选择、组织和理解这一信息的含义的，一旦理解不一致，信息沟通就会受阻。特别是在国际环境中，由于各国的文化不同，沟通更容易因理解不一而受阻。

3. 信息含糊或混乱

信息含糊主要是指信息发送者没有准确地表达清楚所要传递的信息，以至于接收者难以正确理解。这可能与发送者的表达能力有关，也可能是由于受时间等的限制而未能很好地表达清楚。在这种情况下，接收者不是不知所措，就是按自己的理解行事，以至于发生与信息发送者原意可能大相径庭的后果。**信息混乱**则是指对同一事物有多种不同的信息。如令出多门，多个信息源发出的信息相互矛盾；朝令夕改，一会儿说这样，一会儿又说那样；言行不一，再三强调必须严格执行的制度，实际上却没有执行，或信息发送者自己首先就没有执行。所有这些，都会使信息接收者不知所措、无所适从。

4. 环境干扰

环境干扰是导致人际沟通受阻的重要原因之一。嘈杂的环境会使信息接收者难以全面、准确地接收（听清或记住）信息发送者所发出的信息。诸如交谈时相互之间的距离、所处的场合、当时的情绪、电话等传送媒介的质量等都会对信息的传递产生影响。环境的干扰往往造成信息在传递途中的损失或遗漏，甚至歪曲变形，从而造成错误的或不完整的信息传递或理解。

5. 抵触情绪

当个体面临所接收到的信息与其观念相冲突时，就有可能表现出抵触情绪。抵触是人们为了避免认可他人的能力而降低自尊所做出的下意识调整。每个人都有一个对自我的设想，一旦出现与其设想不一致的情况，他就可能会努力通过抵触来维护自尊或减轻焦虑。例如，当某人因业绩差而受到指责时，他的第一反应常常是否认自己的业绩差。通过否认自己的错误，人们可以避免对自己能力的质疑。抵触情绪会使人歪曲事实或不肯正视事实，从而影响沟通的效果。

其他还有很多影响信息有效沟通的因素，如成见、聆听的习惯、气氛等也会影响人际沟通效果。但从总体上而言，我们发现：**谁与谁在怎样的情况下以怎样的方式就什么问题进行沟通，决定了最终的沟通效果。**由于沟通的环境氛围的营造、沟通方式的选择、沟通主题的确定都与沟通主体是谁有关，因此，**影响沟通效果的最终因素是沟通行为主体的个体行为。**

二、个体行为对沟通的影响

既然沟通效果与所进行沟通的人的思维能力、情感、个性、态度等密切相关，那么，为了提高沟通的效果，就必须了解个体行为对沟通的影响。

从沟通过程分析，个体行为对沟通的影响主要表现在以下几个方面。

1. 个人倾向——态度：决定沟通行为

上一章我们曾经提到，**态度**是与目标、人或事相联系的评价性陈述。每个人都有由其价值观、信念、立场和偏好等构成的对某一特定事物的某种特定倾向。这种倾向会影响一个人对他所接触到的人或事物所采取的态度，从而影响他与其他人之间的沟通行为。

研究表明，人们总是倾向于消除态度与行为之间的不一致。一般而言，人们对于感兴趣的东西会比较关注，喜闻乐讲；而对不喜欢或厌恶的事物会加以反对或采取疏远的行为，沉默寡言，"听而不闻，视而不见"。

思考题 我们能否根据两个人之间的交往行为来判断他们之间人际关系的亲疏？

扩展阅读：男性与女性的沟通方式差异

2. 个人品性——个性：决定沟通方式

一个人的个性会影响其习惯采用的沟通方式。例如，权力欲或支配欲比较强的人在与人沟通的过程中所考虑的重点往往是如何制服对方，如何通过各种沟通渠道，施展各种技巧去控制与支配对方；自我感觉比较好的人常常刚愎自用，无视客观事实，听不进别人的意见；比较刻板的人则常常不允许哪怕是很小程度的含糊不清，不能容忍在沟通中出现诸如"大概""可能"之类使人感到模糊的状况，对每件事都要求有精确的表述；自尊心强的人有时会为了维护自尊而采取"顺我者昌，逆我者亡"的沟通方式。再如，外向的人在沟通过程中一般有话直说，喜怒于色；内向的人则大多听得细心、说得谨慎。

思考题 与脾气比较急躁的下属打交道时，应注意些什么？

3. 自卫机制——情绪：影响信息接收

一个人接收信息开始于其受到外界的刺激。外界的刺激分为两种：一种是**显性刺激**，它会使人明显地感受到某种信息的刺激；另一种是**隐性刺激**，它只是使人感受到，但不一定意识到已受到某种信息的刺激。例如，有些事听人讲过，当时并没有意识到什么，直到后来才醒悟过来，这种信息刺激，在当时来说就是隐性的。当一个人受到了外界刺激时，可认为信息到达了接收者这里，但这并不等于说这个人已完全接受了外界刺激所带来的全部信息。接收者还要经过一个有选择的知觉过程，**个体所接收的只是他认为比较重要的那一部分信息**。例如，一个十分关注投资额的管理人员，他在审查项目书时，可能只注重报告中有关预算的部分，而对其他一些他认为无关的部分则一扫而过。

如图12-2所示，当个体接收了外界刺激所带来的信息后，他将从三方面同时展开分析过程：一个是逻辑判断过程，通过对信息的记忆存贮、分类检索、归纳合并、联想分析等逻辑思维过程进行信息处理，判断其是否有道理；一个是情感分析过程，通过逻辑思维所认识到的事物，在情感上不一定能予以接受，在这个过程中起主要作用的是信念、价值观、态度和偏好等；还有一个是生理反应过程，大脑的活动、血压、体温、心速等生理因素会由于外界的刺激而改变，从而影响感觉和行动。在综合以上三方面结果的基础上，信息接收者才会对所接收到的外界信息做出相应的反应。

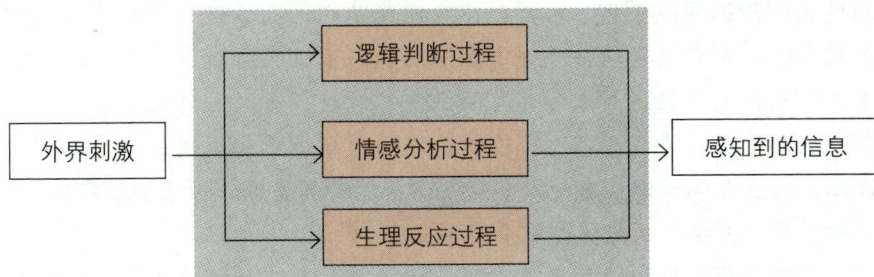

图 12-2　信息接收过程

?思考题　人的这种信息接收过程对人际沟通有何影响？

在信息分析过程中，**当人的内心情感和外在的客观事实发生矛盾时，就会产生对结论的困惑**。当这种困惑严重到相当程度时，人的自卫机制就会发生作用：对于证明是错误的或不合适的，且内心无法接受的事物，竭力寻找出一些理由做出"合理化"的解释；或坚持己见，用发牢骚等方式拒绝接收信息；或被迫接收那些自己不愿意接收的信息，带着情绪，故意偏激地来执行指令；或竭力控制自己的不满和"无法接受的心态"。这些行为都会使人对外界的信息接收大打折扣，从而影响沟通的效果。

4. 理解能力——知觉：影响沟通效果

知觉是指个体为了表明他对周围环境的认识而组织和表达其感觉、印象的过程。理解能力则表现为个人认识周围客观事物的能力。同样的事物，不同的人有不同的看法，表明了不同的人的知觉过程和理解能力是不同的。影响一个人知觉结果的因素既包括其个性，也包括被观察目标的特征和感知时所处的环境及感知的方式。在信息沟通过程中，接收者的个性、发送者的行为、信息传递的方式、信息传递时所处的环境都会影响接收者对信息的理解，而理解能力又在很大程度上影响着接收者接收信息后所采取的行为。**对同一信息，由于理解力的不同，会产生不同的理解，从而产生不同的行为**。例如，当高层管理者强调"要千方百计地提高经济效益"时，部分管理人员理解为"要千方百计地多赚钱"，因而在生产过程中以次充好、偷工减料，这就是理解上的不一所导致的偏差。

【实例】

人际沟通在中国

人际关系不良是人们当今最大的心理困扰，不少自杀、他杀就是因为人际冲突。中国是一个非常注重人际关系的国家，人与人之间存在着较强的人际依赖和人际制约，而这种强烈的人际依附性决定了人际摩擦的高频出现率。同时，中国人在人际交往中的心理困扰也受中国人特有的情感表达方式、思维方式和个性的影响，其中包括：

● **情感表达的含蓄性**。中国社会文化习俗促使个体形成了比较内向的性格特征，并因而决定了情感表达方式的含蓄性。由于很难将感情和情绪直率地表现出来，所以不仅加大了人际间理解的难度，同时也加大了误解的可能性。

● **思维方式的求全性**。中国人追求完美的思维方式主要体现在道德观和人性审美上既苛求他人也苛求自己，这种缺乏宽容精神的求全思维加深了人际间的隔阂，从而加大了人际间的摩擦系数。

● **对他人评价的极端关注**。人际敏感可以说是中国人普遍具有的性格特征，其根源是个体对自我的判断总是取决于他人对自己的态度，而自我感觉的良好与否，则主要依赖于人际交往的结果。对人际关系的注重、对获得他人好感的追求，使中国人普遍存在着对来自他人指责的恐惧。如有的人在公众场合唯恐说错话、做错事，结果言行过度谨慎，举止极端退缩；有的人在别人面前总要刻意修饰，生怕暴露自身的缺点；有的人面对父母、上级、长辈就会深感不自在。

● **对他人的过度怀疑**。多疑也是中国人比较普遍具有的性格特征，社会上广泛流行的许多俗语反映了这一现象的存在，如"人心难测""人心隔肚皮""知人知面不知心""听话听声，锣鼓听音"，而最能代表这种猜疑心态的俗语则是"害人之心不可有，防人之心不可无"，即要防止自己在人际交往中因轻信他人而上当受骗。这种自我保护式的过度防御心态无疑会加大人际交往的难度。

思考题 中国人人际交往中的这些障碍形成的主要原因是什么？

三、改善人际沟通的方法

由上可见，人际沟通效果取决于沟通行为主体的个体行为，**要提高人际沟通效果，就必须提高沟通行为主体的沟通水平**。

根据有效沟通的条件和沟通行为主体对沟通的影响，作为信息发送者，要注意以下几点。

1. 要有勇气开口：成为信息发送者

作为信息发送者，首先要有勇气开口。只有当你把心里想的表达出来，才有可能与他人沟通。人与人之间存在很多矛盾的一个主要原因，就是当事人都只在自己心里想，而没有勇气把自己的想法说出来，从而导致了误解。

思考题 在日常生活中，为什么有不少人缺乏沟通的勇气？

2. 态度诚恳：使对方成为信息接收者

由于态度决定沟通行为，加上人们常常会对未知的东西抱有戒备心理，因此只有当双方坦诚相待时，才能消除彼此间的隔阂，从而求得相互间的合作。

3. 注意选择合适的时机：创造良好氛围

由于所处的环境、气氛会影响感知从而影响沟通的效果，所以信息交流要选择合适的时机。对于重要的信息，在办公室等正规的地方进行交谈，有助于双方集中注意力，从而提高沟通效果；而对于思想上或感情方面的沟通，则适宜在比较随便、独处的场合下进行，便于消除双方隔阂。要选择双方情绪都比较冷静时进行沟通，并在沟通过程中控制好情绪，不要让情绪影响沟通。要开好头，消除陌生感，寻找共同语言创造相互配合的氛围。

4. 提高表达能力：准确传递信息

对于信息发送者来说，无论是口头交谈还是采用书面交流形式，都要力求准确地表达自己的意思。为此，要致力于提高逻辑思维能力，力求传递信息时条理清楚、层次分明，使信息接收者易于理解；选择准确的词汇、语气；了解信息接收者的态度、个性特点、文化水平和接受能力，根据对方的具体情况来确定自己表达的方式和用词等；对重要的地方要加上强调性的说明；借助手势、动作、表情等来帮助思想和感情上的沟通，以加深对方的理解。

5. 注重双向沟通：及时纠正偏差

由于信息接收者容易从自己的角度来理解信息而导致误解，因此信息发送者要注重反馈，提倡双向沟通；要善于体察别人，鼓励对方不清楚就问；注意倾听反馈意见，或者请信息接收者复述所获得的信息或反馈他们对信息的理解，从而检查信息传递的准确程度和偏差所在。

6. 积极地进行劝说：达成沟通目的

人是复杂的，为了达到沟通目的，在沟通过程中，人们不仅要晓之以理、动之以情，必要时还要诱之以利。由于每个人都有自己的情感，为了使对方接受信息，并按发送者的意图行动，信息发送者常有必要进行积极的劝说，从对方的角度出发加以开导，有时还需要通过反复的交谈来协商，甚至采取一些必要的让步或迂回。为此，沟通时间应尽可能地充分，以免过于匆忙而无法完整地表达意思或让接收者准确理解；要控制自己的情绪，不要采取高压的办法，而导致对方的对抗；尽可能开诚布公地进行交谈，耐心地说明事实和背景，以求得对方的理解；耐心地聆听对方的诉说，不拒绝对方任何有益的建议、意见和提问；当大家都理解，但感情上不愿意接受时，则信息发送者身体力行可能是最好的沟通方式。

作为信息接收者，则要注意仔细地聆听。沟通是双向交流的过程，信息发送者讲或写，接收者听（读）和响应。以前人们常常只注重说写能力的培养，而对听的能力则不那么重视。事实上，**倾听对于进行有效的沟通来说同样是非常重要的**。作为管理者，要花大量的时间与其他人接触，以收集和发布信息，若不善于听，则可能难以收集到有用的信息。因此，作为管理者，要学会倾听。

倾听是一种完整地获取信息的方法。**倾听包含了四层内容，即听清、注意、理解和掌握**。有效的和无效的倾听技术如图12-3所示。

你是一个良好的倾听者吗？ Q

• **保持平静，以听清内容**。作为信息接收者，首先要能完整地接收到信息。"听清"不仅要有好的听力，还要设法排除内外干扰。要注意相互间的距离，改善环境，切断噪音；要控制自己的情绪，保持内心的平静。

• **集中精力，以注意要点**。在听清内容的同时，信息接收者要能抓住要点。"注

有效的倾听技术　　　　　　　　　　　　　　无效的倾听技术

主动、专注		被动、回避
注意		注意力分散
提问		不提问
开放		先入为主
吸收		忽视信息

图12-3　有效的和无效的倾听技术①

意"是指要去掉一切会转移注意力的因素，全神贯注地聆听，以抓住其中的关键点。

● **开动脑筋，以理解含义**。信息接收者不仅要完整地接收到信息，还要能正确地加以理解。"理解"要求对信息进行准确的综合和评价，注意对方的语气和身体语言，理解对方真正的含义。这就要求在听的同时开动脑筋，设身处地地考虑对方的看法，客观地加以归纳；对不清楚的，及时向对方查对，或扼要地向对方复述要点，以保证理解准确。

● **及时反应，以达成目的**。在理解了对方的意思后，为了据此采取正确的行为，首先要记住对方传递过来的信息。而要真正达到沟通的目的，还需要根据所获得的信息，及时做出相应的反应。这种反应可以是提出不同意见或做出反馈，也可以是按对方传递过来的信息采取相应的行动。

?思考题　要做到以上几点，应保持怎样的心境？

小卡片　　　　　　　**倾听的艺术**

● 不要随意打断他人发言！如果你开口说话，你就不能倾听，所以要少说多听。
● 创造真诚和信任的气氛，让对方觉得可以自由发表意见。
● 向对方表明你想听他发表意见。不要心不在焉，要看着对方，表示出兴趣。
● 以设身处地的态度对待对方，多站在对方的角度看问题。
● 保持耐心。
● 控制自己的情绪，不要发火。生气的人常容易误解对方的意思。
● 有争议或反对对方观点时要语气委婉，以免对方起戒心；要避免争吵。
● 对对方的话要做出反应，同意的点点头，有不同观点时多提问，这不仅表明你在听对方说，而且可进一步加深交流。
● 不要多嘴！这是最重要的，其他的一切都取决于此。

　　资料来源: K. Davis, W. Newstrom. Organizational Behavior: Human Behavior at Work [M]. 8th Edition. New York: McGraw-Hill, Inc., 1989.

---

① 里奇·格里芬. 管理学 [M]. 8版. 刘伟，译. 北京：中国市场出版社，2007：404.

第四节　组织沟通

组织沟通是指在内外组织之间进行的信息交流、联系和传递活动。作为管理者来说，除了注重搞好人际沟通外，还要关心组织沟通问题。**良好的组织沟通是疏通组织内外部渠道，协调组织内各部分之间关系的重要条件。**

由于组织中的成员各自有不同的角色并且受到权力系统的制约，因而组织沟通比单纯的人际沟通更为复杂。在本节中，我们将讨论组织内部的沟通类型、信息传递形式、信息网络等组织沟通所特有的问题。

一、组织沟通类型

组织既是一个由各种各样的人所组成的群体，又是一个由充当着不同角色的组织成员所构成的整体。在一个组织中，既有非正式的人际关系，又有正规的组织关系。因此，组织沟通可分为两大类：正式沟通和非正式沟通。

正式沟通是指通过正规的组织程序进行的沟通，或为完成某项任务所必需的信息交流。当上司向下属布置任务或下属向上司请示某个问题时，当两个销售员为协调某一顾客的订单而进行联系时，他们所进行的都是正式沟通。

非正式沟通是指没有列入管理范围，不按照正规的组织程序、隶属关系、业务关系来进行的沟通。在一个组织中，除了正式设立的部门外，不同部门的人之间还存在着朋友关系、兴趣小组等，因此非正式沟通的存在也就有其必然性。**非正式沟通一方面可满足组织成员社会交往的需要，另一方面可弥补和改进正式沟通的不足。**因为非正式沟通比正式沟通传播速度快、传播范围广。通过正式沟通渠道需要经过几个层次、花几天时间才能得到回复的信息，通过非正式沟通渠道，可能只需要在微信或电话中与朋友谈上五分钟就可得到回复。但非正式沟通由于不负有正式沟通所具有的责任和不必遵循一定的程序，因此其随意性较强、信息失真的可能性也较大，有时也会给组织带来一定的危害。

？思考题　管理者对组织中的非正式沟通应采取怎样的态度？

二、组织沟通形式

组织内的信息沟通有多种形式，其中正式沟通主要包括由上而下的沟通、自下而上的沟通、横向沟通和斜向沟通四种形式。

● **由上而下的沟通**，是指按照组织上下级的隶属关系，从较高的组织层次向较低的组织层次传递信息的形式。这种形式常用于命令、指导、协调、激励和评价下属。当管理者给下属设置目标、布置任务、通报组织的有关政策和规定、给予肯定或表扬、指出需要注意的问题时，他们用的都是由上而下的沟通方式。这种沟通往往带有权威性、指令性。单单采用由上而下的沟通方式，信息可能会在传递途中遗漏或被曲解，上级的指示下级未必能理解，有的规定下属可能连看都没看过，因此必须要有一个信息反馈系统。

● **自下而上的沟通**，是指按照组织上下级的隶属关系，从较低的组织层次向较高的组织层次传递信息的沟通形式，通常表现为下级对上级信息的反馈和下层问题的反映。它是管理者掌握基层动态和组织运转情况、发现存在的问题以改进工作的基本手段。一般采用汇报制度、建议箱、座谈会、接待日等来加以实施。这种沟通有时会受到不同层面上的主管人员的阻塞，他们常常对信息进行过滤，以去掉对自己不利的信息，所以在现代，人们常常辅以电子邮件或信息平台的沟通方法以保持自下而上所传递信息的完整性。除汇报通常带有强制性外，自下而上的沟通往往带有民主性、主动性，因此它有赖于良好的组织文化和便利的沟通渠道的建立。

- **横向沟通**，是指发生在工作群体内部同级、同层次成员之间的信息沟通。命令的统一性要求信息传递按照上下垂直地通过等级链进行，这给横向交流带来了麻烦，死板地按等级链办，也许会延误时机，因此，不少组织规定有些信息可以进行横向沟通。这种沟通的目的是谋求相互之间的了解和工作上的协作配合，因此它往往带有协商性和双向性。

- **斜向沟通**，是指发生在组织中不属于同一部门和等级层次的人员之间的信息沟通。当财务部的一位主管会计直接与等级比他高的销售部经理联系时，他采用的就是斜向沟通渠道。斜向沟通主要是为了加快信息的传递，所以它主要用于相互之间的情况通报、协商和支持，带有明显的协商性和主动性。职能权力的实施采用的也大多是斜向沟通。为了克服其对等级链的冲击，斜向沟通往往伴随着由上而下的沟通或自下而上的沟通。

?思考题 试描述你所在的组织是如何实现上下沟通和斜向沟通的。

组织中的非正式沟通也有单线式、流言式、偶然式和集束式四种不同的传递形式，如图12-4所示。

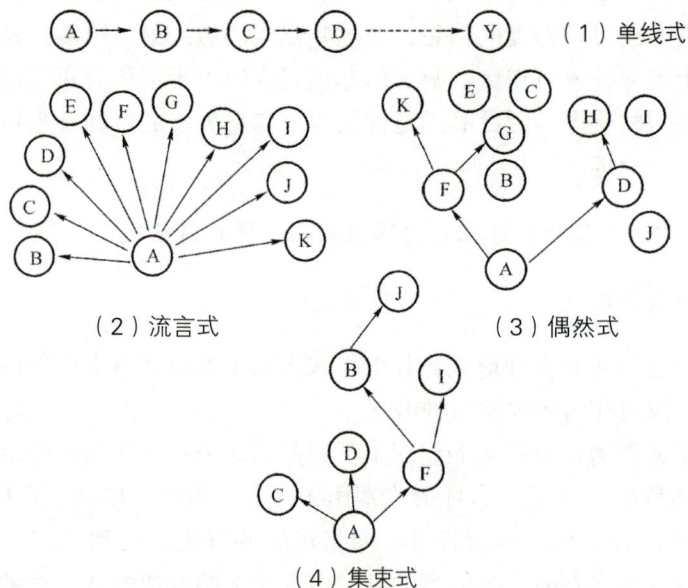

图12-4 非正式沟通的信息传递方式

- **单线式**，一个人传递给另一个人，通过一长串的人际关系来传递信息，而这一长串的人之间并不一定存在着正规的组织关系。

- **流言式**，是指信息发送者主动寻找机会，通过闲聊等方式向其他人散布信息。

- **偶然式**，每一个人都是随机地将信息传递给其他人，在这种方式下，信息是通过一种随机的方式传播的。道听途说就是其中的一种形式。

● **集束式**，是指信息发送者有选择地寻找一批对象传播信息，这些对象大多是一些与其亲近的人，而这些对象在获得信息后又传递给自己的亲近者。在朋友圈或微信群中发送的信息通常属于这一类。

以前人们常认为单线式是非正式沟通的主要形式，但事实表明，**集束式才是最普遍的非正式沟通方式**。在非正式沟通中，谁是信息发送者取决于所传递的信息内容，如果某人对这一信息内容感兴趣，他就会忍不住要告诉其他人；一个人如果听到的是一个他不感兴趣的信息，那么他就不会再进一步传播这一信息。从信息传递效果分析，集束式传播速度最快、面最广，而单线式和偶然式传递速度最慢，失真可能性也最大。

非正式沟通几乎在所有的组织中都非常活跃。**一个组织越是依赖于有限的或正规的沟通渠道，小道消息就越可能盛行**。非正式沟通的存在有它的客观必然性，管理者不能阻止它的发生，而只能引导、利用它。例如，管理者可以通过非正式沟通途径有计划地传递某些信息给特定的个人或群体，也可利用非正式沟通散布一些待决定的事项问题或计划出台的措施，通过观察员工反应来进一步修改决定，从而避免与员工的正面冲突等。

?思考题 当你所在的组织要进行重大改组时，你最先是通过什么途径获得这一信息的？又是通过什么途径进一步了解到细节的？

三、信息沟通网络

由组织正式沟通的四种沟通形式可组合成组织信息传递的多种模式，这些模式我们称之为**组织信息沟通网络**。它表明了在一个组织中，组织信息是怎样传递或交流的。图12-5展示了五种典型的信息沟通网络：链形、Y形、轮形、环形、网形。为了说明各种信息沟通网络，假定这一组织由五个成员组成。

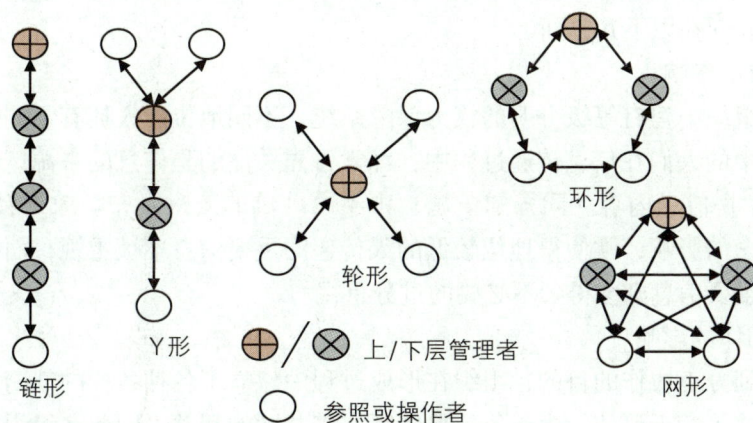

图12-5　组织信息网络类型

● **链形**。在由五个成员组成的链形信息沟通网络中，信息只能由上而下或自下而上，这表达的是典型的上下级权力关系。

● **Y形**。Y形信息网络可看成是高层管理者下面既有两个直接与他联系的参谋人员，又有一个直线人员直接与他联系，这是典型的直线—职能制权力关系。

● **轮形**。当人们站在轮形信息网络的上方看轮子时，就可看到轮子代表四个下属与一个上司之间的沟通关系，在这样的网络中，所有信息都要通过管理者。

● **环形**。环形信息网络允许每一个成员与邻近的成员联系，但不能跨越这一层次与其他成员联系。它可以看成是三个层次间存在上下沟通，并在下层允许横向沟通的一种信息沟通模式。

● **网形**。网形信息网络允许组织中的每一个成员与其他成员自由沟通，包含了正式沟通所有的沟通形式。这就像一个委员会或微信群，每一个人都可自由发表意见。当组织面对涉及各方面人员的复杂问题决策或团队合作时，常采用这种信息沟通网络。

管理者在一个组织中采用哪一种信息沟通网络，主要取决于沟通目标的定位。表12-1按照速度、准确性、控制可能性和士气总结了各种信息网络的有效性。从中可以明显看出，没有一种模式在任何情况下都是最好的。

表12-1　各种沟通网络的有效性

标　准	链　形	Y　形	轮　形	环　形	网　形
速度	中等	中等	快	慢	快
准确性	高	高	高	低	中等
控制可能性	中等	中等	高	低	低
士气	中等	中等	低	高	高

四、组织沟通的主要障碍

无论采用何种信息沟通网络，在组织信息沟通过程中，除了会发生人际沟通过程中发生的同样问题外，还会遇到一些组织沟通所特有的问题。影响组织良好沟通的特殊障碍主要表现在以下几方面。

1. 地位的影响

由于在组织中建有等级分明的权力保障系统，不同地位的人拥有不同的权力，这就使得组织中的人们在信息传递过程中，经常首先关注的是信息的来源，即"是谁讲的"，其次才是信息内容。同样的信息，由不同地位的人来发布，效果会大不一样。这种等级观念的影响，常使得地位较低的人传递的重要信息不被重视，而地位较高的人发布的不重要信息则会得到不必要的过分重视。

2. 小团体的影响

为了达到分工协作的目的，组织在形成过程中建立了各种各样的部门或机构，从而把组织分成了若干群体。由于每一群体都有其共同的利益，因此在组织信息传递过程中，为了维护小团体的利益，他们可能会扭曲信息、掩盖信息甚至伪造信息，使信息变得混乱而不真实。在小团体思想的影响下，圈子外发出的信息不被重视，而对于圈子内的信息则很重视，造成了"县官不如现管"的状况。

3. 利益的影响

由于信息的特殊作用，人们在传递信息时常常会考虑所传递的信息是否会对自己的利益产生影响。当人们觉得此信息对自己的利益会产生不利影响时，就会自觉或不自觉地从心理到行动上对此信息的传递采取对抗或抵制的态度，从而妨碍组织沟通。例如，由于信息是构成组织中某个人的影响力大小的因素之一（这是因为信息对组织来说不仅短缺而且重要。在一个组织中，信息是决策的基础，而重要信息又不是人人都可以获得的，这就使得组织中那些掌握着别人不知道的重要信息的人比其他人显得更有权威性），因此通常处于信息网络中心、能够获得别人得不到的重要信息的管理者，常常会为了增强自己的影响力，而截留信息或有目的地修改来自上级或下级的信息，从而导致信息的走样。

4. 信息的超负荷

现代组织中信息传递的特点：一是快，二是多。在高节奏的工作环境中，信息传递的任何延误都会造成很大的损失；而信息大量地增加，会使人觉得难以抉择，无所适从。内部信息网络及召开会议，本是使组织准确而迅速地传递信息的好形式，但若在组织设计中不好好地确定哪些人应通过哪些渠道获得哪些信息，就会由于混杂而出现信息超负荷。**信息的超负荷不仅造成了"文山会海"，而且导致了人们对所传递信息的麻木不仁**——当人们面对着众多信息时，可能会无视某些信息或将其束之高阁。

?思考题 你是否曾碰到过信息超负荷？对此你是如何处理的？

组织沟通的改善需要依据组织的具体情况来对症下药，在组织设计时明确各部门间的分工合作关系，经常进行信息沟通检查，完善信息沟通的准则，借助信息技术改进信息沟通的手段等都可改善组织中的信息沟通。

行动指南：组织沟通体系建设

● **复习题**

1. 怎样才算是有效的沟通？
2. 沟通在组织管理中起着什么作用？
3. 自我沟通的目的是什么？有哪些自我沟通的方法？
4. 个体行为对人际沟通有何影响？
5. 影响人际沟通的主要障碍有哪些？
6. 改善人际沟通的关键是什么？
7. 非正式沟通与正式沟通有何区别？
8. 影响组织沟通的主要障碍有哪些？

要点参考

● **讨论题**

不良习惯对沟通的影响

列举人们在平时沟通交往中所表现出来的不良习惯，并说明这些不良习惯是如何影响人们相互之间的沟通的。

●案例分析

如何做出辞退决策？

某公司因近年来市场不景气，准备辞退部分员工，并给予员工一定的补偿，但公司领导在辞退哪些人和给予多少补偿问题上存在着较大的分歧。由于这项决定直接涉及员工的利益，因此要求慎重决策。

请问：

公司领导应该怎么做，才能使公司的决策得到员工的理解和支持？

推荐书目

1. ［美］托马斯·D.兹韦费尔著，杜晓伟译：《管理就是沟通》，中信出版社2004年版。兹韦费尔在美国纽约大学获得国际关系博士学位，并在哥伦比亚大学讲授领导力和跨文化管理课程。该书共分四章，认为：缺乏沟通是致命的，管理者通过改变说话和倾听的方式使企业成就卓越。该书对管理者如何通过倾听来实施领导、如何让讲话富有成效进行了具体的论述。

2. ［美］戴维·珀金斯著，龙胜东、李凤芹译：《圆桌——如何建立高效团队的学问》，中国青年出版社2003年版。戴维·珀金斯是哈佛大学教育学研究生院的资深教授。在该书中，珀金斯用亚瑟王的圆桌这个经典故事揭示了如何通过有效的协作和沟通建立一支高效团队。全书共分九章，使用大量的实例详细阐释了团队中成员间、老板与员工间沟通、协作过程中遇到的各种问题，并帮助团队寻找到最好的解决途径。通过阅读该书，可在有效沟通、协作等方面获得很多启发。

3. ［美］罗杰·费希尔、斯科技·布朗著，王燕译：《沟通力》，中信出版社2009年版。罗杰·费希尔是哈佛大学教授，"哈佛谈判项目"主任。该书共分三部分十章，就如何通过沟通建立良好的人际关系进行了很好的阐述，中文版翻译也很到位。

第十三章

激励原理

了解基本的人性学说，理解人的行为产生的原因和激励机制，清楚需求、动机、行为、目标和激励之间的关系；了解各种激励理论，掌握主要的激励理论并能运用于实际分析；了解有效激励的基本方法，并能领会其精神。

我们常常可以看到在同一个组织中，两个人能力相仿，客观条件也差不多，工作业绩却大不一样，有时甚至是能力差的人反而比能力强的人干得更出色。究其原因，是因为后者的积极性没有被调动起来，即缺乏激励。

激励是激发和鼓励人朝着所期望的目标采取行动的过程。组织的生命力来自组织中每一个成员的热忱，如何激发和鼓励员工的创造性和积极性，是管理者所必须掌握的技巧。本章中，将着重讨论以下内容：

- 说明人的行为产生的原因。
- 介绍主要的激励理论。
- 探讨有效激励的方法。

第一节　行为、动机与激励

对于激励，管理者关心的是如何控制或引导人的行为，以使其产生组织所希望的行为：怎样使人愿意做某事。为此，我们就要了解"人为什么愿意做某事"，也就是要了解人的行为产生的原因。而要探究人的行为产生的原因，就首先要了解"人是什么"，即要研究人的基本性质，如图13-1所示。

?思考题　为什么不同的管理者在对待下属时会有不同的态度和方法？

每一个管理者，不管他们是否意识到，心中都有一个关于人性的模式，而且一般地，他们都是根据其对于人性的认识来采取相应的管理行为的。因此，要了解管理者的管理行为，首先必须了解人性学说。

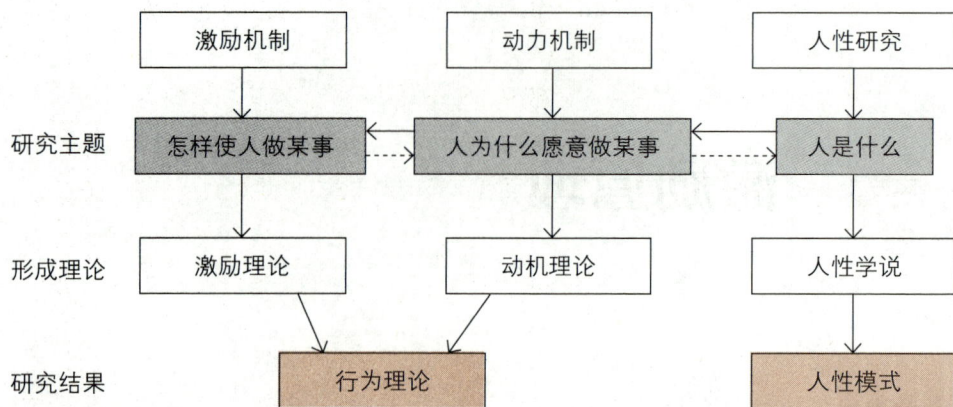

图13-1 人性、动机与激励之间的关系

一、关于人性的学说

人性模式一般是建立在人们对人的基本性质的认识基础之上的。根据心理学家和管理学家的长期研究，人们总结出了以下几种典型的关于人性的理论模式。

1. 理性的还是感情型的

理性模式认为，人是非常有理智的实体，人的行为依据于他们的理性思考。人都具有较强的思维能力，当他们面临某种情况时，会首先系统地收集和评价各种资料，对各种可供选择的方案进行客观分析，然后在此基础上做出决策，确定应如何行动。持有这种观点的管理者一般在理性的基础上与员工交往，处事严肃认真，注重讲道理。

感情型模式认为，人的行为主要是由感情支配的，而且其中的许多感情是不可控制的，是无意识的反应。因此，人常常在周围环境的影响下，无意识地形成自己的行为。这种模式很受弗洛伊德学派的推崇。持有这种观点的管理者在与员工打交道时，总是力图揭示出支配员工行为的心理因素。

2. 行为主义的还是人本主义的

行为主义认为人只能根据其行为来描述，而其行为的形成主要取决于其所处的环境。沃森（John B. Watson）曾提出，在他所指定的环境中，他可以把一个健康的婴儿培养成任何一个行业中的专家，至于这孩子的天资、爱好、性格、能力、倾向和祖先的种族是什么都无所谓。根据行为主义的论点，管理者可以通过改变环境的办法使下属人员做出组织所期望的任何行为。

人本主义则认为人是复杂的动物，人能通过自觉的思维来克服非理性的冲动，从而控制自己的行为和命运。因此，人的潜力是无穷无尽的，管理者可以通过教育等手段来提高下属的觉悟，并充分发挥其积极性。

思考题 人本主义的观点与理性模式有何区别？

3. 追求个人利益还是追求自我实现

根据**经济人**的观点，人的行为受自我利益的支配。每个人都是理性的，都在努力估算着他所采取的行动所能换来的最大收益，努力达到以最小的代价获得最大的满足。经济人生性好争且很自私，他们唯一关心的是自身的生存。持有这种观点的管理者，常常把金钱作为促使下属努力工作的主要手段，并努力创造一种促使人们只关心个人利益的竞争环境。

自我实现观点则认为，每一个人都渴望个人的成长、发展和自我完善。人们要求提高其能力，并且力求发挥他们的潜在能力。坚持这种观点的管理者一般致力于建立一种使人们能实行自我指导并因而得以充分发挥其才能的环境。

4. X理论和Y理论

关于人性的另一种分类是由麦克雷戈提出的两组假设，即所谓的"X理论"和"Y理论"。

依照麦克雷戈的意思，关于人的本性的传统假设都包括在如下的X理论之内：

- 人生来就是懒惰的，他们厌恶工作并尽可能地逃避工作。
- 普通人都没有什么抱负，他们对生理和安全的需要高于一切。
- 他们也不喜欢负什么责任，而宁愿让别人领导。

X理论认为人大致上分为两类，大多数人符合上述设想，少数人能克制自己，这些人应当负起管理的责任。基于上述假设，组织为了达到既定的目标，必须对大多数人采取强制性的管理方法，管理者主要的职责是计划、组织、监督、控制，运用职权使下属服从，采用严格的控制、具体的规章制度来规范员工的行动，用金钱来收买员工的效率和服从。

Y理论是以马斯洛的需求层次理论和阿吉里斯的不成熟—成熟理论为基础而提出的。该理论的主要内容是：

- 工作中体力和脑力的消耗就像游戏或休息一样自然，厌恶工作不是普通人的本性。
- 外来的控制和惩罚，并不是使人努力达到组织目标的唯一手段，人愿意实行自我管理和自我控制来达到目标。
- 人的自我实现的要求和组织需要的行动之间并不矛盾，对目标执着追求而取得成功本身就是一种报酬。
- 人是有责任心的，在适当条件下，人们不但愿意接受和承担一定的责任，而且还追求责任，逃避责任、缺乏抱负和强调安全感通常是经验的结果，而不是人的本性。
- 人们在解决组织的各种问题时，有着较高的想象力和创造性。
- 在现代工业社会条件下，普通人的智力只得到了部分的发挥。

❓思考题 上述 X 理论和 Y 理论，哪一种理论更符合现实？

除了上述分类方法外，人性模式还可以根据人对于自身的认识过程分为自然人、经济人、社会人、复杂人等模式。

上述各种观点，哪一种是正确的？人们可以发现，在各种不同的模式中，有许多是相似的，而且任何一种单独模式都不足以解释清楚个人行为的各个方面。人在不同的情况下有不同的行为，甚至在类似的情况下，其行为也有可能不同。例如，在某些情况下，人们的行为是理性的，而在另一种环境下，他们又感情用事；环境是影响人的重要因素，但个人的才智也不可忽视；金钱刺激是重要的，但人们所期望的不仅仅是金钱，一般情况下，他们也要求能发挥他们的才干和潜力。因此，有效的管理者只能从不同的人性模式中吸取精华而采用一种折中的

孔融让梨：由
动物到人

269

办法，即**人与人是不同的，人是会变的，必须把人作为一个整体来考虑**，为了合理使用组织中最宝贵的资源——人，在不同的情况下需要采用不同的管理办法，并且需要随着管理对象的变化而变化，因人而异。

？思考题 你对于人性有何认识？

二、动机理论

不管人们对于人性有何不同的认识，根据心理学家所揭示的规律，**人之所以会采取某种特定的行为是由其动机决定的。**一个人愿不愿意从事某项工作，工作积极性是高还是低，干劲是大还是小，取决于他是否具有进行这项工作的动机及动机的强弱。

所谓**动机**，是鼓励和引导一个人为实现某一目标而行动的内在力量。它是一个人产生某种行为的直接原因。了解动机，对于管理者调动员工的积极性是十分重要的。

1. 动机的来源

行为科学理论认为，动机是驱使人产生某种行为的内在力量，它由人的内在需要所引起。**需要**是使某种结果变得有吸引力的一种心理状态，是指人们对某种目标的渴求。正是这种欲望驱使人去采取某种行为。而人之所以会有某种需要，是因为人自身的某些要求没有得到满足。当一个人要求满足这些未满足的需要时，就会努力追求他所需要的东西。例如，饥饿会使人去寻找食物，孤独会使人去寻求关注……**未满足的需要是形成人的行为动机的根本原因，**一个人的行为，总是直接或间接、自觉或不自觉地是为了满足某种需要。因此，研究人的行为及其规律，必须研究人的需求。

？思考题 人是否只要有某种未满足的需要就会产生某种特定的行为？

2. 动机的形成

动机是个体需要和环境相互作用的结果，有的人之所以懒，不是他没有需要，而是因为他的动机没有被激发。

人的行为举止，在正常情况下都是有动机的。动机是在需要的基础上产生的，动机的产生必然是因为其有某种未满足的需要，但反过来，并不是有未满足的需要就会产生引发行为的动机，只有当人的需要达到一定的强度时，动机才会形成。

如图13-2所示，从需要产生动机一般需经历以下过程：当人的需要还处于萌芽状态时，它以不明显的、模糊的形式反映在人的意识之中，这时人并不清楚自己到底需要什么，表现在外在形态上就是当事人的紧张不安；当需要不断增强，当事人比较明确地知道，是什么使其不安时，需要就转化为意愿；当人意识到可通过什么手段来满足此种需要时，意愿转化为意向；当人的心理进入到意向阶段后，在一定的外界条件刺激下就可能形成为满足此种需要而行动的动机。也就是说，有需要，还要有一定的诱因，才能产生现实的动机。可见，**形成动机的条件：一是内在的需要；二是外部的刺激。**其中，内在的需要是促使人产生某种动机的根本原因。

？思考题 一个人肚子并不饿，但有时还是会去用餐，请问这是为什么？

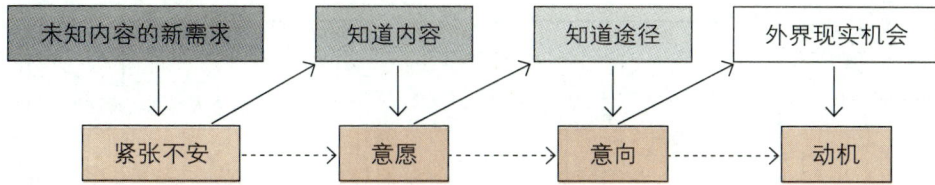

图 13-2 动机的形成过程

3. 动机的功能

根据动机理论，动机有以下几个特点：

● 动机是一种内在力量，具有**内隐性**。我们无法直接了解别人的动机，而只能通过观察其行为来判断一个人的动机。

● 动机是**高度个性化**的。同样的行为，可能出自不同的动机。因为不同的需要可以通过同样的行为得到满足。

● 动机是**受目标控制**的。根据动机理论，人之所以愿意做某事，是因为做这件事本身能满足其个人的某种需要，或完成这件事能给他带来某种需要的满足。

进一步地，动机在人类活动中具有唤起、维持、巩固或修正人的行为的功能。

● 动机能唤起人的行动。人的行为总是由一定的动机引起的，动机可驱使一个人产生某种行为。

● 动机能维持人的行为趋向一定的目标。动机不仅能唤起行为，而且能使人的行为具有稳固的和完整的内容，沿着一定的方向和目标行进。

● 动机能巩固或修正行为。动机会因良好的行为结果，使行为重复出现，从而使行为得到加强；动机也会因不好的行为结果，而使这种行为减少以致不再出现。

？思考题　动机的上述特点和功能对于激励有何指导意义？

三、激励机制

动机理论主要说明了人为什么会采取某种行为的原因，而作为管理者，更关心的是怎样才能使员工采取某种特定的行为。

根据动机理论，一个人的行为取决于其动机的强弱，而动机的形成又取决于人的内在需要和外界的刺激。因此，管理者可以通过外在的刺激，在一定程度上影响人们的动机，从而使其产生组织所希望的行为。

如图 13-3 所示，人们有各种各样生理的、社会的和心理的需求，在一个组织中，组织成员的个人目标就是寻求这些需求的满足。因此，组织可通过一系列针对员工需求的东西如金钱、工作保障、承认等来引导其从事各种各样的工作。动机驱使人们工作，并且根据其工作业绩得到各种奖励。当员工对这些奖励感到满意时，他会重复其高效率的行为；如果他对奖励不满意，则会变得消极，不愿意付出较大的努力。

根据图 13-3 所示的激励机制，**激励的基本原理**如下：

● **动机的形成**。激励手段必须针对被激励者未满足的需求，并且随着被激励者需求的变化而变化，由此激发被激励者的动机，使其愿意采取组织所希望的行为。

● **行为的产生**。通过培训增强被激励者的能力，通过授权等方法创造被激励者行动的条件，通过组织目标引导被激励者的行为，通过规章制度规范其行为，从而使被

271

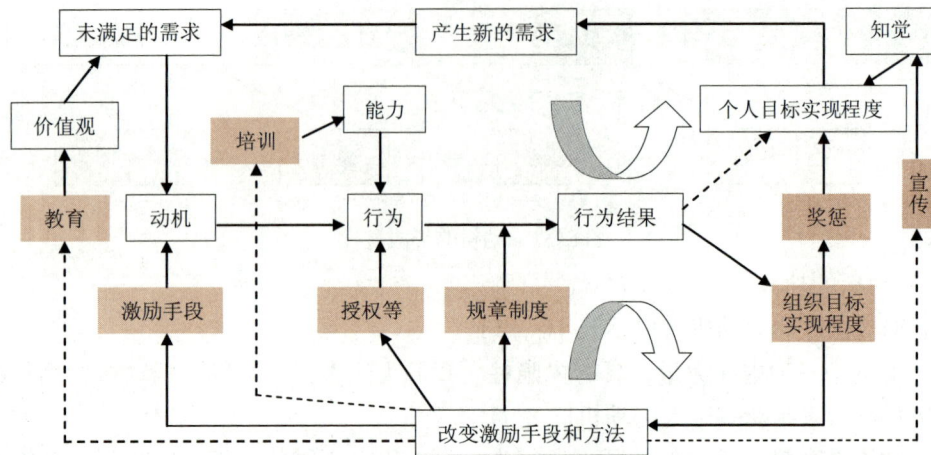

图13-3　激励机制示意

激励者能够从事组织所分配的任务并使其行为指向组织目标的实现。

● **行为的持续和改变。** 根据被激励者行为结果有助于组织目标实现的程度给予其公平的奖惩，奖惩的内容和强度必须能够在一定程度上影响被激励者个人目标的实现程度，以强化被激励者良好的行为，弱化其不良的行为。

四、激励的重要性

管理者之所以要研究员工的动机和激励的方法，是因为它们与员工的工作业绩有关。一个人的工作成效首先取决于其能力，但仅有能力是不够的，因为一个有能力的员工可能很积极地去做，也可能不愿意做，因此，在能力一定的情况下，动机就非常重要了。只有当一个人愿意干而且有能力干好时，其工作业绩才可能比较高。也就是说，在同样的环境条件下，**一个人的工作业绩（P）是能力（A）与动机（M）的函数：**$P = f(A \times M)$。工作业绩随着这两者的提高而提高，随着这两者的降低而降低。

一般而言，一个人能力的提高需要比较长的时间，因此，一个人的能力在一定时期内是恒定的。为了提高工作业绩，管理者只有从提高员工的动机强度着手。**激励的作用就在于可以激发人的内在动机，变消极为积极，使人努力地谋求上进，并充分发挥自己的才能。**从长远来说，通过激励，还可以鼓励人们不断地提高自己的能力，产生更高的事业追求，从而积极、主动地开展工作，为组织做出更大的贡献。

一个人的能力大小和动机的强弱受很多因素的影响，图13-4列出了其中的主要因素。随着社会的发展，激励员工已变得越来越困难。现代人的需求越来越趋向于多样化，传统的激励技术——晋升加金钱刺激已变得不那么有吸引力，人们要求从工作中得到更多的满足。为此，管理者必须了解和掌握更多的激发人的动机的理论与方法。

？思考题　作为管理者，你认为可以通过图13-4中的哪些因素来影响下属的行为？

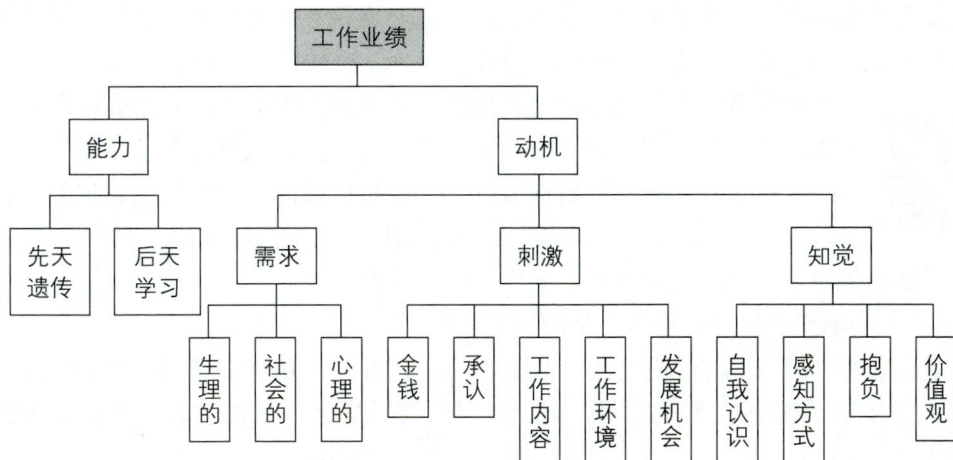

图13-4 影响动机与能力的因素

第二节 动机的激发

有关激励的理论很多，根据前述的激励原理，众多的激励理论可以相应地分成三大类：内容型激励理论、行为改造型激励理论和过程型激励理论。**内容型激励理论**从研究需求入手，着重探讨什么东西能够使一个人采取某种行为，即着重于研究激励的起点和基础，包括需求层次理论、"ERG"理论、成就激励论、双因素理论等。**行为改造型激励理论**则从行为控制着手，着重探讨如何引导和控制人的行为，包括归因理论、强化理论等。**过程型激励理论**则主要研究一个人被打动的过程，着重研究行为的产生、发展、改变和结束的过程，一般包括期望理论、公平理论等。

本节首先介绍内容型激励理论。

？思考题 以上三类激励理论与三条激励原理之间有何关系？

一、马斯洛的需求层次理论

美国心理学家马斯洛在1943年所著的《人的动机理论》一书中，提出了需求层次理论。他把人的需求归结为五个层次，由低到高依次为生理需要、安全需要、社交需要、尊重需要和自我实现需要。

● **生理需要**是指一个人对生存所需的衣、食、住等基本生活条件的追求。在一切需求中，生理需要是最优先的，当一个人什么也没有时，首先要求满足的就是生理需要。

● **安全需要**是指对人身安全、就业保障、工作和生活环境安全、经济上的保障等的追求。人对于不确定的东西怀有恐惧感，因此，在满足一定的生理需要后会致力于消除不安。

● **社交需要**是指人希望获得友谊和爱情、得到关心与爱护。人是社会人，他需要与社会交往，希望成为"社会的一员"，否则就会郁郁寡欢。

● **尊重需要**是指希望自己有稳固的地位、得到别人高度的评价或为他人所尊重。每个人都有一定的自尊心，若得不到满足，就会产生自卑感，从而失去自信心。

● **自我实现需要**是促使其潜在能力得以实现的愿望，即希望成为自己所期望的人，完成与自己的能力相称的一切事情。当人的其他需要得到基本满足之后，就会产生自我实现的需要，甚至会有"人生在世，了此心愿足矣"的念头。自我实现需要会产生巨大的动力，使其努力去实现远大目标。

哪种需要对你
Q 最为重要？

马斯洛在晚年出版的《Z理论》一书中，重新反省了他多年来发展出来的需求理论，并增加了第六个需求层次：自我超越的需求。他认为人的天性中还有一种固有的精神维度，那就是精神的自我实现或超越的自我实现，如高峰体验、灵性成长，致力于帮助他人的自我实现。

马斯洛需求层次理论的基本观点主要有以下几点。

1. 人的需要是分等分层的，呈阶梯式逐级上升

人最基本的需要是生理需要。一般来说，只有在低层次的需要得到满足以后，才会进一步追求较高层次的需要，而且低层次需要满足的程度越高，对高层次需要的追求就越强烈。**人在不同的发展阶段，其需求结构是不同的，**如图13-5所示。A点，生理需要占第一位，安全需要次之；B点，社交需要跃居首位，安全与尊重需要次之；C点，尊重与自我实现需要已成为主流。

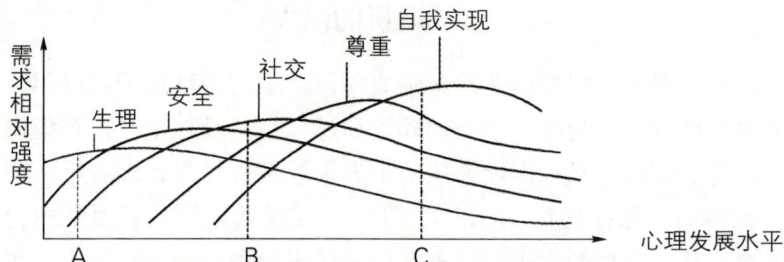

图13-5 马斯洛的需求层次发展模式

2. 需要的存在是促使人产生某种行为的基础

当一个人无所求时，也就没有什么动力与活力；反之，若一个人有所需求，就必然存在着可以用于激励该人的因素。**五个层次的需要是人生来就有的，只不过每个人的需求强度、显露程度可能不同。**例如，有的人非常注重金钱，而有的人在拥有一定的金钱以后就转而追求更高层次的需求的满足，对金钱看得比较淡。另外，即使是同一个人，在不同的情况下也会有不同的需要、优先考虑的某种需求。例如，在读书期间，学习可能最重要，而毕业前则可能是找一个好工作更重要。

正因为人的需要是不同的，**所以要调动人的积极性，就必须针对不同的人，采用不同的激励手段。**对大多数人的共同需要，可以采用共同的方法来激励，而对不同的需要则要采取不同的方法，切忌"一刀切"。表13-1是国外行为科学家根据马斯洛的需求层次理论所提出的相应的激励措施。

3. 当某种需要得到满足以后，这种需要也就失去了对行为的唤起作用

当某一层次的需要得到满足以后，下一层次尚未满足的需要就会成为人们行动的动机。**高层次的需要，不仅内容比低层次的需要广泛，实现的难度也更大。**据马斯洛估计，80%的生理需要和70%的安全需要一般会得到满足，但只有50%的社交需要、40%的尊重需要和10%的自我实现需要能得到满足。

对马斯洛的理论尽管还有不少争议，但由于他对人的需要进行了系统的研究，为以后各种激励理论的提出奠定了基础，因此其理论在各国广为流传，是激励理论中的主要理论。

表13-1　根据马斯洛需求层次理论提出的激励措施

需要的层次	追求的目标	管理策略
生理需要	工资 健康的工作环境 各种福利	待遇、奖金 医疗保健制度 工作时间多少 住房等福利设施
安全需要	职业保障 安全事故的防止	雇用保证 劳保制度 退休金制度
社交需要	友谊（良好的人际关系） 团体的接纳 组织的认同	团体活动计划 互助金制度 群众组织 利润分享计划 教育培训制度
尊重需要	地位、名次 荣誉 权力、责任 与他人收入的比较	人事考核制度 晋升制度 表彰制度 选拔进修制度 参与制度 奖励制度
自我实现需要	能发挥个体特长的环境 具有挑战性的工作	决策参与制度 提案制度 革新小组

二、阿德弗的"ERG"理论

与马斯洛的理论相应的是**阿德弗**（C. Alderfer）提出的"ERG"理论。阿德弗根据其对工人进行的大量调研，认为人的需要可归结为三种，即生存需要（E）、相互关系需要（R）、成长发展需要（G）。其主要观点如下所述。

1. 人的需要可归结为三种：生存需要、相互关系需要、成长发展需要

生存需要大体上类似于马斯洛的生理和安全需要，它是人最基本的需要；**相互关系需要**相当于马斯洛理论中的社交和尊重需要，当一个人的收入已满足其基本的生存需要后，就希望能与人相处得更好；**成长发展需要**是指个人在事业、前途方面发展的需要，相当于马斯洛提出的自我实现需要。

2. 三种需要并不都是生来就有的，有的是通过后天培养产生的

一个人想当科学家、政治家的念头就不可能是生来就有的，管理者可以在一定程度上通过教育影响员工价值观的形成，从而主动地引导员工需要的产生。在同一时刻，人存在着程度不同的各种需求，且哪一层次的需要得到的满足程度越低，对这一层次需要的追求就越强烈。例如，当一个人高薪的需求没有被满足时，他就会努力设法通过其他途径增加自己的收入。

3. 三种需要之间存在着多样化关系

一般而言，低层次的需要得到的满足越多，对高层次的需要就越渴望。例如，当一个人各方面的生活条件都比较好时，对于社会的承认、事业的发展就非常在意。这三种需要一般来说是由低到高逐步发展的，但也可以越级，当低层次的需要得不到满足时，人们会转而寻求高层次需要的满足。例如，有的学者尽管生活比较清贫，却孜

孜不倦地从事学术研究。**当上一层次的需要难以得到满足，追求遇到挫折时，人们也会对下一层次的需要提出更高更多的要求，以此作为追求高层次需要受到挫折的补偿。**

？思考题 "ERG"理论与马斯洛的需求层次理论有何异同？

阿德弗的观点并没有超出马斯洛的需求层次理论的范畴，可以说，马斯洛所论述的是带有普遍意义的一般规律，而阿德弗则侧重于带有特殊性的个体差异。正因为如此，不少人认为"ERG"理论比需求层次理论更切合实际。

三、麦克利兰的"成就激励理论"

美国心理学家**戴维·麦克利兰**(David Meclelland)经过对成就动机的几十年研究，于20世纪50年代初提出了成就激励理论。其理论的主要观点如下。

1. 除了生理需要外，其他需要是友谊需要、权力需要与成就需要

麦克利兰认为，人们在工作中有三种基本需要：友谊需要、权力需要和成就需要。**友谊需要**是指建立友好亲密的人际关系的需要，即寻求被他人喜爱和接纳的一种愿望；**权力需要**是指影响或控制他人且不受他人控制的需要；**成就需要**是指争取成功并希望做得最好的需要。

人们需要社交，需要得到别人的接纳与认可，这是大家所公认的；除此之外，人们还希望获得一定的支配权，并希望能获得成功。不同的人对这三种基本需要的先后次序和重视程度是不同的。**追求事业的人，一般更重视追求成就需要和权力需要，**而对友谊需要的追求则相对较弱。

2. 具有强烈的成就需要的人往往有三个方面的共同特征

● **喜欢能够发挥独立解决问题能力的工作环境。**他们喜欢独自面对挑战性的问题。如果某一问题不是他们独立解决的，他们就不会有成就感；只有当问题是靠他们自己努力解决的，他们才会感到满足。因此，高成就需要的人愿意对其行动承担责任，在工作中敢于做出个人决断。

● **往往倾向于谨慎地确定有限的成就目标。**他们对成功有一种强烈的要求，因此也非常担心失败。他们对待风险采取了一种现实主义的态度，倾向于承担中等程度的风险。因为如果目标过低，伴随成功的是较少的成就感满足；如果目标过高，风险很大，则成功的机会过于渺茫，会使他们难以体会到成功的喜悦。

● **希望得到对他们的工作业绩的不断反馈。**高成就需要的人很想了解其工作业绩的优劣，如果能够从上级那里得到嘉奖或表扬，他们就会感到莫大的满足。

3. 培养人们高成就需要的方法

● 首先，个体应努力获得有关自己工作情况的反馈，以提高自己获得成功的信心，从而增强追求成功的欲望。

● 其次，选择一种获得成功的模式，如模仿成功人物的做法。

● 再次，努力改变自己的形象，把自己设想为某个追求成功的人。

● 最后，要根据现实情况审时度势，提出切实可行的目标并付诸实施。

成就激励理论把重点放在鉴别和培养成就需要上，这一理论丰富了马斯洛对自我实现需要的描述，它对于管理者发现高成就需要的人及培养下属的成就需要是非常有用的。但成就激励理论对于管理者应如何激励组织中占绝大多数的低成就需要者的问

题没有进行深入的研究，有关这方面的理论是由赫茨伯格提出的。

思考题 作为管理者，是否都需要具备高成就需要？

四、赫茨伯格的"双因素理论"

20世纪50年代末，美国心理学家**赫茨伯格（F. Herzberg）**对9个企业中的203名工程师和会计师进行了1844人次的调查，发现使受访人员**不满意的因素多与他们的工作环境有关，而使他们感到满意的因素通常是由工作本身所产生的**。根据调查结果，赫茨伯格提出了别具一格的"双因素理论"，其主要观点如下所述。

1. 满意的对立面是没有满意，不满意的对立面则是没有不满意

赫茨伯格修正了传统的认为满意的对立面就是不满意的观点，认为满意与不满意是质的差别。他把影响人的工作动机的种种因素分为两类，能够使员工感到满意的因素称为**激励因素**，会使员工感到不满意的因素称为**保健因素**。根据调查，激励因素包括成就感、得到认可、工作本身的挑战性和趣味性、责任感、个人的成长与发展；保健因素大多属于工作之外的因素，包括公司的政策、监督、人事关系、工作条件、薪金等。如图13-6所示，给予赞赏、责任和发展的机会（有激励因素），员工会感到满意；不表扬、不授权（无激励因素），员工也不会感到不满意，而只是没有满意感。工作有报酬（有保健因素），员工不会感到满意，而只是没有不满意感；若光让干活却无报酬（无保健因素），员工就会不满意。

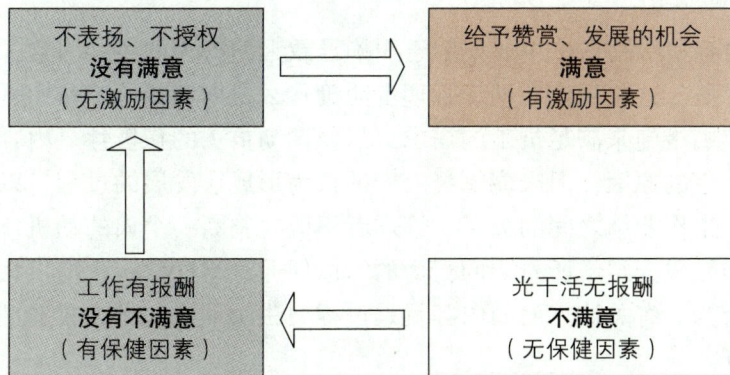

图13-6 不同的工作状态示意

2. 激励因素以人对工作本身的要求为核心

如果工作本身富有吸引力，那么员工在工作时就能得到激励；如果奖励是在完成工作之后，或离开工作场所之后才有价值或意义，则对员工工作只能提供极少的满足。例如，一个学生之所以潜心学习，是因为他对所学的知识感兴趣；而如果只是为了取得一定的学分，则其学习积极性一定难以持久，一旦取得必要的学分，他就不再努力钻研。也就是说，当工作本身具有激励因素时，人们对外部因素引起的不满足感会有较大的忍受力；而当他们经常处于没有保健因素的状态时，则常常会对周围事物感到极大的不满意。

3. 只有激励因素的满足，才能激发人的积极性

由上可见，并不是所有需要的满足都能激发人的积极性，只有那些激励因素的满足，才能激发起人的积极性。保健因素的满足只能防止人们产生不满情绪，而难以起到激励作用。因此，激励的确要以满足需要为前提，但并不是满足需要就一定能产生激励作用。

思考题 奖金是激励因素还是保健因素？为什么？

双因素理论就如何针对员工需要来激励员工进行了更深入的分析，提出要调动和保持员工的积极性，必须首先具备必要的保健因素，防止员工不满情绪的产生；但仅仅如此还不够，更重要的是要针对激励因素，努力创造条件，使员工在激励因素方面得到满足。

需要注意的是，对于哪些属于激励因素、哪些属于保健因素，赫茨伯格是根据美国20世纪50年代末对部分工程师和会计师的调查得出的，并不一定符合各国的实际。对于每一个人来说，不仅需要因人而异，激励因素和保健因素也会各不相同，对一个人来说是激励因素，对另一个人来说可能就属于保健因素。因此在实际运用时，应区别对待不同人的保健因素和激励因素，这样才能提高激励效果。

思考题 为什么保健因素和激励因素会因人而异？

第三节 行为的产生、维持与改变

前述的内容型激励理论主要集中于明确导致人的行为的各种因素：需求内容和相应的激励手段。这些理论有助于管理者明确什么是人们想从工作中得到的，以便选择相应的奖励措施来满足员工的需求，从而调动员工的积极性。内容型激励理论研究了行为产生的原因，但未能解释人们的行为形成、发展的过程，以及行为与员工的满意度、工作业绩之间的关系。管理者不但要判断一个人的动机，还需要知道动机是如何转化成为组织所希望的行为的，以便通过为这种转化提供相应的条件来引导员工的行为。有关这方面的内容就是过程型激励理论和行为改造型激励理论所要研究的重点。

在本节中，我们将介绍主要的过程型激励理论——期望理论、公平理论，以及应用较广的行为改造型激励理论——强化理论。

一、期望理论

期望理论是美国心理学家**弗洛姆**（V. H. Vroom）在其1964年出版的《工作与激励》一书中提出的。

期望理论认为：人是理性的人，对于生活与事业的发展，他们有既定的信仰和基本的预测；一个人决定采取何种行为与这种行为能够带来的结果对他来说是否重要有关，人就是根据他对某种行为结果实现的可能性和相应奖酬的重要性的估计来决定其是否采取某种行为的。用公式表示即为

$$激励力量（M）＝效价（V）×期望值（E）$$

激励力量，即动机的强度，它表明一个人愿意为达到目标而努力的程度。

效价，是指某人对目标价值的估计。对同一个目标，由于各人的需要不同，所处的环境不同，他对该目标的价值估计也往往不同。效价反映了一个人对某一结果的偏爱程度。某人对某种结果越是向往，此结果对该人而言其效价就越接近于+1；如果这一结果对他来说无足轻重，他对结果也漠不关心，那么此结果的效价对他来说接近于0；如果他害怕这一结果的出现，那么效价就是负值。例如，当一个人非常希望通过努力工作得到升迁时，"升迁"在其心目中的效价就高；若他对升迁漠不关心，那么"升迁"对他来说其效价便等于0；如果此人不但无升迁要求，而且害怕升迁，那么"升迁"对他来说效价就是负值。

期望值，是指某人对实现某一目标的可能性的主观估计。一个人往往根据过去的经验来判断一定的行为能够导致某种结果或满足某种需要的可能性大小，如果他认为某一目标是完全可能实现的，那么期望值为1；反之，若认为此目标根本不可能实现，则期望值为0。在一般情况下，期望值介于0~1。

期望理论认为，一个人从事某项工作的动机强度是由其对完成该项工作的可能性、获取相应的外在报酬的可能性（期望值）的估计和对这种报酬的需求程度（效价）来决定的。即人们的努力与其期待的最终奖励有关（见图13-7），而且激励是一个动态的过程，当一个人对期望值、效价的估计发生变化时，其积极性也将随之变化。

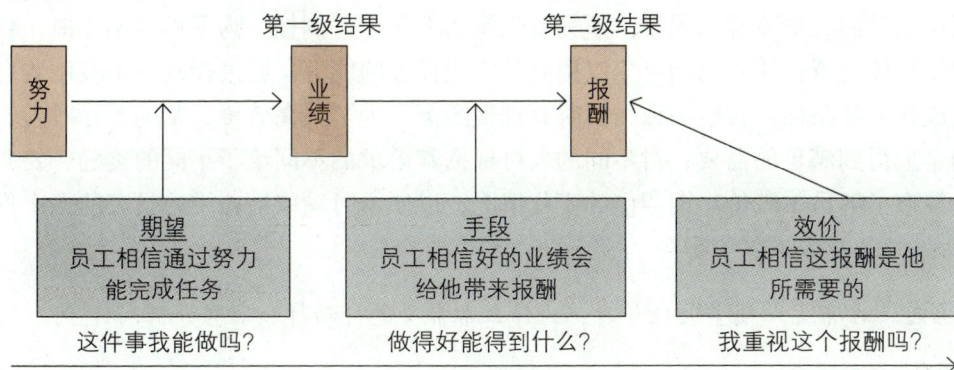

图13-7　期望—效价模型

【实例】

父亲为了鼓励孩子努力学习，向孩子提出：如果在下学期每门功课都考90分以上，就给予其一定的奖励。此时，孩子是否会因此而努力学习，取决于他对以下三个问题的考虑：

● 我平时成绩怎么样？或者说我能不能做到每门功课都考90分以上？如果平时成绩很差，根本做不到，则再多再好的奖励也与我无缘；如果平时成绩都比较好，有可能达到这个目标，那么是否努力学习要看下一个问题。

● 给我什么奖励？奖励的是不是我所想要的？如果考到90分以上，奖励10元钱，那意思不大；如果是我最想要的东西如iPad，那下一番功夫是值得的。

● 父亲说话算不算数？如果爸爸说话向来是不算数的，那么所谓的奖励大概也是假的，我考到90分也没用，不值得努力；如果爸爸向来说到做到，那么关键就看我是否能够达成爸爸设立的目标。

以上第一个问题是孩子对达到父亲所定目标的可能性（期望值）分析，第二个问题是对达成目标后所得报酬大小（效价）的估计，第三个问题是对奖励兑现的可能性（期望值）分析。根据对以上三方面的分析，孩子将决定是否为此而努力学习，以及努力的程度（动机及动机的强度）。根据期望值和效价的不同组合，将会产生不同的激励力量，如表13-2所示。

表13-2　激励力量的形成

努力导致业绩的期望值（1）	高	中	高	高	低	低
业绩导致报酬的期望值（2）	高	中	高	低	高	低
报酬的价值（效价）	高	中	低	高	高	低
激励力量	高	中	低	低	低	低

从表13-2中可以看到，**只有当期望值和效价都比较高时，才会产生较大的激励力量**。也就是说，只有当当事人认为自己的努力可以取得较好的业绩，好的业绩又会带来某种特定的奖励，且这种奖励对本人具有很大的吸引力时，激励作用才最大。

期望理论是深受行为科学家欢迎的理论，因为他们认为这一理论能够被实践验证，并且比较清楚地说明了个体受到激励的原因。从实用的角度讲，**期望理论为管理者提高员工的工作业绩指出了一系列可供借鉴的途径**。例如，为了提高期望值，目标设置要具体可行；注意培训员工以提高其完成任务的能力；通过授权等手段创造有利于完成任务的条件；言行一致，及时兑现报酬等。为了提高效价，奖励要针对人们最迫切希望得到满足的需要；对不同的人可根据其需求的不同给予不同的奖励。要通过各种渠道了解员工效价、期望值的变化情况，以便及时采取措施维持员工的工作积极性等。

？思考题　在布置一项重大任务时，为什么常常要进行动员和形势分析？

二、公平理论

公平理论是美国心理学家**亚当斯**（J. Stacy Adams）在其1965年出版的《社会交换中的不公平》一书中提出的。

公平理论的主要观点是：**人是社会人，一个人的工作动机，不仅受其所得报酬绝对值的影响，而且受到相对报酬多少的影响**。每个人都会把自己所得的报酬与付出的劳动之间的比率同其他人的比率进行社会比较，也会把自己现在的投入产出比率同过去的投入产出比率进行历史比较，并且根据比较的结果决定今后的行为。

员工评价自己是否得到了公正的评价，在一般情况下是以同事、同行、亲友、邻居或自己以前的情况等作为参考依据的。当他们把自己的投入产出比率与别人的或自己以前的投入产出比率进行比较时，若发现比率相等，心里就比较平静，认为自己得到了公平的待遇；当发现比率不相等时，内心就会感到紧张不安，从而会被激励去采取行动以消除或减少引起这种紧张不安的差异。亚当斯用图13-8所示的公平理论方程式说明了这一比较过程。

？思考题　当一个人的投入产出比率大于他人时，他为什么也会有不公平感？

比较过程

当事人 A

$$\dfrac{O}{I}$$

$$\left[\dfrac{O}{I}\right]_A \quad \left[\dfrac{O}{I}\right]_B$$

当事人 B

$$\dfrac{O}{I}$$

$$\left[\dfrac{O}{I}\right]_A < \left[\dfrac{O}{I}\right]_B$$

$$\left[\dfrac{O}{I}\right]_A = \left[\dfrac{O}{I}\right]_B$$

$$\left[\dfrac{O}{I}\right]_A > \left[\dfrac{O}{I}\right]_B$$

不公平 公平 不公平

减少贡献或
要求增加报酬

工作满意
行为继续

增加贡献或
要求减少报酬

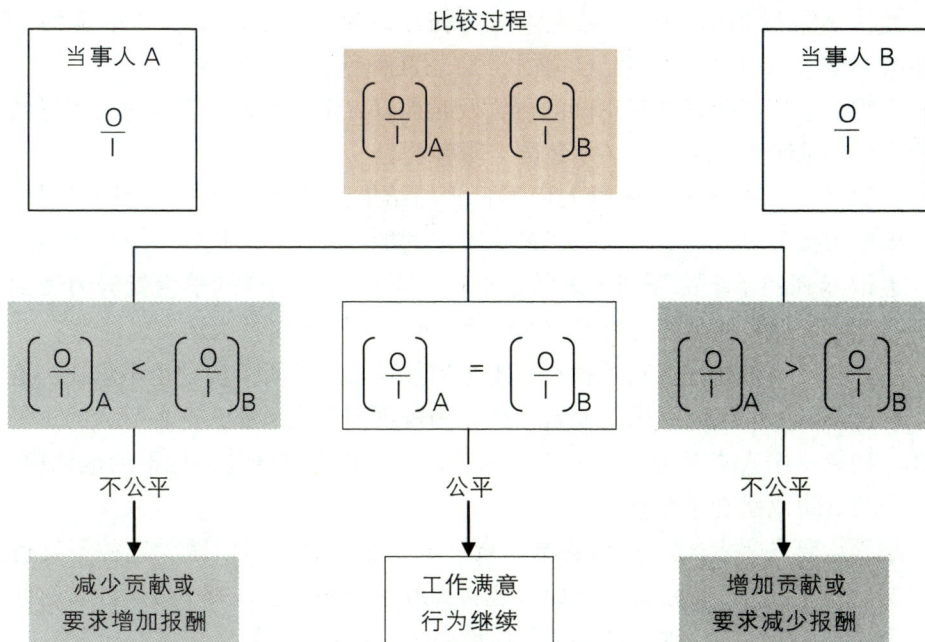

式中：O（Outcome）=报酬：工资、奖金、津贴、晋升、荣誉、地位等
I（Input）=贡献：工作数量与质量、技术水平、努力程度等

图13-8 亚当斯公平理论方程式示意

公平理论指出，**管理者必须对员工的贡献（投入）给予恰如其分的承认，否则员工就会产生不公平的感觉**。当员工觉得自己受到了不公平对待时，为了消除由此而产生的紧张不安，他们往往会采取下列种种办法：

● 采取一定行动，改变自己的收支情况。如以罢工、辞职等相威胁要求增加工资报酬，或者以怠工、推卸工作等来减少自己的劳动投入。

● 采取一定行动，改变别人的收支情况。如通过要求请客等手段降低他人的实际收入，"自己拿不到，干脆谁也甭拿"；或增加他人的支出，"谁拿得多，谁去干"，由此消除认知失调。

● 通过某种方式进行自我安慰。如换一个比较对象，以获得主观上的公平感：与张三比是吃亏了，但若与王五比，似乎还可以，"比上不足，比下有余"；或通过曲解自己的或别人的收支情况，造成一种主观上公平的假象，以消除自己的不公平感等。

● 在无法改变不公平现象时，可能采取发牢骚、制造人际矛盾、放弃工作等行为。

公平理论不仅就员工对自己所得奖酬比较后的心理状态做了详尽的描述，而且还对比较后可能引起的行为变化进行了预测。这些研究结果对管理者客观地评价工作业绩和确定合理的工作报酬，以及敏锐地估计员工的行为是非常重要的。

?思考题 在现实生活中，造成不公平感的主要原因是什么？

三、强化理论

前面的理论主要着眼于如何激发人的动机，使其产生组织所希望的行为；**强化理论**则主要着眼于如何引导人的行为，使其朝着组织所希望的方向进行。

心理学家认为，**人具有学习能力，通过改变其所处环境，可保持和加强积极**

行为，减少或消除消极行为，把消极行为转化为积极行为。哈佛的**斯金纳**（B. F. Skinner）据此提出了强化理论，并提出了以下几种行为改造策略。

- **正强化**。正强化是指对正确的行为及时加以肯定或奖励。正强化可以导致行为的继续，条件是所给予的奖励必须是员工所喜欢的。

- **负强化**。负强化是指通过人们不希望的结果的结束，而使行为得以强化。例如，下级努力按时完成任务，就可以避免上级的批评，于是人们就一直努力按时完成任务；上课迟到的学生都受到了老师的批评，不想受到批评的学生就努力做到不迟到。负强化可增加某种预期行为发生的概率，而使一些不良行为结束或消退。

- **不强化**。不强化是指对某种行为不采取任何措施，既不奖励也不惩罚。这是一种消除不合理行为的策略，因为倘若一种行为得不到强化，那么这种行为的重复率就会下降。如果一个人老是抱怨分配给他的工作，但没人理睬他，也不给他调换工作，也许过一段时间他就不再抱怨了。

- **惩罚**。惩罚就是对不良行为给予批评或处分。惩罚可以减少这种不良行为的重复出现，弱化行为。但惩罚一方面可能会引起怨恨和敌意，另一方面随着时间的推移，惩罚的效果会减弱。因此在采用惩罚策略时，要因人而异，注意方式方法。

- **综合策略**。综合策略是指对一个人的不同行为采取一种以上的策略。如当有两种互不相容的行为，即一种合理另一种不合理时，可采用综合策略强化合理的行为、减少或消除其他不合理的行为。

小卡片　　　　**哈姆纳（Hamner）的六项行为强化规则**

- 不能以同样的方式奖酬所有的人，绩效大小不同，奖酬也应不同。如果管理者给每个人以同样的奖励，其结果是惩罚了完成工作最好的，奖励了工作最差的。当这种情况发生时，前者会改变他们的积极行为，后者则会固化自己的消极行为。

- 无反应本身具有强化的效果。管理者常通过他们不做某些事和实际做某些事来塑造下属的行为。例如，不纠正一个工人上班迟到，就可能被认为上班迟到是被允许的。管理者必须仔细检查他们做出反应或不做出反应所可能导致的后果。

- 一定要告诉下属，他们怎样做才能得到奖酬。管理者通过让下属清楚组织的奖酬导向，可增加下属的工作自由度和积极性。

- 告诉下属他们正在做的哪些事是错误的。这个信息能帮助下属懂得如何改变不良工作习惯，否则下属就不可能明白为什么奖励被取消或为什么惩罚他。

- 不要在下属的同事面前惩罚下属。如果这样做了，这个人实际上被惩罚了两次，可能导致下属寻找抵制管理的方式，其结果对在场的人都不好。

- 使结果和行为相一致。这要求管理者公正地对待下属。如一些人工作出色，就应得到适当的奖励，否则他们就会有意控制自己的努力与产出。如果某些人实际得到的比应得的多，就常常会使这些人认为没有理由再增加他们的努力。

强化理论是影响和引导员工行为的一种重要方法，通过表扬和奖励可以使动机得到加强，行为得到鼓励；通过批评、惩罚等可以否定某种行为，使不好的行为越来越少。"奖"起着正面引导的作用，"惩"则起着劝阻和警告的作用，奖与惩就好像一条航道上的左右两个航标，是保证船只正确航行所必不可少的。

在运用强化理论进行表扬、批评时，要注意以下几点。

1. 以正强化为主

根据心理学分析，表扬可使人产生一种积极的情绪体验，使人受到鼓舞，而批评会引起忧虑甚至敌意。因此在实际工作中应该把着眼点放在人们的长处上，重视发现人们的优点和长处，贯彻**表扬与批评相结合，以表扬为主**的原则。

？思考题 只表扬不批评，或只有批评没有表扬，会带来什么后果？

2. 及时准确

无论是表扬还是批评，都要注意及时性和准确性，这是奖惩发挥激励作用的基础和前提。这就要求表扬与批评都必须实事求是，表扬时不添油加醋，批评时不任意上纲；对好的行为应及时予以肯定，如漫不经心，就会使人产生"是好是坏一个样"的感觉，好的行为就会逐渐消退；批评也要及时，不要到大家快淡忘了，再来"算旧账"，或到群情激奋时才处理。

3. 方式因人而异

人是有感情的，每一个人都有自己复杂的内心世界，有各自的性格、脾气，因此运用奖惩这一强化激励方法，要**注意从不同对象的心理特点出发，采取不同的方式方法**。有的人爱面子，口头表扬就有作用，有的人讲实惠，希望有物质奖励；有的人脸皮薄，会上批评受不了，而有的人若不狠狠惩罚他，就满不在乎。因此，为了收到好的效果，必须讲究方式方法。

第四节　激励的基本方法

根据上述各种激励理论，管理者激励下属可采用多种方法和手段。其中**最基本的方法是：工作激励、成果奖励和培养教育**。**工作激励**是指通过设计合理的工作内容，分配恰当的工作来激发员工内在的工作热情；**成果奖励**是指在正确评估员工工作成果的基础上给予其合理的奖惩，以保持员工行为的良性循环；**培养教育**是指通过思想、文化教育和技能培训，提高员工的素质，从而引导员工的价值取向、增强员工的进取精神和工作能力。

一、合理设计、分配工作

根据激励理论，一个人的投入产出比率取决于其所从事的工作是否与其所拥有的能力、动机相适应。**通过合理地设计和分配工作，能极大地激发员工内在的工作热情，提高其工作业绩**。这就要求在设计和分配工作时，做到分配给员工的工作与其能力相适应，所设计的工作内容符合员工的兴趣，所提出的工作目标富有意义与挑战性。

1. 工作内容要考虑到员工的特长和爱好

首先，每一个人所拥有的文化水平和能力是不同的，而且不同的工作对于人的知识和能力要求也不同，要做到"人尽其才"，就必须根据各人不同的才能结构来设计和安排工作，把人与工作有机地结合起来。

这就要求管理者在设计和安排工作前，**事先对每一个员工的才能结构有一个比较清楚的认识，这是合理利用人力资源的前提**。

其次，在设计和分配工作时，要从"这位员工能做什么"的角度出发来考虑问题。因为每一个人与他人相比都有其优势和劣势。一方面，由于人的精力是有限的，人们一般只能把自己有限的精力集中于一个或少数几个领域，因此，水平再高的人也总有自己的不足之处；另一方面，水平再低的人，也总有某些独到之处。在进行工作设计和安排时，应合理地使用人力资源，扬长避短，使每一个人都从事其最擅长的工作。

由于一个人的工作业绩与其动机强度有关，因此，在设计和分配工作时，还要求在条件允许的情况下，尽可能地把一个人所从事的工作与其兴趣爱好结合起来。"双因素理论"认为，能够激发人的工作动机的因素主要来自工作本身。当一个人对某项工作真正感兴趣，并爱上此项工作时，他便会千方百计地去钻研，克服困难，努力把这项工作做好。

?思考题 根据员工的特点来设计和安排工作内容在实际工作中能做到吗？

2. 工作目标应具有一定的挑战性

设计和分配工作，不仅要使工作的性质和内容符合员工的特点与兴趣，而且要使工作的要求和目标富有挑战性，这样才能真正激发员工奋发向上。

根据"成就激励理论"，人们的成就需要只有在完成了具有一定难度的任务时才会得到满足。如果管理者为保险起见，把一项任务交给一位能力远远高于任务要求的员工去做，这位员工凭实力可马上开展工作，但他会感觉到自己的潜力没有得到充分的发挥，随着时间的推移，他对该项工作会越来越不感兴趣，越来越不满意，工作积极性也就随之迅速下降。

与此相反，管理者或许会从迅速提高员工的技术水平和工作能力出发，把这项任务交给一位工作能力远远低于该项工作要求的员工去做。那么，根据"期望理论"，这位员工也许一开始就觉得自己不可能完成这项任务而放弃一切努力；即使这位员工在管理者的鼓励下，开始时努力做，也会在经过几次努力未获成果以后，灰心丧气，不愿再做新的尝试。

正确的方法应该是：把这项任务交给一个能力略低于工作要求的员工，或者说，应该对一位员工提出略高于其实际能力的工作要求与目标。如果这位员工不努力，那么这项任务将难以圆满完成；但只要员工在工作中愿意思考与努力，这项工作就有可能完成，目标就有可能实现。这样，不仅能在工作中提高员工的工作能力，而且能使员工获得一种成就感，从而能较好地激发出员工内在的工作热情。

二、针对员工的需求给予合理的报酬

动机理论告诉我们：**一位员工之所以愿意积极地去从事某项工作，是因为从事这项工作能在一定程度上满足其个人的需求。**工作本身给员工带来的需求的满足是即时的和直接的，它使人感受到了成功的喜悦、自我的价值和社会的承认等。同样地，工作以外的奖励，如金钱、就业保障、晋升、表扬等也能在一定程度上满足人们的生理和心理需求。**管理者要引导员工的行为，使得它向着有利于组织目标的方向行动，就必须把奖励的内容与员工的需求相结合，奖励的多少与工作业绩的高低相挂钩。**

1. 奖品必须能在一定程度上满足员工的需求

首先，管理者要了解员工希望从工作中得到什么，即要了解员工的需求，据此才能确定合适的奖品。管理者经常以为自己知道员工的需求，并以自己觉得不错的奖品来激励员工。遗憾的是，管理者认为是好的并不一定是员工所希望的。一旦发生这种情况，管理者设置的奖励作用就非常有限。

那么管理者怎样才能了解员工的真正需求呢？一种方法是根据前人的或组织内部进行的研究结果，例如，马斯洛对于人类需求的研究结果为管理者认识员工的需求提供了一个基本的框架。另一种方法是直接询问员工或者通过与员工一起工作和生活来体验员工的需求，业务管理者由于经常与员工在一起，往往可以给人事管理人员制定奖励政策提供很多有益的建议。另外，与员工保持良好的人际关系，也便于管理者获得有关员工需求的信息。知道了员工的需求以后，管理者就可以据此来设置奖品。奖励可以是物质奖励，也可以是精神鼓励；可以是正奖励（奖），也可以是负奖励（罚）。但不管怎样，都必须针对员工的需求，如此才能有效地引导员工的行为。

？思考题 如果员工的需求都不相同，管理者如何设置奖励体系？

2. 奖励的多少应与员工的工作业绩挂钩

管理者奖励员工的目的是使员工的行为有助于组织目标的实现，如果奖励不与员工工作业绩挂钩，那么奖励也就失去了意义。那么，怎样才能把奖励与员工工作业绩挂起钩来呢？在实践中，管理者采取了各种各样的方法，常见的有以下几种。

扩展阅读：报酬的定义与分类

- **按绩分配，**即直接根据工作业绩的大小支付报酬。这是最古老的奖励方法，它使每一位员工都专注于自己的工作，根据工作成果领取报酬，业绩越好，报酬越多。属于这类方法的有绩效工资制等。

- **按劳分配，**即根据工作量支付报酬。从理论上讲，工作业绩与工作数量之间并不一定存在必然的联系，组织应该按员工工作业绩而不是工作努力程度来支付报酬。但事实上，很多工作无法用客观标准来衡量业绩的大小，而且一个组织中的很多工作的完成得益于群体的努力，很难完全按个人的工作业绩来进行奖励。在这种情况下，管理者就只好根据对每位员工工作量大小的评估进行奖惩。例如，加班工资等。

- **效益分享，**即把奖励与员工对组织的贡献直接挂钩。这是一种把组织生产率的提高与员工的收入相联系的管理方法，它有助于鼓励员工群策群力，以积极的态度去解决组织在质量、生产率和其他方面存在的问题，因为根据其所带来的组织业绩的提高，员工将获得相应的报酬。例如，合理化建议奖、新产品开发奖、利润分享制度、差额结算制等。

- **目标考核法，**即按一定的指标或评价标准来衡量员工完成既定目标和执行工作标准的情况，根据衡量结果给予相应的奖励。这种方法比较适用于管理人员的考评。它通过事先确定目标和考评标准，然后对实际业绩进行衡量，最终根据目标达成度给予相应的奖惩。例如，岗位经济责任制等。

不管采用哪一种方法，在对员工进行成果评价时都必须做到客观公正。因为按照"公平理论"，人们会对自己的报酬公平与否进行比较，并将根据比较的结果，采取相应的行动。

扩展阅读：股权激励

?思考题 如果不按工作业绩来进行奖惩，会产生什么问题？

三、通过教育培训，增强员工自我激励的能力

员工的工作热情和工作积极性通常与他们的自身素质有极大的关系。一般而言，自身素质好的人，自信心和进取心就强，比较注重高层次的追求，因此，相对来说比较容易自我激励，在工作中表现出高昂的士气和工作热情。所以，**通过教育和培训，增强员工的工作能力，提高员工的思想觉悟，从而增强其自我激励的能力，是管理者激励和引导下属行为的一种重要手段。** 教育培训的内容主要包括思想教育和业务知识与能力培训。

1. 通过思想教育树立崇高的理想和职业道德

通过思想教育调动员工的积极性，是我国组织管理的优良传统。对员工进行科学的世界观教育，可以帮助员工正确地认识自身的价值，树立正确的职业道德观，从而促使他们在工作中认真负责、勇于进取、积极肯干。思想教育的内容主要包括企业文化理念、厂纪厂规、职业道德教育，先进模范人物事迹介绍，以及其他针对员工的思想情况而进行的个别教育等。为了保证思想教育收到预期的效果，管理者在进行思想教育时，要注意坚持理论联系实际，防止空洞说教；平等对待员工，防止以"教育者"自居；注意表扬与批评相结合，以表扬为主；在注重提高员工思想认识的同时，切实解决员工在工作和生活中遇到的实际困难；要以身作则，用行动去影响员工。只有这样，才能使思想教育对员工有吸引力、说服力，起到预期的激励效果。

2. 通过专业技能培训提高员工的工作能力

进取心与个人的业务素质是相互促进的：强烈的进取心会促使员工努力掌握新的工作技能，而良好的素质使一个人有较多的成功机会，成功及由此而带来的心理满足的体验又会促使其在事业上攀登新的高峰。正因为如此，对员工进行专业技能培训，对于激发员工的进取心和提高员工的工作业绩是十分重要的。

专业技能的培训，应根据本组织的特点和员工个人的特点，有计划、有组织、有重点地进行。例如，对于管理人员，既要注意通过理论学习，使他们掌握现代化管理的新知识和新方法，又要注重在实践中培养，以提高他们解决实际管理问题的能力；对于一般员工，既要进行基础教育，提高他们的文化水平，又要结合本职工作，进行相关作业的基本技能训练；对于工程技术人员，既要使他们能够通过各种方式及时了解本学科的发展动态，又要让他们有更多的运用新知识的机会。只有从业务理论和实际操作技能这两方面根据员工的工作特点去组织培训工作，才能收到较好的效果。

?思考题 教育培训工作，在一个组织中，应该由谁负责具体实施？

以上各种激励手段，不管采取何种形式，都是外在激励与内在激励的统一。**通过外部因素来诱使员工内在动力的产生，是管理者激励工作的要旨。**

●复习题

1. 对于人是怎么样的人，有哪几种典型的看法？

2. 需求、动机、行为之间有什么关系？根据动机理论，怎样才能使人产生某种特定的行为？

3. 内容型激励理论与过程型激励理论有何不同？

4. 需求层次理论的主要观点是什么？双因素理论的主要观点是什么？

5. 期望理论的基本内容是什么？

6. 为什么"干多干少一个样"会挫伤人们的工作积极性？

7. 根据强化理论，怎样才能控制人的行为？

8. 常用的激励手段有哪些？各自有什么特点？

要点参考 ●

●讨论题

管理学学习动机和激励方法探讨

分析自己学习管理学课程是为了满足马斯洛需求层次理论中的何种需要？对每一个学生来说这种需要是不是一样的？教师怎样才能满足学生的多样化学习需要？

●案例分析

提拔错了吗？

朱彬是一家房地产公司负责销售的副总经理，他把公司里最好的销售员李兰提拔起来当销售部经理。李兰在这个职位上干得并不怎么样，她的下属说李兰待人不耐烦，工作中几乎得不到她的指导与帮助。李兰也不满意这工作，当销售员时，她做成一笔买卖就可立刻拿到奖金，可当了经理后，她干得是好是坏取决于下属的工作，她的奖金也要到年终才能定下来。人们说她是"被高度激发了"，她拥有一幢价格昂贵的市区住房，开着奥迪车，全部收入都用在生活开销上。李兰现在和过去判若两人，朱彬被搞糊涂了。一位管理咨询专家被请来研究这一情况，他的结论是，对李兰来说，销售部经理一职不是她所希望的，她不会卖力工作以追求成功。

请问：

就以上资料，请分析管理咨询专家为什么会得出这个结论？

📚 **推荐书目**

1. ［美］亚伯拉罕·马斯洛著，马良诚等译：《动机与人格》，陕西师范大学出版社2010年版。马斯洛是现当代全世界最有影响力的美国心理学家，人本主义心理学的主要发起者。该书是其奠基之作。该书共分16章，运用整体论方法，对人性做出了重新描述，在这本著作中，他提出了许多精彩的理论，包括需求层次理论、自我实现理论、元动机理论、心理治疗理论、高峰体验理论等。《纽约时报》评论说："马斯洛心理学是人类了解自己过程中的一座里程碑。"

2. ［美］弗雷德里克·赫茨伯格等著，张湛译：《赫茨伯格的双因素理论》，中国人民大学出版社2009年版。赫茨伯格在管理学界的巨大声望来源于他提出了著名的"激励与保健因素理论"，即"双因素理论"。该书分三部分13章，对该理论产生的背景、研究过程、主要结论和推广意义进行了系统的阐述。书中关于如何测量工作态度、如何取样、如何访谈、如何分析访谈数据等的描述，对于后学者也有很大的借鉴意义。

3. ［美］莱曼·波特等著，陈学军等译：《激励与工作行为》（原书第七版），机械工业出版社2006年版。波特曾任管理学会和工业组织心理学学会会长。该书收录了大量的研究文献，这些研究文献主要关注工作情景中的激励主题，强调提供综合的理论表达、重要的研究发现和相关重要主题的实际应用。该书分为三个部分：第一部分展示了激励领域早期研究工作的情况；第二部分探讨了该书主题的大量重要问题；第三部分检验了激励方法在三个领域中的应用。阅读该书将有利于我们加深对有关激励知识的理解。

第五篇 **控制篇**

CONTROLLING

　　管理的目的是有效地实现组织目标，为此就要进行计划、组织、领导、控制。计划工作是为组织确定目标，做出总体规划和部署；组织工作是通过内部结构设计和组织关系的确定，在组织中进行部门划分、人员配备和权力分配，确定为了保证计划的落实和目标的实现应该做什么、谁来做和如何做；领导工作是管理者运用职权和威信施加影响，以充分发挥每一个组织成员的积极性，指导、协调、激励各类人员履行各自职责以努力实现组织目标；控制工作则是检查、监督、确定组织活动进展情况，对实际工作与计划之间所出现的偏差加以纠正，从而确保整个计划及组织目标的实现。没有有效的控制，实际工作就有可能偏离计划和目标方向。因此，控制是一项重要的管理职能。

控制是组织在动态的环境中为保证既定目标的实现而采取的检查和纠偏活动或过程。控制既可以理解为一系列的检查、调整活动，也可以理解为检查和纠偏的过程。在现代组织管理中，控制之所以必不可少，是因为：

　　● **组织环境的不确定性**。组织的目标和计划，是组织对未来一定时期内的努力方向和行动步骤的描述。任何组织的目标和计划都是在特定的时间、环境下制定的，在计划实施过程中，组织内外的相关因素都有可能发生变化。为了使目标、计划能够适应不断变化的环境，组织就必须通过控制来及时了解环境变化的程度和原因。

　　● **现代组织活动的复杂性**。每一个组织要实现自身的目标，都必须从事一系列极其艰巨的活动或工作，而每一项活动又都可能涉及组织的各个部门，因此组织不仅要制定明确的目标并进行总目标分解，而且在实施过程中要进行大量的组织协调工作。为了避免本位主义，使各部门的活动紧紧围绕着组织目标，以及保证每一项具体活动或工作顺利进行，组织就必须对各部门及其活动进行有效的控制。

　　● **管理失误的不可避免性**。任何组织在其发展过程中，都难免会犯一些错误，出现一些失误，而控制是任何组织发现错误、纠正错误的有效手段。通过对实际活动的反馈，管理者可以及时发现失误；通过对产生偏差的原因的分析，可以使管理者明确问题之所在，从而采取措施纠正偏差。因此，控制是改进工作、推动工作不断前进的有效手段。

　　● **提升组织的效率和竞争力**。一个组织要在竞争中脱颖而出，就必须在运营效率、产品和服务质量、对顾客的响应、创新等方面有出色的表现。而管理者要提升运作效率，就必须掌握企业利用资源的现状，准确地评估组织已有的生产或服务效率。也正因为有了通过控制系统所获得的信息反馈，一个组织才能不断改进产品和质量，有针对性地指导员工更好地为顾客服务，从而在竞争中脱颖而出。同时，当一个组织拥有一个有效的控制系统时，就可加大对员工的创新授权，从而有利于推动组织内部创新。

　　控制贯穿于管理的各个方面。管理者通过他人完成任务，并负有最终的责任，为此，管理者就需要建立控制系统，以便使自己可以自始至终地掌握下属完成任务的情况和进度。控制篇由第十四章组成，对控制系统的构成、控制过程、控制原则以及常用的控制方法进行了探讨。

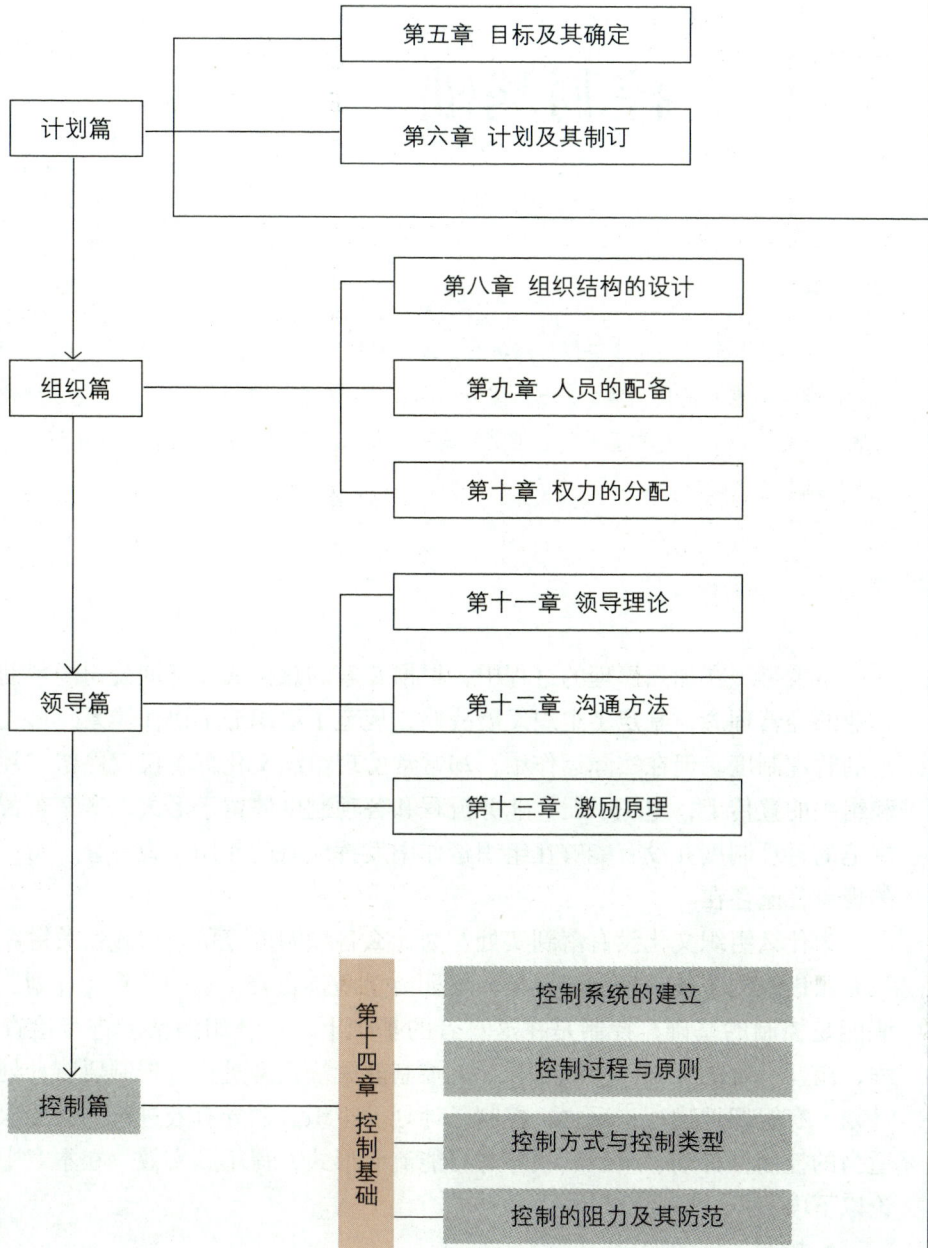

系统管理过程

计划篇 ─┬─ 第五章 目标及其确定
        └─ 第六章 计划及其制订

组织篇 ─┬─ 第八章 组织结构的设计
        ├─ 第九章 人员的配备
        └─ 第十章 权力的分配

领导篇 ─┬─ 第十一章 领导理论
        ├─ 第十二章 沟通方法
        └─ 第十三章 激励原理

控制篇 ── 第十四章 控制基础 ─┬─ 控制系统的建立
                            ├─ 控制过程与原则
                            ├─ 控制方式与控制类型
                            └─ 控制的阻力及其防范

第七章 决策及其过程

控制基础

　　理解控制的概念和作用，了解控制与其他管理职能之间的关系；知道控制系统的构成要素，掌握控制的基本前提，清楚控制的基本过程；掌握控制的基本原则；知道基本的控制类型及其适用特点；熟悉各种常见的经营控制方式；了解人们反对控制的原因、表现形式和管理者对待人们抵制控制的方法。

　　不少组织在加强管理的过程中，根据专家的意见或在咨询公司的帮助下，明确了企业的经营理念，制定了组织发展战略，规范了组织分工协作体系，形成了一整套规范的管理制度。但在实际运作中，却常常发现组织文化理念仅仅停留在领导人的口头和组织的宣传上，组织手册、业务流程和各项制度停留于形式，辛辛苦苦制定出来的规范的管理制度并没有能够在组织运作中发挥应有的作用。说一套、写一套、做一套的现象普遍存在。

　　为什么组织文化没有落到实处？为什么各项制度停留于形式？关键原因在于组织没有跟进控制工作。**控制与其他管理职能之间存在着密切的关系**，计划、组织、领导职能是控制的基础，控制是在这三者的基础上对具体组织活动进行检查和调整的过程，离开一定的计划、组织、领导，控制就无法正常进行，控制要以计划为依据，有计划、有组织地进行；反之，控制是计划、组织、领导有效进行的必要保证，离开了适当的控制，计划、组织、领导都可能流于形式，得不到实效。在本章中，将着重讨论以下内容：

- 控制系统的构成。
- 控制的前提、过程和基本原则。
- 控制类型和方式方法。
- 控制中的阻力和改善方法。

第一节　控制系统的建立

　　管理者要了解组织内外部环境的变化，监控组织中各部门各岗位各项工作的进展情况，及时发现和解决管理过程中出现的失误，就必须建立一个完整的控制系统。

一、控制系统的构成

如图14-1所示，一个组织的控制系统主要由以下几个要素组成。

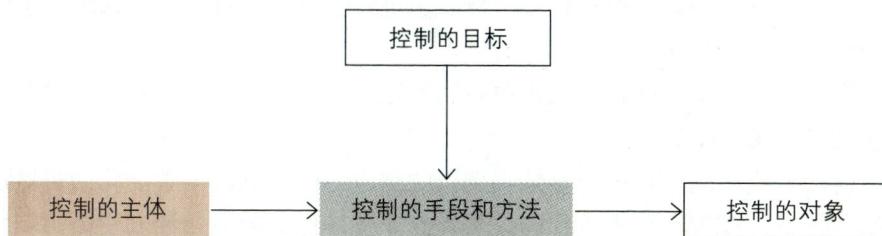

```
                    ┌──────────┐
                    │ 控制的目标 │
                    └────┬─────┘
                         │
                         ▼
┌──────────┐      ┌──────────────┐      ┌──────────┐
│ 控制的主体 │ ───> │ 控制的手段和方法 │ ───> │ 控制的对象 │
└──────────┘      └──────────────┘      └──────────┘
```

图14-1　组织控制系统的构成

1. 控制的对象：控制什么

要建立控制体系，首先必须明确控制的对象，即明确要控制什么。

控制对象可从不同的角度进行划分。从横向看，组织内的人、财、物、时间、信息等资源都是控制的对象；从纵向看，组织中的各个层次，如企业中的部门、车间、班组、各个岗位都是控制对象；从控制的阶段看，组织内不同的业务阶段也是控制对象，如企业中研、供、产、销都需要控制；从控制的内容看，行为、态度、业绩等都可以成为控制的对象。**组织的控制应该是全面的控制**，组织控制系统的控制对象原则上应是组织的各个方面。

组织的控制还应是统一的控制，即在控制活动中要把组织的各个方面当作一个整体来控制，只有统一控制才能使组织活动协调一致，达到整体的优化，从而有效地实现组织目标，否则就会顾此失彼。例如，在企业组织控制中，若仅仅着眼于对物的控制而忽视对人的行为的控制，就不可能收到良好的控制效果。

?思考题　如果管理者未能控制组织的各个方面，会产生什么后果？

2. 控制的目标：要求控制在怎样的范围之内

任何控制活动都有一定的目标取向，不存在无目的的控制。要建立控制系统，除要明确控制对象外，还要明确控制的目标，即要求控制在怎样的范围之内。

在一个组织中，**控制的目标常常以各种形式的控制标准体现出来，**如时间标准、质量标准、行为准则等。控制应服从于组织发展的总体目标，因此，控制标准往往是根据总目标所派生出来的分目标及各项计划指标或制度要求来确定的，也就是说，**控制目标是与组织理念体系、目标体系和计划体系相辅相成的。**

?思考题　控制目标是否就是由组织目标体系和计划指标组成的？

3. 控制的方法和手段：如何实现控制

为了了解控制对象实际达到控制目标的程度，我们还需要明确衡量控制对象实际状况与控制目标之间差距的方法和手段。

控制的方法和手段是多种多样的，**只要控制对象确定，控制目标要求明确，就一定可以找到相应的衡量指标和衡量方法。**第三节介绍了各种控制类型和控制方法，各个组织应视具体情境选用相应的控制方法和手段。

?思考题 一个组织的控制系统是否就是信息管理系统?

4. 控制的主体:谁来履行控制的职责

为了落实对各控制对象根据控制目标要求进行控制的职责,控制系统必须明确各项工作的控制主体。

组织内的控制活动以往是由人来执行和操纵的,因此,**组织控制系统的主体是各级管理者及其所属的职能部门。**

但在现代,我们已经越来越多地把例行的程序性的控制转由智能化的机器设备和信息网络来执行,管理者更多关注的是例外的非程序性的控制。**控制主体控制水平的高低是控制系统能发挥多大作用的决定性因素。**

二、控制的基本前提

管理者进行控制的根本目的,在于保证组织活动的过程和实际绩效与目标及计划相一致,最终保证组织目标的实现。控制职能无疑是十分重要的,但控制本身不是目的,它仅仅是保证目标实现的手段之一,必须将其置于整个管理工作过程之中才能发挥其应有的作用。

组织内任何形式的控制,都有一定的前提条件。这些前提条件是否充分,对于控制工作能否顺利开展有很大影响。一般地,控制的前提条件包括以下几个方面。

1. 有计划:有一个科学的、切实可行的计划

控制的目的是保证组织目标与计划的顺利实现。控制目标体系是以预先制定的目标和计划为依据的,**控制工作的好坏与计划工作紧密相联**。组织在行动之前制订出一个科学的、符合实际的行动计划,是控制工作取得成效的前提。相反,如果一个组织没有一个好的计划,或者有一个会导致组织走向失败的计划,那么控制工作做得越好就越会加速组织走向失败的进程。

此外,**控制工作本身也需要有一个科学的、切实可行的计划来明确控制的目标、对象、主体、方式方法,没有一个科学的控制计划,控制就难免顾此失彼。**从这两方面而言,有效控制是以科学的计划为前提的。

2. 有组织:有专司控制职能的组织机构或岗位

控制工作主要是根据各种信息,纠正计划执行中出现的偏差,以确保目标的实现。要做到这一点,就要有专司监督职责的机构或岗位,建立、健全与控制工作有关的规章制度,明确由何部门、何人来负责何种控制工作。如图14-2所示。

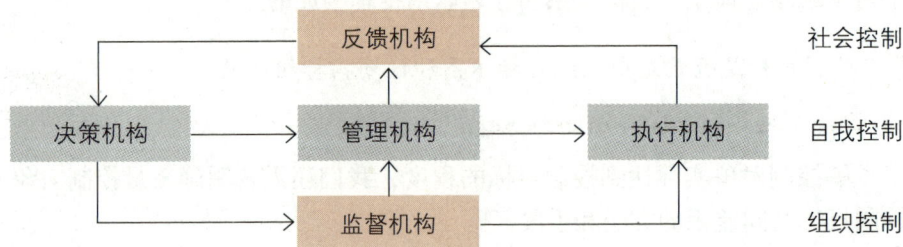

图14-2 三个层面的控制

一个组织，如果没有专门的控制机构，而由各部门自行监督、自行控制，那么就会出现管理部门和执行部门出于对切身利益的考虑而故意掩盖失误、制造假象、阳奉阴违的情况，也可能会存在管理部门由于忙于贯彻指令，无暇顾及调查研究及分析评价而难以反映真实状态的情况。因此，**监督机构与相应的规章制度越健全，控制工作也就越能取得预期的效果。**

思考题 对组织中的控制机构如何进行控制？

3. 有领导：有畅通的信息反馈渠道

控制工作中的一个重要步骤就是要将决策指令和计划执行情况及时反馈给管理者，以便管理者对已达到的目标水平与预期目标进行比较分析。这种**信息反馈的速度、准确性如何，直接影响决策机构做出的决策指令的正确性和纠偏措施的准确性。**因此，为了获得准确的信息反馈，防止监督机构与被监督机构串通一气、谎报信息，管理者在订好了计划，明确了各部门、各岗位的控制职责以后，还必须设计和维护畅通的信息反馈渠道，充分发挥社会舆论的监督作用。

信息反馈渠道的设计要注意：设立多个信息反馈渠道，确定与信息反馈工作有关的人员在信息传递中的任务与责任；事先规定好信息的传递程序、收集方法和时间要求等事项；做好领导工作，调动各方面人员主动提供信息的积极性。只有加强领导，并建立畅通的信息反馈渠道，控制工作才能卓有成效地进行下去。

思考题 以上三方面前提是否缺一不可？

第二节 控制过程与原则

一、控制的基本过程

虽然控制具有多种不同的形式，但有效的控制活动一般都按照以下基本过程进行，如图14-3所示。

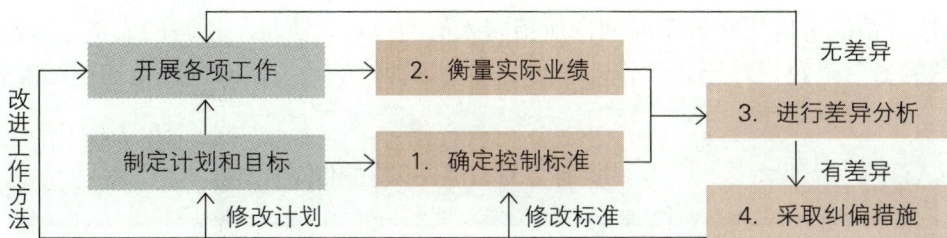

图14-3 控制的基本过程

1. 确定控制标准

标准是组织用以衡量组织中的各项工作或行为符合组织要求的程度的标尺，表现为一些具体的衡量指标。控制主要是对组织活动加以监督和约束，以实现所期望的目标，为此必须首先确定控制标准，作为共同遵守的衡量尺度和比较的基础。因此**确定控制标准是实施控制的必要条件**。没有标准，就无法对工作进行客观检查和对实际业绩进行客观评价，也无法明确是否需要采取纠偏措施；标准的错误，则往往会导致组织误入歧途，如公立医院以创收多少来衡量医生的工作业绩，就可能会导致医生过度治疗；标准的不清和不客观，则常常会导致组织内部的纷争、员工的不满和上下级的挫折感。

控制的目的，是保证计划的顺利进行和目标的实现，**因此控制标准的制定必须以计划和目标为依据**。但组织活动的计划内容和活动状况是细微和复杂的，控制工作既不可能也无必要对整个计划和活动的细枝末节都来确定标准、加以控制，而应找出关键点。只要抓住这些关键点，就可以控制组织整体状况。

组织目标是最主要的关键点，目标偏了，其他工作做得再好也不会符合要求。除此之外，对于实现目标有重大影响的因素和环节，最容易出现问题的薄弱环节和实际发生的重大例外，都是应加以控制的关键点。在任何组织活动中都存在着此类关键点，如在酿造啤酒的过程中，影响啤酒质量的因素很多，但只要抓住了水的质量、酿造温度和酿造时间，就能基本保证啤酒的质量。本书前述的目标管理思想实际上也是基于这个原理。

示例：泰勒的工作标准制定方法

在控制过程中，对关键点必须确定相应的控制标准。**控制标准可分为定量标准和定性标准两大类。**定量标准便于度量和比较，是控制标准的主要表现形式。定量标准主要分为实物标准、价值标准、时间标准。实物标准如产量等，价值标准如成本、利润、销售收入等，时间标准如工时定额、工期等。除了定量标准外，还有定性标准，主要是有关服务质量、组织形象、社会责任等方面，这些方面一般难以量化。尽管如此，为了使定性标准便于掌握，有时也应尽可能地采用一些可度量的方法。如美国著名的麦当劳餐厅在经营上奉行"质量、服务、清洁、价值"的宗旨，为体现其宗旨，公司制定的工作标准是：95%以上的顾客进餐厅后三分钟内，服务员必须迎上前去接待顾客；事先准备好的汉堡包必须在五分钟内热好供应顾客；服务员必须在就餐顾客离开后五分钟内把餐桌打扫干净等。

行动指南：检验标准合理性的准则

通常而言，构建一个工作标准可以从四个维度去考虑：数量、质量、成本和时间。如营销员的工作成果：数量是销售收入，质量是销售利润和货款回收率，成本是销售费用率，时间是年度、月度等。人力资源招聘职责履行情况可以用在规定时间内所招聘人员的数量、质量、招聘的成本等来衡量。**"多快好省"是我们对很多工作的理想追求。**不管对某些控制对象制定控制标准有多

小卡片

德鲁克谈衡量标准的制定

"为了能够控制自己的绩效，管理人员除了要了解自己的目标以外，还必须了解一些其他情况。他必须能够对照目标来衡量自己的绩效和成果。在企业的所有重要领域中，都应该提出一些明确而共同的衡量标准。这些衡量标准不一定是定量的，也不一定要十分精确，但必须是清楚、简单和合理的。它们必须与业务有关，并能够把人们的注意和努力引向正确的方向。它们必须是可靠的——至少其误差界限是大家所公认的，并为人所理解。同时，它们还必须是自明的，用不着复杂的解释或哲学式的讨论就能理解。"

资料来源：彼得·德鲁克. 管理使命、责任、实务（实务篇）[M]. 王永贵，译. 北京：机械工业出版社，2006：71.

困难，组织都应尽可能地建立有效的控制标准：能够量化的尽可能量化，不能量化的尽可能细化或状态化，以保证标准的客观可衡量性。

2. 衡量实际业绩

标准的制定是为了衡量实际业绩，即把实际工作情况与控制标准进行比较，找出实际业绩与控制标准之间的差异，并据此对实际工作做出评估。

? 思考题 在控制中为什么要进行实际业绩的衡量？

实际业绩的确定直接关系到控制措施的采取，因此要十分重视。**为了对组织的各项活动加以有效控制，管理者必须拥有信息。**例如，为了依据预算标准控制开支，管理者需要掌握目前组织中各部门的资金使用情况。衡量实际绩效也就是控制过程中的信息反馈。在了解内外部环境和检查各项工作的过程中，信息的获取占据着重要的地位。在控制工作中，能否及时获得所需要的信息以及所获得的信息的准确性如何，直接影响到组织对实际绩效的评价、差异的分析和纠偏措施的采取。

为此，管理者有必要建立一个高效的管理信息系统，来帮助管理者收集、储存、综合分析、传递大量信息以满足决策和控制的需要。在一个组织中，**管理者通常通过以下几种方法获取信息：**现场观察、口头和书面报告、统计分析、专题分析、审计、管理信息系统。这些信息收集渠道各有长处和短处，在实际工作中将它们有机结合起来，可以大大丰富信息的来源并提高信息的准确性。管理者通过建立一定的检查制度、汇报制度，以及时掌握信息；通过在线检测、调查、核实、统计、分析，比较全面确切地了解实际的工作进展情况；要力求真实，防止文过饰非；要抓住重点，对关键之处进行重点检查，以使控制更有针对性；要将实际业绩的衡量作为一项经常性的工作，定期而持续地进行。

扩展阅读：各种信息获取渠道的优劣

为了防止被控制者歪曲或隐瞒实际情况，管理者可建立专门的部门，如统计部门、审计部门、政策研究部门等来从事这项工作。不要把实际绩效简单地理解为某项工作或某个项目的最后结果，有时它可能是中间过程或状态，有时它也可能是由中间过程或状态推测出来的结果。**控制的目的不是衡量绩效，而是达到预定的绩效，**所以在控制过程中也要预测可能出现的偏差，以控制未来的绩效。

3. 进行差异分析

差异分析的目的在于确定是否有必要采取纠偏措施。通过实际业绩同控制标准之间的比较，我们可确定这两者之间有无差异。若无差异，工作按原计划继续进行；若有差异，则首先要了解偏差是否在标准允许的范围之内。若偏差在允许的范围之内，则工作继续进行，但也要分析偏差产生的原因，以便改进工作，并把问题消灭在萌芽状态；若偏差超出了允许的范围，则应深入分析产生偏差的原因，以适时采取纠偏措施。

搞清原因是采取相应措施的前提。差异分析首先要确定偏差的性质和类型。通常而言，导致偏差产生的原因有三类：一是事先没有预计到某些因素的变化导致实际业绩偏离了预期；二是在实施过程中方法不当、组织不力、领导无方导致实际业绩没有达到预期目标；三是计划指标或工作标准的制定脱离实际，定得太高或太低，以至于出现偏差。必须对这三类不同性质的偏差做出准确的判断，以便采取相应的纠偏措施。

偏差可分为正偏差和负偏差。**正偏差**是指实际业绩超过了计划要求，而**负偏差**是指实际业绩未达到计划要求。负偏差固然引人注目，需要分析，正偏差也要进行原因分析。如果是环境变化导致的有益的正偏差，则要修改原有计划以适应变化了的环境。如在检查当月的销售情况时，出现了实际销售量超过预期计划的正偏差，管理人员就要分析导致实际销售量超过预期计划的原因，以便采取正确的措施。

在做差异分析时，必须持冷静客观的态度，以免影响分析的准确性。应抓住重点和关键，从主观和客观两方面做实事求是的分析。

4. 采取纠偏措施

控制的第四步是采取必要的纠偏措施来纠正或改善未来的偏差。**采取纠偏措施实质上是一个解决问题的过程，**在深入分析产生差异的原因的基础上，管理者要根据不同的偏差采取不同的措施。一般而言，纠偏措施可从以下几方面进行：

● **改进工作方法**。达不到原定的控制标准，工作方法不当是主要原因之一。在很多情况下，偏差可能来自技术上的原因，为此就要采取技术措施，及时处理由于技术问题而引起的各种偏差。例如，有些同学学习非常自律、刻苦，学习效果却总是不理想，其中很有可能是因为学习方法不当，只有当其认识到这一问题，并进行认真的探索和改进，努力才能获得相应的回报。

● **改进组织和领导工作**。控制职能与组织、领导职能是相互影响的。组织方面的问题主要有两种：一是计划制订好之后，组织实施工作没有做好；二是控制工作本身的组织体系不完善，不能对已产生的偏差加以及时跟踪与分析。在这两种情况下，都应改进组织工作。偏差也可能是执行人员能力不足或积极性不高导致的，那么就需要通过改进领导方式和提高领导艺术来矫正偏差。

● **调整或修正原有计划或标准**。偏差较大，有可能是原计划安排不当导致的；也有可能是内外环境的变化，使原计划与现实状况之间产生了较大的偏差。不论是哪一种情况，都要对原计划加以适当的调整。需要注意的是，调整计划不是任意地变动计划，这种调整不能偏离组织总的发展目标，调整计划归根到底还是为了实现组织目标。**在一般情况下，不能以计划迁就控制，任意地根据控制的需要来修改计划。**只有当事实表明计划标准过低或过高，或环境发生了重大变化使原有的计划前提不复存在时，对计划或标准进行修改才是合适的。

管理者在采取纠偏行动之前，还要决定是采取应急纠偏措施还是彻底纠偏措施。所谓**应急纠偏措施**，是指能够马上将出现问题的工作矫正到正确的轨道上来的措施；**彻底纠偏措施**则是指能够从根本上消除偏差的措施。采取彻底纠偏措施首先要弄清工作中偏差产生的原因，然后从产生偏差的地方开始采取纠正行动，因此从发现问题到着手解决问题需要花费一定的调查研究的时间，而且往往会遇到思想观念、人事安排、管理基础等方面的阻力。在日常管理工作中，不少管理者常以没有时间为借口或不愿变革而满足于不断救火式的应急控制。但事实证明，单纯依靠应急纠偏措施，尽管能取得一时的成效，但随着时间的推移和问题的积累，最终将酿成大问题。作为一个有效的管理者，注重对偏差的认真分析并花一定的时间以永久性地纠正这些偏差是非常有必要的。

？思考题 是否所有的控制都包含这四个步骤？

二、控制的基本原则

无论采用何种控制方式，为了保证对组织活动进行有效的控制，控制工作必须遵循以下基本原则。

1. 重点原则

控制不仅要注意偏差，而且要注意出现偏差的项目。我们不可能控制工作中所有的项目，而只能针对关键的项目，且仅当这些项目的偏差超过了一定限度，足以影响目标的实现时才予以控制纠正。事实证明，要想完全控制工作或活动的全过程几乎是不可能的，因此**应抓住活动过程中的关键和重点进行局部的和重点的控制，**这就是所谓的重点原则。

由于组织和部门职能的多样化、被控制对象的多样性以及政策和计划的多变，几乎不存在有关选择关键和重点的普遍原则。但一般地，**在任何组织中，目标、重要影响因素、薄弱环节和例外是管理者控制的重点。**

良好的控制必须具有明确的目的，不能为控制而控制。在一个组织中，无论什么性质的工作都能列举出许多目标，并总有一两个是最关键的，这就需要管理者在这众多的目标中，选择出关键的目标加以重点控制。

同时，在内外部环境中存在着众多影响目标实现的因素，在影响目标实现的众多环节中，有些环节由于组织力量的薄弱，在组织运行过程中特别容易出问题。对目标的实现有重大影响的因素以及特别容易出问题的薄弱环节，也是管理者需要在实施过程中特别加以关注的。

进一步地，在控制过程中，管理者应重点针对事先未能预料而实际发生了的例外情况。例外情况的出现，由于管理者缺乏事先准备而易措手不及，从而对组织造成很大的影响，因此要集中精力迅速而专门地加以对付。但单纯地注意例外之处是不够的，某些例外可能影响不大，有些则可能影响很大，因此管理者所关注的，应当是那些需要特别注意的例外，而把一般性的例外交给下属去处理。

管理者越是把控制力量集中在目标、重大影响因素、薄弱环节和例外情况上，他们的控制就越有效。

？思考题 如果有可能控制活动的全过程，是否还要遵循重点原则？

2. 及时性原则

高效率的控制系统，要求能迅速发现问题并及时采取纠偏措施。这一方面要求及时准确地提供控制所需的信息，避免时过境迁，使控制失去应有的效果；另一方面要事先估计可能发生的变化，使采取的措施与已变化了的情况相适应，即纠偏措施的安排应有一定的预见性。

控制是通过纠偏来保证目标的实现的，因此控制信息要力求准确，要客观、准确地进行控制标准的制定、实际业绩的评估、存在差异的分析和控制措施的采取。不准确不仅会影响工作进展，导致组织走弯路，而且会挫伤人们的积极性和工作热情。

要使控制准确客观，一是要尽量建立客观的衡量方法，用定量的方法记录并评价绩效，把定性的内容具体化、客观化；二是管理人员要从组织的角度来观察问题，尽量避免形而上学，避免个人的偏见和成见，特别是在绩效的衡量阶段，要以事实为依据；三是要明确这些信息不是整人的证据以确保信息的可靠性，因为谁也不愿意提供对自己不利的证据。

控制时机的选择也十分重要。实际情况千变万化，控制不仅要准确，而且要及时，一旦丧失时机，即使提供再准确的信息也徒劳。当然及时不等于快速，**及时是指当决策者需要时，控制系统能适时地提供必要的信息**。组织环境越复杂、动荡，决策就越需要及时的控制信息。同时，要尽可能地采用前馈控制方式或预防性控制措施，一旦发生偏差，就对以后的情况进行预测，使控制措施能够针对未来，较好地避免时滞问题。

扩展阅读：可怕的时滞

?思考题 单纯地根据现有的偏差情况采取纠偏措施，会出现什么后果？

3. 灵活性原则

尽管人们努力探索未来、预测未来，但未来的不可预测性始终是客观存在的。我们努力追求预测的准确性以及对实际业绩评价和差异分析的准确性，但不准确性总会存在。如果控制不具有弹性，则在执行时难免被动。因此为了提高控制系统的有效性，就要使控制系统具有一定的灵活性。

控制的灵活性原则要求管理者制订多种应付变化的方案和留有一定的后备力量，并采用多种灵活的控制方式和方法来达到控制的目的。**控制应保证在发生某些未能预测到的事件，如环境突变、计划疏忽、计划失败等情况下，控制仍然有效**，因此要有弹性和替代方案。控制应当从实现目标出发，采用各种控制方式达到控制目的，不能过分依赖正规的控制方式，如预算、监督、检查、报告等，它们虽然都是比较有效的控制工具，但它们也都有一定的不完善之处，数据、报告、预算有时会同实际情况有很大的差别，过分依赖它们有时会导致指挥失误、控制失灵，因此也要采用一些能随机应变的控制方式和方法，如弹性预算、跟踪控制等。

扩展阅读：弹性预算简介

?思考题 使控制系统具有一定的灵活性的直接目的是什么？

4. 经济性原则

控制是一项需要投入大量的人力、物力和财力的活动，其耗费之大正是今天许多应予控制的问题没有得到控制的主要原因之一。是否进行控制，控制到什么程度，都涉及费用问题，因此必须把控制所需的费用与控制所产生的效果进行经济上的比较，**只有当有利可图时才实施控制**。

控制的经济性原则一是要求实行有选择的控制，全面周详的控制不仅不必要也不可能，要正确而精心地选择控制点，太多会不经济，太少会失去控制；二是要求努力降低控制的各种耗费而提高控制效果，费用的降低使人们有可能在更大的范围内实行控制。**花费少而效率高的控制系统才是有效的控制系统**。

?思考题 在实际工作中，如何确定适当数量的控制点？

控制所耗费的成本必须值得，虽然这种要求看起来很简单，实际上却很复杂。因为管理者很难知道一个特定的控制系统价值多少，或者它的成本是多少。所谓经济是相对而言的，因为效益会随着业务的重要性、工作的规模、因无控制而造成的耗费、控制系统可能做出的贡献等因素而改变。**在实际工作中，控制的经济性考虑在很大程**

度上取决于管理者是否将控制应用于他们所认为的重要工作上。

小卡片

有效控制的特征

● 控制**以战略和产出为导向**。控制应该支持战略计划，并且关注给组织带来异常的重大活动。

● 控制应该**易于理解**。控制应该通过提供可理解的数据支持决策制定，而不应该采用复杂的报告和模糊的统计数字。

● 控制应该**鼓励自我控制**。控制应该互相信任，沟通良好，使每个员工参与其中。

● 控制应该**以及时和例外管理为导向**。控制应及时报告偏差，了解绩效差距的内在原因，并考虑应采取的纠正措施。

● 控制在**本质上应该是积极的**。控制应强调对发展、变革和改善的贡献，而不应该强调罚金和斥责的作用。

● 控制**应该公平和客观**。控制应该被认为对每个员工都是公平和准确的，控制应该考虑一个基本的目的——提高组织的绩效。

● 控制应该是**有弹性**的。控制应该为个人的评价留有余地，并且在环境变化时应该能够及时调整。

资料来源：Harold Koontz, Cyril O'Donnell. Essentials of Management[M]. New York: McGraw-Hill, 1974: 362–365.

第三节　控制方式与控制类型

在组织控制系统的构建过程中，由于控制的性质、内容、范围不同，可采用多种控制方法和手段，这些控制方法和手段又可从不同的角度出发划分成不同的控制类型。要进行有效的控制，就应了解控制的方式和类型，以根据实际情况选择合适的控制方式和类型。

一、常见的控制方式

控制方式是指管理者在对控制对象实施控制的过程中所采用的方式方法和手段。从总体上而言，根据控制主体的不同，可分为两大类控制方式：传统的控制方式（组织控制方式）和基于责任感的控制方式（自我控制方式）。

传统的控制方式通常是以某种方式从外部施加影响来保持员工的行为协调一致。组织中最常见的传统控制方式按控制对象的不同，可分为：资金（财务）控制、时间控制、数量和质量控制、安全控制、人员行为控制和信息控制。

1. 资金控制

一个组织中业务活动的开展，几乎都伴随着资金的运动，因此管理控制中最广泛运用的一种方式就是财务控制。财务控制通过对一个组织中资金运动状况的监督和分析，对组织中各个部门、人员的活动和工作实施控制。

最常见的财务控制方法有预算控制、会计稽核、财务报表分析等。

预算是一种以货币和数量表示的计划，是关于为完成组织目标和计划

你的预算控制能力如何？ [Q]

所需资金的来源和用途的一项书面说明。包括收支预算、投资预算、现金预算、总预算等。组织内的任何活动都离不开资金的运动，通过预算可以帮助管理者掌握全局，控制整体情况；有助于管理者合理配置资源和控制各项活动的开展，并为工作效果评价提供检验标准。

会计稽核或审计是通过对财务成本计划和财务收支计划的审查，以及对会计凭证和账表的复核，及时发现会计中存在的问题。审计可分为内部审计和外部审计。外部审计是由组织雇用的外部专家对组织会计、财务和营运系统进行独立评估，重点在于确定组织的会计程序和财务报表编制是否以客观的和可核实的方式合法进行。内部审计由组织内部的员工进行，审计目的和外部审计相同。

财务报表是用于反映组织期末财务状况和计划期内的经营成果的数字表。几乎所有的组织都会使用的最基本的财务报表是资产负债表、现金流量表和损益表。财务报表分析，就是以财务报表为依据来分析判断组织的经营状况，从中发现问题。其中，最常见的财务报表分析方法是财务比率分析法。

扩展阅读：财务比率分析

财务控制主要致力于资金的合理运用和增值。

?思考题 三种财务控制方法是否都属于预防性控制？

2. 时间控制

时间是一种重要的资源，从某种意义上来说，时间是比人、财、物等更加重要的资源。任何组织的活动都是在一定的时间内进行的，对时间进行控制的目的是使组织对其实现目标过程中的各项工作，做出合理的安排，以求按期实现组织目标。

时间控制的关键是确定各项活动的进行是否符合预定时间表的时间安排。在时间控制中，甘特图和网络图是常用的工具，它们都有助于物资、设备、人力在指定的时间到达预定的地点，使之紧密地配合以完成任务。

甘特图是由管理学家亨利·甘特（Henry L. Gantt）在20世纪初提出的一种条状图表，如图14-4所示。甘特图的实质是通过对各项活动完成情况的了解，调整工作程序和时间以完成该项任务。管理人员可以从图14-4提供的情况中了解到某项活动已落后于预定计划，然后采取一切必要行动加以纠正，以使该项活动赶上计划的安排，使计划能按时或在预期的许可范围内完成。

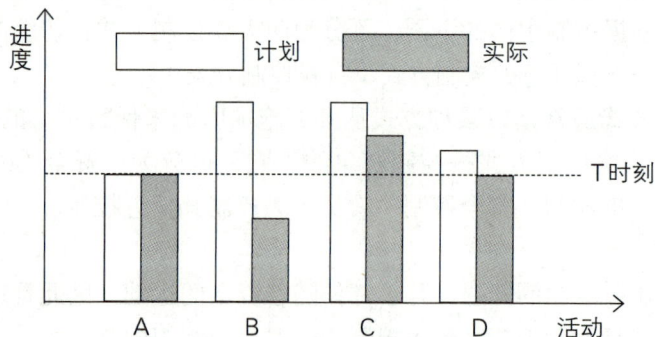

图14-4 甘特图

甘特图的优点是形象、直观、简明、易懂、易掌握，对控制计划进度、改进管理工作有很大的帮助，至今仍在许多方面广泛运用。但甘特图也有它的局限性，从甘特图上可以清楚地看出某一时刻实际进度与计划要求之间的差距，但它无法表明产生这种差距的原因，无法确定在众多差距出现的情况下，哪些差距是管理者应当着力去解决和控制的关键点；甘特图虽然清楚地反映了各个局部的状况，但它无法表明各项活动之间的相互影响和逻辑关系，对于一些应加以控制的局部应控制到什么程度，也缺乏明确的交待。因此，甘特图难以给管理者提供全面的情况，一般只适用于小型的活动，大型的活动则要借助于网络图来控制。

网络图是从甘特图演变发展而来的，基于网络图的网络计划技术在本书的第六章已做介绍，此处不再展开。

3. 数量和质量控制

控制数量以满足生产和服务的需要，是每一个管理者都十分重视的问题。管理人员只有心中有"数"，才能综观全局。

控制数量和质量，关键是要事先确定控制的数量和质量标准。标准是衡量实际业绩的尺度，应合理且为大家所接受。数量控制标准的制定可通过动作分析和时间研究、过去的经验、同业的资料比较等来确定，质量标准则可从工作需要和顾客价值出发来确定。

扩展阅读：时间研究与动作研究

? 思考题 你所在的组织是如何控制组织中工作设备的数量的？

质量和数量是一个问题的两个方面，对数量的控制很重要，但其前提是要有一定的质量水平。质量不合格的次品，是不能计入产品产量的。没有质量也就没有数量，没有质量也就没有效益，粗制滥造，必然废品成堆，造成产品积压、经济亏损。因此，数量和质量相比较，质量更为重要。

加强质量控制是一项非常费时费力的工作。随着影响质量的因素的复杂化，提高质量需要组织中每一个成员、每一项工作的配合，因此在质量控制过程中，必须实行全员参加的全面质量管理。努力提高全体人员的责任心和工作能力，树立认真负责、用户至上、质量第一的风气，建立质量经济分析制度，开展质量管理小组活动等，对于加强质量控制都是十分必要的。

常用的质量和数量控制方法是统计分析法。统计分析法是运用各种数量分析方法，对有关的历史数据进行统计分析，从而了解有关因素的发展情况，并据此进行趋势预测的方法。根据分析的结果，管理者就可以采取相应的措施，纠正已经发生的错误，预防可能发生的偏差。

4. 安全控制

安全控制包括人身、财产、资料安全等方面内容，由于直接关系到生命和财产的保障、组织的前途，因此安全控制也是组织控制的一个重要方面。

● **人身安全控制。人身安全控制的核心是控制各种工伤事故和职业病的发生。**在我们的社会财富中，人是最宝贵的，作为管理者有责任保证组织成员的人身安全。为此要努力营造安全的工作环境，建立定期体检制度，设置安全控制保护系统，采取措施消除可能产生不安全的各种隐患；要加强对全体人员的安全教育，使之遵守安全操作方法；对于已发生的事故，应做好调查和记录工作，深入分析原因，防止重犯。

? 思考题 定期对员工进行体检对组织有什么好处？

- **财产安全控制**。组织中的各种财产是组织各项工作得以开展的物质保证，对于组织中的各种物资要进行妥善的保管。要建立适当的保管制度，根据不同物资的特性确定不同的保存要求，防止变质、丢失、火灾等事故的发生；要建立警卫制度，对保存有重要物资的部门设置安全门、警灯等系统及其他警备设施；要建立检查制度，定期或不定期地清点各类物资，做到账物相符，并检查各种设备是否保持在正常状态，以便在需要时能及时投入使用。

- **资料安全控制**。各种文件、资料、档案、数据库，都是组织历史、商业情报和组织知识的记录，对于组织工作和各类问题的处理极为有用。有些资料在不同的时期对不同的组织成员具有一定的机密性，或因为时机不成熟不宜公开，或因可能产生副作用而需加以保密，或因竞争需要而需实施封锁。因此，对于各种文件档案资料，均应建立制度力求妥善地加以保管。有些资料对知道的人来讲似乎微不足道，而对想了解的人来讲则可能是举足轻重的，由于思想麻痹、言行随便而泄露机密，会造成许多意想不到的损失。因此，组织中的各级人员都要加强资料的安全控制。

?思考题 客户资料的泄露会对组织带来什么后果？

5. 人员行为控制

控制工作从根本上来说是对人的控制，因为任何组织活动的开展都有赖于员工的努力，其他几方面的控制也都要靠人来实行和推动。怎样选择员工和怎样使员工的行为更有效地趋向于组织目标，涉及对员工行为的控制问题。由于人的行为是人的价值观、性格、经验、社会背景等多种因素综合作用的结果，而这些因素本身又很难用精确的方法加以描述，这就使得对员工行为的控制成了控制中最复杂困难的一部分。

在员工行为控制中经常用到的控制方法是理念引导、规章约束和各种工作表现鉴定方法。

文化理念表明了一个组织对组织运作过程中所涉及的各个方面的主张和组织的共同价值观，明晰和强化企业文化理念，有助于引导员工的思想趋向于组织所希望的方向。

规章制度规定了一个组织中员工必须遵守的行为准则。无论是上班迟到还是工作不尽力，都会影响组织目标的实现，正因为如此，绝大多数组织都建立有一整套的规章制度，表明组织可以接受的限度并认真考核员工遵守规章制度的情况。

对员工的工作表现定出标准，定期鉴定，并根据鉴定结果进行奖惩，是组织中最重要的控制手段之一。常用的绩效评价方法有鉴定式评价法和指标考核法。

鉴定式评价法是最简单、最常用的人员绩效评价法，其具体做法是：由评价者针对被评价者的长处和短处写出一份鉴定，管理者根据这份鉴定给予被评价者一个初步的估计。采用这种方法的基本条件是评价者确切地知道被评价者的优缺点，对其有全面的了解，并能客观地撰写鉴定。由于在实际工作中，这一基本条件较难满足，因此这种方法只能作为一种初步的估计，完全依赖这种方法往往会造成评价的失误。

为了克服偏见和主观臆断，就必须建立比较客观的评价标准。**指标考核法**就是事先建立一系列评价指标，由管理者列出每一指标的评价标准，然后由评价者在评价标准中选择最适合被评价者的条目并打上标记，最后由管理者据此加权评分，根据得分的高低评定员工的表现。这种评价方法比较准确客观，但它只适用于从事类似或标准化工作的员工，超出这个范围，其准确性将大为下降。

?思考题 对人的行为能否进行事前控制？

6. 信息控制

任何组织的活动在现实中一般表现为三种运动方式：物流、资金流和信息流。通过掌握和控制信息，可以掌握和控制物流和资金流状况，分析物流和资金流的运动规律，从而实现对物流和资金流的控制。同时，信息也是决策的基础。在传统的控制方式中，往往需要专门的数据分析人员通过对大量数据的人工处理来获得有用的信息，而现代信息技术的发展，使得数据收集、处理、分析、存储、查询等变得格外便利，从而使基于计算机信息系统的信息控制越来越成为现代组织的重要控制方式之一。

尽管没有一个公认的关于管理信息系统的定义，但我们可以将**管理信息系统**定义为采集数据并将其转换成能够经常为管理层提供所需信息的系统。从理论上而言，这种系统可以是基于手工的，也可以是基于计算机和互联网的。

?思考题 计算机管理信息系统和人工管理信息系统有何异同？

一个合格而实用的管理信息系统，应具备以下一些基本条件：

系统的建立应有助于组织目标的实现。任何管理信息系统的建立，都必须从有助于组织目标和计划的实现出发。为此，管理信息系统的设计要从识别所有的管理决策所需要的信息着手，并通过定期评审制度及时了解各级管理者的需求变化，使所建立的管理信息系统总是能够适应不同层次和职能的管理者的需要。

所提供的信息必须是准确和高质量的。错误的信息势必导致决策的失误。这就要求在设计管理信息系统的过程中，注意明确各种数据的合适来源和录入职责，并注意通过多渠道获取数据以资比较鉴别，及时发现差异以求及时纠偏。

信息处理和传递必须及时。及时提供信息能够使管理者在问题尚未扩大之前就适时予以控制。为此，管理信息系统应能实时处理各种信息，按照管理者事先设定的要求主动提供信息，并能迅速地将管理者做出的决策按设定的权限传递到应该传递的地方。例如，对于一个生产企业的原材料采购管理者，管理信息系统应能提供各种材料逐日的库存报告，并能自动地与事先设定的应有库存量比较，一旦出现少于标准库存量的情况，就能自动对管理者发出异常报警信息，以便管理者及时采取措施，通过增加库存保障供给。

系统运行安全稳定可靠。随着分布式信息系统的出现，系统是否安全可靠成为检验一个管理信息系统设计是否合格的重要指标之一。在过去，当信息集中于一个单一的地方时，通过人为的控制，只有少数人能够查看到一些重要的数据库，如客户档案、技术资料、员工薪资等。但当数据库建立在互联网信息平台中时，这种数据库有可能遭到未经授权的非法闯入者的破坏，为此就必须在系统中包含有足够多的安全措施。能够安全稳定运行的系统才是合格的系统。

在经营全球化时代，距离的增加导致了行为控制的难度，而且事实上管理者也并不能仅仅依靠外部的控制来保持员工的工作协调有序。随着人们生活富裕后对工作的目的和态度的改变，随着信息技术的发展所带来的运营信息透明化程度的提高，以及在复杂多变的环境中员工越来越多地得到管理者的授权，**基于责任感的控制方式**在现代社会得到了越来越多的重视。

　　基于责任感的控制方式通过员工的责任感和自我控制来保持对事务的控制。它强调的是自我控制，前提假设是员工自己想要正确地工作。管理者通常通过激励方法的使用、正确的信仰和价值观的倡导、员工责任感的建立来培养自我控制，用"自我管理团队""免检岗位""××工作室"、阿米巴经营体等方法来落实。受到高度激励的员工通常会更自觉地做好他们的工作；当员工树立了"每件事都要做到最好"的价值观时，他在工作中也一定会尽力往"做得最好"的方向努力；当员工确实感受到公司的使命就是自己的使命，或拥有一个团结协作的团队时，员工也会自觉地努力工作。

小卡片　　　　　　　**德鲁克谈自我控制**

　　"企业所需要的，是一种能够充分发挥个人的长处与责任心、能够统一各种见解和努力、能够组建团队和集体协作、能够协调个人目标和公共利益目标的管理原则。目标管理和自我控制使得公共利益成为每一个管理人员的目标，它把外部控制代之以更严格的、要求更高的、更有效的内部控制。它能够激励管理人员采取行动，不过原因并非是别人让他做什么或者告诉他去做什么，而是由于客观的任务要求他必须采取行动。同时，他采取行动，也并非由于别人要他采取行动，而是他自己决定采取行动——换句话说，他是作为'自由人'而采取行动的。"

　　目标管理和自我控制，"适用于各种层次和所有职能的管理人员，适用于大大小小的各种组织。通过把客观需要转化为个人目标，它可以保证一定能够取得绩效，而这正是真正的自由。"

　　资料来源：彼得·德鲁克. 管理使命、责任、实务（实务篇）[M]. 王永贵，译. 北京：机械工业出版社，2006：73.

传统控制方式与基于责任感的控制方式的比较如表14-1所示。

表14-1　传统控制方式与基于责任感的控制方式的比较

传统的控制方式	基于责任感的控制方式
依据详细的规章、程序和标准	依靠价值观、团队和成员的自我控制能力
用可衡量的标准定义最低的工作要求	强调目标和结果，鼓励创新
运用正式的权力系统进行监督检查	柔性权力、扁平结构、专家权力、人人参与
强调外部的激励方式：薪资、福利、地位	外部激励和内部激励相结合
有限的、拘于形式的员工参与，如可申诉等	员工广泛参与各项活动，从确定目标到纠偏

二、控制类型

　　以上各种控制方式和方法，从不同的角度出发，可划分成不同的控制类型。其中最常见的划分方法是按控制点、控制性质、控制信息来源和控制实施方式来划分。

　　1. 事前控制、事中控制和事后控制

　　按控制点的不同，可分为事前控制、事中控制和事后控制。表14-2是对各种控制方法按控制点不同所进行的分类。

表14-2　按控制点分类的不同的控制方法

控制类型	事前控制	事中控制	事后控制
资金控制	预算编制	会计控制	财务报表分析
时间控制	计划制订	进度控制	计划调整
数量和质量控制	标准确定	过程检测	统计分析/考核评价
安全控制	体检、警卫、归档	检查	整改
人员行为控制	理念引导	规章约束	行为评价/绩效考核
信息控制	密级划分、制度建立	审批、审核	核实、分析

事前控制（又称事先控制），是指一个组织在一项活动正式开始之前所进行的管理上的努力。事前控制主要是对活动最终产出的确定和对资源投入的控制，其重点是防止组织行为偏离目标、防止所使用的资源在质和量上产生偏差。因此，**事前控制的基本目的是：保证某项活动有明确的绩效目标，保证各种资源要素的合理投放**。可以说，计划是典型的事前控制。市场调查和可行性分析、入学考试和体检、对投入要素的检测等，均属于此类。

事中控制（又称过程控制、现场控制、实时控制），是在某项活动或工作进行过程中的控制，如管理者在现场对正在进行的活动给予指导与监督，以保证活动按规定的政策、程序和方法进行。**事中控制的目的是及时处理例外情况、纠正工作中发生的偏差**。由于事中控制一般在现场进行，管理者的工作作风和领导方式对控制效果有很大的影响。生产过程中的进度控制、课堂上教师的提问检查等均属此类控制。

事后控制发生在行动或任务终了之后。这是历史最悠久的控制类型。例如，传统的质量控制往往局限于成品的检查，把次品和废品挑出来，以保证出厂的产品都符合质量标准。**事后控制的主要特征是，根据事先确定的控制标准对实际工作绩效进行比较、分析和评价**。事后控制的最终目的是把好最后一道关，并根据对实际工作绩效的评价，为未来的事前控制和事中控制打下基础。

？思考题　实行事前、事中、事后控制的前提条件各是什么？

2. 预防性控制和纠正性控制

按控制的性质不同，可分为预防性控制和纠正性控制。

预防性控制是在事情发生之前所进行的管理上的努力。采取预防性控制是为了避免产生错误和尽量减少今后的纠正活动，防止资金、时间和其他资源的浪费。例如，国家强调法制，制定较详细的法律条文并大力宣传，这就是预防性控制措施，人人知法、人人懂法，可最大限度地减少那些不知法不懂法所导致的违法行为。一般而言，规章制度、工作程序、上岗培训等都起着预防控制的作用。在设计预防性控制措施时，人们所遵循的原则都是为了更有效地达成组织目标，但要使这些预防性的规章制度能真正被遵从，还要有良好的监控机制加以保证。**进行预防性控制要求对整个活动的关键点有比较深刻的理解，能事先预见到问题并提出相应的对策措施。**

如何对资金进行有效控制？

纠正性控制是在事情发生之后所进行的管理上的努力。在实际管理工作中，纠正性控制使用得更普遍。采用纠正性控制往往是由于管理者没有预见到问题，其目的是，当出现偏差时采取措施使行为或活动返回到事先确定的或所希望的水平。例如，政府发现环境污染现象严重，为了改变这种状况，便加强立法、出台各种限制性政策，以期减少环境污染。

❓思考题 "救火"与"防火"的关键各是什么？

3. 反馈控制和前馈控制

按控制信息的来源不同，可分为反馈控制和前馈控制。

所谓**反馈控制**，就是根据过去的情况来指导现在和将来，即从组织活动进行过程中的信息反馈中发现偏差，通过分析原因，采取相应的措施纠正偏差。反馈控制尽管得到了广泛的应用，但简单的反馈控制并不能有效地解决一切控制问题，因为从发现偏差到纠正偏差存在着时间延迟现象。尽管现代科技的发展使我们能利用计算机进行信息传递，有可能在极短的时间内把实际测量的结果同标准进行比较并找出差异，但在分析偏差产生的原因、制订出正确的纠偏措施并实际执行纠偏时总要花费一定时间，这样就会导致在进行纠偏时，实际状况可能已发生了很大的变化。例如，在制造企业的库存控制中，由于要控制许多项目，如原材料的种类和数量、备件或配件的种类和数量、半成品或成品的种类和数量等，如果采用反馈控制，则发现偏差并采取纠正措施所需的时间可能很长，这将直接影响控制的有效性。为了解决这个问题，采用前馈控制可收到较好的效果。

所谓**前馈控制**，又称指导将来的控制。它通过大数据分析、情况的观察、规律的掌握、信息的分析、趋势的预测，预计未来可能发生的问题，在其未发生前即采取措施加以防止。例如，当一个企业的销售预测表明，下个月的销售量同原计划相比将低很多时，企业就可采取新的广告措施或引进新产品，以改进实际销售量。前馈控制的着眼点是通过预测对被控对象的投入或过程进行控制，以保证获得所期望的产出，并可较好地解决时滞所带来的问题。

❓思考题 前馈控制存在什么困难？

4. 集中控制、分层控制和分散控制

按控制时所采用的方式不同，可分为集中控制、分层控制和分散控制。

集中控制就是在组织中建立一个控制中心，由它来对所有的信息进行集中统一的加工、处理，并由这一控制中心发出指令，操纵所有的管理活动。

如果组织的规模和信息量不大，且控制中心对信息的取得、存贮、加工效率及可靠性的要求都很高时，采用集中控制的方式有利于实现整体的优化控制。企业中的生产指挥部、中央控制室都是集中控制的例子。

当组织十分庞大，规模和信息量极大时，就难以在一个控制中心中进行信息存贮和处理（尽管云计算可以在一定程度上加快信息存贮和处理）。在这种情况下，集中控制会拉长信息传递时间，造成反馈时滞，使组织反应迟钝，延误决策时机，并且一旦中央控制发生故障或失误，整个组织就会陷于瘫痪，由于无其他替代系统存在，风险很大，此时就宜采用分散控制的方式。

分散控制对信息存贮和处理能力的要求相对较低，易于实现；由于反馈环节少，因此反应快、时滞短、控制效率高、应变能力强；由于采用分散决策方式，即使个别控制环节出现了失误或故障，也不会引起整个系统的瘫痪。但分散控制可能会带来一个严重后果，即难以取得各分散系统的相互协调，难以保证各分散系统的目标与总体目标的一致性，从而会危及整体的优化，严重的甚至会导致失控。

分层控制是一种把集中控制和分散控制结合起来的控制方式。它有两个特点：一是各子系统都具有各自独立的控制能力和控制条件，从而有可能对子系统的管理独立实施；二是整个管理系统分为若干层次，上一层次的控制机构对下一层次各子系统的活动进行指导性、导向性的间接控制。在分层控制中，要特别注意防止缺乏间接控制，自觉或不自觉地滥用直接控制，以及多层次地向下重叠实施直接控制的弊病。

？思考题 在母子公司关系处理过程中，母公司对子公司宜采取何种控制方式？为什么？

上述各种控制类型各有利弊和适用的场合，作为管理者，不仅应当正确认识每种控制类型的特点和作用，而且应当能够结合组织的特点对各种控制类型进行有效的运用和协调。

第四节　控制的阻力及其防范

一、人们反对控制的原因

不管一个组织的控制系统是多么有效，总会有人反对或抵制组织的控制。人们为什么会反对甚至抵制组织的控制呢？根据实践总结，其主要原因有以下几方面。

1. 过分的控制

有的组织企图对组织内所有的一切都进行严格的控制，结果是引起组织成员的普遍不满。一个组织对员工应何时上班、何时吃中饭、何时下班做一些控制是必要的，但若对员工上厕所的次数和时间都进行控制，恐怕就有点过分了。

一般地，**人们越是感到控制过分，反对和抵制控制的情绪也就越强烈。**

？思考题 全面的控制与过分的控制有何不同？

2. 不恰当的控制点或控制方法

即使不是面面俱到的控制，如果控制点选择不当，也会遭到反对和抵制。如：有的组织只注意产品的数量而不注重质量，有的大学只强调教师论著的多少而忽视教学等，都可能会引起人们对控制的反感。

控制方法不当也会导致人们对控制不满。例如，当一个组织单纯地根据管理者对下属的主观评价给予相应的奖惩时，人们就会对评价的客观性和奖惩的公平性提出质疑。

3. 让人看不到作用的控制

有时人们反对控制是因为管理者未能根据考评的结果给予公平的奖惩。如果考评归考评，奖惩归奖惩，人们就会觉得这样的考评是没有必要的。例如，两个同等规模和类型的部门在年终结束时，一个部门的行政费尚有 5 万元结余，另一个部门则超支

3万元。在这种情况下，若管理者在决定这两个部门第二年的预算时，给予的行政费相同，均为15万元，其中前一个部门的15万元包括上年度节余的5万元在内，后一个部门的15万元则已扣除上年度的3万元赤字。很明显，在这种情况下，人们对费用考评会持反对和抵制态度，因为它毫无意义。

4. 责任制度存在"空子"问题

效率高的控制系统往往都明确地规定各组织成员的工作职责，若职责不明，就容易被一部分人钻空子，因为组织中常常有一部分人不坚守岗位好好工作。当制度不明时，这些人一旦自己的工作出了问题，就会千方百计地推卸自己的责任，反对和抵制组织对自己的控制。

?思考题 为什么组织中的某些成员常常以其他部门配合不力为由推卸自己的责任？

二、抵抗控制的方式

当人们反对控制时，常常会以以下几种方式表现出来。

1. 对抗某项制度

例如，企业的部门经理经常会虚报预算，以预防其所在部门的经费被削减。而员工们如果不喜欢组织的某条规定，就往往会玩点小花招，一味死抠它的字眼为自己辩护，却根本不顾那条规定的用意。例如，当操作人员不喜欢公司的安全预防措施时，就会以不折不扣地按相关条文办事为借口而故意放慢工作速度，以此迫使管理者修改条文；或者通过对某项制度的可操作性的责难来抵制制度的出台。

2. 提供片面的或错误的信息

无论是经理还是员工，向上级汇报自己的工作失误总不是件令人愉快的事。因此，有的信息会被故意拖延，汇报时遮遮掩掩，甚至被篡改得面目全非，通过有意识地控制信息的传递来对抗对其实施的控制。

?思考题 为什么有的管理者总是千方百计地为下属的错误辩解？

3. 制造控制的假象

通过制造控制的假象来逃避控制。当向上级汇报工作时，人们常说的一句话就是"一切正常"，而事实上可能存在着很多的问题。

4. 故意怠工与破坏

假如管理者把有的标准定得不合理，员工会以故意怠工的方式来进行对抗。而管理人员为了证明某一套控制方法不灵，就会有意地制造混乱，弄出一大堆问题。

三、管理者的对策

人们反对和抵制控制的原因和方式是多种多样的。面对人们的反对和抵制，管理者应如何处理呢？以下是一些可供采用的方法。

1. 建立有效的控制系统

要想进行顺利而有效的控制，必须从一开始就建立一个高效率的控制系统。如果控制围绕着计划目标，有重点，有灵活性、及时性、准确性以及有合理的奖惩制度的话，就会减少或避免过分控制、控制不当等问题，同时也可逐渐使那些对工作不负责的人意识到自己应该担负的责任。

2. 让尽可能多的人参与控制

参与可减少和避免人们对变革的阻力。让尽可能多的人参加对计划和控制系统的制定，可以使参与的人在遵守和执行控制时负有更大的责任心，参与的人越多，反对和抵制的力量就会越小。进一步地，如果我们让员工能够对绝大多数事情都实行自我控制，则可以最大限度地降低人们对控制的反感。

3. 采用目标管理

采用目标管理可减少人们对控制的反对和抵触情绪。因为目标管理是由管理者和下属共同确定目标和有关标准的，责任明确并且由员工对过程实行自主控制，每一个人事先也都清楚自己工作好坏与可能得到的报酬之间的关系，因此人们自然会减少对控制的不满。

4. 建立记录备查制度和信息共享制度

为了明确责任和便于解释，要建立各方面的记录备查制度。例如，一个车间主任认为他这个车间之所以未能达到原定的降低成本的要求，是因为原材料的涨价。如果控制信息系统记载着各种原材料的进价的话，就可很快查出这个主任的解释是否正确，并确定相应的责任。因此，建立平时各方面的记录备查制度可减少人们对控制的反对情绪。同时，信息的透明化不仅可让人们更加注重做好自己的工作，而且也让管理者可以将控制的焦点放在例外上，在较大程度上减少对员工常规性工作的直接控制。

？思考题 你认为还有哪些反对控制的原因和减少抵制的对策？

●复习题

1. 在现代组织管理中，为什么要加强控制？
2. 一个组织的控制系统由哪几部分组成？
3. 常见的控制方式有哪些？
4. 常见的控制类型有哪几种？它们各适用于什么场合？
5. 实施有效控制的基本前提是什么？
6. 控制过程一般由哪几个基本步骤构成？
7. 进行有效控制的基本原则是什么？怎样才能贯彻这些原则？
8. 人们对控制不满的主要原因有哪些？怎样才能减少人们对控制的抵制？

要点参考

●讨论题

信息技术的发展对经营控制的影响

就信息技术的发展对企业经营控制的影响进行深入讨论，最终列出信息技术的哪些发展会对组织控制工作产生影响，以及会对组织经营控制带来怎样的影响。

●案例分析

综合控制计划的制订

张正在几天前被任命为一家国有纺织公司的总经理。他很快就发现这家公司存在着很多问题，而且大多数问题都与公司不适当的控制管理有关。例如，他发现公司各部门的预算是由各部门自行制定的，前任总经理对各部门上报的预算一般不加修改就签字批准；公司内部也没有专门的财务审核人员，因此对各部门的预算和预算的实施情况根本就没有严格的审核。在人事方面，生产一线人员流动率高，常有人不辞而别；行政工作人员迟到早退现象严重，而且常有人在工作时间利用公司网络炒股票或购物。

公司对这些问题都没有采取有效的控制措施，更没有对这方面的问题进行及时调整或解决。不少中层管理者还认为，公司业务不景气，生产人员想走是很正常的，行政工作人员在没什么工作可做的情况下，迟到早退、自己想办法赚点钱、干点私活也是可以理解的，对此没有必要大惊小怪。

张正认为，要改变公司的面貌，就一定要加强资金、人员等方面的控制，为此，就需要制订出一个综合控制计划。

请问：

为了改变公司的面貌，这个综合控制计划应包括哪几方面内容？在实施过程中又会遇到什么样的问题？

推荐书目

1. ［美］罗伯特·西蒙斯著，鲜红霞、郭旭力译：《控制》，机械工业出版社2004年版。罗伯特·西蒙斯是哈佛商学院的商业管理学教授。该书共分三部分7章，从更加广义的角度诠释了控制的作用，在战略决策、财务和控制三者间架起了一座至关重要的桥梁，为各种组织提供了一种应对战略实施过程中所面临的挑战的根本方法。

2. ［美］杰拉尔德·W.福斯特、理查德·I.莱尔斯、威尔·菲利普斯著：《责任制造结果》，中信出版社2003年版。福斯特博士是美国加州福斯特管理公司总裁、国际知名管理问题专家，莱尔斯博士是加州布兰查德训练发展中心总裁，菲利普斯专门为各类组织提供策略咨询。该书共12章，认为富有责任感的人无论做什么事都会比责任感差的人容易成功，并就如何构建一支以结果为导向的负责任的团队展开了详细的论述。

3. 张大亮、邢以群著：《客观的考核体系——提升执行力的利器》，机械工业出版社2007年版。该书共5章，着眼于中国企业从不规范到规范过程中常见的问题，阐述了考核体系建设的重要性，然后从理论上系统地介绍了进行考核体系建设必须掌握的知识，从实践出发全面地讲解了考核体系的建设过程，并通过对一个企业考核体系建设过程的真实描述展示了企业考核体系建设的全过程，最后通过对企业中各方面人员对考核体系可能提出的种种疑惑的解答，为企业建设和完善考核体系提供帮助。这是一本有关绩效考核的实用指导书。

第六篇 创新篇

INNOVATION

计划、组织、领导、控制是保证组织目标实现所必需的，但从某种意义上而言，这些传统的管理职能所起的主要作用在于保证组织按预定的方向和规则运行，所起的主要是"维持"作用。而由于管理不确定性和艺术性的存在，要在动态的环境中有效地实现目标，仅靠维持是不够的，还必须根据内外部环境的变化，致力于创造新的与环境相适应的管理理论与方法或根据已有的管理理论与方法进行创造性的运用。

第十五章

管理创新

清楚管理创新与管理四大职能之间的关系，知道管理创新的特点，了解管理创新的基本过程，懂得管理创新的重要性；掌握管理创新的基本原则和思维方法，知道管理创新的常用方法；了解管理创新的障碍，懂得管理创新的管理。

环境在变，管理的手段也要随之变化。由于信息技术的广泛运用、人力资源素质的不断提高以及市场环境的质的改变，21世纪的管理环境、对象、职责发生着巨大的变化。在这种情况下，我们过去曾经赖以成功的传统管理模式、管理方式也必然需要进行相应的改革。因此，**在21世纪，创新将成为管理的主旋律，创新也将成为管理的主要职能之一**。在本章中，将着重讨论以下内容：

- 管理创新的特点、分类。
- 管理创新的重要性。
- 管理创新的原则和方法。
- 管理创新的管理。

第一节　管理创新及其重要性

一、管理创新的含义

管理创新从概念体系上来说属于一种特殊领域中的创新活动，因此，要搞清楚什么是管理创新，首先必须明确创新是什么。

对创新的系统论述最早出自**约瑟夫·熊彼特（Joseph Alois Schumpeter）**1912年出版的《经济发展理论》一书。在该书中，他确定了创新的含义，并论证了创新在经济发展过程中的重要作用。

熊彼特认为，**创新（Innovation）**就是"新的组合"，它"包括下列五种情况：（1）采用一种新的产品——也就是消费者还不熟悉的产品——或一种产品的一种新的特性。（2）采用一种新的生产方法，也就是在有关的制造部门中尚未通过鉴定的方法，这种新的方法绝不需要建立在新的科学发现的基础之上。（3）开辟一个新的市场，也就是有关国家的某一制造部门以前不曾进入的市场，不管这个市场以前是否存在过。（4）掠取或控制原材料或半制品的一种新的供应来源，也不问这种来源是已经存在的，还是第一次创造出来的。（5）实现一种工业的新的组织，比如造成一种垄断地位（例如通过'托拉斯化'）或打破一种垄断地位。"[1]在这里，熊彼特用列举具体创新领域的方法对创新进行了描述，尽管其所涉及的创新领域包括了产品创新、技术创新、市场创新、环境创新和组织创新等方面，但他并没有直接明确地揭示出创新的实质。

自从熊彼特提出"创新"概念以来，人们曾对创新赋予了各种各样的定义，归纳起来，**创新**一般被定义为对原有事物的改变或新事物的引入，是创造新的理念并将其付诸实践的过程。在此基础上，人们进一步提出了技术创新和管理创新等概念。

从国内现有的文献来看，对于**管理创新**，主要有以下几种观点：

● 管理创新是指新的方式方法的引入。常修泽等人认为："管理创新是指一种更有效而尚未被企业采用的新的管理方式或方法的引入。"由此，他们认为："管理创新是组织创新在企业经营层次上的辐射。"最具代表性的管理创新是"所有权与管理权的分离"，进一步地，"管理创新的主要目标是试图设计一套规则和服从程序以降低交易费用"[2]。

● 管理创新是"用新的更有效的方式方法来整合组织资源，以期更有效地达成组织的目标与责任"。芮明杰认为"管理创新是创造一种新的更有效的资源整合范式，这种范式既可以是新的有效整合以达到企业目标和责任的全过程式管理，也可以是新的具体资源整合及目标制定等方面的细节管理"。根据这一概念，管理创新包括五种情况："提出一种新经营思路并加以有效实施"；"创设一个新的组织机构并使之有效运转"；"提出一个全新的管理方式方法"；"设计一种新的管理模式"；"进行一项制度的创新"。[3]其中，新经营思路和新管理模式要求对所有的企业而言都是新的，而且所有的这些创新必须是可行的并有助于资源的有效整合。

● 创新是管理的一种基本职能。周三多认为，"创新首先是一种思想及在这种思想指导下的实践，是一种原则以及在这种原则指导下的具体活动，是管理的一种基本职能。创新工作作为管理的职能表现在它本身就是管理工作的一个环节，它对于任何组织来说都是一种重要的活动；创新工作也和其他管理职能一样，有其内在逻辑性，建构在其逻辑性基础上的工作原则，可以使创新活动有计划、有步骤地进行。"进一步地，周三多认为传统的管理职能属于管理"维持职能"，"有效的管理在于适度的维持与适度的创新的组合"[4]。

前两位教授的定义在一定程度上反映了管理创新的本质和特征，但没有澄清管理与创新、管理创新与其他管理活动之间的关系，周三多教授说明了创新与管理其他职能之间的关系，却没有清楚定义管理创新。

如果从字面上直观地来理解，所谓**创新**，一般是指对原有的东西加以改变或引入新的东西，或指对原有的东西加以改进或引入新的东西的过程或活动。而管理是指综合运用人力资源和其他资源以有效地实现目标的过程。那么**管理创新**就应该是指为了更有效地运用资源以实现目标而进行的创新活动或过程。

---

① 约瑟夫·熊彼特. 经济发展理论［M］. 何畏，易家祥，译. 北京：商务印书馆，1990：73.

② 常修泽，等. 现代企业创新论［M］. 天津：天津人民出版社，1994：8.

③ 芮明杰. 现代企业管理创新［M］. 太原：山西经济出版社，1998：28.

④ 周三多. 管理学［M］. 2版. 北京：高等教育出版社，2005：318.

上述定义一方面强调了管理创新的功能，指出**管理创新着眼于更加有效地运用资源以实现目标，**不仅注重新颖，也注重预期效益的实现，从而使管理创新与其他创新有所区别；另一方面认为管理创新是一个过程，从一个新思想提出一直到付诸实施并取得预期效益的过程，这一过程可以是非连续性的，但是有规律可循。

二、管理创新的特点

从上述定义，我们可以看到，管理创新具有以下特点。

1. 管理创新与其他管理职能不同，它着眼于资源的更有效运用

管理创新是一个将资源从低效率使用转向高效率使用的过程。它与传统的管理职能不同。传统的管理职能包括计划、组织、领导、控制，它们都是保证资源的有效运用和目标的有效实现所必不可少的。管理的这四项基本职能，一般都有其固定的内容、工作程序和特有的表现形式，一旦展开，就具有其相对稳定性。创新则不同，尽管也有一定的规律，但它本身并没有某种特有的表现形式。它贯穿于组织的各项管理活动之中，通过组织的各项管理活动来体现自身的存在与价值。如图15-1所示，管理过程一般从计划开始，通过组织、领导，到控制结束，各职能之间相互交叉渗透，循环往复，把工作不断推向前进。**创新则是通过对计划、组织、领导、控制职能的创新，推动组织管理向更有效地运用资源的方向前进。**

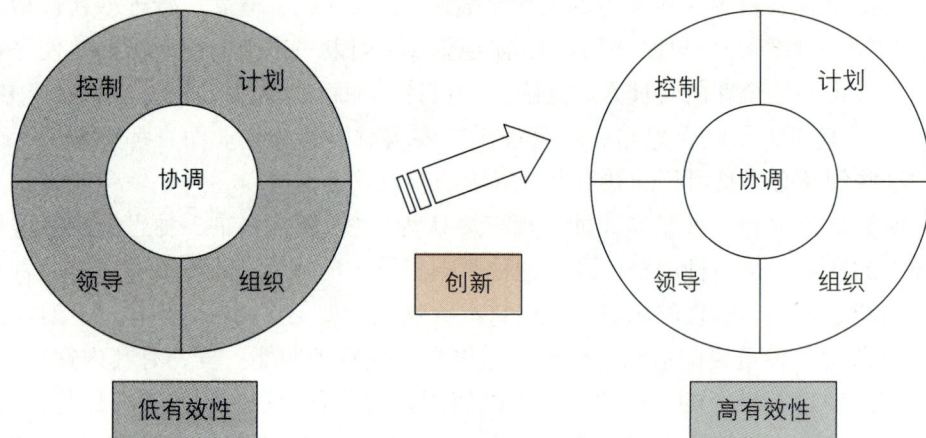

图15-1 传统管理职能与创新的关系

?思考题 管理创新与技术创新有何关系？

2. 管理创新是企业其他各类创新的基础

在企业各类创新活动中，管理创新是基础。在企业的经营活动中，致力于营销创新以取得更好的市场开拓效果，或致力于产品开发以更好地满足顾客需求，或致力于技术开发以获得更大的竞争优势，对于企业的生存和发展而言都是十分重要的。但是，在从事各类创新的过程中，若不进行相应的管理创新，技术创新或营销创新等就可能难以取得良好的效果，即使成功也只能风光一时，难以辉煌一世。因为无论是技术创新还是营销创新，它们要付诸实施，都必然会对现有的管理体系、生产组织方式带来一定的冲击，并有赖于新的管理体系和组织方式的建立。没有相应的管理创新作为基础，其他创新就很难实现或难以为继。我国不少高技术企业之所以昙花一现，很

大程度上不是因为它们技术不行，而是因为管理跟不上。

管理创新与其他创新之间的关系如图15-2所示。

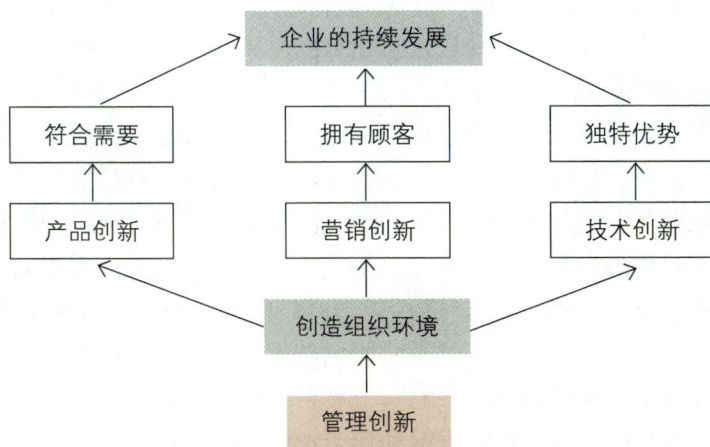

图15-2　管理创新与其他创新之间的关系

？思考题　管理创新是通过一个怎样的过程进行的？

3. 管理创新是一个系统的过程，需要有组织的管理

和企业中的其他创新一样，一项管理创新从提出到取得效果，一般要经过以下四个阶段：提出创新目标阶段、创意产生阶段、创意评估筛选阶段、创意实施与修正阶段。如图15-3所示。

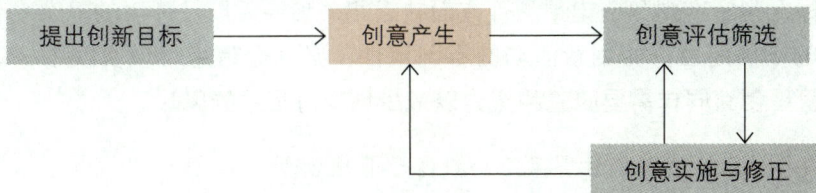

图15-3　管理创新过程

提出创新目标阶段。没有目标的行动是盲目的行动。正如其他活动的管理一样，进行管理创新活动，也必须首先明确创新目标，而且管理创新目标必须与组织目标保持一致，才能保证管理创新工作的有效性。**如果缺乏明确的目标指引，创新往往会演变成管理者显示自己才能和突出自己与众不同的工具**，导致管理者为创新而创新，注重个人目标而忽视组织目标。所以组织创新必须建立在明确的目标基础之上。管理创新目标一般为管理难题的解决、新标杆的创造等。

创意产生阶段。有了明确的创新目标之后，接着就是要形成创意。有了新观念、新思想、新方法的创意才会有创新，**能否产生创意是关系到能否进行管理创新的根本**，因而人们关注创意活动是十分自然的事情。要产生好的创意并非是一件容易的事情，它受到人的素质、阅历、知识积累及当时各种因素的影响和制约。本章第二节中的创新原则与方法将有助于创意的形成。

创意评估筛选阶段。产生了许多创意之后，还需要根据企业的现实状况与资源条件、企业外部环境的状况对这些创意进行评估与筛选，看其是否有实际操作意义，是

否能达到预期目标。在这个过程中，**参与创意评估的人员的选择十分重要，**这些人员需要有丰富的管理经验、好的创造性潜能以及敏锐的分析判断能力，否则极易扼杀优秀的创意。同样在评估最高管理者提出的创意时，如果没有外部专家参与评估，一个不合实际的创意就很容易通过，并进入实施阶段，从而给企业经营带来风险。

创意实施与修正阶段。经评估与筛选后的创意需要通过一系列具体的操作设计，将创意变为一项有益于企业资源配置的新的管理方法。创意的实施是管理创新过程中一个极为重要的阶段，**许多好的创意往往由于找不到合适的具体操作方法而最终无法付诸实施。**如企业从分配的平均主义到按劳分配再到按贡献分配是一种进步、一种创新，但如果缺乏科学的考核与衡量方法，则最终还是难以消除分配中的平均主义，或只能采用"红包"等暗箱操作方式进行折中，使报酬的激励功能大打折扣。进一步地，即使有具体的操作方法，若不注重实施的艺术性，同样会使得一项即使是完善的创意也难以得到实施或难以取得很好的实施效果，从而使创新的成效大为削弱。

从以上管理创新的一般过程中可以看到，管理创新过程具有以下特点：

● **管理创新过程是和内外环境相互作用的社会过程。需不需要创新，创新什么，什么样的创新是可以接受的，每一步都受到人们原有的价值观念、行为习惯和环境的影响，**因此在管理创新过程中，我们必须正确地处理好创新与环境之间的关系。

● **管理创新过程是随机性与逻辑性统一的过程。**创新来源于创造性思维，但是管理创新过程既是不断迸发"灵感"的过程又是有组织的系统过程，只有通过系统化的管理才能使创造性设想变成实用化的成果。

● **管理创新过程充满风险和不确定性。**在创新过程中，创新思想本身以及创新者在行为目标、判断准则和期望预测等方面缺乏相关参照系以及环境的复杂变化，都会带来一定的不确定性。而创新活动的不确定性就必然会带来管理实践中一定的风险性。因此**管理创新同样需要胆量和努力以减少创新过程中的风险。**

？思考题 怎样才能使人们甘冒风险而投身于管理创新？

正因为管理创新过程存在着以上特点，所以管理创新过程本身需要管理。从创新的组织程度来分，管理创新可分为自发的管理创新和有组织的管理创新两大类。但不管是自发的创新，还是有组织的创新，管理创新必将涉及组织内各部门。**在管理创新过程中，设立正确的创新目标，形成大量的创意，对创意进行正确的评估，以及保证创意的顺利实施，都需要进行有效的管理。**因此管理创新是一个系统的过程，只有加强对管理创新过程本身的管理，管理创新才能取得预期的效果。

三、管理创新的分类

管理创新与其他创新一样，可以根据不同的标准进行分类。根据一个完整的管理创新过程中管理创新重点的不同，可将管理创新划分成管理观念创新、管理手段创新和管理技巧创新。

● **管理观念创新**是指形成能够比以前更好地适应环境的变化并更有效地利用资源的新概念或新构想的活动。如"无边界组织""扁平化"等概念的提出。

● **管理手段创新**是指创建能够比以前更好地利用资源的各种组织形式和工具的活动，可进一步细分为组织创新、制度创新和管理方法创新。其中，**组织创新**是指创建适应环境变化与生产力发展的新组织形式的活动，如"虚拟网络组织"；**制度创新**是指形成能够更好地适应环境变化和生产力发展的新的规则的活动，如"用户创新机制"；**管理方法创新**是指创造更有效的资源配置工具和管理方式的各种活动，如"关联考核法""增量激励法"等。

●**管理技巧创新**是指在管理过程中为了更好地实施对观念的调整、制度的修改、机构的重组或进行制度培训和贯彻落实员工思想教育等活动所进行的创新，如"先试点再推广"。

管理创新始于观念创新。创新者在实践中，通过对以往管理方法运用效果的反思，发现原有管理方法或管理思想中存在的缺陷；或形成了诸如做得更好之类的要求，结合现代科学技术和社会的发展，融合形成新的管理思想；或随着管理经验的积累，经过总结升华，产生了更新更好的管理思想。这是一个关键阶段，这一阶段中所形成的管理思想的正确与否，直接影响着管理创新的成败。

？思考题 光有观念创新能否达到管理创新的目的？

新的管理思想的提出，引出了一系列需要解决的管理思想实现手段问题，若基本上可用现有的管理手段实现，则只需对现有管理手段进行综合适应性的小改小革即可；但若新的管理思想不能用现有的管理手段作适应性调整来实现，则需投入一定的人力、物力、财力，进行管理实现手段创新。管理手段中的**管理方法创新更多的是基于理论和科学技术的发展，管理组织和制度创新则更多的是基于管理实践**。由于管理实现手段创新在大多数情况下是管理制度与组织方式的创新，因此新手段的形成与完善也可在一定程度上视作是管理思想的组织化、制度化、可行化过程。而管理思想的组织化、制度化又常常带来新的组织形式、新的业务流程、新的管理制度、新的管理方法等管理创新成果。

？思考题 管理思想为什么一定要通过组织化、制度化才能发挥其作用？

为了实现管理创新的预期效益并进一步改进和完善新的管理手段，在管理思想组织化、制度化之后，创新组织者必然要求尽快地将管理创新成果投入实际运用，这就是管理创意的应用和推广阶段。在应用和推广过程中，为了适应各种不同的应用场合，使用者往往还需要对管理创新成果进行小改小革。在管理创新成果运用过程中进行的小改小革即为管理技巧创新。与管理观念创新、管理手段创新不同，**管理技巧创新的重点应放在管理的实际应用上**，而不是改变管理思想或实现手段上。

？思考题 为什么管理技巧创新也属于管理创新范畴？

在实际创新过程中，**从观念创新到管理技巧创新并不一定是连续的**，也就是说，并不是每次创新都要经历观念创新、管理手段创新和管理技巧创新，这三个不同层次的创新可以在不同的时间、不同的组织中进行。例如，当某个组织提出"创新是企业的主要职能"时，该组织可能由于各种原因只是将这一新观念停留于口号，而另一组织则可能在此观念影响下，进行管理手段的创新，形成"创新型组织"管理体系，而第三个组织可以在向第二个组织学习的基础上，根据自身的实际情况，对如何实行"创新型组织"管理体系进行方法和技巧创新，总结出一整套的实施原则、实施中应注意的问题和相应对策。

在管理创新体系中，**观念创新是各项创新工作的基础，**观念创新为各类创新活动指明了方向、扫清了思想上的障碍、奠定了更有效地利用资源的基础；**手段创新是对观念创新的进一步具体化，**它使观念创新变得切实可行，可大大提高组织的应变速度，更好地保证各种资源的合理使用；**管理技巧创新则保证了观念创新和手段创新能够为大家所接受，**保证观念创新和手段创新能取得预期的效益，或进一步提高原有管理手段的有效性。三类创新相辅相成，形成了一个完整的管理创新体系。

除上述分类外，根据创新的程度，管理创新可分为渐变性创新和创造性创新。**渐变性创新**主要是基于对原有事物的改进，**创造性创新**更多的是基于新事物的引入。例如，根据实际情况对现有管理思想的实现方法加以改进或对其运用范围加以拓展，应属于"渐变"性管理创新；根据环境的新的变化提出新的管理思想，并在此基础上形成新的管理模式或管理方法，应属于"创造"性管理创新。

四、管理创新的重要性

1. 管理理论和方法的发展需要创新

从历史上看，管理理论的发展是管理研究人员与管理实践人员对管理的规律性不断加以认识与把握的过程，也是管理理论与方法不断创新的过程，**管理理论的发展史本身就是一部管理创新的历史**。事实上，从科学管理到行为科学，从行为科学到管理科学，从管理科学到现代管理理论，无一不是管理理论与实践相结合所形成的创新成果。没有管理思想和方法上的创新，也就不可能诞生科学管理；没有实验的基础，不突破前人对人的基本假定，就不可能形成行为科学；如果不是人们对条理化的不懈追求和对各种学科知识的综合运用，就没有管理科学的今天；而如果没有对前人所做一切的反思和基于前人基础上的重新整合，就没有革命性的企业再造和学习型组织理论的崛起。**创新是管理理论发展的生命线。**

管理未来的发展也需要创新。环境的变化是永恒不变的真理，而只要环境在变，管理创新就不会也不应该停止，由此可见，**创新是管理永恒的主题**。唯有致力于持续的创新，才能使管理理论和实践与不断变化着的环境相适应，才能使管理这一工具在人类追求不断发展的过程中显示出勃勃生机。

2. 中国的发展更需要管理创新

从我国企业的管理现状看，经验管理仍然是我国企业管理的主流，企业的成败在很大程度上取决于企业领导人的经验、经历和能力。我们普遍缺乏科学管理基础，管理工作的规范化、科学化程度较低。也正因为如此，定量管理、借助信息技术进行现代化管理举步维艰，信息管理系统（MIS）、企业制造计划（MAPII）、企业资源计划系统（ERP）虽然在国内搞得轰轰烈烈，却难以取得成效。而行为管理思想本来是中国传统文化中最为光辉灿烂的部分，却在我们引进西方科学管理思想的同时被我们所忽视，当我们懂得了要给人以合理的公平的物质报酬时，却忽略了思想工作的重要性，因此，行为管理思想还需要我们在新的形势下加以发扬光大。至于现代管理思想，我们的管理实践者们出于自身发展的需要很想尽快地掌握，却往往由于忙于实务和缺乏理论界的指导而停留于表面的认识，很多在管理理论上已有定论的东西，我们的实践者们还在闷头苦苦地思索。

另外，随着越来越多的企业发展壮大，其一次创业时期保持下来的随机的、不规范的，甚至是不科学的管理机制开始严重制约企业的进一步发展。企业为了在新的环境下求得进一步发展，就必须告别过去凭借个人素质来赢得并把握机会的时代，建立起一个依靠企业整体素质来实现持续发展的管理体系。在这一新旧机制转换过程中，关键在于：推陈出新，用新的管理模式替代旧的模式，即**从原来随机的、无序的、感情化的管理模式转变为有计划的、规范化的、制度化的管理模式**。这对企业来说是一个巨大的考验。这一新旧机制转换，不仅要求对企业本身有充分的认识，而且要有打破传统的创新勇气和坚持实施的毅力和耐心。因此，对于我国现有的大多数企业而言，管理创新也是企业求得持续发展所必然面临的选择。

相对于管理实践，**中国的管理理论研究更是需要创新**。改革开放以来，我国的管理学界从以前的关门做学问、与实践相脱离，到现在走向企业、与管理实践相结合，应该说已经有了很大的进步。从中国管理界研究现状分析，我们在引进西方先进管理理论方面，已基本上可以做到同步翻译，我们也从跟踪国外对中国古代管理思想研究发展到了主动开展中国古代管理思想的研究，并开始理论联系实际，着手到企业进行一些实际的管理问题研究。但总体上而言，**我国的管理研究还停留在主要是跟踪国外管理研究和为学术而研究的阶段**。

有的人认为我国的管理比较落后，所以现在最主要的是要学习西方的科学管理思想，进行管理基础建设工作，而不是进行管理创新。这话说对了一半，我们现在确实要搞好管理基础工作，但这并不等于说我们就不需要进行管理创新，因为我们今天面临的问题绝不是发达国家昨天问题的重复。恰恰相反，如果我们按部就班、亦步亦趋地沿着发达国家曾经走过的道路前进，一方面发达国家过去的成功经验不一定适应现时的时代变化，另一方面还会由于变化的加快，进一步扩大我们与发达国家之间的距离。正因为我们的管理基础与西方发达国家不一样，才需要我们在面对与西方国家相同的时代环境时，更要致力于管理创新，通过创新缩短两者之间的距离。因此，对于中国的管理理论界而言，跟踪学习和宣传国外先进的管理思想和方法固然重要，但更重要的是要在此基础上，结合中国的实际，创造适合于中国的管理理论与方法，也就是要进行管理理论与方法的本土化创新。

综上所述，**我国经济改革、企业发展、中国特色的管理理论的形成都有赖于管理创新**。是否真正认识到管理创新的重要性和必要性，能否掌握管理创新的理论与方法，敢不敢致力于管理创新实践，将直接关系到企业的持续发展和中国管理理论界的前途命运，关系到中华民族的振兴以及国家的繁荣与昌盛。

第二节　管理创新模式和原则

管理创新是重要的，可以进行管理创新的领域是广阔的，那么我们又应该怎样进行卓有成效的创新呢？这就要求我们掌握一定的管理创新方法。良好的创新意识和创新氛围，加上掌握一定的创新方法，是持续、高效创新的必要条件。

一、管理创新模式

管理创新从创新主体的角度分，可以分为三种模式：自主创新、模仿创新和合作创新。

1. 自主创新

自主创新是指企业通过自身的努力，依靠自身的力量，不断发现问题、解决问题的管理创新活动。自主创新是一个渐进性过程，往往从局部小创新开始，再过渡到较为系统的管理创新。自主管理创新由于与自己的文化兼容，因此，创新成果在组织内部容易推广，但创新成果对外移植相对就比较困难，会受到外部不同文化的抑制和影响。

自主创新所形成的成果在高层管理者发生变动或组织内外部环境发生重大变化时可能会失效，这时新的一轮较大规模的管理创新活动又需要重新开始，但此时的创新阻力往往会比以前大得多。因为这时的创新需要从企业基本价值观开始，对整个企业管理系统进行较大程度的创新与改造，也就是说可能存在新旧文化不兼容的问题。如果说技术创新主要是由于竞争推动，那么管理创新更需要自己对自己的否定。任何一种管理创新成果，由于组织文化的惰性，其管理效用会逐渐降低。自主创新如果突破不了这种障碍，又没有借助外部力量推动创新，那么企业会因此消亡。这也是自主创新的最大局限性。

? 思考题 有人认为，"成功中孕育着失败的因素"，你认为有道理吗？

2. 模仿创新

模仿创新是通过学习、模仿别人的创新思路和创新行为，吸取别人先进经验与管理模式，并在此基础上形成自己独特的管理模式的过程。**管理上的模仿创新，实际上是风险最大、最困难的创新，**因为真正有生命力的管理创新肯定是根植于特定企业文化之中的，而文化的移植是相当困难的，没有相应文化支撑的先进经验与管理模式是苍白无力的。

? 思考题 既然模仿别人的先进经验与管理模式是困难的，我们为什么还要学习呢？

由于模仿创新有一定先例可循且成本低，相对而言容易在内部达成共识，因此在管理实践中仍然有较多的运用，如我们通常所说的"标杆学习"就是模仿创新手段之一。通过对标，我们不仅可以看到自身的不足，强化创新的动力，而且借鉴标杆做法，有助于打破固有的思维模式，寻找到创新的切入点和基本方法，从而推进创新。

要进行模仿创新，企业首先要具备一定的管理创新能力。其中主要为判断能力、吸收能力和转换能力。**判断能力**主要表现在对于所要模仿的管理创新的前提条件或适用性判断，判断能力不强，就会在错误的时机引入先进的思想或在合适的时机引入不适当的创新。**吸收能力**则关系到企业能否正确理解先进管理思想和方法的实质，如果吸收能力不强，就会导致企业只模仿了"形"，而没有获得"神"，自然难以取得实效。**转换能力**也是进行模仿创新的一个重要能力，它是一种将新观念和新思想转换为可操作的具体工作方案的能力。转换实际上是结合企业实际情况的进一步创新，需要更多的工作经验与相关技能。总而言之，**模仿创新的成功秘诀在于将先进的管理理**

论、方法和企业的实际情况有效结合，结合得越好，可能取得的管理成效就越大。

3. 合作创新

合作创新是指企业与科研机构、高等院校、管理咨询公司等共同进行的联合创新。合作创新是以合作伙伴的共同利益为基础，以资源共享或优势互补为前提，通常有明确的合作目标、合作期限和合作规则，双方相互之间高度信任、共同参与的管理创新活动。**合作创新是管理创新中最重要、最富有创新成效的一种创新模式**，它的最大特点是能够突破原有的思维定式，否定原有的管理模式，进行较大程度的管理创新活动。

"外来的和尚好念经"，从某种意义上来说，企业每隔一个时期都需要借助外力来推动管理创新。如华为公司与中国人民大学共同合作形成了较有影响的管理创新成果《华为基本法》，对指导华为公司管理工作产生了较大的影响，在较长一段时期内规范了该公司管理的基本取向。即使是管理水平很高的国内外著名公司也经常与管理咨询公司合作实施管理创新活动，甚至这些公司对合作创新表现出了比一般公司更大的兴趣。例如，美国通用电气公司每年管理咨询费用的支出高达1亿多美元，国内愿意在管理创新方面投入几百万甚至上千万元资金的主要也是一些著名的企业。

合作创新的领域十分广阔，小到通过管理培训推动观念创新，大到通过管理系统的整体设计以推动企业的系统创新。**管理合作创新成功的关键，是合作的基点一定要正确。**企业始终是管理创新的主体，合作单位帮助企业突破思维定式、理清思路，具体管理方法手段的创新主要还需要靠企业自己来完成。合作单位一手操办管理创新工作就会面临与模仿创新同样的问题。

二、管理创新原则

管理创新原则是在管理创新过程中带有一定的普遍性，可以用作指导管理创新工作的法则和标准。在管理创新中应用这些原则可以提高我们创新行为的自觉性和主动性，可以让我们少走弯路，降低创新成本。下面是一些比较有效的管理创新原则。

1. 还原原则——寻求事物的本质

现有的管理方式或方法都是建立在一定的基本前提假设基础之上的，当我们通过事实调查，推翻了这些假设时，新的管理方式或方法就有可能得以形成。因此，**创新的一条重要原则就是检验并推翻原有的假设前提。**

例如，工人进行一个开关装配的简单操作：从装有许多弹簧的盒内每次取出两个装入开关，再装上按钮时，让企业困惑的是无论采取怎么样的质量管理方法，包括严格监督与强化操作规程，都不能使工人避免偶尔遗忘装入弹簧。能否让工人自己来控制与管理呢？按这种思路来改变操作程序，增加自检程序，即每次从弹簧盒里先取两个弹簧放进一个小盘，再从小盘中取弹簧装入开关，若装配后盘内留有弹簧，工人能立即意识到发生漏装，立即纠正。采用这个方法彻底解决了开关漏装弹簧的质量问题。

？思考题 零售业中的柜台经营与超市经营在前提假设上有何不同？

上述创新源自破除了一些不完全正确的假设：执行者与监督者必须分开；操作者既没时间也不愿意去监督和控制工作的进行；做实际工作的人缺乏做出决策的必要的

知识与能力。**推翻原有假设就意味着创新**。事实上，在有明确工作职责的情况下，往往可以取消别人对其工作的监督与控制，让做工作的人自己进行相关问题的决策。而一旦做实际工作的人学会了自我管理与控制，金字塔式的管理层就可以被压缩，组织就可以扁平化。

所谓管理创新的**还原原则**，就是打破现有事物的局限性，寻求其形成现有事物的基本创新原点，改用新的思路、新的方式实现管理创新。任何创新过程都有创新原点和起点。创新的原点是唯一的，而创新的起点则可以很多。如在管理上，实现目标的手段是多种多样的，在当时的条件下，我们可能选择了一种合适的解决方法，但是随着环境的变化，原来的方法并不一定是最好，这就需要回到最初的目标上来重新制定一种更为合适的新方法。管理创新的还原原则，要求**创新主体在管理创新过程中，不要就事论事，就现有事物本身去研讨管理创新问题，而应进一步寻求源头，从前提假设出发寻找创新的原点**。只有这样，所产生的创意才不容易受现有事物的结构、功能等影响，从而能够有所突破。具体可以通过思考和询问诸如"我们现在这样做的目的是什么？有没有更好的方法可以同样达到这一目的？"之类的问题来引发创新。

例如，通过专业化分工可以提高效率，同时也可以享受规模经营带来的好处，为此，许多组织在组织结构设计时按专业化原则来设立部门或岗位，每个部门或岗位只做某一类型的工作。如财务岗位只负责会计，如果它需要新铅笔，就得找采购部门，因为只有采购部门才有执行采购任务的职责和权力。但我们发现这种专业化分工原则是建立在"专业能力的培养是不容易的，相关信息的了解是比较困难的"假设基础之上的。随着信息技术的发展，现在这些假设已变得不再正确，互联网和专家系统已经能方便地帮助我们得到相关信息，很容易掌握某一专业技能，部门和个人都有可能做更多的事情了。如通过互联网、数据库和配送体系，各部门可以自行采购而无须麻烦专业的采购员。在这种情况下，我们就可以进行流程重组，重新进行部门和岗位分工，以进一步提高工作效率、降低成本。

？思考题 假设"管理就是控制"与"管理就是服务"，对管理工作会有什么影响？

2. 木桶原则——关键要素创新

木桶原则是指由几块长短不一的木板所围成的水桶的最大盛水量，是由最短的一块木板所决定的。木桶原则所要说明的是：在组成事物的诸因素中最为薄弱的因素就是瓶颈因素，事物的整体发展最终将受制于该因素；只有消除这一瓶颈因素，事物整体才能有所发展。在管理创新中，如果能抓住这个影响事物发展的最关键的环节或因素，那么就会收到"加长一块木板而导致整个水桶总盛水量很快增加"的目的。

木桶原则在企业管理创新中有很大用处。企业组织有不同的层次、不同的职能部门、不同的经营领域，而企业整体管理水平的高低既不由董事长、总经理决定，也不由那些效率最高、人才济济的部门所决定，而取决于那些最薄弱的层次和部门。因此，**只有在最薄弱环节上取得突破性的改善，才能最终提高企业整体管理水平**。

？思考题 如果市场只需要"半桶水"，那么企业又该怎么办呢？

3. 交叉综合原则——发挥杂交优势

交叉综合原则是指管理创新活动的展开或创新意向的获得可以通过各种学科知

识的交叉综合得到。如计算机学科与管理学科的交叉综合就形成了一系列具有革命性的管理方法和手段：管理信息系统（MIS）、决策支持系统（DIS）、企业资源计划（ERP）等。

从管理创新的历史过程来看，有两种创新方式是值得重视的。一是用新的科学技术、新的学科知识来研究、分析现实管理问题。由于是用新的学科知识和技术来看待现实管理问题，即从一种新的角度来研究问题，这样就可能得到不同于以往的看法和结论。如把数理统计方法、大数据分析方法运用到质量控制中，使质量控制从事后检验走向预防控制。二是将以往的学科知识、方法、手段综合起来，系统地来看待管理问题，这样也能产生不同于以往的思路和看法。

？思考题 物联网技术的发展对管理工作会带来什么影响？

4. 兼容性原则——兼收并蓄，自成一家

管理创新要坚持"古为今用，洋为中用，取长补短，殊途同归"，既要学习国外的先进经验，也要学习中国古代的管理思想，并结合中国企业的实际情况。管理理论与方法的发展不同于自然学科，自然学科理论的发展与创新，是一种否定之否定的关系，新理论的诞生意味着对旧理论的否定，而管理理论的创新往往是一种兼容关系，是从不同角度对旧理论的完善和补充。如组织行为理论的出现，并不意味着科学管理理论的结束，即使在美国，泰勒的科学管理方法仍然是其管理的基础。

兼容性原则是指根据自身的实际情况，在吸收别人先进的管理思想、管理方式和管理方法的基础上进行综合、提高和创新。从企业管理诸多领域的创新来看，很多企业根据该原则获得了创新成果。

例如，在商业企业中，传统的销售方式是营业员站柜台，向顾客介绍商品进行销售，这是一种店堂员工的管理方式，但后来发现，顾客在此方式下购买商品会受到营业员态度的影响而减少购买量，且不方便顾客自己仔细观看和挑选商品，于是在站柜台的基础上兼收了传统农贸市场的特点，创造了当今流行的自选商场，即自选式售货方式。

？思考题 如何处理好兼容与特色之间的关系？

5. 宽容失败原则

最显而易见、具有常识性和令人深信不疑的信念之一，也是人人认为不言自明的信念是：最好把事情做对而不要做错，把事情做好而不要做失败。假如有人提倡相反的看法——认为犯错误是好事，多犯错误的人应该受到鼓励——可能会被视为傻子！而事实上，正是一些所谓的聪明人，为了避免犯错误，他们什么事情也不做，即使是好的决策也尽量少做。结果，那些害怕犯错误的人做得少，取得的成就也越少。管理者最大的错误在于缺乏担当、怕犯错误！没有新尝试，就没有新作为，而要进行管理创新，就有可能面临失败，就有犯错误的可能。只有营造出不怕犯错误、宽容失败的氛围，才会有致力于创新的行为。

要做到不怕犯错误、宽容失败是比较困难的，因为人们从小就养成了思维定式——"成者为王败者为寇"。学校根据学生们提供正确答案的能力来给他们评分，并因为他们做错题目而予以惩罚。同样地，几乎所有的组织原则都是惩罚失误者，而

绝对不惩罚服从命令的人。就此，许多人养成了怕犯错误的恐惧心理，并竭力避免犯错误。**人们学会要做得完美无缺，而不是要有创造性。**

企业永远需要有敢于行动、不怕犯错误、能够创新的员工。现在一些企业家开始避免犯不让企业犯错误的错误。如美国3M公司就提出了"允许犯错误，不允许不创新"，"允许犯错误，但不允许犯相同的错误"等企业理念，积极鼓励员工参与企业各类创新活动。

第三节　管理创新思维方法和创新技法

一、管理创新思维方法

创新是否可教可学？　　人最难战胜的是自己。**人最可怕的不是行动上的惰性，而是思维上的惰性。**企业管理创新的最大障碍是思维的障碍。企业先前的成功做法往往会使企业领导人形成思维定式，从而失去创新力。

思维定式是一种严重的创新障碍，它的危害之处在于顽固性。人的思维模式一经建立，再要改变它就比较困难。如我们从事物的两极看问题的"非此即彼"二元思维模式，就严重影响了人们的创新能力。"非此即彼"的思维模式使人们的价值判断容易走极端：执行政策稍不留心就会过火、过头；评价人物不是好人就是坏人，不是英雄就是叛徒；一说某人好，就添油加醋，好得不得了，一说某人坏，就无限上纲，把人说得坏得不得了；它使人们对未知的事物满怀戒心，而对于已知的，则不问青红皂白地赶潮头。

人的智力在与思想的全部认知技能结合时才能发挥最大效用。认知技能分为八种：记忆、逻辑、推理、判断、感知、直觉、想象、悖论。前四种是基本的认知技能，对日常习惯性的生活都有好处，可以称之为**逻辑技能**。记忆使我们将现在和过去联系起来，逻辑让我们从事实和原则中得出结论，推理使我们估量自身行为的后果，理智使我们从已知的或未知的事物中做出判断。而创新者同时还要更多地运用另外四种技能，即感知、直觉、想象、悖论四种**超逻辑技能**。感知使创新者从不同的角度看待事物，直觉使他们感觉到事物的内在含义，想象能让他们看到不存在的东西，而悖论有助于他们采用反向思维。管理者要掌握逻辑思维的技能，但更需要超逻辑思维的技能。**不懂逻辑思维会败业，只会逻辑思维止于守业，超常规的思维才能兴业。**

人们一旦能够突破思维定式，就可以产生巨大的创新潜能。增强创新意识、学习创新技法及经常性地参加创新实践，将有助于突破思维定式。除此之外，还可以通过规范自己思维活动的方法，并经常注意使用创造技法，久而久之，思维定式就可以大大减弱。在这里，我们简要介绍突破思维定式的几个要点和方法。

1. 不按常理出牌

逻辑思维对创新活动来说是必需的。逻辑思维的主要特征是遵从"无矛盾"法则，即凡事都要说出个道理来。然而**创新思维的胚芽都植根于逻辑的中断处**，这就要求我们：要想找到这种创新的胚芽，就必须大胆地抛弃硬性的逻辑思维而涉足于弹性较强的非逻辑思维的大海中去，这样才会找到你所需要的东西。手表按理说是计时工具，但它用来送人就是礼物，用来装饰就是时尚品，为了与其他装饰品能够配套，一个人可能需要五六只手表，甚至更多，手表的寿命也不需要是5年、10年，而可以是半年、一年，如此一来，手表市场就可得以大大扩展。

2. 放纵模糊性思维

人脑的思维习惯总是追求清晰、明白，模棱两可是经常被排斥的。事实上，模糊性思维是人类思维中不可分割的一部分，正是清晰与模糊的对立统一，才推动了人类思维的发展。

创新是从模糊到清晰的过程。当你的思维处于模糊状况时，说不定会出现一些自相矛盾的观念，它可能会激发你的想象力去突破原有的狭窄的思想，产生新的创造性思维的胚芽。如果你能放纵自己思维的模糊性，而不担心会变成傻瓜，很可能创新成果送出。

正因为清楚和模糊是相对的，所以我们在企业管理实践中也不要一味地追求事事清楚。企业薪酬和考核的绝大部分内容、规则应该是清楚的，但也需要保留一部分的模糊，以更好地适应很多特殊的情况。也正是这一模糊部分的存在，给管理者提供了更大的管理技巧创新的空间。

?思考题 工作职责既无交叉又无空白能做到吗？

3. 主动向规则挑战

迷信规则，可能是产生思维定式的重要原因之一。规则的东西在一定范围内当然应当遵守，因为它毕竟是前人经验和知识的总结。但是随着环境的变化，当它到了寿终正寝之时，就应该大胆地舍弃。在管理创新中，**如果我们能勇敢地向未抛弃的概念、法则、规律、方案等大胆质疑而提出挑战，我们的思维定式就会一扫而光。**

扩展阅读：华为的蓝军

为了能够主动地向规则挑战，在企业内部，可形成对企业的各项制度、流程、作业方式**进行定期评审的制度，**以不断地促使企业废除已与企业发展不相适应的老规则，建立与企业发展相适应的新规则。

?思考题 在老规则被废除，新规则还没建立的情况下，该怎么办？

4. 克服思想上的"随大流"

"随大流"，也叫从众行为，是指在社会行为的影响下，个人放弃自己的意见、想法，采取与多数人一致的行动的现象。在现实世界中，"随大流"现象普遍存在，因为"随大流"的安全系数较大。然而安全又常与稳定、保守相通，有时也未必是真的安全。**在市场经济中，产品滞销的厂家，多属"随大流"之列，**别人生产什么，它也就生产什么，最终的结果自然是积压。相反，那些受到市场欢迎的产品，却多是不"随大流"的有特色的产品。"人无我有，人有我优，人优我新"是一些企业的成功之道，它们追求的是差异化而不是"随大流"。

"随大流"在思想上则是思维惯性的一种表现。大多数人想干的事情一定是正统的、稳定的，新意甚少。故在日常工作上若能克服"随大流"，也必有助于克服思维定式。

?思考题 人们在日常工作中为什么会"随大流"？

5. 善于寻求多种答案

人的思维定式相当一部分是在学习前人的知识和经验时形成的。一切知识都是按逻辑链展开的，老师天天讲，自己天天练，脑子逐渐被这些知识链缠住，其后的观察和思考也就习惯于用这些理性的东西去对照，从而形成思维上的定势。如果我们只按已有的知识去思考、理解，就很容易为自己已有的知识所缠住。

思维定式的重要特点之一，就是它的确定性、单一性。而事物的发展总是指向多样化、复杂化的方向。只满足于一种状态、一个答案，世界就凝固，创新就停止。如果我们能不拘泥于已有的经验和知识，主动地寻找多种答案，就能帮助我们克服思维定式，全方位多角度地看问题，从而获得更多的创新成果。

在打破固有的思维模式，寻求多种答案的过程中，大胆地假设不失为帮助我们克服思维惯性和惰性的好办法，尽管假设不一定会直接产生创造成果，却可以激发人的想象力，从而找到全新的胚芽。而假设的最有效之举，就是把现有事物推向极端，引出新的矛盾或问题。这时，思维定式就不起任何作用了。例如，假设以后能源能够免费使用，假设人人都不想干活，等等，都会激发起人脑无尽的想象，思维定式必然会被打破。

思考题 大学里没有教师会怎么样？

充分地发挥想象力则是寻求多种答案的关键之一。想象力是一种天赋的能力，每一个人在孩子的时候，都具有丰富的想象力。随着年龄的增长，知识的增加，以及社会种种条条框框（包括法律、规章、制度、传统等）的限制与约束，人的想象力在不断下降。我们需要恢复以往丰富的想象力，找回已经失去的可贵想象力。

"如果"思考法是恢复想象力的有效工具。当一个人的思考有了"如果"的意识，那么他的想象力将从法律、规章、制度、传统等束缚中解放出来。许多成功的产品都来自大胆的想象，免削铅笔来自"如果铅笔不需用刀削还能继续写"的想象，微波炉是来自"如果炉子不用火也能煮东西"的想象。

思考题 如果你来写这本书，会怎么写？

6. 逆向思维

逆向思维是每个管理者都应该掌握的思维方式。对任何一个员工，在你认为满意的时候，你必须看到他的缺点，这是对他负责，如果只看到优点，放任纵容，最后会把他毁掉。当我们决定一件事干与不干的时候也需要逆向思维，即使决定干了，也要想到不干会怎么样，不干有没有什么好处，能不能把不干的好处放到干的里面去，从而做得更完善，这些都需要逆向思维。逆向思维通俗地说是站在对立面思考问题，或者是指与一般人、一般企业思考问题的方面不同。人家不想的，认为是正常的事情，你却加以思考，从中发现问题，这就是逆向思维。

行动指南：逆向思维要点

思考题 逆向思维为何常常能带来成功？

二、管理创新技法

创新技法是帮助人们实施创新、提高创新效率的方法。科学家们对创新的方法进行了深入研究，提出了许多适合各种创新工作的方法。由于技术创新、产品创新、市场创新与管理创新在性质、内容上有所差异，因此所适用的创新方法也会有所不同。这里讨论的是几种较为适合管理创新的技法。

1. 识别问题方法

正确地界定问题是进行有效管理创新的基础。人们往往为了追求结果，而没有耐心去界定问题。我们经常只花几分钟就提出问题，却花几个月的时间去解决不是问题的问题。其实如果我们善于界定问题，把问题简单化、明确化，那么问题也就解决了一半。明确问题的性质有助于创新性地解决问题，而不是头痛医头，脚痛医脚。

"为什么"法是识别问题的最为简单的方法，通过不断变化对原始问题的定义，获得新的问题视角，而问题的新视角又可以产生解决问题的可行方法，直到获得最高层次的问题抽象。

"为什么"法对扩大问题范围及探索其各种各样的边界十分有用。

另一种常用的界定问题的方法是**五大问技术**：一问目的；二问地点；三问时间；四问人员；五问方法。

？思考题 用"五大问技术"对自己的日常学习进行反思，可得到什么结果？

2. 头脑风暴法

头脑风暴法是目前最为实用、最为有效的**一种集体式创新性解决问题的方法**。它之所以有效，应归功于在群体活动情境下所具有的彼此相互促进的动力机制。每当一个人提出一个新的想法，这个人所激发的不光是他或她自己的想象力，在这个过程中与会的其他人的想象力也将被激发。头脑风暴式会议本身还是一个社会交往过程，在群体活动中，个人要在组织中取得地位，他就得和别人竞争，而要成功地做到这一点，他就得想出更多的创意。头脑风暴法鼓励提出新观点，接受新观点，这样反过来

头脑风暴法的四条基本原则

小卡片

● 自由畅想原则。要求与会者大胆敞开思维，排除一切障碍，无所顾忌地寻求问题的答案，并及时表达出来。

● 延迟批判原则。这是头脑风暴法中极关键的一条原则，违反了这一条，自由畅想也就失去了保证。延迟批判包括三层意思：一是不仅不做否定的批判，如"不可能"等，也不做肯定的评判，如"太对了"等；二是不仅不批判别人，也不批判自己；三是不仅不用语言表达出来，而且心理也不出现批判别人或自己的想法。延迟批判并不等于不评价，只是推迟一下，留待以后再"算账"。

● 结合改善原则。这一条要求与会者的思维要紧紧跟随别人的发言，即自己的思路要在别人方案的基础上形成。只有如此，才可能发生群体思维中的链式反应，出现激励的效果。

● 以量求质原则。没有数量也就没有质量。经验表明，一些有实际价值的创造性设想，往往出现在大量设想之后。为了保证方案的完备性，想到哪儿就说到哪儿，想到多少就说多少，直到全体与会者实在没有设想可提为止。量变可以引起质变，只有出现一定数量的方案，才有可能激发出有根本新意的创新性方案。

进一步激发参与者提出更多的新观点。

头脑风暴法主要适用于开放性问题，许多管理创新的问题都可以运用它来解决。

3. 列举法

列举法是通过列举有关项目来促进全面思考问题，防止遗漏，从而形成多种构想方案的方法。列举法在列举事项、方案和评选方案时，均可结合头脑风暴法进行，以获得更多更新颖的构思。

列举法包括特性列举法、缺点列举法、希望点列举法等。在这些方法中，特性列举法是基本方法，其他方法不过是对特性列举法的巧妙运用。

特性列举法是进行管理创新的一种重要的创新技法，它通过列举现有事物的特征，针对其中需要改进的问题提出新的创新设想。它是在把要解决的问题分解为局部子问题的基础上，将对象的特点与属性全部罗列出来，并分门别类地加以整理，然后进行详细的分析，提出问题，找出缺陷，再将功能、结构、人员、原理等其他管理要素与其他相类似论据属性加以置换，从而产生出管理创新的设想。这种创新技法特别

适合于老企业改进管理，是老企业进行管理创新的重要辅助工具。**特性列举法的优点在于促使我们全面地考虑问题，防止遗漏，而且较易找到解决问题的切入点。**

示例：特性列举法的运用

特性列举法所列出的特征很多，逐个分析所需的时间较长，为了加快分析速度，人们又进一步发展了缺点列举法和希望点列举法。

缺点就是问题，解决问题的前提是发现缺点、找出问题。**缺点列举法**认为改进事物主要是由于旧事物存在缺点，不能满足要求，认为**缺点就是改进旧事物的方向，**因此，只要列举出事物特征中那些令人不满的缺点，就可以找到所存在的问题，并可针对缺点逐项分析，形成各种克服缺点的方案。缺点列举法围绕旧事物的缺点加以改进，因而通常不触动原事物的本质与总体，属于被动型方法，一般多用于企业管理中，解决属于"事"一类的软技术问题。如企业通过定期诊断，找出存在的问题，再思考如何解决这些问题，就是缺点列举法的运用。

希望点列举法认为，旧事物基本上不能满足人们的要求，必须用新事物来代替它，这个**新事物应当具有满足人们愿望的特点。**所以希望点列举法是从整体上对旧事物不满，把旧事物整个看成缺点，其所列举的希望点，往往是旧事物本质上难以具备的。希望点列举法是一种主动型的方法，常常能突破旧事物的框框，形成比较重大的创新。如企业通过制定战略，提出发展要求，再根据战略发展要求，来重构企业文化、组织结构体系等，从某种意义而言，也是希望点列举法的一种运用。

思考题 你认为现有的生活方式存在什么缺点？你希望拥有怎样的生活方式？

4. 联想类比法

联想类比法的核心是通过已知事物与未知事物之间的比较，从已知事物的属性去推测未知事物有类似属性。类比推理的不确定性，可以帮助我们突破逻辑思维的局限性，去寻找一个新的逻辑的起点。在日常生活中，人们常常用众人皆知的事例来比喻说明某些难懂的事物或概念，这实际上就是运用了类比的方法。

联想类比是以比较为基础的。人们在探索未知的过程中，借助类比的方法，把陌生的对象与熟悉的对象相对比，把未知的东西和已知的东西相对比，从而由此及彼，

起到启发思路、提供线索、举一反三的作用。

联想类比法的关键在于联想。没有很强的联想能力，就无法在已知与未知之间架起桥梁，也就说不上类比。股份制运用于工商企业的改革，取得了成功，那么农村经济进一步深化改革，是否可以借鉴股份制的经验，实行股田制？银行的最大功能是资金的存储功能，能否借鉴银行的运作方式经营其他业务，如建立"时间银行"？供应链管理注重的是物的及时采购和保障供应，那么能否把供应链管理思想同样用于人力资源的供应，从而构建人才供应链保障人力资源的及时供应？

联想类比大致有三种类型：直接类比、结构类比和综合类比。**直接类比**是在两个事物间直接建立联系的方法；**结构类比**是指由未知事物与已知事物在结构上的某些相似处来推断未知事物也有某种属性的方法；当已知事物与未知事物内部各要素关系十分复杂，而两者又有可比的相似之处时，就可进行全面的**综合类比**。

？思考题　在学校课程选课过程中引入市场机制会怎样？

5. 移植法

移植法是指将某一领域的技术、方法、原理或构思移植到另一领域而产生新事物的方法。例如，把生产管理中标准化的管理技术运用到商业经营领域，就产生了全新的经营方式——连锁经营，通过统一形象、统一进货、统一价格、统一管理制度等方法实现商业规模化经营。**移植法这种创新技法最大的好处是不受逻辑思维的束缚。**当想把一项技术或原则从一个领域移植到另一个领域时，并不需要在理性上有多清楚的理解，往往是先做了再说，这就为新事物的形成提供了多种途径，甚至为许多外行搞创新提供了可能。

本节介绍了几种比较成熟的创新技法，这些创新技法有助于我们在一段时间里集中精力解决一个问题，不至于被过多的问题压垮；有助于我们在创造性地解决问题的过程中减少失败和挫折；有助于我们充分利用自己的情感、热忱以及大脑的全部功能；有助于我们开发自己无意识思维的宝库，从而有力地促进管理创新活动的开展。如果你想了解和掌握更多的创新技法，请参阅专门介绍创新技法方面的书籍。

？思考题　创新技法是否也会限制人们的思维？

第四节　管理创新的管理

创新是一种可以组织并需要管理的系统工作。尽管管理者对灵机一动的创新也应该给予赞赏和鼓励，但**管理者更应该致力于在组织中积极地引导员工进行系统创新**。从根本上说，推动一个组织稳定、快速、持续发展，必须依赖于有组织、有目的的系统创新，从这个意义上说，我们必须对管理创新进行管理，使之能够更有效地持续开展。

管理创新的管理实质上是要回答如何使管理创新活动更加有效，如何使管理创新行为持续、稳定地进行，使管理创新成为管理者必须履行的一个重要管理职能的问题。

一、管理创新的障碍

从管理实践中看，管理创新失败大多是管理不善所致。妨碍一个组织管理创新工作开展的障碍来自组织层面和个体层面，主要包括以下几个方面。

1. 资源短缺与缺少管理层的支持

管理创新的最大障碍之一是组织缺乏对管理创新的投入和支持。在绝大多数企业中，管理者注重的是经营活动和日常管理工作，对管理者没有创新要求，也没有安排一定的时间、资金和人力用于管理创新。

造成这种局面的本质原因是许多企业没有意识到管理创新的重要性，单纯地把企业发展的希望寄托在抓机会、抢资源或技术创新、营销创新上，**没有把管理创新列为组织的战略措施之一**。由于对管理创新既没有要求，也没有投入，有组织的管理创新活动自然也不可能产生。

2. 僵化的组织结构与官僚主义

在变化多端、难以预期的环境中，我们最需要创造和创新。反过来，创造与创新也需要有一个能对环境变化做出迅速反应的组织结构。**一个对环境能做出快速反应的组织机构是有效创新的必要条件**，只有这样的机构，才能迅速地发现管理中的问题，并及时地通过管理创新予以解决。层次太多、办事刻板、缺乏生气、部门本位主义和官僚主义盛行的组织机构必然会阻碍创新工作的开展。

许多企业是按照职能部门组织起来的。总体上说，这种组织形式，会有较高的工作效率，但也存在明显的缺点，即职能部门的本位主义化：各职能部门只重发展本部门实体，它们的视角仅反映了组织整体的某一个侧面。例如，营销人员相信，创新须从顾客开始；科技人员认为，成功的创新首先来自产品创新；生产人员则提出，成功的创新要确保产品生产的高品质。这些观念看起来都有道理，但如果各自过分强调，则会使组织的创造力与创新能力的发挥受到制约，因为**一个组织中的系统创新有赖于各部门之间的通力配合**。

同样地，官僚主义也是创造力的大敌。**官僚主义**是指脱离实际、脱离群众的领导作风，它的存在会严重削弱组织的创新能力。**进行管理创新就意味着要促进组织的创造力与创造性**，那么必须采取有效措施，减少官僚主义所带来的负面影响。

?思考题 你认为官僚主义者最关心什么？

3. 害怕失败、抵制变化

害怕自己的行为受到批评或观点受到嘲笑，这是人类的通病。**人们之所以不愿意发表自己的创新性、建设性的观点，多半是因为害怕受到嘲笑与批评**。与此同时，经过五千年历史的考验，我们中的不少人还生怕犯错误，因而养成了循规蹈矩、因循守旧的习惯，习惯于走老路，按"老皇历"办事，只唯书，只唯上，不唯实，过分依赖权威，不敢存疑，过分相信书本，不敢深究。

禁锢创造力的障碍还来自我们对生活一成不变、习惯性的态度。**习惯**是我们已经熟练掌握的不假思索的自动调节的反应行为和适应行为。习惯可使人不饥而食、不困而眠、不思而行。一般认为，习惯是一种非创造性的因循守旧的形式，它压制合理的思想而不给它出头的机会。

创造和创新则与变化相关。创新意味着员工之间、部门之间利益的重新分配，意味着工作习惯的改变或组织的变化、工作或责任的重新分配、工作方法的改变，等等。各方利益的调整必然带来矛盾，既得利益者会抵制变化，障碍创新，而许多管理者为了息事宁人也会反对创新。

4. 从众或对创新行为过分挑剔

创新就意味着其观念有别于一般人，这样就与组织现有的行为规范不相一致，那么创新者就有可能被认为行为古怪或思想偏执。而一旦被认为是古怪的，那么创新性的观点就得不到重视，管理者也不把他们创新性的想法当一回事。这种群体规范压制了创新，使得多数人更愿意服从现有的规范和标准，跟着多数人的意见走。

另外，为了减少创新风险，对创新行为做评价与分析，以确保这项创新是好的、有价值的，这本身无可厚非。但如果到了过分挑剔的地步，就会导致时间的浪费和竞争优势的丧失。因为创新本身就包含着时间的先机，把大量的时间和精力用于检验观念的优劣，往往会错过许多机遇，导致新奇感和影响力的消失。而且，创新过程中的不确定因素始终是存在的，不管做什么样的分析，分析到什么程度都无法消除。

5. 创新中贪大求洋、急于求成

在管理创新中，有的企业热衷于引进先进管理模式，希望通过创新一下子解决所有的管理问题，有的管理者则为创新而创新，为求"政绩"而创"亮点"。但创新只有立足于现实，结合本组织的实际，围绕着目标进行，才有实际意义。制度创新也好，资本经营也罢，都需要在一定的条件下进行。管理创新是多层次、全方位的，而且多数创新都是从细部开始的，贪大求洋、急于求成的结果往往是适得其反。海尔集团管理创新就是从制定企业内部管理的"十条规定"开始的，其中一条是"禁止在车间里大小便"。就是这样的起点，经过十几年坚持不懈的管理创新，形成了以"日清日高"为代表的海尔管理模式。因此，管理创新要从小事做起，从细部做起，从点点滴滴做起。

二、管理创新的管理

为了克服上述障碍，保证管理创新工作的顺利进行，管理创新工作与其他工作一样，也需要做好计划、组织、领导和控制工作。

如何激发创新——google 的经验

1. 管理创新的计划

管理创新计划的制订是创新管理的基础。制订科学的管理创新计划可以提高管理创新过程的效率和成功率。

企业管理创新计划，通常以管理规划的形式出现，并作为战略规划的子规划之一。因此，管理规划应该围绕着组织整体战略规划展开，以保障战略规划的实现为目标。

企业制订管理创新计划，首先要进行创新对象的选择，即根据企业环境的变化和管理中发现的各种问题决定进行什么样的创新，是观念创新，还是组织创新、制度创新？正确选择管理创新对象的关键在于管理者对企业整体规划有清楚的了解，同时有强烈的问题意识，一般来说，应把战略规划中提出的要求、前面计划期遗留的问题和最近发生的管理中的突出问题作为管理创新对象优先考虑。

当然，企业的管理创新也适合于用目标管理法进行管理，企业可以根据企业存在的主要问题，确定解决的前后顺序，把管理创新工作分解成阶段性和局部性目标，利用目标管理法实行重点突破、梯次推进、全面创新，使企业管理得到整体改善。

管理创新计划应由企业最高领导亲自主持制订。收集资料、分析资料、提供依据等具体工作由综合管理部门与其他职能部门去做，各部门应提交本部门本年度需要解决的各种管理问题及创新活动开展所需要的人、财、物和可行性分析以及对其他工作的影响。企业领导必须掌握第一手资料，拟定的草案和各种汇总资料、数据，必须由企业领导班子亲自审定、批准。

创新计划制订后，**与创新活动有关的部门和人员要做具体的实施计划，**使创新计划具体化，既可避免各部门从局部利益出发，对创新工作进行阻碍，又可防止应付了事的不负责任的做法。例如，当某建筑公司的安全管理创新计划提出了"安全第一"方针，而各部门仅仅停留在"安全第一"的口号上时，企业的安全管理工作是不会有任何起色的。反过来，各部门落实创新计划，扎实开展创新工作，安全部门完善各项安全管理的规章制度，供应部门考虑如何及时为施工现场提供充足的劳动用品，施工现场考虑制定具体的安全防范措施，如戴安全帽、系安全带、张安全网等，新的安全管理体系就可以建立起来。

2. 管理创新的组织

管理创新的组织工作要求管理者按照创新目标和计划要求，建立合理、高效、能保证计划顺利实施的组织结构与体系，合理安排和调配各种组织资源，以保证管理创新计划的顺利实施。具体而言，管理创新的组织工作主要包括以下几方面：

建立和完善创新制度。制定鼓励创新的规章制度是企业进行创新管理的基础工作。**制度建设可以使管理创新活动制度化、规范化、持续化。**创新制度的建立和完善，可以将创新工作纳入组织体系之中，明确组织创新理念、与创新有关的职责分工和工作规则，有效保证从事创新活动所需要的各种资源，为创新工作的开展提供组织保障。

示例：创新项目
管理制度

保证对管理创新的投入。对于管理创新，所需要的投入既包括资金的投入，更重要的是时间、精力、信息等方面的投入。管理者要**舍得花一定的时间与精力于管理创新与管理创新的组织，也要给员工以一定的时间和条件使其能够进行管理创新。**把每个人的每个工作日都安排得非常紧，使每个人都"满负荷工作"，人们就没有时间进行思考，也就无法产生创新的构想。美国成功的企业往往让员工自由地利用部分工作时间去探索新的设想，如IBM、3M、奥尔—艾达公司以及杜邦公司等都允许员工利用5%~15%的工作时间来开发他们的兴趣和设想。

成立创新小组，有效开展管理创新。在企业内部，从事管理创新的组织形式可以多种多样，如成立质量管理小组（简称QC小组）、攻关小组、管理专项工作推进小组、模拟董事会等，其中运作较为有效的是QC小组。**QC小组**是企业内员工组成从事改善工作和产品质量的自主团队，通过鼓励、引导、支持员工开展QC小组活动，可以提高职工参与管理的意识和参加管理工作的积极性。**通过调动一线员工的积极性，来解决企业管理中存在的问题是管理创新最为有效的方法。**

广泛开展创新思维与创新技法教育。目前，我国许多企业的员工没有接受过创新思维与创新技法的教育。这是一种极大的人力资源的浪费。广泛深入地开展创新教育，特别是结合管理、科研、生产方面的实际问题开展创新教育，很容易收到既解决实际问题，又开启人的创造性思维的双重效果。事实证明，一般员工经过短时间的培训就可以收到明显效果，对员工进行创新技能的开发投资也是投资回报率最高的投资之一。

思考题 创新组织的气氛好坏主要受哪些因素影响？

3. 管理创新的领导

管理创新工作是开发员工的智力，而不是体力。在管理创新工作的领导过程中，管理者主要是要建立良好的组织创新环境并做好创新的激励工作。为此，管理者应该做好以下几项工作：

管理者应以身作则，富有创新精神。如果一个组织的管理者因循守旧、墨守成规，势必就会在整体上客观束缚组织中各个成员的创新性。只有自身富有创新精神的管理者，才会珍惜群众的创新性，才会支持、扶持、鼓励群众的创新性。只有富有创新精神的管理者，才会认识到创新与开拓主要取决于人，因而把那些有思想、有见解、不盲从、爱独立思考的有创新才能的人看成是最宝贵的财富，珍视他们的意见，善于吸引和保护有才能的人，在工作中善于鼓励下属进行创新，并帮助下级充分发挥他的创新潜力。

强调民主与自主，积极鼓励群众参与管理。组织中的管理创新以员工的主动积极参与作为前提和起点。而员工的主动和积极参与只有在民主和协调的群体环境中才能够发生和发展，从鼓励创新的角度看，管理者应努力把组织建设成民主型团体，形成民主的气氛。在民主的群体中，允许每个人毫无顾虑地提出自己的新思想，这样才能在群体中产生新思想的碰撞、不同观念的交叉渗透，从而带来突破和创新。另外，由于管理创新往往涉及组织的各个方面，因而其开展需要多方面组织成员的参与，在相互的启发和促进中进行创新。

善用创新性人才，做好对创新的激励工作。创新性人才通常优点明显，缺点也不少，因此管理者在使用创新性人才时应注意：一是让组织中最具创新性的人去解决组织中最难的那些问题。问题越难，工作越有挑战性，就越能发挥创新性人才的创造力和积极性。二是用具有创新激情的人去激发那些缺乏创新热情的人，对创新行为和创新成果给予大力的表彰，这样，创新者自身会感受到激励，缺乏创新热情的人也会受到激发，从而推动组织中创新氛围的形成。作为管理者，对于有创新才能的人，既要根据他的专长和特点敢于起用，又要让他们在自己职责范围内大胆工作。支持他们的工作，珍惜他们的积极性，关心他们的思想、工作和生活，积极为他们创造发挥才干、做好工作的条件，主动为他们"开绿灯"，是创新管理者的主要工作内容之一。

思考题 传统激励方式对创新工作激励的不足主要表现在什么地方？

正确对待失败。创新的过程是一个充满不确定性的过程，失败是难免的。创新者和创新的组织者都应该认识到这一点。为此，管理者必须非常小心地对待创新失败，如果创新失败的原因是系统性失误或管理草率，组织应予以适当的惩罚；对不确定性导致的失败，则不应惩罚。组织应致力于允许"试错"的组织文化的建设，并在制度上保证失败者不会因为创新失败而受到惩处，从而鼓励人们大胆创新。促进创新的一个好方法就是大张旗鼓地宣传创新、鼓励创新，树立"无功便是过"的观念，使每一个人都奋发向上，跃跃欲试，大胆尝试，使每个人都认识到自己在组织中的职责不仅是要按照既定的规则做好该做的事，而且也包括在工作中寻找更好的工作方法，以更好地实现组织目标。

强化创新激励机制。要激发每个人的创新热情，还必须建立合理的评价和奖惩制度。创新的原始动机既可能是出于责任心、个人的成就感和自我实现的需要，也可能是为了生存，为了得到更多的收入。不管出于何种动机，如果创新努力不能得到组织或社会的承认，不能得到公正的评价和合理的奖酬，没有压力，则创新的动力就有可能会渐渐消失。所以强化创新激励机制是十分重要的。同技术创新一样，对于管理创新成果同样也要给予奖励。如设立合理化建议奖、管理创新奖、质量管理创新奖等。而且奖励的方式可以多样化，可给予一次性奖励，也可以从创新项目所产生的直接经济效益中分成，可以结合平时工作的考核，给予创造性的工作更多的权重，或者把员工的工资晋级、职务的晋升等同其创新成果的大小联系起来，从而充分调动全体员工的创造积极性。

小卡片 　　　　**一个有效的创新奖励制度的特点**

　　根据以往成功企业的经验，一个能够有效促进创新的奖励制度具有以下特点：

　　物质奖励与精神鼓励相结合，以满足不同创新动机的要求；奖励是基于业绩而不是作为"不犯错误的报酬"；奖励注重整体，要求既能促进内部竞争，又鼓励相互间的合作。竞争能激发每个人的创新欲望，而过度的竞争则会导致各自为政、相互制约。协作能综合各种不同的知识和能力使创新趋于完善，过分强调合作会导致个人贡献的难以区分而削弱个人的创新欲望。为了保证竞争与协作的有机结合，促使每个组织成员都积极地投身于创新，在具体奖项设置时，可考虑多设集体奖，少设个人奖；多设单项奖，少设综合奖；多设小奖，少设大奖，给每个人以成功的希望，并防止过度竞争。

？思考题　　你认为应该建立一个怎么样的创新激励机制？

4. 管理创新的控制

如同企业其他战略性重要项目一样，对于各项管理创新工作，也应纳入企业工作的检查范围加以经常性的督促，只有这样，才能保证管理创新活动的持续开展。

以组织文化理念引导人们的思维。为了保证在创新过程中不至于在大的方面出现失误或偏差，管理者应明确企业的价值理念导向，使得员工能够在多变的环境中，在创新的过程中依然有一定的原则可以遵循，管理者在进行评判时依然有一定的标准可以参照。

加强管理创新方案的评价和修订。由于管理创新方案的细化工作往往是分工进行的，且每个人对创新总体构思和指导思想的理解会有差异，创新人员的创新思维也会受到经验、职业背景和已有知识的限制，因此最初的创新方案可能会在各部分的接口和总体协调性方面存在问题，为此需要进行内部评价，请高层、中层、基层管理者及直接操作使用者从各自角度对创新方案进行评价，特别是对实施过程中可能产生的新问题做出预计，以完善创新方案，尽可能降低管理创新效果的不确定性和不可预见性。在完成创新评价之后，创新人员要综合考虑各方面提出的意见，进行方案的修订与完善工作。

建立实施过程中的控制与评价体系。管理创新方案的实施关键是要在实施过程中建立控制与评价制度，确保执行部门和人员严格按照创新方案去实施，如果严格按创新方案去实施，而效果不理想，那么就说明原来的创新方案需要修改与完善。如果没有严格按方案去实施，出现效果不理想的情况，将会面临左也不是、右也不是的局面。修改方案没有依据，因为不能证明方案在什么地方有问题。继续执行，执行者有意见，明摆着没有用，为什么还要执行。这样，创新活动就会流产，企业就得不到实效。在方案实施过程中建立信息反馈渠道，及时检查实施情况，发现差异，查明原因，对创新方案进行不断的修正和完善，直至达到预定的创新目标，这样就可以确保创新目标的实现，促使企业管理水平上一个新台阶。

● 复习题

1．管理为什么需要创新？

2．创新与管理四大职能之间是怎样的关系？

3．管理创新有哪几种模式？它们各自的特点是什么？

4．管理创新一般要经历哪几个阶段？

5．管理创新为什么需要管理？

6．怎样才能突破思维定式？

7．本章介绍的几种常用的管理创新方法为什么有助于管理创新？

8．阻碍管理创新的主要障碍有哪些？怎样才能克服这些障碍？

要点参考 ◉

● 讨论题

创新与"折腾"的异同

通过举例说明的方式，列举管理创新与"折腾"之间的异同，探讨在管理创新过程中避免"折腾"的策略。

● 案例分析

为什么这些管理措施没有取得应有的效果？

荣华高科是一家已创立七年的公司，在这7年中，由于开发出了能够较好地满足市场需要的产品，企业取得了较快的发展，年销售额已超过1亿元，人员规模也由当初的9人发展到目前的120多人。

但从两年前开始，尽管公司由于能够不断地推出新产品，年销售额仍能保持30%以上的增长率，但增长速度已明显减慢。公司领导发现：尽管员工的待遇比以前有所提高，在行业中也处于中上水平，但员工的积极性大不如以前，公司创业时那种艰苦奋斗、团结协作和奉献的精神不见了，取而代之的是铺张浪费、部门主义和相互推诿。

面对这种状况，公司领导层经过认真考虑，决定加强管理，组建了专门的职能管理部门，如人力资源部、品质部等，并聘请了相应的管理咨询公司提供指导帮助。

在这两年中,公司在咨询公司的帮助下,进行了组织结构的重新调整,组织制定了各部门职能说明书和各岗位职责说明书;为了调动员工的积极性,根据新的岗位分工和员工过去的表现,分A、B、C、D四等调整了员工的薪资,总体加薪幅度在10%以上;为了给季度奖金分配提供依据,公司参照国外公司的做法,对员工实行了定期的360°全面考评;通过了质量体系的论证,明确了各项业务流程和各类工作表单,并每年进行管理评审;建立了每月一次的员工培训制度,聘请相应的老师来讲课,以扩大员工视野,提高员工素质。

应该说,一般公司加强管理的措施该公司基本上都做了,公司领导对管理也非常重视,在推行这些管理措施的过程中花费了不少的精力。

但实际上,公司的状况并没有因此而得到改善。尽管员工的报酬比以前又有所增长,员工的积极性并没有因此而提高;尽管制定了各部门的职责,但相互推诿的现象并没有减少,只不过以前说得最多的是不知道该谁做,现在说得更多的是因为其他部门不配合;全员全面考评到最后也流于形式,并没有能够真正起到奖优罚劣和提高员工工作业绩的作用;尽管通过了质保体系认证,但并没有对其实际的业务流程产生任何影响,质量问题照样经常出现,客户投诉也没有减少;每月的培训并没有取得什么效果,反而因为员工经常请假、逃课以及请不到老师而难以为继。

请问:

为什么这家公司的领导这么重视管理,而且把平时听到的专家们认为应该采取的管理措施,都按照咨询公司的建议做了,却没有取得应有的效果呢?

推荐书目

1.[美]加里·哈默、比尔·布林著,陈劲译:《管理大未来》,中信出版社2008年版。哈默是伦敦商学院的教授,首创"核心竞争力"概念,是战略研究领域最具影响力的管理学家之一。该书认为传统管理已经过时,21世纪需要每个人自动自发的创新。全书分管理创新为什么如此重要、什么是管理创新、如何成为管理创新者、创新未来四部分对管理创新进行了系统论述。

2.[英]T.普罗克特著,周作宇等译:《管理创新精要》,中信出版社2003年版。该书共12章,着眼于创造性地解决管理问题,简明扼要地介绍了管理过程中的创造性和解决问题的能力,论述了管理创新的重要性,丰富的资料和大量的实例有助于读者很好地理解管理创新的各种技巧和方法。

3.胡飞雪编著:《创新思维训练与方法》,机械工业出版社2009年版。胡飞雪是创新训练专家,该书主要介绍了创造性思维最常用的七种思维方式和最有效的五种思维方法,并对其进行了详细全面的阐述。该书是作者在授课的基础上提炼而成的,案例贯穿全书,有大量的实战练习,既生动有趣,又开拓思路,使该书颇具可读性。

管理生涯成功要领

如果你选择了管理生涯，你应当了解确保你成功的若干重要事项，下面是管理者曾用来发展他们事业而又经实践检验有效的一些策略建议，作为结束语供读者参考。

● **审慎选择第一项工作**。尽可能从一开始就选择在组织中有较大权力的部门中工作，为以后的晋升发展奠定良好基础。

● **做好每一项工作**。良好的工作绩效是管理生涯成功的一个必要但不充分条件，在任何时候，都要尽可能留下良好的工作绩效记录。

● **展现合适的形象**。应深入了解组织的价值观，以明确组织对其管理者的要求和期望，从而使自己对在各方面应该如何展现合适的形象做到心中有数，为拥有良好的群众基础创造条件。

● **了解权力结构**。熟悉并了解组织内部实际的权力结构，清楚谁是真正的领导等，以使自己能够更熟练自如地在组织中行进。

● **获得对组织资源的控制**。对组织中稀缺重要的资源，如关键技术加以控制，可增强你在组织中的价值，因而可获得更好的职业保障和晋升机会。

● **保持可见度**。由于晋升等是基于对你以往表现的评价，因此在工作中要让你的上司、组织中有权力的人知道你以及你的工作，意识到你对组织的贡献。如果你本身就拥有一份能让你的才能为他人所注意的工作，那么你就不必采取直接的措施增加你的可见度；但若你处理的是一些可见度较低的工作，你就有必要通过提交工作计划和总结等形式让上级了解你的工作。

● **支持你的上司**。你眼前的未来掌握在你现在的上司手中，因此你不要试图挖你上司的墙脚，不要对其他人讲你上司的坏话。你应当努力帮助你的上司取得成功，在他或她处于被动时给予支持。

● **找个导师**。导师通常是组织中有一定职位的人，从导师那里，你可以了解到该组织的文化，学到在该组织中正确行事的方式，得到鼓励和帮助。经验表明，找到一个在组织中居于权力核心圈子中的人作为导师，对于有志于尽快晋升的管理者而言是很有意义的。导师一般会是自己的上司，若不是则应注意不要让你与导师的关系影响你与上司之间的关系。

● **不要在最初的职位上停留太久**。经验表明，当你面临一种选择，要么在第一份管理职务中一直干到"真正做出点成绩"，要么尽快转换到不同的工作岗位上。愿意变换职位的人，其职业发展进程一般也较快。工作变换不仅能给人提供更丰富的工作经历，而且能帮助激发工作积极性。

管理课程总结——
有效管理的关键

参考文献

1. 鲍勃·耐尔逊，彼得·伊科纳米.如何做好管理[M].宋德文，宋铁琛，闫新民，译.贺卫华，译审.北京：企业管理出版社，2000.

2. 彼得·德鲁克.21世纪的管理挑战[M].朱雁斌，译.北京：机械工业出版社，2006.

3. 彼得·圣吉.第五项修炼——学习型组织的艺术与实务[M].郭进隆，译.上海：三联书店，1994.

4. 丹尼尔·A.雷恩.管理思想的演变[M].孙耀君，等译.北京：中国社会科学出版社，1992.

5. 弗雷德蒙德·马利克.管理成就生活[M].李亚，等译.北京：机械工业出版社，2009.

6. 弗雷德蒙德·马利克.管理：技艺之精髓[M].刘斌，译.北京：机械工业出版社，2013.

7. 《管理学》编写组，陈传明.管理学[M].北京：高等教育出版社，2019.

8. 哈罗德·孔茨，海因茨·韦里克.管理学[M].郝国华，等译.北京：经济科学出版社，1993.

9. 莱斯特·R.比特.36小时管理学课程[M].王毅捷，译.上海：上海人民出版社，1994.

10. 理查德·L.达夫特.组织理论与设计精要[M].2版.李维安，等译.北京：机械工业出版社，2002.

11. 里奇·格里芬.管理学[M].8版.刘伟，译.北京：中国市场出版社，2007.

12. M.K.巴达维.开发科技人员的管理才能——从专家到管理者[M].金碧辉，等译.北京：经济管理出版社，1987.

13. 迈克尔·哈默，詹姆斯·钱皮.改革公司——企业革命宣言书[M].胡毓源，等译.上海：上海译文出版社，1998.

14. S.阿尔特曼，等.管理科学与行为科学[M].魏楚千，等译.北京：北京航空航天大学出版社，1990.

15. 史蒂夫·尼兰.条理性思维——对管理者解决问题和决策的系统指导[M].何玮鹏，陈燕，译.北京：机械工业出版社，2001.

16. 史蒂文·凯斯.抢在时间前面的7条捷径[M].张维迎，译.北京：中国青年出版社，2003.

17. 斯蒂芬·P.罗宾斯.管理学[M].4版.黄卫伟，孙健敏，译.北京：中国人民大学出版社，2002.

18. 斯蒂芬·P.罗宾斯，玛丽·库尔特.管理学[M].13版.刘刚，等译.北京：中国人民大学出版社，2017.

19. 孙景华.中国人的管理逻辑[M].北京：机械工业出版社，2006.

20. 孙耀君.西方管理学名著提要[M].南昌：江西人民出版社，1995.

21. 吴志华.现代人力资源管理[M].上海：中国纺织大学出版社，1996.

22. 邢以群，张大亮.管理是要系统的：企业管理实用指导手册[M].北京：机械工业出版社，2015.

23. 叶德芬.计划与执行[M].香港：明天出版社，1989.

24. 詹姆斯·昌佩，尼丁·诺利亚.管理的变革[M].李玉霞，译.北京：经济日报出版社，1998.

25. 张钢.大学·中庸的管理释义[M].北京：机械工业出版社，2017.

26. 张钢.论语的管理精义[M].北京：机械工业出版社，2015.

27. 周三多，等.管理学——原理与方法[M].7版.上海：复旦大学出版社，2018.

28. 朱瑶翠，等.企业管理中的网络计划技术[M].上海：上海人民出版社，1982.